샘표식품

인적성검사

통합기본서

시대에듀

2026 최신판 시대에듀 샘표식품 인적성검사 통합기본서

Always **with you**

사람의 인연은 길에서 우연하게 만나거나 함께 살아가는 것만을 의미하지는 않습니다.
책을 펴내는 출판사와 그 책을 읽는 독자의 만남도 소중한 인연입니다.
시대에듀는 항상 독자의 마음을 헤아리기 위해 노력하고 있습니다. 늘 독자와 함께하겠습니다.

머리말 PREFACE

샘표식품은 해방 직후 많은 이들이 장을 만들어 먹기 힘들었던 시절, '내 가족이 먹지 않는 것은 절대 만들지도 팔지도 않는다.'는 박규회 회장의 신념 아래 1946년 창립된 식품기업이다. 샘표식품은 국내 최장수 상표인 '샘표' 브랜드로 국내 간장 소비시장에서 절반 이상의 점유율을 차지하며 국민의 사랑을 받고 있다.

2026년 창사 80주년을 맞이하는 샘표식품은 시대의 변화 속에서 국제적 식품기업으로 거듭난다는 목표와 함께, 장류 전문회사로서 전 세계인에게 우리 맛의 우수성을 널리 알려 장맛은 물론 음식문화까지도 세계로 전파한다는 사명감을 바탕으로 전 임직원이 노력하고 있다.

샘표식품은 지원자가 업무에 필요한 역량을 갖추고 있는지 평가하기 위해 인적성검사를 시행하여 인재를 선발하고 있다. 인적성검사는 적성검사와 인성검사로 구성되어 있으며, 미리 문제 유형을 익혀 대비하는 자세가 필요하다.

이에 시대에듀에서는 수험생들이 샘표식품 입사를 준비하는 데 부족함이 없도록 다음과 같은 특징을 가진 본서를 출간하였다.

도서의 특징

1. 3개년(2025~2023년) 주요기업 기출복원문제를 수록하여 다른 기업의 기출유형을 접해보고 최신 출제경향을 파악하며 시험의 변화에 대비할 수 있도록 하였다.
2. 영역별 대표기출유형과 기출응용문제를 수록하여 단계별로 학습이 가능하도록 하였다.
3. 최종점검 모의고사 2회와 온라인 모의고사 2회를 제공하여 실전과 같은 연습이 가능하도록 하였다.
4. 인성검사부터 면접까지 채용 관련 내용을 꼼꼼하게 다루어 본서 한 권으로 마지막 관문까지 무사히 통과할 수 있도록 구성하였다.

끝으로 본서를 통해 샘표식품 입사를 준비하는 여러분 모두에게 합격의 기쁨이 있기를 진심으로 기원한다.

SDC(Sidae Data Center) 씀

샘표식품 기업분석 INTRODUCE

◇ 비전

우리맛으로 세계인을 즐겁게

우리맛의 중심인 발효와 장(醬), 더 나아가 한식의 진정한 가치를 전 세계에 널리 알리고,
모두가 즐길 수 있도록 하겠다는 샘표의 꿈이 담겨있다.

◇ 핵심가치

구성원의 행복 / 지역사회에 기여 / 문화의 다양성

◇ 인재상

열정 있는 사람

- 어떠한 일이든지 몰두하여 열심히 하고 시간이 걸리더라도 일을 잘할 수 있도록 한다.
- 업무능력에 상관없이 최선을 다해 맡은 일에 몰두하는 자세를 가지고 일한다.
- 끊임없이 개선하려는 적극적 자세로 일한다.

겸손한 사람

- 내가 모르는 것이 많다는 것을 스스로 인식하는 마음 자세를 가지고 있다.
- 타인의 의견을 적극 경청하며 존중한다.
- 타인에게 배우려 하며 끊임없이 개선하려고 노력한다.

사심 없는 사람

- 회사 일을 할 때 '나', '너' 이런 생각을 갖지 않고 회사 이익을 위해 일한다.
- 가장 좋은 방향으로 합리적 판단만을 하려는 마음을 가지고 일한다.
- 자신의 업무뿐만 아니라 회사가 필요로 하는 일을 언제든지 할 수 있는 자세를 갖고 일한다.

◇ 샘표 주요 연혁

1970년대 샘표장유양조장, 샘표식품주식회사가 되다.

급격한 경제 발전으로 좋은 품질의 많은 제품이 요구되는 시대, 샘표는 보리차, 옥수수차 등 차(茶)류 및 농수산물 통조림을 생산할 수 있는 조치원식품 주식회사와 양포식품 주식회사를 관계사로 설립, 종합식품기업으로서의 면모를 갖추고 더욱 성장 발전하기 위한 발판을 다졌다.

1980년대 편의식 시장 확대 및 외식문화 확산, 시장의 변화에 발맞춰 나가다.

1980년대 샘표는 편의식 시장의 확대에 발맞추어 간편하고 맛있게 먹을 수 있는 다양한 식품군을 출시하고, 적극적인 홍보 활동을 통해 종합식품회사로서의 입지를 다졌다.

1990년대 더 좋은 먹거리를 찾게 된 사람들, 우리의 간장이 다양해지다.

식생활의 고급화로 인해서 간장에 대한 소비자들의 요구도 늘어났다. 1990년대에 이르러 기호와 용도에 따라 간장의 종류를 구별해서 사용하는 시기로 접어들었으며, 샘표는 끊임없는 연구와 다양한 제품개발을 통해 장(醬) 시장을 선도해나갔다.

2000년대 한식의 DNA, 발효로 우리맛을 말하다.

2001년 전통 한식간장을 복원해내는 데 성공한 샘표는, 발효를 기반으로 식문화를 더욱 풍부하게 하기 위한 연구에 박차를 가하기 시작했다. 우리 식문화에서 중요한 콩발효를 이용하여 재료 고유의 맛을 살리는 요리에센스 연두를 개발하였고, 샘표 장 프로젝트, 우리맛 연구 프로젝트에 이르기까지 '우리맛으로 세계인을 즐겁게, 샘표 장(醬) 프로젝트'라는 샘표의 비전을 실현시키기 위해 끊임없이 노력하고 있다.

2010년대 세계, 발효에 주목하다.

세계 정상급 셰프들과 해외 유수 언론인들에게 한식의 맛과 매력을 알리기 위해 '한국의 발효음식'을 주제로 하여 펼쳐진 푸드 페스티벌 '서울 고메 2010'. 샘표는 이 행사에 한국을 대표하는 발효기업으로 참여하여 우리 발효의 맛을 소개하고, 세계로 나아갈 발효의 가능성을 확인하였다.

2020년대 K-콘텐츠 열풍, 한식을 세계로 이끌다.

'BTS', '오징어게임'과 같은 K-콘텐츠가 전 세계적인 인기를 끌며, 또 다른 K-콘텐츠인 한식에 대한 관심도 빠르게 높아졌다. 또한 K-드라마나 영화 속에 등장하는 한국 음식들이 새롭고 건강하다는 인식도 함께 확산되면서, 해외 소비자들의 이목이 집중되었다. 이러한 흐름 속에서 한국의 주요 식품기업들은 다양한 한식 메뉴와 식재료를 앞세워 본격적인 글로벌 시장 공략에 나섰다. 고추장, 불고기, 김치, 한국식 만두, 냉동 김밥 등 한국 고유의 맛을 담은 제품들이 미국, 유럽, 동남아 시장에서 주목받기 시작하며, 한식은 K-컬처를 대표하는 중요한 축으로 자리매김했다.

2025년 기출분석 ANALYSIS

총평

2025년 샘표식품 인적성검사는 예년과 동일한 영역 및 문항 수로 출제되었다. 언어 영역의 경우 독해 지문 및 선택지의 난도가 높아졌다는 평이 다수였다. 수리 영역의 경우 일차 방정식을 활용하는 응용 수리 또는 제시된 자료를 읽고 계산하거나 해석하는 문제 수준에서 출제되었다. 도형추리는 대다수의 수험생들이 까다롭게 생각하는 영역이다. 따라서 처음 보는 유형의 문제를 맞닥뜨리더라도 당황하지 않는 것이 중요하며, 이에 대비하여 다양한 문제를 접해보고 익혀두어야 한다.

또한 시험장 내에 시계가 없으며, 개인적으로도 소지할 수 없다. 오직 감독관이 구두로 남은 시간을 전달하기 때문에 평소 문제 유형 또는 수준에 따른 시간 분배 연습을 철저하게 해야 한다.

◇ 핵심전략

제한 시간 내에 모든 문제를 풀 수는 없다. 따라서 먼저 문제를 빠르게 훑고 무엇을 풀 것인지 판단해야 한다. 이를 통해 정답률을 높이고, 오답률을 최소화해야 한다.

평소 시험 영역별로 자주 출제되는 문제들을 풀어보며 풀이 방법을 익히고 시험장에서 활용할 줄 알아야 한다. 빠르게 푸는 것도 중요하지만 정확하게 푸는 것 역시 필요한 시험이기 때문에 자신 있는 문제일수록 제대로 푸는 연습을 해야 한다.

◇ 시험진행

영역		문항 수	시간
적성검사	언어	20문항	30분
	수리	20문항	30분
	도형추리	20문항	30분
인성검사		100문항	50분

◇ 영역별 출제비중

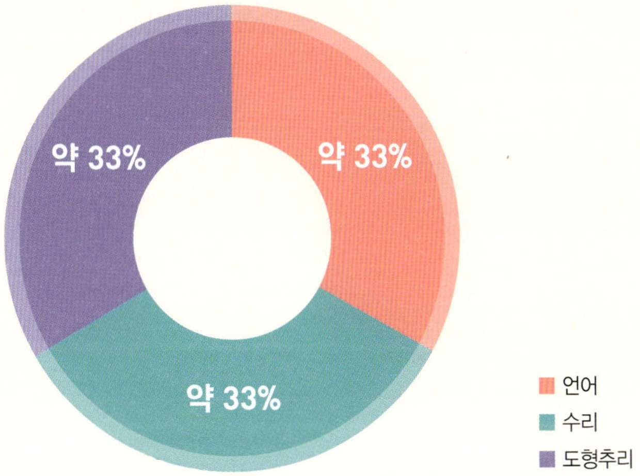

◇ 영역별 출제특징

구분	출제영역	출제특징
적성검사	언어	• 추론하기, 일치/불일치, 문단 순서 나열 등 – 비교적 긴 지문, 이해력과 사고력을 동시에 요구하는 문제
	수리	• 응용수리 – 거리 · 속력 · 시간, 농도, 금액, 일률, 경우의 수, 확률을 구하는 문제 • 자료해석 – 통계자료 등을 해석하는 문제 – 순위, 비율, 증감률 등을 구하는 문제
	도형추리	• 도형 사이의 규칙이나 관계성을 찾는 접근방식이 기존과 다른 고난도 신유형 문제

신입사원 채용 안내 INFORMATION

◇ 채용시기

수시채용으로 진행되며 본부별로 여건에 따라 채용 일정 및 방식이 다를 수 있음

◇ 지원방법

샘표식품 채용 포털(sempio.recruiter.co.kr) 접속 후 지원서 작성 및 제출

◇ 채용절차

서류전형	샘표식품에 대한 관심과 다양한 직무수행역량을 확인한다.
필기전형	샘표식품에 적합한 인재를 선별하고자 진행하는 평가 방식이며, 오프라인으로 실시한다.
면접전형	• 1차 면접 : 실무면접과 상황 중심의 인사면접이 진행된다. • 2차 면접 : 직책 혹은 면접 결과에 따라 선택적으로 레퍼런스 체크가 진행될 수 있다.

※ 채용절차는 채용유형, 채용직무, 채용시기 등에 따라 변동될 수 있으므로 반드시 발표되는 채용공고를 확인하기 바랍니다.

시험장 Tip

TEST TIP

◇ 필수 준비물

1. **신분증** : 주민등록증, 외국인등록증, 여권, 운전면허증 중 하나
2. **필기도구** : 컴퓨터용 사인펜, 수정테이프 등
3. 수험표

◇ 유의사항

1. 오답감점이 있으므로 모르는 문제는 찍지 말고 놔두는 것이 좋다.
2. 영역별로 시험이 진행되므로 한 과목이라도 과락이 생기지 않도록 한다.
3. 아날로그 시계와 전자시계 모두 사용이 불가하므로 이 점에 유의한다.

◇ 알아두면 좋은 Tip

1. 만일을 대비하여 여분의 필기구를 준비한다.
2. 수험장에 도착해서는 화장실에 사람이 몰릴 수 있으므로 미리미리 간다.
3. 시험에 집중하는 만큼 빨리 피로해지므로, 초콜릿 등의 간단한 간식을 챙긴다.
4. 각 교실의 시험 감독관과 방송에 의해 시험이 진행되므로 안내되는 지시 사항을 잘 준수한다.
5. 정답을 시험지에 표시하고 답안지에 옮겨 적을 만큼 충분한 시간을 주는 시험이 아니므로 답안지에 바로바로 마킹한다.

주요 대기업 적중 문제 TEST CHECK

삼성

수리 ▶ 확률

2025년 적중

01 서로 다른 2개의 주사위 A, B를 동시에 던졌을 때, 나온 눈의 곱이 홀수일 확률은?

① $\frac{1}{4}$

② $\frac{1}{5}$

③ $\frac{1}{6}$

④ $\frac{1}{8}$

⑤ $\frac{1}{10}$

추리 ▶ 명제

2025년 적중

02

전제1. 연예인이 모델이면 매출액이 증가한다.
전제2. ____________________
결론. 연예인이 모델이면 브랜드 인지도가 높아진다.

① 브랜드 인지도가 높아지면 연예인이 모델이다.
② 브랜드 인지도가 높아지면 매출액이 줄어든다.
③ 매출액이 줄어들면 브랜드 인지도가 높아진다.
④ 매출액이 증가하면 브랜드 인지도가 높아진다.
⑤ 매출액이 증가하면 브랜드 인지도가 낮아진다.

추리 ▶ 배열하기 · 묶기 · 연결하기

2025년 적중

01 S사의 기획부 A대리는 회의를 위해 8인용 원탁에 부서원들을 다음 〈조건〉에 따라 배치한다고 할 때, H부장의 오른쪽에 앉는 사람은?

조건

- S사의 기획부는 A대리, B대리, C대리, D과장, E과장, F팀장, G팀장, H부장으로 구성되어 있다.
- 동일 직급끼리는 마주 보거나 이웃하여 앉을 수 없다.
- B대리는 D과장의 오른쪽에 앉는다.
- F팀장은 대리 직급과 마주 보고 앉는다.
- D과장은 F팀장과 이웃하여 앉을 수 없다.
- G팀장은 A대리의 왼쪽에 앉는다.
- E과장은 F팀장과 이웃하여 앉는다.

① A대리

② C대리

③ D과장

④ F팀장

⑤ G팀장

SK

언어이해 ▶ 추론적 독해

2025년 적중

01 다음 글을 읽고 추론한 내용으로 가장 적절한 것은?

EU는 1995년부터 철제 다리 덫으로 잡은 동물 모피의 수입을 금지하기로 했다. 모피가 이런 덫으로 잡은 동물의 것인지, 아니면 상대적으로 덜 잔혹한 방법으로 잡은 동물의 것인지 구별하는 것은 불가능하다. 그렇기 때문에 EU는 철제 다리 덫 사용을 금지하는 나라의 모피만 수입하기로 결정했다. 이런 수입 금지 조치에 대해 미국, 캐나다, 러시아는 WTO에 제소하겠다고 위협했다. 결국 EU는 WTO가 내릴 결정을 예상하여, 철제 다리 덫으로 잡은 동물의 모피를 계속 수입하도록 허용했다.
또한 1998년부터 EU는 화장품 실험에 동물을 이용하는 것을 금지했을 뿐만 아니라, 동물실험을 거친 화장품의 판매조차 금지하는 법령을 채택했다. 그러나 동물실험을 거친 화장품의 판매 금지는 WTO 규정 위반이 될 것이라는 유엔의 권고를 받았다. 결국 EU의 판매 금지는 실행되지 못했다.
한편 그 외에도 EU는 성장 촉진 호르몬이 투여된 쇠고기의 판매 금지 조치를 시행하기도 했다. 동물복지를 옹호하는 단체들이 소의 건강에 미치는 영향을 우려해 호르몬 투여 금지를 요구했지만, EU가 쇠고기 판매를 금지한 것은 주로 사람의 건강에 대한 염려 때문이었다. 미국은 이러한 판매 금지 조치에 반대하며 EU를 WTO에 제소했고, 결국 WTO 분쟁패널로부터 호르몬 사용이 사람의 건강을 위협한다고 믿을 만한 충분한 과학적 근거가 없다는 판정을 이끌어 내는 데 성공했다. EU는

창의수리 ▶ 금액

2025년 적중

03 S사는 원가에 20%의 이윤을 붙인 가격을 정가로 팔던 제품을 정가에서 10% 할인하여 판매하였다. 이후 정산을 하였더니 제품당 2,000원의 이윤이 생겼다. 이 제품의 원가는?

① 14,000원
② 18,000원
③ 22,000원
④ 25,000원
⑤ 30,000원

언어추리 ▶ 진실게임

2025년 적중

02 다음 중 한 명만 거짓말을 할 때 항상 참인 것은?(단, 한 층에 한 명만 내린다)

- A : B는 1층에서 내렸다.
- B : C는 1층에서 내렸다.
- C : D는 적어도 3층에서 내리지 않았다.
- D : A는 4층에서 내렸다.
- E : A는 4층에서 내리고 나는 5층에 내렸다.

① A는 4층에서 내리지 않았다.
② C는 1층에서 내렸다.
③ D는 3층에서 내렸다.
④ A는 D보다 높은 층에서 내렸다.
⑤ C는 B보다 높은 층에서 내렸다.

주요 대기업 적중 문제 TEST CHECK

KT

언어 ▶ 주제 · 제목 찾기

2025년 적중

※ 다음 글을 읽고 글의 주제로 가장 적절한 것을 고르시오. [3~4]

03

오늘날 사회계층 간 의료수혜의 불평등이 심화되어 의료이용도의 소득계층별, 지역별, 성별, 직업별, 연령별 차이가 사회적 불만의 한 원인으로 대두되고, 보건의료서비스가 의·식·주에 이어 제4의 기본적 수요로 인식됨에 따라 의료보장제도의 필요성이 나날이 높아지고 있다.
의료보장제도란 국민의 건강권을 보호하기 위하여 요구되는 필요 보건의료서비스를 국가나 사회가 제도적으로 제공하는 것을 말하며 건강보험, 의료급여, 산재보험을 포괄한다. 이를 통해 상대적으로 과다한 재정의 부담을 경감시킬 수 있으며, 국민의 주인의식과 참여 의식을 고취할 수 있다.
의료보장제도는 의료수혜의 불평등을 해소하기 위한 사회적·국가적 노력이며, 예측할 수 없는 질병의 발생 등에 대한 개인의 부담능력의 한계를 극복하기 위한 제도이다. 또한 개인의 위험을 사회적·국가적 위험으로 인식하여 위험의 분산 및 상호부조 인식을 제고하기 위한 제도이기도 하다.
의료보장제도의 의료보험(National Health Insurance) 방식은 일명 비스마르크(Bismarck)형 의료제도라고 하는데, 개인의 기여를 기반으로 한 보험료를 주재원으로 하는 제도이다. 사회보험의 낭비를 줄이기 위하여 진찰 시에 본인 일부 부담금을 부과하는 것이 특징이라 할 수 있다. 반면, 국가보건서비스(National Health Service) 방식은 일명 조세 방식, 베버리지(Beveridge)형 의료

언어 · 수추리 ▶ 명제

2025년 적중

02

- 영희, 상욱, 수현이는 영어, 수학, 국어 시험을 보았다.
- 영희는 영어 2등, 수학 2등, 국어 2등을 하였다.
- 상욱이는 영어 1등, 수학 3등, 국어 1등을 하였다.
- 수현이는 수학만 1등을 하였다.
- 시험 점수로 전체 평균 1등을 한 사람은 영희이다.

① 총점이 가장 높은 것은 영희이다.
② 수현이의 수학 점수는 상욱이의 영어 점수보다 높다.
③ 상욱이의 영어 점수는 영희의 수학 점수보다 높다.
④ 영어와 수학 점수만을 봤을 때, 상욱이가 1등일 것이다.
⑤ 상욱이의 국어 점수는 수현이의 수학 점수보다 낮다.

수리 ▶ 거리 · 속력 · 시간

2025년 적중

02 영채는 배를 타고 길이가 30km인 강을 배를 타고 이동하고자 한다. 강을 거슬러 올라가는 데 걸린 시간이 5시간이고 강물의 흐르는 방향과 같은 방향으로 내려가는데 걸린 시간이 3시간일 때, 흐르지 않는 물에서의 배의 속력은?(단, 배와 강물의 속력은 일정하다)

① 5km/h
② 6.5km/h
③ 8km/h
④ 10km/h
⑤ 12km/h

LG

언어이해 ▶ 주제 · 제목 찾기

2025년 적중

※ 다음 글의 주제로 가장 적절한 것을 고르시오. [1~3]

Easy

01

우리 민족은 처마 끝의 곡선, 버선발의 곡선 등 직선보다는 곡선을 좋아했고, 그러한 곡선의 문화가 곳곳에 배어있다. 이것은 민요의 경우도 마찬가지이다. 서양 음악에서 '도'가 한 박이면 한 박, 두 박이면 두 박, 길든 짧든 같은 음이 곧게 지속되는데 우리 음악은 '시김새'에 의해 음을 곧게 내지 않고 흔들어 낸다. 시김새는 어떤 음높이의 주변에서 맴돌며 가락에 멋을 더하는 역할을 하는 장식음이다. 시김새란 '삭다'라는 말에서 나왔다. 그렇기 때문에 시김새라는 단어가 김치 담그는 과정에서 생겨났다고 볼 수 있다. 김치를 담글 때 무나 배추를 소금에 절여 숨을 죽이고 갖은 양념을 해서 일정 기간 숙성시켜 맛을 내듯, 시김새 역시 음악가가 손과 마음으로 삭여냈을 때 맛이 드는 것과 비슷하기 때문이다. 이 때문에 시김새가 '삭다'라는 말에서 나온 것으로 본다. 더욱이 같은 재료를 썼는데도 집집마다 김치 맛이 다르고, 지방에 따라 양념을 고르는 법이 달라 다른 맛을 내듯 시김새는 음악 표현의 질감을 달리하는 핵심 요소이다.

① 민요에서 볼 수 있는 우리 민족의 곡선 문화
② 시김새에 의한 민요의 특징

창의수리 ▶ 거리 · 속력 · 시간

2025년 적중

12 헤어진 두 남녀가 집으로 돌아가다가 마음을 바꾸고 동시에 다시 만나기 위해 달려가고 있다. 두 남녀 간의 거리는 10km이며, 여자는 남자가 있는 곳으로 4km/h의 속도로 달려가고 있고, 남자는 여자가 있는 곳으로 6km/h의 속도로 가고 있다. 여자는 가는 도중 30분을 쉬었다가 달려서 두 남녀가 다시 만났다면, 두 남녀가 다시 만나는 데 걸리는 시간은?

① 1시간
② 1시간 4분
③ 1시간 12분
④ 1시간 18분
⑤ 1시간 22분

창의수리 ▶ 수열

2025년 적중

01 일정한 규칙으로 수를 나열할 때, 빈칸에 들어갈 수로 알맞은 것은?

$100\frac{50}{99}$ $81\frac{49}{88}$ $64\frac{46}{77}$ $49\frac{41}{66}$ ( ) $25\frac{25}{44}$ $16\frac{14}{33}$ $9\frac{1}{22}$

① $36\frac{34}{55}$
② $36\frac{32}{55}$
③ $36\frac{31}{55}$
④ $36\frac{30}{55}$
⑤ $36\frac{29}{55}$

도서 200% 활용하기 STRUCTURES

1 3개년 주요기업 기출복원문제로 출제경향 파악

3개년 주요기업 기출복원문제

※ 정답 및 해설은 기출복원문제 바로 뒤 p.065에 있습니다.

01 언어

※ 다음 글을 논리적 순서대로 바르게 나열한 것을 고르시오. [1~7]

| 2025년 상반기 LG

01 다음 문단을 논리적 순서대로 바르게 나열한 것은?

(가) 이러한 특징은 구엘 공원에 잘 나타나 있
받치는 돌기둥을 만드는가 하면, 건축물
(나) 스페인을 대표하는 천재 건축가 가우디가
들 수 있다. 그의 여러 건축물 중 곡선미
문화유산으로 지정된 '카사 밀라'이다.
(다) 또 다른 특징으로는 자연과의 조화로, ᄀ
부라고 생각하여 가능한 자연을 훼손하
(라) 이 건축물의 겉면에는 일렁이는 파도를
과는 거리가 매우 멀어 처음엔 조롱거리
정하게 됐고, 그의 작품을 현대 건축의

① (나) – (가) – (라) – (다)
③ (나) – (다) – (라) – (가)
⑤ (나) – (라) – (다) – (가)

2 • 샘표식품 인적성검사

3개년 주요기업 기출복원문제 정답 및 해설

01 언어

01	02	03	04	05	06	07	08	09	10
⑤	③	②	⑤	②	④	②	②	③	④
11	12	13	14	15	16	17	18	19	20
③	③	①	④	④	③	②	③	⑤	⑤
21	22	23	24	25	26	27	28	29	30
②	②	⑤	③	④	②	⑤	④	③	①
31	32	33	34	35	36	37	38	39	40
②	④	④	②	③	④	④	⑤	④	③

01 정답 ⑤

제시문은 스페인의 건축가 가우디의 건축물에 대해 설명하는 글이다. 따라서 (나) 가우디 건축물의 특징인 곡선과 대표 건축물인 카사 밀라 – (라) 카사 밀라에 대한 설명 – (다) 가우디 건축의 또 다른 특징인 자연과의 조화 – (가) 이를 뒷받침하는 건축물인 구엘 공원의 순으로 나열하는 것이 적절하다.

02 정답 ③

제시문은 성품과 인위를 정의하고, 이것에 대한 구체적인 예를 통해 인간의 원래 성품과 선하게 되는 원리를 설명하는 글이다. 따라서 (가) 성품과 인위의 정의 – (다) 성품과 인위의 예 – (라) 성품과 인위의 결과 – (나) 이를 통해 알 수 있는 인간의 성질 순으로 나열하는 것이 적절하다.

03 정답 ②

제시문은 '닭 잡아먹고 오리발 내민다.'는 속담에 대한 글이다. 문맥상 먼저 속담을 제시하고 그 속담에 얽힌 이야기가 순서대로 나와야 하므로 (라) 문단이 가장 먼저 와야 한다. 다음으로는 '앞집'과 '뒷집'의 다툼이 시작되는 (가) 문단이 나오고, 뒷집이 앞집에 닭 한 마리 값을 물어주게 된 상황을 설명하는 (다) 문단이 이어지며, 글을 전체적으로 요약하고 평가하는 (나) 문단이 마지막에 위치해야 한다. 따라서 (라) – (가) – (다) – (나) 순으로 나열하는 것이 적절하다.

04 정답 ⑤

제시문은 비휘발성 메모리인 NAND 플래시 메모리에 대해 먼저 소개하고, NAND 플래시 메모리에 데이터가 저장되는 과정을 설명한 후 반대로 지워지는 과정을 설명하고 있다. 따라서 (라) NAND 플래시 메모리의 정의 – (나) 컨트롤 게이트와 기저 상태 사이에 전위차 발생 – (가) 전자 터널링 현상으로 전자가 플로팅 게이트로 이동하며 데이터 저장 – (다) 전위차를 반대로 가할 때 전자 터널링 현상으로 전자가 기저상태로 되돌아가며 데이터가 삭제됨의 순으로 나열하는 것이 가장 적절하다.

05 정답 ②

제시문은 이글루가 따뜻해질 수 있는 원리에 대해 설명하고 있다. 따라서 (나) 에스키모는 이글루를 연상시킴 – (라) 이글루는 눈으로 만든 집임에도 불구하고 따뜻함 – (가) 눈 벽돌로 이글루를 만들고 안에서 불을 피움 – (마) 온도가 올라가면 눈이 녹으면서 벽의 빈틈을 메우고, 눈이 녹으면 출입구를 열어 물을 얼림 – (다) 이 과정을 반복하면서 눈 벽돌집은 얼음집으로 변하여 내부가 따뜻해짐의 순으로 나열하는 것이 적절하다.

06 정답 ④

제시문은 코젤렉의 '개념사'의 정의와 특징에 대한 글이다. 따라서 (라) 개념에 대한 논란과 논쟁 속에서 등장한 코젤렉의 '개념사' – (가) 코젤렉의 '개념사'와 개념에 대한 분석 – (나) 개념에 대한 추가적인 분석 – (마) '개념사'에 대한 추가적인 분석 – (다) '개념사'의 목적과 코젤렉의 주장 순으로 나열하는 것이 적절하다.

07 정답 ②

제시문은 가격을 결정하는 요인과 이를 통해 도출할 수 있는 예상을 언급한다. 하지만 현실적인 여러 요인으로 인해 '거품 현상'이 나타나기도 하며 그러한 '거품 현상'이 무엇인지 구체적으로 설명하는 글이다. 따라서 (가) 수요와 공급에 의해 결정되는 가격 – (마) 상품의 가격에 대한 일반적인 예상 – (다) 현실적인 가격 결정 요인 – (나) 이로 인해 예상치 못하게 나타나는 '거품 현상' – (라) '거품 현상'에 대한 구체적인 설명 순으로 나열하는 것이 적절하다.

3개년 주요기업 기출복원문제 정답 및 해설 • 65

▸ 3개년(2025~2023년) 주요기업 기출복원문제를 영역별로 수록하여 최신 출제경향에 대비할 수 있도록 하였다.
▸ 기출복원문제를 바탕으로 학습을 시작하기 전에 자신의 실력을 판단할 수 있도록 하였다.

2 이론점검, 대표기출유형, 기출응용문제로 영역별 단계적 학습

CHAPTER 01 이론점검

대표기출유형 01 추론하기

대표기출유형 01 기출응용문제

※ 다음 글을 읽고 추론할 수 있는 내용으로 가장 적절한 것을 고르시오. [1~2]

01

휴대전화기를 새 것으로 바꾸기 위해 대리점에 간 소비자가 있다. 대리점에 가면서 휴대전화기 가격으로 30만 원을 예상했다. 그런데 마음에 드는 것을 선택하니 가격이 25만 원이라고 하였다. 소비자는 흔쾌히 구입을 결정했다. 그러면서 뜻밖의 이익이 생겼음에 좋아할지도 모른다. 처음 예상했던 휴대전화기의 가격과 실제 지불한 액의 차이, 즉 5만 원의 이익을 얻었다고 보는 것이다. 경제학에서는 이것을 '소비자 잉여(消費者剩餘)'라고 부른다. 어떤 상품에 대해 소비자가 최대한 지불해도 좋다고 생각하는 가격에서 실제로 지불한 가격을 뺀 차액이 소비자 잉여인 셈이다.

휴대전화기를 구입하고 나니, 대리점 직원은 휴대전화의 요금제를 바꾸라고 권유했다. 현재 이용하고 있는 휴대전화 서비스보다 기본요금이 조금 더 비싼 대신 분당 이용료가 싼 요금제로 바꾸는 것이 더 이익이라는 설명도 덧붙였다. 소비자는 지금까지 휴대전화의 요금이 기본 요금과 분당 이용료로 나누어져 있는 것을 당연하게 생각해 왔다. 그런데 곰곰이 생각해 보니, 이건 정말 특이한 가격체계였다. 다른 제품이나 서비스는 보통 한 번만 값을 지불하면 되는데, 왜 휴대전화 요금은 기본요금과 분당 이용료의 이원 체제로 이루어져 있는 것일까?

휴대전화 회사는 기본요금과 분당 이용료의 이원 체제 전략, 즉 '이부가격제(二部價格制)'를 채택하고 있다. 이부가격제는 소비자가 어떤 상품을 사려고 할 때, 우선적으로 그 권리에 상응하는 가치를 값으로 지불하고, 실제 상품을 구입할 때 그 사용량에 비례하여 또 값을 지불해야 하는 체제를 말한다. 이부가격제를 적용하면 휴대전화 회사는 소비자의 통화량과 관계없이 기본 이윤을 확보할 수 있다.

이부가격제를 적용하는 또 다른 예로 놀이 공원을 들 수 있다. 이전에는 놀이 공원에 갈 때 저렴한 입장료를 지불했고, 놀이 기구를 이용할 때마다 표를 구입했다. 그렇기 때문에 놀이 기구를 골라서 이용하여 사용료를 절약할 수 있었고, 구경만 하고 사용료를 지불하지 않는 것도 가능했다. 그러나 요즘의 놀이 공원은 입장료를 이전보다 엄청나게 비싸게 하고 놀이기구의 사용료를 상대적으로 낮게 했다. 게다가 '빅3'니 '빅5'니 하는 묶음표를 만들어 놀이 기구 이용자로 하여금 가격의 부담이 적은 것처럼 느끼게 만들었다. 결국 놀이 공원의 가격 전략은 사용료를 낮추고 입장료를 높게 받는 이부가격제로 굳어지고 있는 것이다.

여기서 놀이 공원의 입장료는 상품을 살 수 있는 권리를 얻기 위해 지불해야 하는 금액에 해당한다. 그리고 입장료를 내고 들어간 사람들이 놀이 기구를 이용할 때마다 내는 요금은 상품의 가격에 해당하는 부분이다. 우리가 모르는 가운데 기업의 이윤 극대화를 위한 모색은 계속되고 있다.

① 놀이 공원의 '빅3'나 '빅5' 등의 묶음표는 이용자를 위한 가격제이다.
② 이부가격제는 이윤 극대화를 위해 기업이 채택할 수 있는 가격 제도이다.
③ 소비자 잉여의 크기는 구입한 상품에 대한 소비자의 만족감과 반비례한다.
④ 휴대전화 요금제는 기본요금과 분당 이용료가 비쌀수록 소비자에게 유리하다.
⑤ 가정으로 배달되는 우유를 한 달 동안 먹고 지불하는 값에는 이부가격제가 적용됐다.

PART 1

CHAPTER 01 언어 • 7

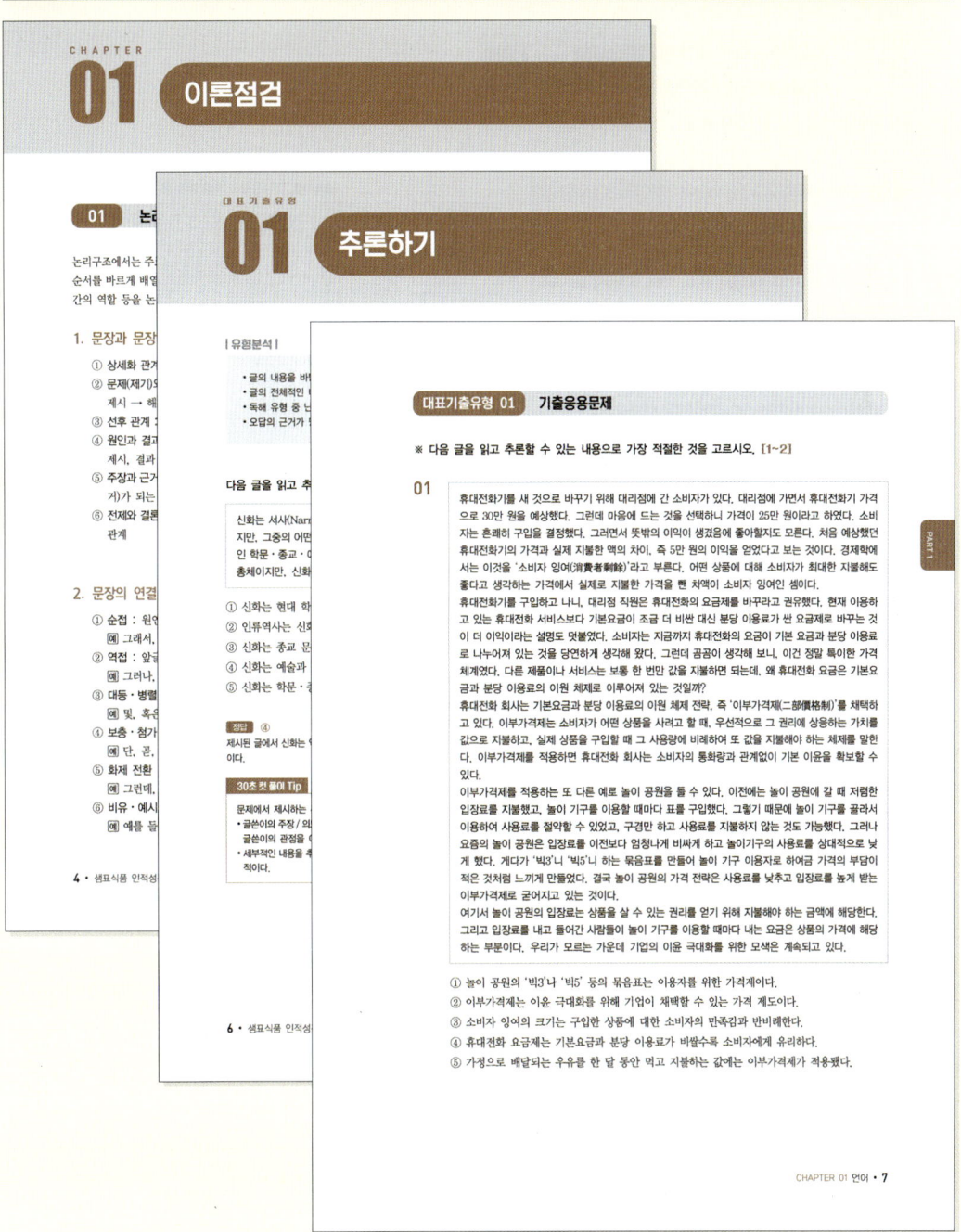

- 출제되는 영역에 대한 이론점검, 대표기출유형과 기출응용문제를 수록하였다.
- 최근 출제되는 유형을 체계적으로 학습하고 점검할 수 있도록 하였다.

도서 200% 활용하기 STRUCTURES

3 최종점검 모의고사로 실전 연습

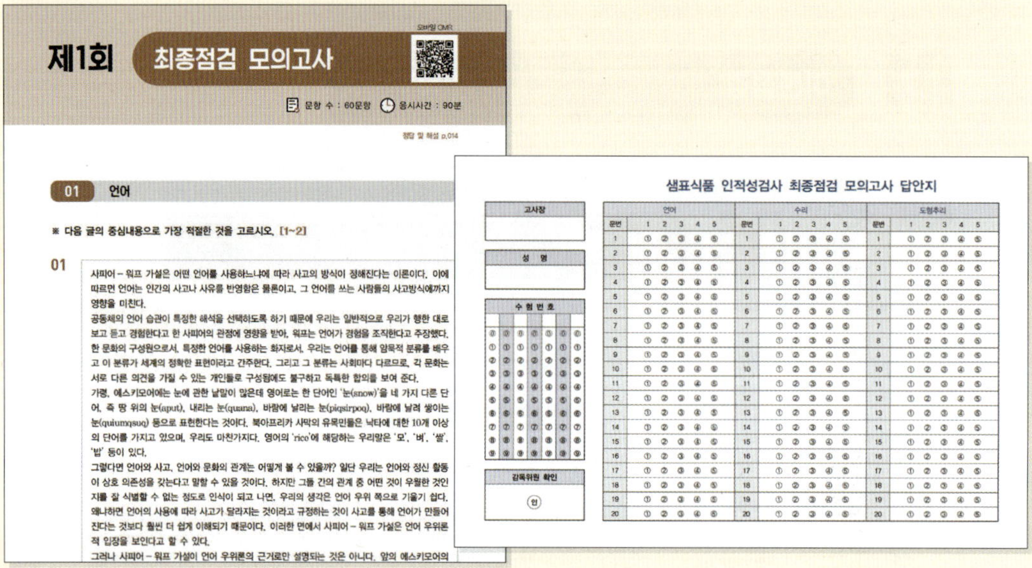

▸ 실제 시험과 유사하게 구성된 최종점검 모의고사 2회분을 통해 마무리하도록 하였다.

▸ OMR 답안지를 수록하여 실제 시험처럼 연습할 수 있도록 하였다.

4 인성검사부터 면접까지 한 권으로 최종 마무리

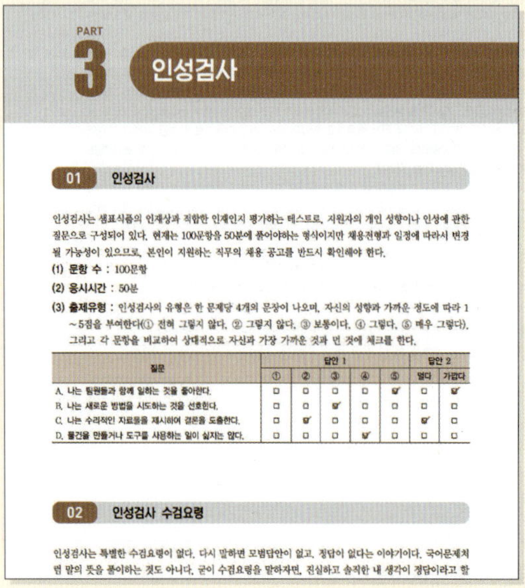

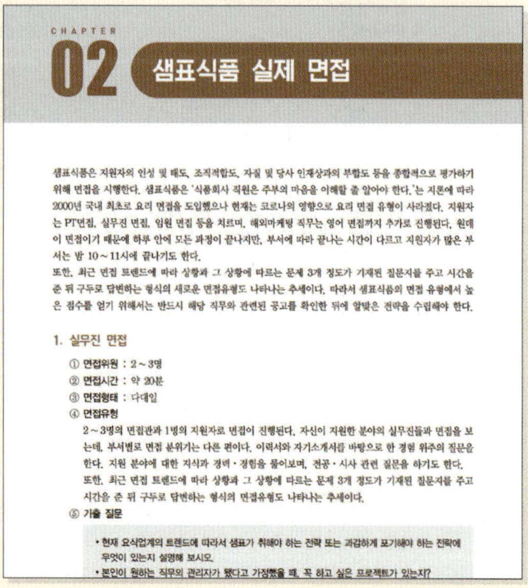

▸ 인성검사 모의연습을 통해 샘표식품의 인재상에 부합하는지 판별할 수 있도록 하였다.

▸ 면접 기출 질문을 통해 실제 면접에서 나오는 질문에 미리 대비할 수 있도록 하였다.

5 Easy&Hard로 난이도별 시간 분배 연습

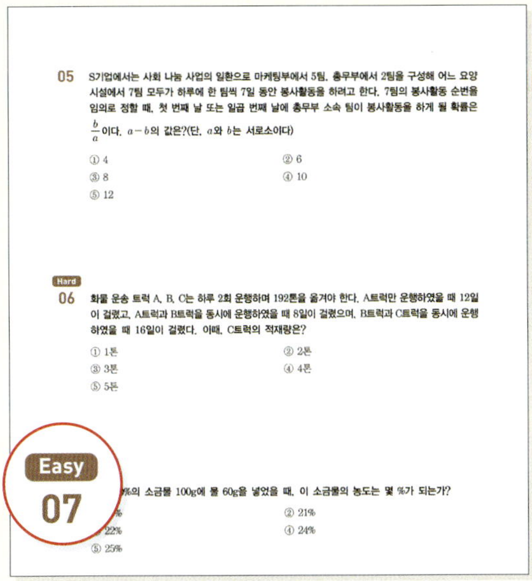

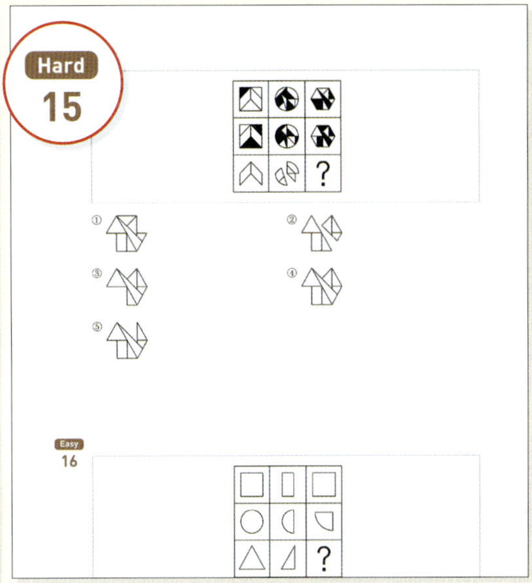

▸ Easy&Hard 표시로 문제별 난이도에 따라 시간을 적절하게 분배하여 풀이하는 연습이 가능하도록 하였다.

6 해설 및 오답분석으로 풀이까지 완벽 마무리

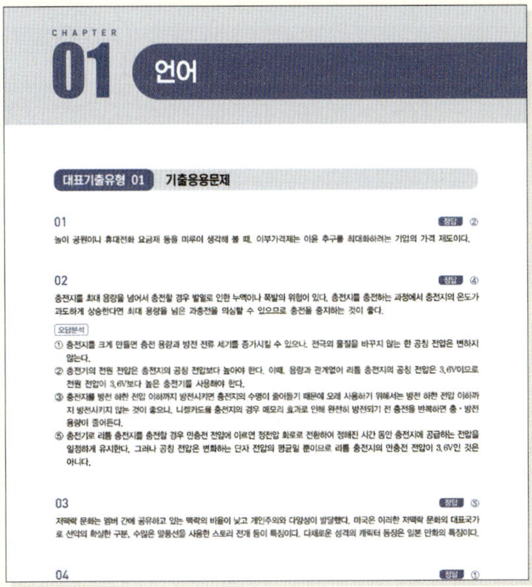

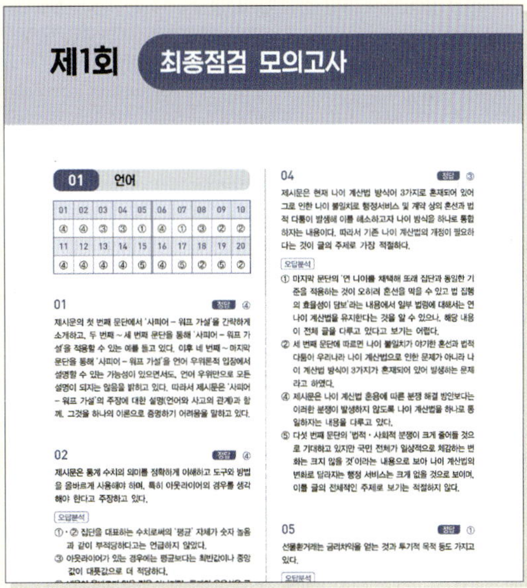

▸ 정답에 대한 상세한 해설과 오답분석을 통해 혼자서도 체계적인 학습이 가능하도록 하였다.

학습플랜 STUDY PLAN

1주 완성 학습플랜

본서에 수록된 전 영역을 단기간에 끝낼 수 있도록 구성한 학습플랜이다. 한 번에 전 영역을 공부하지 않고, 한 영역을 집중적으로 공부할 수 있도록 하였다. 인성검사 및 필기시험에 대한 기초 학습은 되어 있으나, 학습 계획 세우기에 자신이 없는 분들이나 미리 시험에 대비하지 못해 단시간에 많은 분량을 봐야 하는 수험생에게 추천한다.

ONE WEEK STUDY PLAN

	1일 차 ☐	2일 차 ☐	3일 차 ☐
Start!	____월 ____일	____월 ____일	____월 ____일

4일 차 ☐	5일 차 ☐	6일 차 ☐	7일 차 ☐
____월 ____일	____월 ____일	____월 ____일	____월 ____일

STUDY CHECK BOX							
구분	1일 차	2일 차	3일 차	4일 차	5일 차	6일 차	7일 차
기출복원문제							
PART 1							
제1회 최종점검 모의고사							
제2회 최종점검 모의고사							
다회독 1회							
다회독 2회							
오답분석							

스터디 체크박스 활용법

1주 완성 학습플랜에서 계획한 학습량을 어느 정도 실천하였는지 표시하여 자신의 학습량을 효율적으로 관리한다.

구분	1일 차	2일 차	3일 차	4일 차	5일 차	6일 차	7일 차
PART 1	언어	×	×	완료			

이 책의 차례 CONTENTS

Add+

3개년 주요기업 기출복원문제

※ 기출복원문제는 수험생들의 후기를 통해 시대에듀에서 복원한 문제로 실제 문제와 다소 차이가 있을 수 있으며,

3개년 주요기업 기출복원문제

※ 정답 및 해설은 기출복원문제 바로 뒤 p.065에 있습니다.

01 언어

※ 다음 문단을 논리적 순서대로 바르게 나열한 것을 고르시오. [1~7]

| 2025년 상반기 LG

01

(가) 이러한 특징은 구엘 공원에 잘 나타나 있는데, 산의 원래 모양을 최대한 유지하기 위해 지면을 받치는 돌기둥을 만드는가 하면, 건축물에 식물을 심어 그 뿌리로 하여금 무너지지 않게 했다.

(나) 스페인을 대표하는 천재 건축가 가우디가 만든 건축물의 대표적인 특징을 꼽자면, 먼저 곡선을 들 수 있다. 그의 여러 건축물 중 곡선미가 가장 잘 나타나는 것은 바로 1984년 유네스코 세계문화유산으로 지정된 '카사 밀라'이다.

(다) 또 다른 특징으로는 자연과의 조화로, 그는 건축 역시 사람들이 살아가는 공간이자 자연의 일부라고 생각하여 가능한 자연을 훼손하지 않고 건축하는 것을 원칙으로 삼았다.

(라) 이 건축물의 겉면에는 일렁이는 파도를 연상시키는 곡선이 보이는데, 이는 당시 기존 건축양식과는 거리가 매우 멀어 처음엔 조롱거리가 되었다. 하지만 훗날 비평가들은 그의 창의성을 인정하게 됐고, 그의 작품을 현대 건축의 출발점으로 지금까지 평가되고 있다.

① (나) – (가) – (라) – (다)
② (나) – (다) – (가) – (라)
③ (나) – (다) – (라) – (가)
④ (나) – (라) – (가) – (다)
⑤ (나) – (라) – (다) – (가)

2024년 하반기 CJ

02

(가) 인간의 타고난 그대로의 자연스러운 본능이 성품이며, 인간이 후천적인 노력을 통하여 만들어 놓은 것이 인위이다.
(나) 따라서 인간의 성품은 악하나, 인위로 인해 선하게 된다.
(다) 즉, 배고프면 먹고 싶고 피곤하면 쉬고 싶은 것이 성품이라면, 배고파도 어른에게 양보하고 피곤해도 어른을 대신해 일하는 것은 인위이다.
(라) 그러므로 자연스러운 본능을 따르게 되면 반드시 다투고 빼앗는 결과를 초래하게 되지만, 스승의 교화를 받아 예의 법도를 따르게 되면 질서가 유지된다.

① (가) – (나) – (라) – (다)
② (가) – (다) – (나) – (라)
③ (가) – (다) – (라) – (나)
④ (가) – (라) – (나) – (다)
⑤ (가) – (라) – (다) – (나)

2024년 하반기 S-OIL

03

(가) 닭 한 마리가 없어져서 뒷집 식구들이 모두 나서서 찾았다. 그런데 앞집 부엌에서 고기 삶는 냄새가 났다. 왜 우리 닭을 잡아먹었느냐고 따지자 주인은 아니라고 잡아뗐다. 부엌에서 나는 고기 냄새는 무어냐고 물었더니, 냄새가 날 리 없다고, 아마도 네가 오랫동안 고기 맛을 보지 못해서 환장했을 거라고 면박을 준다. 너희 집 두엄더미에 버려진 닭 털은 어찌된 거냐고 들이대자 오리발을 들고 나와 그것은 네 집 닭 털이 아니라 우리 집 오리털이라고 변명한다. 네 집 닭을 훔쳐 먹은 것이 아니라 우리 집 오리를 내가 잡은 것인데, 그게 무슨 죄가 되냐고 오히려 큰소리친다.
(나) 남의 닭을 훔쳐다 잡아먹고서 부인할 수는 있다. 그러나 뭐 뀐 놈이 성내는 것도 분수가 있지, 피해자를 가해자로 몰아 처벌하게 하는 데야 말문이 막힐 수밖에 없는 일이 아닌가. 적반하장도 유분수지, 도둑이 주인을 도둑으로 처벌해 달라고 고소하는 일은 별로 흔하지 않을 것이다.
(다) 뒷집 사람은 원님에게 불려가게 되었다. 뒷집이 우리 닭을 훔쳐다 잡아먹었으니 처벌해 달라고 앞집 사람이 고소했던 것이다. 이번에는 증거물이 있었다. 바로 앞집 사람이 잡아먹고 남은 닭발이었는데, 그것을 뒷집 두엄더미에 넣어 두었던 것이다. 뒷집 사람은 앞집에서는 증조부 때 이후로 닭을 기른 적이 없다고 항변했지만 그것을 입증해 줄 만한 사람은 없었다. 뒷집 사람은 어쩔 수 없이 앞집에 닭 한 마리 값을 물어 주었다.
(라) '닭 잡아먹고 오리발 내민다.'는 속담이 있다. 제가 저지른 나쁜 일이 드러나게 되니 어떤 수단을 써서 남을 속이려 한다는 뜻이다. 남을 속임으로써 난감한 처지에서 벗어나고자 하는 약삭빠른 사람의 행위를 우리는 이렇게 비유해서 말하는 것이다.

① (라) – (가) – (나) – (다)
② (라) – (가) – (다) – (나)
③ (라) – (나) – (가) – (다)
④ (라) – (나) – (다) – (가)
⑤ (라) – (다) – (나) – (가)

| 2024년 상반기 삼성

04

(가) 이 전위차에 의해 전기장이 형성되어 전자가 이동하게 된다. 일반적으로 전자가 이동하더라도 얇은 산화물에 의해 막힐 것으로 생각하기 쉽지만, 전자 터널링 현상이 발생하여 전자가 얇은 산화물을 통과하게 된다. 이 전자들은 플로팅 게이트로 모이게 되고, 이러한 과정을 거쳐 데이터가 저장된다.
(나) 어떻게 NAND 플래시 메모리에 데이터가 저장될까? 플로팅 게이트에 전자가 없는 상태에서 NAND 플래시 메모리의 컨트롤 게이트에 높은 전압을 가하면 컨트롤 게이트는 높은 전위, 기저 상태는 낮은 전위를 갖게 되어 수직 방향으로 전위차가 발생한다.
(다) 반대로 플로팅 게이트에 전자가 저장된 상태에서 컨트롤 게이트에 0V를 가하면 전위차가 반대로 발생하고, 전자 터널링 현상에 의해 플로팅 게이트에 저장된 전자가 얇은 산화물을 통과하여 기저상태로 되돌아간다. 이런 과정을 거쳐 데이터가 지워지게 된다.
(라) NAND 플래시 메모리는 MOSFET 구조 위에 얇은 산화물, 플로팅 게이트, 얇은 산화물, 컨트롤 게이트를 순서대로 쌓은 구조이며, 데이터의 입력 및 삭제를 반복하여 사용할 수 있는 비휘발성 메모리의 한 종류이다.

① (나) – (가) – (라) – (다)
② (나) – (다) – (가) – (라)
③ (나) – (라) – (가) – (다)
④ (라) – (가) – (다) – (나)
⑤ (라) – (나) – (가) – (다)

| 2024년 상반기 KT

05

(가) 이글루가 따뜻해지는 원리를 과정에 따라 살펴보면 먼저 눈 벽돌로 이글루를 만든 후에 이글루 안에서 불을 피워 온도를 높이는 것을 알 수 있다.
(나) '에스키모'라고 하면 연상되는 것 중의 하나가 이글루이다.
(다) 이 과정을 반복하여 눈 벽돌집은 얼음집으로 변하며, 눈 사이에 들어 있던 공기는 빠져나가지 못하고 얼음 속에 갇히면서 내부가 따뜻해진다.
(라) 이글루는 눈을 벽돌 모양으로 잘라 만든 집임에도 불구하고 사람이 거주할 수 있을 정도로 따뜻하다.
(마) 온도가 올라감에 따라 눈이 녹으면서 벽의 빈틈을 메워 주고, 어느 정도 눈이 녹으면 출입구를 열어 물이 얼도록 한다.

① (가) – (다) – (나) – (라) – (마)
② (나) – (라) – (가) – (마) – (다)
③ (나) – (라) – (다) – (마) – (가)
④ (라) – (나) – (다) – (마) – (가)
⑤ (라) – (다) – (나) – (가) – (마)

06

(가) 개념사를 역사학의 한 분과로 발전시킨 독일의 역사학자 코젤렉은 '개념은 실재의 지표이자 요소'라고 하였다. 이 말은 실타래처럼 얽혀 있는 개념과 정치·사회적 실재, 개념과 역사적 실재의 관계를 정리하기 위한 중요한 지침으로 작용한다. 그에 의하면 개념은 정치적 사건이나 사회적 변화 등의 실재를 반영하는 거울인 동시에 정치·사회적 사건과 변화의 실제적 요소이다.

(나) 개념은 정치적 사건과 사회적 변화 등에 직접 관련되어 있거나 그것을 기록, 해석하는 다양한 주체들에 의해 사용된다. 이러한 주체들, 즉 '역사 행위자'들이 사용하는 개념은 여러 의미가 포개어진 층을 이룬다. 개념사에서는 사회·역사적 현실과 관련하여 이러한 층들을 파헤치면서 개념이 어떻게 사용되어 왔는가, 이 과정에서 그 의미가 어떻게 변화했는가, 어떤 함의들이 거기에 투영되었는가, 그 개념이 어떠한 방식으로 작동했는가 등에 대해 탐구한다.

(다) 이상에서 보듯이 개념사에서는 개념과 실재를 대조하고 과거와 현재의 개념을 대조함으로써 그 개념이 대응하는 실재를 정확히 드러내고 있는지, 아니면 실재의 이해를 방해하고 더 나아가 왜곡하는지를 탐구한다. 이를 통해 코젤렉은 과거에 대한 '단 하나의 올바른 묘사'를 주장하는 근대 역사학의 방법을 비판하고, 과거의 역사 행위자가 구성한 역사적 실재와 현재 역사가가 만든 역사적 실재를 의미있게 소통시키고자 했다.

(라) 사람들이 '자유', '민주', '평화' 등과 같은 개념을 사용할 때, 그 개념이 서로 같은 의미를 갖는 것은 아니다. '자유'의 경우 '구속받지 않는 상태'를 강조하는 개념으로 쓰이는가 하면, '자발성'이나 '적극적인 참여'를 강조하는 개념으로 쓰이기도 한다. 이러한 정의와 해석의 차이로 인해 개념에 대한 논란과 논쟁이 늘 있었다. 바로 이러한 현상에 주목하여 출현한 것이 코젤렉의 '개념사'이다.

(마) 또한 개념사에서는 '무엇을 이야기 하는가.'보다는 '어떤 개념을 사용하면서 그것을 이야기하는가.'에 관심을 갖는다. 개념사에서는 과거의 역사 행위자가 자신이 경험한 '현재'를 서술할 때 사용한 개념과 오늘날의 입장에서 '과거'의 역사 서술을 이해하기 위해 사용한 개념의 차이를 밝힌다. 그리고 과거의 역사를 현재의 역사로 번역하면서 양자가 어떻게 수렴될 수 있는가를 밝히는 절차를 밟는다.

① (가) – (나) – (다) – (라) – (마)
② (나) – (라) – (마) – (다) – (가)
③ (나) – (마) – (가) – (다) – (라)
④ (라) – (가) – (나) – (마) – (다)
⑤ (라) – (나) – (가) – (다) – (마)

07

(가) 상품의 가격은 기본적으로 수요와 공급의 힘으로 결정된다. 시장에 참여하고 있는 경제 주체들은 자신이 가진 정보를 기초로 하여 수요와 공급을 결정한다.
(나) 이런 경우에는 상품의 가격이 우리의 상식으로는 도저히 이해하기 힘든 수준까지 일시적으로 뛰어오르는 현상이 나타날 가능성이 있다. 이런 현상은 특히 투기의 대상이 되는 자산의 경우 자주 나타나는데, 우리는 이를 '거품 현상'이라고 부른다.
(다) 그러나 현실에서는 사람들이 서로 다른 정보를 갖고 시장에 참여하는 경우가 많다. 어떤 사람은 특정한 정보를 갖고 있는데 거래 상대방은 그 정보를 갖고 있지 못한 경우도 있다.
(라) 일반적으로 거품 현상이란 것은 어떤 상품 – 특히 자산 – 의 가격이 지속해서 급격히 상승하는 현상을 가리킨다. 이와 같은 지속적인 가격 상승이 일어나는 이유는 애초에 발생한 가격 상승이 추가적인 가격 상승의 기대로 이어져 투기 바람이 형성되기 때문이다.
(마) 이들이 똑같은 정보를 함께 갖고 있으며 이 정보가 아주 틀린 것이 아닌 한, 상품의 가격은 어떤 기본적인 수준에서 크게 벗어나지 않을 것으로 예상할 수 있다.

① (가) – (다) – (나) – (라) – (마)
② (가) – (마) – (다) – (나) – (라)
③ (라) – (가) – (다) – (나) – (마)
④ (라) – (다) – (가) – (나) – (마)
⑤ (마) – (가) – (다) – (라) – (나)

※ 다음 글을 읽고 추론한 내용으로 가장 적절한 것을 고르시오. [8~11]

| 2025년 상반기 SK

08

한국의 고령화는 세계에서 가장 빠른 속도로 진행되고 있다. 2025년에는 65세 이상 인구 비중이 20%를 넘어서며 본격적인 초고령사회에 진입한다. 이에 따라 과거에는 노년층이 경제의 주변부로 여겨졌지만, 최근에는 '그레이 르네상스'라는 말이 나올 정도로 시니어층이 소비와 사회 변화를 이끄는 주체로 떠오르고 있다. 특히 경제력과 건강을 갖춘 '액티브 시니어', 디지털 환경에 익숙한 '디지털 시니어' 등 다양한 모습의 노년층이 등장하면서 시니어 산업이 새로운 성장 동력으로 주목받고 있다.

시니어 산업은 매우 다양한 분야로 세분화된다. 먼저, 시니어 하우징 분야에서는 전통적인 실버타운을 넘어 자립 생활이 가능한 시니어 레지던스, 커뮤니티형 주거단지 등 다양한 주거형태가 등장하고 있다. 이들의 주거공간은 단순 거주 기능을 넘어 건강관리, 취미활동, 커뮤니티 형성 등 삶의 질을 높이는 서비스를 결합해 제공한다. 자산관리와 금융 분야도 빠르게 성장 중이다. 은퇴설계, 연금, 자산관리 서비스 등 시니어의 경제적 안정과 맞춤형 금융 상품에 대한 수요가 크게 늘고 있다.

건강관리와 요양・돌봄 분야 역시 시니어 산업의 핵심이다. 만성질환 관리, 건강식품, 의료기기, 원격진료 등 헬스케어 산업이 빠르게 발전하고 있으며, 방문요양, 돌봄 로봇, 스마트 모니터링 시스템 등 첨단 기술을 접목한 돌봄 서비스도 확산되고 있다. 특히 최근에는 웨어러블 기기를 통해 건강 데이터를 실시간으로 수집・분석하고, 이상 징후를 즉시 의료진이나 가족에게 알리는 시스템 등 인공지능과 사물인터넷을 활용한 스마트 헬스케어 서비스가 주목받고 있다.

여가와 문화, 교육 분야도 시니어 산업에서 빠질 수 없다. 여행, 평생교육, 취미활동, 문화예술 프로그램 등 시니어의 자기계발과 사회참여를 지원하는 다양한 서비스가 주목받고 있으며 최근에는 시니어 맞춤형 여행상품, 온라인 강좌, 문화예술 동아리 등이 인기를 끌고 있다. 마지막으로 고령층의 사회 참여와 일자리 창출도 중요한 이슈다. 단순한 생계형 일자리에서 벗어나 전문성과 경험을 살리는 것을 주요 목적으로 멘토링, 사회공헌 등의 활동이 각광받고 있다.

시니어 산업은 앞으로도 시장 규모가 지속적으로 성장할 것으로 전망된다. 고령화가 가져올 사회적 도전과 함께 기술 융합과 서비스 혁신을 통해 새로운 기회가 계속해서 창출될 것이다. 사회적 돌봄 인프라 강화, 디지털 격차 해소 등 해결해야 할 과제도 많지만, 시니어 산업은 결국 한국 사회의 미래를 이끌 중요한 산업이 될 것으로 전망된다.

① 요양원 운영은 대표적인 시니어 하우징 사업이다.
② 갈수록 심해지는 고령화는 시니어 산업의 성장을 이끌어 낼 것이다.
③ 시니어 사업은 디지털 격차로 인해 전통적인 기술이 선호되는 사업이다.
④ 그레이 르네상스는 첨단 기기를 잘 다루는 노년층이 등장하면서 시작되었다.
⑤ 고령층 일자리 창출 사업의 목적은 노인의 자립을 위한 생계형 일자리 제공이다.

09

환경 결정론을 간단히 정의하면 모든 인간의 행동, 노동과 창조 등은 환경 내의 자연적 요소들에 의해 미리 결정되거나 통제된다는 것이다. 이에 대하여 환경 가능론은 자연 환경은 단지 인간이 반응할 수 있는 다양한 가능성의 기회를 제공할 뿐이며, 인간은 환경을 변화시킬 수 있는 능동적인 힘을 가지고 있다고 반박한다.
환경 결정론 사조 형성에 영향을 준 사상은 1859년에 발표된 다윈의 진화론이다. 다윈의 진화 사상과 생물체가 환경에 적응한다는 개념은 인간도 특정 환경에 적응해야 한다는 것으로 수렴되었다. 이러한 철학적 배경하에 형성되기 시작한 환경 결정론의 발달에 공헌한 사람으로는 라첼, 드모랭, 샘플 등이 있다. 라첼은 인간도 자연 법칙 아래에서 살고 있다고 보았으며, 문화의 형태도 자연적 조건에 의해 결정되고 적응한 결과로 간주하였다. 드모랭은 보다 극단적으로 사회 유형은 환경적 힘의 산물로 보고 초원 지대의 유목 사회, 지중해 연안의 상업 사회를 환경 결정론적 사고에 입각하여 해석하였다.
환경 결정론이 인간의 의지와 선택의 자유를 인정하지 않는다는 점이 문제라면, 환경 가능론은 환경이 제공한 많은 가능성 중 왜 어떤 가능성이 선택되어야 하는가를 설명하기 힘든 점이 문제이다. 과학 기술의 발달에 의해 인간이 자연의 많은 장애물을 극복하게 된 것은 사실이지만, 실패로 인해 고통받는 사례도 많다. 사실, 결정론이냐 가능론이냐 결론을 내리는 것은 그리 중요하지 않다. 인간과 환경의 관계는 매우 복잡하며, 지표상의 경관은 자연적인 힘과 문화적인 힘에 의해 이루어지기 때문에 어떤 한 가지 결정 인자를 과소평가하거나 과장하면 안 된다. 인간 활동의 결과로 인한 총체적인 환경 파괴 문제가 현대 문명 전반의 위기로까지 심화되는 오늘날, 인간과 자연의 진정한 상호 관계는 어떠해야 할지 생각해야 할 것이다. 이제 자연이 부여한 여러 가지 가능성 중에서 자연 환경과 조화를 이룰 수 있는 가능성을 선택해야 할 때이다.

① 인간과 자연은 항상 대립하고 있어. 자연의 위력 앞에서 우리는 맞서 싸워야 해.
② 자연의 힘은 대단해. 몇 해 전 동남아 대해일을 봤지? 인간이 얼마나 무력한지 알겠어.
③ 우리는 잘 살기 위해서 자연을 너무 훼손했어. 이제는 자연과 공존하는 삶을 생각해야 해.
④ 인간은 자연의 위대함 앞에 굴복해야 돼. 인간의 끝없는 욕망이 오늘의 재앙을 불러왔다고 봐야 해.
⑤ 인간의 능력은 초자연적이야. 이런 능력을 잘 살려 나간다면 에너지 부족 사태쯤이야 충분히 해결할 거야.

10

두뇌 연구는 지금까지 뉴런을 중심으로 진행되어 왔다. 뉴런 연구로 노벨상을 받은 카얄은 뉴런이 '생각의 전화선'이라는 이론을 확립하여 사고와 기억 등 두뇌에서 일어나는 모든 현상을 뉴런의 연결망과 뉴런 간의 전기 신호로 설명했다. 그러나 두뇌에는 뉴런 외에도 신경교 세포가 존재한다. 신경교 세포는 뉴런처럼 그 수가 많지만 전기 신호를 전달하지 못한다. 이 때문에 과학자들은 신경교 세포가 단지 두뇌 유지에 필요한 영양 공급과 두뇌 보호를 위한 전기 절연의 역할만을 가진다고 여겼다.
그러나 최근 과학자들은 신경교 세포에서 새로운 기능을 발견했다. 신경교 세포 중에도 '성상세포'라 불리는 별 모양의 세포는 자신만의 화학적 신호를 가진다는 것이 밝혀졌다. 성상세포는 뉴런처럼 전기를 이용하지는 않지만, '뉴런 송신기'라고 불리는 화학물질을 방출하고 감지한다. 과학자들은 이러한 화학적 신호의 연쇄반응을 통해 신경교 세포가 전체 뉴런을 조정한다고 추론했다.
A연구팀은 신경교 세포가 전체 뉴런을 조정하면서 기억력과 사고력을 향상시킨다는 가설을 세우고, 이를 확인하기 위해 인간의 신경교 세포를 갓 태어난 생쥐의 두뇌에 주입했다. 쥐가 자라면서 주입된 인간의 신경교 세포도 성장했다. 이 세포들은 쥐의 뉴런들과 완벽하게 결합되어 쥐의 두뇌 전체에 걸쳐 퍼지게 되었다. 심지어 어느 두뇌 영역에서는 쥐의 뉴런의 숫자를 능가하기도 했다. 뉴런과 달리 쥐와 인간의 신경교 세포는 비교적 쉽게 구별된다. 인간의 신경교 세포는 매우 길고 무성한 섬유질을 가지기 때문이다. 쥐에 주입된 인간의 신경교 세포는 그 기능을 그대로 간직한다. 그렇게 성장한 쥐들은 다른 쥐들과 잘 어울렸고, 다른 쥐들의 관심을 끄는 것에 흥미를 보였다. 이 쥐들은 미로를 통과해 치즈를 찾는 테스트에서 더 뛰어났다. 보통의 쥐들은 네다섯 번의 시도 끝에 올바른 길을 배웠지만, 인간의 신경교 세포를 주입받은 쥐들은 두 번 만에 학습했다.

① 인간의 신경교 세포를 쥐에게 주입하면, 쥐의 뉴런은 전기 신호를 전달하지 못할 것이다.
② 인간의 뉴런 세포를 쥐에게 주입하면, 쥐의 두뇌에는 화학적 신호의 연쇄 반응이 더 활발해질 것이다.
③ 인간의 뉴런 세포를 쥐에게 주입하면, 그 뉴런 세포는 쥐의 두뇌 유지에 필요한 영양을 공급할 것이다.
④ 인간의 신경교 세포를 쥐에게 주입하면, 그 신경교 세포는 쥐의 뉴런을 보다 효과적으로 조정할 것이다.
⑤ 인간의 신경교 세포를 쥐에게 주입하면, 그 신경교 세포는 쥐의 신경교 세포의 기능을 갖도록 변화할 것이다.

11

1896년 『독립신문』 창간을 계기로 여러 가지의 애국가 가사가 신문에 게재되기 시작했는데, 어떤 곡조에 따라 이 가사들을 노래로 불렀는지는 명확하지 않다. 다만 대한제국이 서구식 군악대를 조직해 1902년 '대한제국 애국가'라는 이름의 국가(國歌)를 만들어 나라의 주요 행사에 사용했다는 기록은 남아 있다. 오늘날 우리가 부르는 애국가의 노랫말은 외세의 침략으로 나라가 위기에 처해있던 1907년을 전후하여 조국애와 충성심을 북돋우기 위하여 만들어졌다.

1935년 해외에서 활동 중이던 안익태는 오늘날 우리가 부르고 있는 국가를 작곡하였다. 대한민국 임시정부는 이 곡을 애국가로 채택해 사용했으나 이는 해외에서만 퍼져나갔을 뿐, 국내에서는 광복 이후 정부수립 무렵까지 애국가 노랫말을 스코틀랜드 민요에 맞춰 부르고 있었다. 그러다가 1948년 대한민국 정부가 수립된 이후 현재의 노랫말과 함께 안익태가 작곡한 곡조의 애국가가 정부의 공식 행사에 사용되고 각급 학교 교과서에도 실리면서 전국적으로 애창되기 시작하였다.

애국가가 국가로 공식화되면서 1950년대에는 대한뉴스 등을 통해 적극적으로 홍보가 이루어졌다. 그리고 「국기게양 및 애국가 제창 시의 예의에 관한 지시(1966)」 등에 의해 점차 국가의례의 하나로 간주되었다.

1970년대 초에는 공연장에서 본공연 전에 애국가가 상영되기 시작하였다. 이후 1980년대 중반까지 주요 방송국에서 국기강하식에 맞춰 애국가를 방송하였다. 주요 방송국의 국기강하식 방송, 극장에서의 애국가 상영 등은 1980년대 후반 중지되었으며 음악회와 같은 공연 시 애국가 연주도 이때 자율화되었다.

오늘날 주요 행사 등에서 애국가를 제창하는 경우에는 부득이한 경우를 제외하고 4절까지 제창하여야 한다. 애국가는 모두 함께 부르는 경우에는 전주곡을 연주한다. 다만, 약식 절차로 국민의례를 행할 때 애국가를 부르지 않고 연주만 하는 의전행사(외국에서 하는 경우 포함)나 시상식・공연 등에서는 전주곡을 연주해서는 안 된다.

① 1940년에 해외에서는 안익태가 만든 애국가 곡조를 들을 수 없었다.
② 1990년대 초반에는 국기강하식 방송과 극장에서의 애국가 상영이 의무화되었다.
③ 오늘날 우리가 부르는 애국가의 노랫말은 1896년 『독립신문』에 게재되지 않았다.
④ 시상식에서 애국가를 부르지 않고 연주만 하는 경우에는 전주곡을 연주할 수 있다.

※ 다음 글의 주제로 가장 적절한 것을 고르시오. [12~15]

| 2024년 상반기 S-OIL

12

> 현재 우리나라의 진료비 지불제도 중 가장 주도적으로 시행되는 지불제도는 행위별수가제이다. 행위별수가제는 의료기관에서 의료인이 제공한 의료서비스(행위, 약제, 치료 재료 등)에 대해 서비스별로 가격(수가)을 정하여 사용량과 가격에 의해 진료비를 지불하는 제도로, 의료보험 도입 당시부터 채택하고 있는 지불제도이다. 그러나 최근 관련 전문가들로부터 이러한 지불제도를 개선해야 한다는 목소리가 많이 나오고 있다.
> 조사에 의하면 우리나라의 국민의료비를 증대시키는 주요 원인은 고령화로 인한 진료비 증가와 행위별수가제로 인한 비용의 무한 증식이다. 현재 우리나라의 국민의료비는 OECD 회원국 중 최상위를 기록하고 있으며 앞으로 더욱 심화될 것으로 예측된다. 특히 행위별수가제는 의료행위를 할수록 지불되는 진료비가 증가하므로 CT, MRI 등 영상검사를 중심으로 의료 남용이나 과다 이용 문제가 발생하고 있고, 병원의 이익 증대를 위하여 환자에게는 의료비 부담을, 의사에게는 업무 부담을, 건강보험에는 재정 부담을 증대시키고 있다.
> 이러한 행위별수가제의 문제점을 개선하기 위해 일부 질병군에서는 환자가 입원해서 퇴원할 때까지 발생하는 진료에 대하여 질병마다 미리 정해진 금액을 내는 제도인 포괄수가제를 시행 중이며 요양병원, 보건기관에서는 입원 환자의 질병, 기능 상태에 따라 입원 1일당 정액수가를 적용하는 정액수가제를 병행하여 실시하고 있지만 비용 산정의 경직성, 의사 비용과 병원 비용의 비분리 등 여러 가지 문제점이 있어 현실적으로 효과를 내지 못하고 있다는 지적이 나오고 있다.
> 기획재정부와 보건복지부는 시간이 지날수록 건강보험 적자가 계속 증대되어 머지않아 고갈될 위기에 있다고 발표하였다. 당장 행위별수가제를 전면적으로 폐지할 수는 없으므로 기존의 다른 수가제의 문제점을 개선하여 확대하는 등 의료비 지불방식의 다변화가 구조적으로 진행되어야 할 것이다.

① 신포괄수가제의 정의
② 건강보험의 재정 상황
③ 행위별수가제의 한계점
④ 의료비 지불제도의 역할
⑤ 다양한 의료비 지불제도 소개

13

정부는 탈원전·탈석탄 공약에 발맞춰 2030년까지 전체 국가발전량의 20%를 신재생에너지로 채운다는 정책목표를 수립하였다. 목표를 달성하기 위해 신재생에너지에 대한 송·변전 계획을 제8차 전력 수급기본계획에 처음으로 수립하겠다는 게 정부의 방침이다.
정부는 기존의 수급계획이 수급 안정과 경제성을 중심으로 수립된 것에 반해, 8차 계획은 환경성과 안전성을 중점으로 하였다고 밝혔으며 신규 발전설비는 원전, 석탄화력발전에서 친환경, 분산형 재생에너지와 LNG 발전을 우선시하는 방향으로 수요관리를 통합하여 합리적 목표 수용 결정에 주안점을 두었다고 밝혔다.
그동안 많은 NGO 단체에서 에너지분산에 관한 다양한 제안을 해왔지만 정부 차원에서 고려하거나 논의가 활발히 진행된 적은 거의 없었으며 명목상으로 포함하는 수준이었다. 그러나 이번 정부에서는 탈원전·탈석탄 공약을 제시하는 등 중앙집중형 에너지 생산시스템에서 분산형 에너지 생산시스템으로 정책의 방향을 전환하고자 한다.
중앙집중형 에너지 생산시스템은 환경오염, 송전선 문제, 지역에너지 불균형 문제 등 다양한 사회적인 문제를 야기하였다. 하지만 그동안은 값싼 전기인 기저 전력을 편리하게 사용할 수 있는 환경을 조성하고자 하는 기존 에너지계획과 전력 수급계획에 밀려 중앙집중형 발전원 확대가 꾸준히 진행되었다. 그러나 현재는 중앙집중형 에너지정책에서 분산형 에너지정책으로 전환을 모색하기 위한 다각도의 노력을 하고 있다. 이러한 정부의 정책변화와 아울러 석탄화력발전소가 국내 미세먼지에 주는 영향과 일본 후쿠시마 원자력 발전소 문제, 국내 경주 대지진 및 포항 지진 문제 등으로 인한 원자력에 대한 의구심 또한 커지고 있다.
제8차 전력 수급계획(안)에 의하면, 우리나라의 에너지정책은 격변기를 맞고 있다. 우리나라는 현재 중앙집중형 에너지 생산시스템이 대부분이며 분산형 전원 시스템은 그 설비용량이 극히 적은 상태이다. 또한 우리나라의 발전설비는 105GW이며, 지난해 최대 전력치를 보면 80GW 수준이므로 25GW 정도의 여유가 있는 상태이다. 25GW라는 여유는 원자력발전소 약 25기 정도의 전력 생산설비가 여유 있는 상황이라고 볼 수 있다. 또한 제7차 전력 수급기본계획에서 전기수요 증가율을 4.3 ~ 4.7%라고 예상하였으나 실제 증가율은 1.3 ~ 2.8% 수준에 그쳤다는 점은 우리나라의 전력 소비량 증가량이 둔화하고 있는 상태라는 것을 나타내고 있다.

① 에너지 분권의 필요성과 방향
② 중앙집중형 에너지정책의 한계점
③ 전력 소비량과 에너지 공급량의 문제점
④ 중앙집중형 에너지 생산시스템의 발전 과정

14

중세 유럽에서는 토지나 자원을 왕실이 소유하고 있었다. 사람들이 이것을 이용하려면 일정한 비용을 지불해야 했다. 예를 들어 광산을 개발하거나 수산물을 얻는 사람들은 해당 자원의 이용에 대한 비용을 왕실에 지불하였고, 이는 왕실의 권력과 부의 유지를 돕는 동시에 국가의 재정을 보충하는 역할을 하였다. 이때 지불한 비용을 바로 로열티라고 한다.
로열티의 개념은 산업 혁명과 함께 발전하였다. 산업 혁명을 통해 특허, 상표 등의 지적 재산권이 보호되기 시작하면서 기업들은 이러한 권리를 보유한 개인이나 조직에게 사용에 대한 보상을 지불하게 되었다. 지적 재산권은 기업이 특정한 기술, 디자인, 상표 등을 보유하고 있을 때 그들에게 독점적인 권리를 제공하고, 이러한 권리의 보호와 보상을 위해 로열티 제도가 도입되었다.
로열티는 기업과 지적 재산권 소유자 간의 계약에 의해 설정되는 형태로 발전하였다. 기업이 특정 제품을 판매하거나 특정 기술을 이용하는 경우 지적 재산권 소유자에게 계약에 따라 정해진 로열티를 지불하게 된다. 이로써 지적 재산권을 보유한 개인이나 조직은 자신들의 창작물이나 기술의 사용에 대해 보상을 받을 수 있으며, 기업들은 지적 재산권의 이용을 허가받아 경쟁 우위를 확보할 수 있게 되었다.
현재 로열티는 제품 판매나 라이선스, 저작물의 이용 등 다양한 형태로 나타나며, 지적 재산권의 보호와 경제적 가치를 확보하는 중요한 수단으로 작용하고 있다. 로열티는 지식과 창조성의 보상으로서 역할을 수행하여 기업들의 연구 개발을 촉진하고 혁신을 격려한다. 이처럼 로열티 제도는 기업과 지적 재산권 소유자 간의 상호 협력 및 혁신적인 경제 발전에 기여하는 중요한 구조적 요소이다.

① 지적 재산권의 정의
② 로열티 제도의 모순
③ 로열티 지급 시 유의사항
④ 로열티 제도의 유래와 발전
⑤ 지적 재산권을 보호하는 방법

15

쇼펜하우어에 따르면 우리가 살고 있는 세계의 진정한 본질은 의지이며 그 속에 있는 모든 존재는 맹목적인 삶의 의지에 의해서 지배당하고 있다. 쇼펜하우어는 우리가 일상적으로 또는 학문적으로 접근하는 세계는 단지 표상의 세계일 뿐이라고 주장하는데, 인간의 이성은 단지 이러한 표상의 세계만을 파악할 수 있을 뿐이다. 그에 따르면 존재하는 세계의 모든 사물들은 우선적으로 표상으로서 드러나게 된다. 시간과 공간 그리고 인과율에 의해서 파악되는 세계가 나의 표상인데, 이러한 표상의 세계는 오직 나에 의해서, 즉 인식하는 주관에 의해서만 파악되는 세계이다. 쇼펜하우어에 따르면 이러한 주관은 모든 현상의 세계, 즉 표상의 세계에서 주인의 역할을 하는 '나'이다.

이러한 주관을 이성이라고 부를 수도 있는데, 이성은 표상의 세계를 이끌어가는 주인공의 역할을 하는 것이다. 그러나 쇼펜하우어는 여기서 한발 더 나아가 표상의 세계에서 주인의 역할을 하는 주관 또는 이성은 의지의 지배를 받는다고 주장한다. 즉, 쇼펜하우어는 이성에 의해서 파악되는 세계의 뒤편에는 참된 본질적 세계인 의지의 세계가 있으므로 표상의 세계는 제한적이며 표면적인 세계일 뿐, 결코 이성에 의해서 또는 주관에 의해서 절대 파악될 수 없다고 주장한다. 오히려 그는 그동안 인간이 진리를 파악하는 데 최고의 도구로 칭송받던 이성이나 주관을 의지에 끌려 다니는 피지배자일 뿐이라고 비판한다.

① 세계의 본질로서 의지의 세계
② 표상 세계의 극복과 그 해결 방안
③ 의지의 세계와 표상의 세계 간의 차이
④ 표상 세계 안에서의 이성의 역할과 한계

16 다음 글의 중심 내용으로 가장 적절한 것은?

> 동양 사상이라고 해서 언어와 개념을 무조건 무시하는 것은 절대 아니다. 만약 그렇다면 동양 사상은 경전이나 저술을 통해 언어화되지 않고 순전히 침묵 속에서 전수되어 왔을 것이다. 물론 이것은 사실이 아니다. 동양 사상도 끊임없이 언어적으로 다듬어져 왔으며 논리적으로 전개되어 왔다. 흔히 동양 사상은 신비주의적이라고 말하지만, 이것은 동양 사상의 한 면만을 특정하는 것이지 결코 동양의 철인(哲人)들이 사상을 전개함에 있어 논리를 무시했다거나 항시 어떤 신비적인 체험에 호소해서 자신의 주장들을 폈다는 것을 뜻하지는 않는다.
> 그러나 역시 동양 사상은 신비주의적임에 틀림없다. 거기서는 지고(至高)의 진리란 언제나 언어화될 수 없는 어떤 신비한 체험의 경지임이 늘 강조되어 왔기 때문이다. 최고의 진리는 언어 이전, 혹은 언어 이후의 무언(無言)의 진리이다. 엉뚱하게 들리겠지만, 동양 사상의 정수(精髓)는 말로써 말이 필요 없는 경지를 가리키려는 데에 있다고 해도 과언이 아니다. 말이 스스로 부정하고 초월하는 경지를 나타내도록 사용된 것이다. 언어로써 언어를 초월하는 경지를 나타내고자 하는 것이야말로 동양 철학이 지닌 가장 특징적인 정신이다.
> 동양에서는 인식의 주체를 심(心)이라는 매우 애매하면서도 포괄적인 말로 이해해 왔다. 심(心)은 물(物)과 항시 자연스러운 교류를 하고 있으며, 이성은 단지 심(心)의 일면일 뿐인 것이다. 동양은 이성의 오만이라는 것을 모른다. 지고의 진리, 인간을 살리고 자유롭게 하는 생동적 진리는 언어적 지성을 넘어선다는 의식이 있었기 때문일 것이다. 언어는 언제나 마음을 따르지 못하여 둘 사이에는 항시 괴리가 있다는 생각이 동양인들의 의식 저변에 깔려 있다.

① 동양 사상은 신비주의적인 요소가 많다.
② 언어와 개념을 무시하면 동양 사상을 이해할 수 없다.
③ 동양 사상은 언어적 지식을 초월하는 진리를 추구한다.
④ 인식의 주체를 심(心)으로 표현하는 동양 사상은 이성적이라고 할 수 없다.
⑤ 동양 사상에서는 언어는 마음을 따르므로 진리는 마음속에 있다고 주장한다.

17 다음 글을 〈보기〉와 같은 순서로 재구성하려고 할 때, 논리적 순서대로 바르게 나열한 것은?

(가) 최근 전자상거래 시장에서 소셜 커머스 열풍이 거세게 불고 있다. 할인율 50%라는 파격적인 조건으로 검증된 상품을 구매할 수 있다는 입소문이 나면서 국내 소셜 커머스 시장의 규모가 급성장하고 있다. 시장 규모가 커지다 보니 개설된 소셜 커머스 사이트가 수백 개에 달하고, 소셜 커머스 모임 사이트까지 등장할 정도로 소셜 커머스의 인기가 날로 높아지고 있다.

(나) 현재 국내 소셜 커머스는 일정 수 이상의 구매자가 모일 경우 파격적인 할인가로 상품을 판매하는 방식의 소셜 쇼핑이 주를 이루고 있다. 그러나 소셜 쇼핑 외에도 SNS상에 개인화된 쇼핑 환경을 만들거나 상거래 전용공간을 여는 방식의 소셜 커머스도 등장하고 있다. 소셜 커머스의 소비자는 판매자(생산자)의 상품을 구매하는 데서 그치지 않고 핀매자들로 하어금 자신들이 원하는 물건을 판매하도록 유도할 수 있으며, 자신들 스스로가 새로운 소비자를 끌어모을 수도 있다. 이러한 소비자의 변모는 소비자의 역할뿐만 아니라 상거래 지형이 크게 변화할 것임을 시사한다. 소셜 커머스 시대에는 소비자가 상거래의 주도권을 쥐는 일이 가능해진 것이다.

(다) 소셜 커머스란 소셜 네트워크 서비스(SNS)를 통하여 이루어지는 전자상거래를 가리키는 말이다. 소셜 커머스는 상품의 구매를 원하는 사람들이 할인을 성사하기 위하여 공동 구매자를 모으는 과정에서 주로 SNS를 이용하는 데서 그 명칭이 유래되었다. 소셜 커머스는 2005년 '야후(Yahoo)'의 장바구니 공유서비스인 '쇼퍼스피어(Shopersphere)'같은 사이트를 통하여 처음 소개되었다.

보기

국내 소셜 커머스의 현황 – 소셜 커머스의 명칭 유래 및 등장 배경 – 소셜 커머스의 유형 및 전망

① (가) – (나) – (다)
② (가) – (다) – (나)
③ (나) – (가) – (다)
④ (나) – (다) – (가)

※ 다음 글을 읽고 추론한 내용으로 적절하지 않은 것을 고르시오. [18~20]

| 2024년 상반기 삼성

18

레이저 절단 가공은 절단하고자 하는 소재에 고밀도, 고열원의 레이저를 쏘아 절단 부위를 녹이고 증발시켜 소재를 절단하는 최첨단 기술이다. 레이저 절단 가공은 일반 가공법으로는 작업이 불가능한 절단면 및 복잡하고 정교한 절단 형상을 신속하고 정확하게 절단하여 가공할 수 있고, 절단하고자 하는 소재의 제약도 일반 가공법에 비해 자유롭다. 또한, 재료와 직접 접촉하지 않으므로 절단 소재의 물리적 변형이 적어 깨지기 쉬운 소재도 다루기 쉽고, 다른 열 절단 가공에 비해 열변형의 우려가 적다. 이런 장점으로 반도체 소자가 나날이 작아지고 더욱 정교해지면서 레이저 절단 가공은 반도체 산업에서는 이제 없어서는 안 될 필수적인 과정이 되었다.

① 레이저 절단 가공 작업 중에는 기체가 발생한다.
② 과거 반도체 소자의 정교함은 현재 반도체 소자에 미치지 못하였을 것이다.
③ 레이저 절단 가공은 절단 부위를 녹이므로 열변형의 우려가 큰 가공법이다.
④ 현재 기술력으로는 다른 가공법을 사용하여 반도체 소자를 다루기 힘들 것이다.
⑤ 두께가 얇아 깨지기 쉬운 반도체 웨이퍼는 레이저 절단 가공으로 가공하여야 한다.

19

초기의 독서는 소리 내어 읽는 음독 중심이었다. 고대 그리스인들은 쓰인 글이 완전해지려면 소리 내어 읽는 행위가 필요하다고 생각했다. 또한, 초기의 두루마리 책은 띄어쓰기나 문장부호 없이 이어 쓰는 연속 기법으로 표기되어 어쩔 수 없이 독자가 자기 목소리로 문자의 뜻을 더듬어가며 읽어봐야 글을 이해할 수 있었다. 흡사 종교의식을 치르듯 성서나 경전을 진지하게 암송하는 낭독이나, 필자나 전문 낭독가가 낭독하는 것을 들음으로써 간접적으로 책을 읽는 낭독 – 듣기가 보편적이었다.
그러던 12세기 무렵 독서 역사에 큰 변화가 일어나는데, 그것은 유럽 수도원의 필경사들 사이에서 시작된 '소리를 내지 않고 읽는 묵독'의 발명이었다. 공동생활에서 소리를 최대한 낮춰 읽는 것이 불가피했던 것이다. 비슷한 시기에 두루마리 책을 완전히 대체하게 된 책자형 책은 주석을 참조하거나 앞부분을 다시 읽는 것을 가능하게 하여 묵독을 도왔다. 묵독이 시작되자 낱말의 간격이나 문장의 경계 등을 표시할 필요성이 생겨 띄어쓰기와 문장부호가 발달했다. 이와 함께 반체제, 에로티시즘, 신앙심 등 개인적 체험을 기록한 책도 점차 등장했다. 이러한 묵독은 꼼꼼히 읽는 분석적 읽기를 가능하게 했다.
음독과 묵독이 공존하던 18세기 중반에 새로운 독서 방식으로 다독이 등장했다. 금속활자와 인쇄술의 보급으로 책 생산이 이전의 3 ~ 4배로 증가하면서 다양한 장르의 책들이 출판되었다. 이전에 책을 접하지 못했던 여성들이 독자로 대거 유입되었고, 독서 조합과 대출 도서관 등 독서 기관이 급격히 증가했다. 이전 시대에는 제한된 목록의 고전을 여러 번 정독하는 집중형 독서가 주로 행해졌던 반면, 이제는 분산형 독서가 행해졌다. 이것은 필독서인 고전의 권위에 대항하여 자신이 읽고 싶은 것을 골라 읽는 자유로운 선택적 읽기를 뜻한다. 이처럼 오늘날 행해지는 다양한 독서 방식들은 장구한 시간의 흐름 속에서 하나씩 등장했다. 그래서 거기에는 당대의 지식사를 이끌었던 흔적들이 남아 있다.

① 다양한 내용의 책을 읽는 데에는 분산형 독서가 효과적이다.
② 분산형 독서는 고전이 전에 가졌던 권위를 약화시켰다.
③ 18세기 중반 이전에는 여성 독자의 수가 제한적이었다.
④ 책의 형태가 변화하면 독서의 방식도 따라서 변화한다.
⑤ 책자형 책의 출현으로 인해 낭독의 확산이 가능해졌다.

20

김치는 넓은 의미에서 소금, 초, 장 등에 '절인 채소'를 말한다. 김치의 어원인 '딤채(沈菜)'도 '담근 채소'라는 뜻이다. 그러므로 깍두기, 오이지, 오이소박이, 단무지는 물론 장아찌까지도 김치류에 속한다고 볼 수 있다. 우리나라의 김치는 '지'라고 불렸다. 그래서 짠지, 싱건지, 오이지 등의 김치에는 지금도 '지'가 붙는다. 초기의 김치는 단무지나 장아찌에 가까웠을 것이다.
처음에는 서양의 피클이나 일본의 쓰케모노와 비슷했던 김치가 이들과 전혀 다른 음식이 된 것은 젓갈과 고춧가루를 쓰기 시작하면서부터이다. 하지만 이때에도 김치의 주재료는 무나 오이였다. 우리가 흔히 먹는 배추김치는 18세기 말 중국으로부터 크고 맛이 좋은 배추 품종을 들여온 뒤로 사람들이 널리 담그기 시작하였고, 20세기에 들어와서야 무김치를 능가하게 되었다.
김치와 관련하여 우리나라 향신료의 대명사로 쓰이는 고추는 생각만큼 오랜 역사를 갖고 있지 않다. 중미 멕시코가 원산지인 고추는 '남만초'나 '왜겨자'라는 이름으로 16세기 말 조선에 전래되어 17세기부터 서서히 보급되다가 17세기 말부터 가루로 만들어 비로소 김치에 쓰이게 되었다. 조선 전기까지 주요 향신료는 후추, 천초 등이었고, 이 가운데 후추는 값이 비싸 쉽게 얻을 수 없었다. 19세기 무렵에 와서 고추는 향신료로써 압도적인 우위를 차지하게 되었다. 그 결과 후추는 더 이상 고가품이 아니게 되었으며, '산초'라고도 불리는 천초의 경우 지금에 와서는 간혹 추어탕에나 쓰일 정도가 되었다.
우리나라의 고추는 다른 나라의 고추 품종과 달리 매운맛에 비해 단맛 성분이 많고, 색소는 강렬하면서 비타민C 함유량이 매우 많다. 더구나 고추는 소금이나 젓갈과 어우러져 몸에 좋은 효소를 만들어 내고 몸의 지방 성분을 산화시켜 열이 나게 함으로써 겨울의 추위를 이기게 하는 기능이 있다. 고추가 김장김치에 사용되기 시작한 것도 이 때문이라고 한다.

① 19세기 이후 후추와 천초는 향신료로서의 우위를 고추에 빼앗겼다.
② 배추김치가 김치의 대명사가 된 것은 불과 100여 년밖에 되지 않았다.
③ 초기의 김치는 서양의 피클이나 일본의 쓰케모노와 크게 다르지 않았다.
④ 김장김치에 고추가 사용되기 시작한 것은 몸에 열을 발생시키는 효능 때문이다.
⑤ 고추가 들어오기 전까지는 김치에 고추 대신 후추, 천초와 같은 향신료를 사용하였다.

※ 다음 글의 내용으로 가장 적절한 것을 고르시오. **[21~23]**

| 2025년 상반기 SK

21

우리가 세계지도를 펼쳐보며 익숙하게 느끼는 경도와 위도 그리고 대륙의 윤곽은 수많은 시행착오와 발견의 역사를 거쳐 완성된 것으로, 그 시작점 중 하나가 바로 2세기 그리스 – 로마 시대에 등장한 프톨레마이오스의 세계지도다. 프톨레마이오스의 세계지도는 단순한 상상이 아니라, 프톨레마이오스가 집필한 『지리학』을 바탕으로 천체 관측과 좌표 계산을 통해 체계적으로 만들어진 고대 과학의 산물이었다. 곡선의 경도와 위도선을 처음으로 도입했다는 점에서 당시 지구가 구형임을 인식했다는 점도 눈여겨볼 수 있다.
프톨레마이오스의 세계지도에서는 카나리아 제도가 경도 0도로 설정되어 있고, 동쪽으로 180도, 남북으로는 적도를 기준으로 80도까지의 세계가 펼쳐진다. 지도에는 지중해와 인도양이라는 두 개의 내해가 뚜렷하게 구분되어 있으며, 유럽, 중동, 인도, 실론 섬(현재의 스리랑카), 인도차이나반도, 중국 등 다양한 지역이 포함되어 있다. 아프리카 대륙의 남쪽은 동쪽으로 길게 뻗어 동남아시아와 연결된 육지로 그려졌고, 실론 섬은 실제보다 훨씬 크게 묘사되었다. 카스피해는 현대와 달리 동서로 길게 표현되었으며, 나일강의 수원지는 '달의 산맥'이라는 이름으로 표기되어 있다. 또한, 인도는 인더스 강과 갠지스 강 사이에 실제보다 작게 나타나고, 말레이반도는 '황금반도'로 그 너머에는 태국 만과 남중국해가 합쳐진 '거대한 만(Magnus Sinus)'이 자리하여 당시의 사람들이 어떤 세계관을 가지고 있었는지 직접적으로 보여준다.
그러나 프톨레마이오스의 세계지도에는 현재와는 다른 부정확한 표현들이 적지 않다. 이러한 오류들은 당시의 과학적 한계와 정보 부족에서 비롯된 것이다. 정밀한 측정 도구가 없어 경도 측정이 부정확했고, 여행자와 상인, 군사 원정대 등으로부터 전해들은 단편적인 지식에 의존하다 보니 실제와 다른 지형이나 크기가 지도에 반영될 수밖에 없었다. 실론 섬이 지나치게 크게 그려진 것, 아프리카가 동남아시아와 연결된 육지로 표현된 것 등은 모두 프톨레마이오스가 얻을 수 있었던 제한된 자료와 관측 기술의 한계를 보여준다. 이러한 점들은 프톨레마이오스의 세계지도가 고대의 세계관과 지리 지식을 반영하는 동시에 그 시대의 한계를 고스란히 담고 있음을 시사한다.
그러나 이 지도의 영향력은 고대에 머물지 않았다. 프톨레마이오스의 『지리학』은 9세기 이슬람 세계에서 아랍어로 번역되어 이슬람 학자들에게 큰 영향을 주었고, 15세기 초에는 라틴어로 번역되어 유럽에 다시 소개되었다. 원본 지도는 남아 있지 않지만 13세기 말 비잔틴 수도사들이 좌표 기록을 바탕으로 재구성한 판본이 전해진다. 이후 15세기 인쇄술이 발달하면서 이 지도는 유럽 각지에 널리 보급되었고, 르네상스와 대항해 시대 탐험가들에게도 새로운 영감과 정보를 제공했다. 프톨레마이오스의 세계지도는 고대의 지리 지식과 세계관을 집대성한 결정체로, 이후 지도 제작과 지리학 발전에 중요한 이정표가 되었다.

① 지도에서 곡선의 경도와 위도선은 이슬람 학자들이 처음으로 사용하였다.
② 프톨레마이오스의 세계지도는 그리스 – 로마 시대의 세계관을 보여주는 지도이다.
③ 프톨레마이오스의 세계지도는 객관적인 실측으로만 제작된 최초의 세계지도이다.
④ 프톨레마이오스의 세계지도는 당대의 발전된 인쇄술을 통해 유럽 각지에 널리 보급되었다.
⑤ 프톨레마이오스의 시대에서는 지구의 모습이 구형임을 인식하지 못하고, 평평하다고 생각하였다.

22

조선 후기의 대표적인 관료 선발제도 개혁론인 유형원의 공거제 구상은 능력주의적, 결과주의적 인재 선발의 약점을 극복하려는 의도와 함께 신분적 세습의 문제점도 의식한 것이었다. 중국에서는 17세기 무렵 관료 선발에서 세습과 같은 봉건적인 요소를 부분적으로 재도입하려는 개혁론이 등장했다. 고염무는 관료제의 상층에는 능력주의적 제도를 유지하되, 지방관인 지현들은 어느 정도의 검증 기간을 거친 이후 그 지위를 평생 유지시켜 주고 세습의 길까지 열어 놓는 방안을 제안했다. 황종희는 지방의 관료가 자체적으로 관리를 초빙해서 시험한 후에 추천하는 '벽소'와 같은 옛 제도를 되살리는 방법으로 과거제를 보완하자고 주장했다.

이러한 개혁론은 갑작스럽게 등장한 것이 아니었다. 과거제를 시행했던 국가들에서는 수백 년에 걸쳐 과거제를 개선하라는 압력이 있었다. 시험 방식이 가져오는 부작용들은 과거제의 중요한 문제였다. 치열한 경쟁은 학문에 대한 깊이 있는 학습이 아니라 합격만을 목적으로 하는 형식적 학습을 하게 만들었고, 많은 인재들이 수험생활에 장기간 매달리면서 재능을 낭비하는 현상도 낳았다. 또한 학습 능력 이외의 인성이나 실무 능력을 평가할 수 없다는 이유로 시험의 익명성에 대한 회의도 있었다.

과거제의 부작용에 대한 인식은 과거제를 통해 임용된 관리들의 활동에 대한 비판적 시각으로 연결되었다. 능력주의적 태도는 시험뿐 아니라 관리의 업무에 대한 평가에도 적용되었다. 세습적이지 않으면서 몇 년의 임기마다 다른 지역으로 이동하는 관리들은 승진을 위해서 빨리 성과를 낼 필요가 있었기에, 지역사회를 위해 장기적인 전망을 가지고 정책을 추진하기보다 가시적이고 단기적인 결과만을 중시하는 부작용을 가져왔다. 개인적 동기가 공공성과 상충되는 현상이 나타났던 것이다. 공동체 의식의 약화 역시 과거제의 부정적 결과로 인식되었다. 과거제 출신의 관리들이 공동체에 대한 소속감이 낮고 출세 지향적이기 때문에 세습 엘리트나 지역에서 천거된 관리에 비해 공동체에 대한 충성심이 약했던 것이다.

① '벽소'는 과거제를 없애고자 등장한 새로운 제도이다.

② 과거제 출신의 관리들은 공동체에 대한 소속감이 낮고 출세 지향적이었다.

③ 과거제는 학습 능력 이외의 인성이나 실무능력까지 정확하게 평가할 수 있는 제도였다.

④ 과거제를 통해 임용된 관리들은 지역 사회를 위해 장기적인 전망을 가지고 정책을 추진하였다.

⑤ 고염무는 관료제의 상층에는 세습제를 실시하고, 지방관에게는 능력주의적 제도를 실시하자는 방안을 제안했다.

23

지진해일은 지진, 해저 화산폭발 등으로 바다에서 발생하는 파장이 긴 파도이다. 지진에 의해 바다 밑바닥이 솟아오르거나 가라앉으면 바로 위의 바닷물이 갑자기 상승 또는 하강하게 된다. 이 영향으로 지진해일파가 빠른 속도로 퍼져나가 해안가에 엄청난 위험과 피해를 일으킬 수 있다.
전 세계의 모든 해안 지역이 지진해일의 피해를 받을 수 있지만, 우리에게 피해를 주는 지진해일의 대부분은 태평양과 주변해역에서 발생한다. 이는 태평양의 규모가 거대하고 이 지역에서 대규모 지진이 많이 발생하기 때문이다. 태평양에서 발생한 지진해일은 발생 하루 만에 발생지점에서 지구의 반대편까지 이동할 수 있으며, 수심이 깊을 경우 파고가 낮고 주기가 길기 때문에 선박이나 비행기에서도 관측할 수 없다.
먼 바다에서 지진해일 파고는 해수면으로부터 수십 cm 이하이지만 얕은 바다에서는 급격하게 높아진다. 수심이 6,000m 이상인 곳에서 지진해일은 비행기의 속도와 비슷한 시속 800km로 이동할 수 있다. 지진해일은 얕은 바다에서 파고가 급격히 높아짐에 따라 그 속도가 느려지며 지진해일이 해안가의 수심이 얕은 지역에 도달할 때 그 속도는 시속 45 ~ 60km까지 느려지면서 파도가 강해진다. 이것이 해안을 강타함에 따라 파도의 에너지는 더 짧고 더 얕은 곳으로 모여 무시무시한 파괴력을 가져 우리의 생명을 위협하는 파도로 발달하게 된다. 최악의 경우, 파고가 15m 이상으로 높아지고 지진의 진앙 근처에서 발생한 지진해일의 경우 파고가 30m를 넘을 수도 있다. 파고가 3 ~ 6m 높이가 되면 많은 사상자와 피해를 일으키는 아주 파괴적인 지진해일이 될 수 있다.
지진해일의 파도 높이와 피해 정도는 에너지의 양, 지진해일의 전파 경로, 앞바다와 해안선의 모양 등으로 결정될 수 있다. 또한 암초, 항만, 하구나 해저의 모양, 해안의 경사 등 모든 것이 지진해일을 변형시키는 요인이 된다.

① 태평양 인근에서 발생한 지진해일은 대부분 한 달에 걸쳐 지구 반대편으로 이동하게 된다.
② 지진해일이 해안가에 도달할수록 파도가 강해지며 속도는 800km에 달한다.
③ 지진해일은 파장이 짧으며, 화산폭발 등으로 인해 발생한다.
④ 해안의 경사는 지진해일에 아무런 영향을 주지 않는다.
⑤ 바다가 얕을수록 지진해일의 파고가 높아진다.

※ 다음 글의 내용으로 적절하지 않은 것을 고르시오. [24~28]

| 2025년 상반기 KT

24

예술가는 작품에 하나의 의미만을 부여한다. 그러므로 예술 작품을 감상하는 사람이 한 작품을 두고 둘 이상의 의미로 해석하는 것은 모순이다. 어떤 특정한 시공간과 상황에서 예술 작품이 창작된다는 점을 전제한다면, 그 예술 작품의 해석은 창작의 과정과 맥락을 모두 종합할 때 가능해진다. 이럴 때 비로소 해석은 유의미해지는 것이다.

달리 말하면, 작품에 대한 해석은 작품의 내재적 요소만으로는 파악하기 어렵고, 그 작품을 창작한 작가의 경험과 사상, 시대 상황 등 외재적 요소까지 종합하여 살펴보아야 완전해진다. 차이코프스키의 '백조의 호수'와 피카소의 '게르니카'를 예로 들면, 이 작품들을 둘러싸고 있는 창작 맥락을 종합적으로 살펴야 유일한 의미를 찾아낼 수 있는 것이다.

위에서 말한 것처럼, 예술 작품의 해석은 작품의 단일한 의미를 찾아내는 데 목적이 있지만 실제로 그 목적이 꼭 실현되는 것은 아니다. 그것은 이론적으로 가능할 뿐 실제로 그것이 실현되기는 불가능해 보인다. 그렇더라도 우리는 모든 예술 작품의 단일한 의미를 찾으려고 노력해야 한다. 예술 작품의 해석이란 그러한 이상을 추구하는 부단한 여정이기 때문이다.

① 단지 작품만을 가지고는 예술가가 부여한 의미를 찾기 어렵다.
② 예술 작품의 해석 목적은 작품의 단일한 의미를 찾는 데 있다.
③ 작품의 내·외재적 요소를 통해 해석하면 반드시 작품의 단일한 의미를 찾을 수 있다.
④ 예술 작품에는 작가가 처한 상황이 반영된다.
⑤ 예술 작품의 단일한 의미를 찾는 것이 항상 가능한 것은 아니다.

25

영화 「인터스텔라」에 이런 장면이 나온다. 블랙홀 근처를 여행한 주인공이 다시 집으로 돌아왔을 때 자신의 아이는 이미 노인이 되어있는 것 말이다. 이러한 이유는 무엇일까? 이는 시간이 가지고 있는 상대성 때문이다.
1915년 아인슈타인이 발표한 '일반상대성이론'에 따르면 중력은 시간을 왜곡한다고 주장한다. 즉, 질량이 있는 물체가 시공간을 휘게 만든다는 것이다. 이는 당시 과학계에서는 받아들이기 어려운 주장이었으나 과학자 에딩턴이 일식에 태양 뒤에 숨은 별을 촬영하면서 입증되었다.
또한 과학자 슈바르츠실트는 아인슈타인의 일반상대성이론을 수학적으로 계산했는데 이를 통해 특정한 질량을 가진 물체가 시공간을 극도로 휘게 만들면 그 중력은 빛조차도 새어나올 수 없는 강한 힘을 가지게 될 것임을 예측했다. 이후 2019년 실제로 과학자들이 M87 은하의 블랙홀을 관찰하면서 이는 다시 한 번 증명되었다.
이러한 주장을 펼쳤던 아인슈타인도 처음에는 우주는 불변한다는 정적 우주론을 주장했다. 하지만 우주에 일반상대성이론을 대입하자 예상하지 못한 결과가 도출되었는데, 이는 큰 질량을 가진 은하들이 서로를 당기면서 마침내 우주가 붕괴된다는 것이었다. 아인슈타인은 이를 해결하기 위해 '우주상수 람다'를 사용하려 했으나 실수였다며 다시 지우게 된다. 하지만 1998년 NASA에 의해 우주가 가속 팽창하고 있다는 사실이 드러나면서 오히려 우주상수 람다를 지운 것이 잘못된 선택이었다는 것이 드러났다.

① 시간에 상대성이 없었다면, 블랙홀 근처를 여행한 주인공이 다시 집으로 돌아왔을 때 자신의 아이와 동일하게 나이를 먹었을 것이다.
② 특정한 질량을 가진 물체에 의해 시공간이 왜곡되면서 발생하는 힘은 빛조차도 통과할 수 없다.
③ 아인슈타인은 일반상대성이론을 통해 우주가 변한다는 것을 깨달았다.
④ 아인슈타인이 사용한 '우주상수 람다'는 잘못된 이론임이 밝혀졌다.
⑤ 질량이 없는 물체는 시공간을 왜곡할 수 없을 것이다.

26

인류의 역사를 석기시대, 청동기시대 그리고 철기시대로 구분한다면 현대는 '플라스틱시대'라고 할 수 있을 만큼 플라스틱은 현대 사회에서 가장 혁명적인 물질 중 하나이다. "플라스틱은 현대 생활의 뼈, 조직, 피부가 되었다."라는 미국의 과학 저널리스트 수잔 프라인켈(Susan Freinkel)의 말처럼 플라스틱은 인간 생활에 많은 부분을 차지하고 있다. 저렴한 가격과 필요에 따라 내구성, 강도, 유연성 등을 조절할 수 있는 장점 덕분에 일회용 컵부터 옷, 신발, 가구 등 플라스틱이 아닌 것이 거의 없을 정도이다. 그러나 플라스틱에는 치명적인 단점이 있다. 플라스틱이 지닌 특성 중 하나인 영속성(永續性)이다. 즉, 인간이 그동안 생산한 플라스틱은 바로 분해되지 않고 어딘가에 계속 존재하고 있어 플라스틱은 환경오염의 원인이 된 지 오래이다.
치약, 화장품, 피부 각질제거제 등 생활용품, 화장품에 들어 있는 작은 알갱이의 성분은 '마이크로비드(Microbead)'라는 플라스틱이다. 크기가 1mm보다 작은 플라스틱을 마이크로비드라고 하는데 이 알갱이는 정수처리과정에서 걸러지지 않고 생활 하수구에서 강으로, 바다로 흘러간다. 이 조그만 알갱이들은 바다를 떠돌면서 생태계의 먹이사슬을 통해 동식물 체내에 축적되어 면역체계 교란, 중추신경계 손상 등의 원인이 되는 잔류성유기오염물질(Persistent Organic Pollutants)을 흡착한다. 그리고 물고기, 새 등 여러 생물은 마이크로비드를 먹이로 착각해 섭취한다. 마이크로비드를 섭취한 해양생물은 다시 인간의 식탁에 올라온다. 우리가 버린 플라스틱을 우리가 다시 먹게 되는 셈이다.
플라스틱 포크로 음식을 먹고, 플라스틱 컵으로 물을 마시는 등 플라스틱을 음식을 먹기 위한 수단이라고만 생각했지 직접 먹게 되리라고는 상상도 못했을 것이다. 우리가 먹은 플라스틱이 우리 몸에 남아 분해되지 않고 큰 질병을 키우게 될 것을 말이다.

① 플라스틱은 바로 분해되지 않고 어딘가에 존재한다.
② 마이크로비드는 잔류성유기오염물질을 분해하는 역할을 한다.
③ 물고기 등 해양생물은 마이크로비드를 먹이로 착각해 먹는다.
④ 플라스틱은 필요에 따라 유연성, 강도 등을 조절할 수 있고, 값이 싼 장점이 있다.
⑤ 마이크로비드는 크기가 작기 때문에 정수처리과정에서 걸러지지 않고 바다로 유입된다.

| 2023년 하반기 SK

27

'갑'이라는 사람이 있다고 하자. 이때 사회가 갑에게 강제적 힘을 행사하는 것이 정당화되는 근거는 무엇일까? 그것은 갑이 다른 사람에게 미치는 해악을 방지하려는 데 있다. 특정 행위가 갑에게 도움이 될 것이라든가, 이 행위가 갑을 더욱 행복하게 할 것이라든가 또는 이 행위가 현명하다든가 혹은 옳은 것이라든가 하는 이유를 들면서 갑에게 이 행위를 강제하는 것은 정당하지 않다. 이러한 이유는 갑에게 권고하거나 이치를 이해시키거나 무엇인가를 간청하거나 할 때는 충분한 이유가 된다. 그러나 갑에게 강제를 가하는 이유 혹은 어떤 처벌을 가할 이유는 되지 않는다. 이와 같은 사회적 간섭이 정당화되기 위해서는 갑이 행하려는 행위가 다른 어떤 이에게 해악을 끼칠 것이라는 점이 충분히 예측되어야 한다. 한 사람이 행하고자 하는 행위 중에서 그가 사회에 대해서 책임을 져야 할 유일한 부분은 다른 사람에게 관계되는 부분이다.

① 타인과 관계되는 행위는 사회적 책임이 따른다.
② 개인에 대한 사회의 간섭은 어떤 조건이 필요하다.
③ 행위 수행 혹은 행위 금지의 도덕적 이유와 법적 이유는 구분된다.
④ 한 사람의 행위는 타인에 대한 행위와 자신에 대한 행위로 구분된다.
⑤ 사회는 개인의 해악에 관해서는 관심이 있지만, 그 해악을 방지할 강제성의 근거는 가지고 있지 않다.

| 2023년 상반기 LG

28

수소와 산소는 H_2와 O_2의 분자 상태로 존재한다. 수소와 산소가 화합해서 물 분자가 되려면 이 두 분자가 충돌해야 하는데, 충돌하는 횟수가 많으면 많을수록 물 분자가 생기는 확률은 높아진다. 또한 반응하기 위해서는 분자가 원자로 분해되어야 한다. 좀 더 정확히 말한다면, 각각의 분자에서 산소 원자끼리 그리고 수소 원자끼리의 결합력이 약해져야 한다. 높은 온도는 분자 간의 충돌 횟수를 증가시킬 뿐 아니라 분자를 강하게 진동시켜 분자의 결합력을 약하게 한다. 그리하여 수소와 산소는 이전까지 결합하고 있던 자신과 동일한 원자와 떨어져, 산소 원자 하나에 수소 원자 두 개가 결합한 물(H_2O)이라는 새로운 화합물이 되는 것이다.

① 수소 분자와 산소 분자가 충돌해야 물 분자가 생긴다.
② 높은 온도는 분자를 강하게 진동시켜 결합력을 약하게 한다.
③ 수소 분자와 산소 분자가 원자로 분해되어야 반응을 할 수 있다.
④ 산소 분자와 수소 분자가 각각 물(H_2O)이라는 새로운 화합물이 된다.
⑤ 산소 분자와 수소 분자의 충돌 횟수가 많아지면 물 분자가 될 확률이 높다.

29 다음 글의 수정 방안으로 가장 적절한 것은?

> 우울증을 잘 초래하는 성향은 창조성과 결부되어 있기 때문에 생존에 유리한 측면이 있었다. 따라서 우울증과 관련이 있는 유전자는 오랜 역사를 거쳐 오면서도 사멸하지 않고 살아남아 오늘날 현대인에게도 그 유전자가 상당수 존재할 가능성이 있다. 베토벤, 뉴턴, 헤밍웨이 등 위대한 음악가, 과학자, 작가들의 상당수가 우울한 성향을 갖고 있었다. ㉠ 천재와 우울증은 어찌 보면 동전의 양면으로, 인류 문명의 진보를 이끈 하나의 동력이자 그 부산물이라 할 수 있을지도 모른다.
> 우울증은 일반적으로 자기 파괴적인 질환으로 인식되어 왔지만 실은 자신을 보호하고 미래를 준비하기 위한 보호 기제일 수도 있다. 달성할 수 없거나 달성하기 매우 어려운 목표에 도달하기 위해 엄청난 에너지를 소모하는 것은 에너지와 자원을 낭비할 뿐만 아니라, 정신과 신체를 소진시킴으로써 사회적 기능을 수행할 수 없게 하고 주위의 도움이 없으면 생명을 유지하기 어려운 상태에 ㉡ 이르게 도 할 수 있다. 이를 막기 위한 기제가 스스로의 자존감을 낮추고 그 목표를 포기하게 만드는 것이다. 이를 통해 고갈된 에너지를 보충하고 다시 도전할 수 있는 기회를 모색할 수 있다. ㉢ 또한 지금과 같은 경쟁 사회는 새로운 기술이나 생각에 대한 사회적 요구가 커지기 때문에 정신적 소진 상태를 초래하기 쉬운 환경이 되고 있다.
> 오늘날 우울증은 왜 이렇게 급격하게 늘어나는 것일까? 창조성이란 그 사회에 존재하고 있는 기술이나 생각에 대한 도전이자 대안 제시이며, 기존의 기술이나 생각을 엮어서 새로운 조합을 만들어 내는 것이다. 과거에 비해 현대 사회는 경쟁이 심화되고 혁신들이 더 가치를 인정받기 때문에 창조성이 있는 사람은 상당히 큰 선택적 이익을 갖게 된다. ㉣ 그렇지만 현대 사회처럼 기존에 존재하는 기술이나 생각이 엄청나게 많아 우리의 뇌가 그것을 담기에도 벅찬 경우에는 새로운 조합을 만들어 내는 일은 무척이나 많은 에너지를 요한다. 결국 경쟁은 창조성을 ㉤ 발휘하게 하지만 지나친 경쟁은 정신적 소진을 초래하기 때문에 우울증이 많이 발생할 수 있다.

① ㉠ – 문단과 관련 없는 내용이므로 삭제한다.
② ㉡ – 문장의 주어와 호응하지 않으므로 '이른다'로 수정한다.
③ ㉢ – 두 번째 문단의 내용과 어울리지 않으므로 마지막 문단으로 옮긴다.
④ ㉣ – 뒷 문장이 앞 문장의 결과이므로 '그리하여'로 수정한다.
⑤ ㉤ – 문맥상의 내용과 반대되는 내용이므로 '억제하지만'으로 수정한다.

※ 다음 밑줄 친 빈칸에 들어갈 내용으로 가장 적절한 것을 고르시오. [30~31]

| 2024년 상반기 CJ

30

현대인들이 부족한 잠으로 인해 만성 피로를 겪고 있다. 성인 평균 권장 수면시간은 7 ~ 8시간이지만, 이를 지키는 이들은 우리나라 성인 기준 단 4%에 불과하다. 국가별 일평균 수면시간 조사에 따르면 한국인의 하루 평균 수면시간은 7시간 41분으로 OECD 18개 회원국 중 최하위를 기록했다. 또한 직장인의 수면시간은 이보다도 짧은 6시간 6분, 권장 수면시간에 2시간 가까이 부족한 수면시간으로 현대인 대부분이 수면 부족에 시달린다 해도 과언이 아닐 정도이다.
수면시간 총량이 적은 것도 문제지만 더 심각한 점은 ____________________, 즉 수면의 질 또한 높지 않다는 것이다. 수면장애를 '단순히 일이 많아서' 또는 '잠버릇 때문에' 발생한 일시적인 가벼운 증상 정도로 여기는 사회적 분위기를 고려하면 실제 수면장애 환자는 더 많을 것으로 추정된다. 특히 대표적인 수면장애인 '수면무호흡증'은 피로감 · 불안감 · 우울감은 물론 고혈압 · 당뇨병과 심혈관질환 · 뇌졸중까지 다양한 합병증을 유발할 수 있다는 점에서 진단과 치료가 요구된다.

① '잠을 잘 잤는지'
② '언제 잠을 잤는지'
③ '어디서 잠을 잤는지'
④ '얼마만큼 많이 잤는지'
⑤ '왜 잠이 부족한 것인지'

| 2024년 상반기 LG

31

1979년 경찰관 출신이자 샌프란시스코 시의원이었던 댄 화이트는 시장과 시의원을 살해했다는 이유로 1급 살인죄로 기소되었다. 화이트의 변호인은 피고인이 스낵을 비롯해 컵케이크, 캔디 등을 과다 섭취해 당분 과다로 뇌의 화학적 균형이 무너져 정신에 장애가 왔다고 주장하면서 책임 경감을 요구하였다. 재판부는 변호인의 주장을 인정하여 계획 살인죄보다 약한 일반 살인죄를 적용하여 7년 8개월의 금고형을 선고했다. 이 항변은 당시 미국에서 인기 있던 스낵의 이름을 따 '트윙키 항변'이라 불렸고 사건의 사회성이나 의외의 소송 전개 때문에 큰 화제가 되었다.
이를 계기로 1982년 슈엔달러는 교정시설에 수용된 소년범 276명을 대상으로 섭식과 반사회 행동의 상관관계에 대해 실험을 하였다. 기존의 식단에서 각설탕을 꿀로 바꾸어 보고, 설탕이 들어간 음료수에서 천연 과일주스를 주는 등으로 변화를 주었다. 이처럼 정제한 당의 섭취를 원천적으로 차단한 결과 시설 내 폭행, 절도, 규율 위반, 패싸움 등이 실험 전에 비해 무려 45%나 감소했다는 것을 알게 되었다. 따라서 이 실험을 통해 ____________________________

① 과다한 영양 섭취가 범죄 발생에 영향을 미친다는 것을 알 수 있다.
② 과다한 정제당 섭취는 반사회적 행동을 유발할 수 있다는 것을 알 수 있다.
③ 가공식품의 섭취가 일반적으로 폭력 행위를 증가시킨다는 것을 알 수 있다.
④ 정제당 첨가물로 인한 범죄 행위는 그 책임이 경감되어야 한다는 것을 알 수 있다.
⑤ 범죄 예방을 위해 교정시설 내에 정제당을 제공하지 말아야 한다는 것을 알 수 있다.

32 다음 글의 전개 방식으로 가장 적절한 것은?

> 변혁적 리더십은 리더가 조직 구성원의 사기를 고양하기 위해 미래의 비전과 공동체적 사명감을 강조하고, 이를 통해 조직의 장기적 목표를 달성하는 것을 핵심으로 한다. 거래적 리더십이 협상과 교환을 통해 구성원의 동기를 부여한다면, 변혁적 리더십은 구성원의 변화를 통해 동기를 부여하고자 한다. 또한 거래적 리더십은 합리적 사고와 이성에 호소하는 반면, 변혁적 리더십은 감정과 정서에 호소하는 측면이 크다.
> 이러한 변혁적 리더십은 조직의 합병을 주도하고 신규 부서를 만들어 내며, 조직 문화를 창출해 내는 등 조직 변혁을 주도하고 관리한다. 따라서 오늘날 급변하는 환경과 조직의 실정에 적합한 리더십 유형으로 주목받고 있다.
> 변혁적 리더는 주어진 목적의 중요성과 의미에 대한 구성원의 인식 수준을 제고시키고, 개인적 이익을 넘어서 구성원 자신과 조직 전체의 이익을 위해 일하도록 만든다. 그리고 구성원의 욕구 수준을 상위 수준으로 끌어올림으로써 구성원을 근본적으로 변혁시킨다. 즉, 거래적 리더십을 발휘하는 리더는 구성원에게서 기대되었던 성과만을 얻어내지만, 변혁적 리더는 기대 이상의 성과를 얻어낼 수 있다.

① 대상에 대한 여러 가지 견해를 소개한다.
② 구체적 현상을 분석하여 일반적 원리를 도출한다.
③ 시간적 순서에 따라 개념이 형성되어 가는 과정을 밝힌다.
④ 다른 대상과의 비교를 통해 대상이 지닌 특징을 설명한다.
⑤ 개념의 이해를 돕기 위해 친근한 대상을 예로 들어 설명한다.

33 **다음 글의 전개 방식으로 적절하지 않은 것은?**

> 나는 집이 가난해서 말이 없기 때문에 간혹 남의 말을 빌려서 탔다. 그런데 노둔하고 야윈 말을 얻었을 경우에는 일이 아무리 급해도 감히 채찍을 대지 못한 채 금방이라도 쓰러지고 넘어질 것처럼 전전긍긍하기 일쑤요, 개천이나 도랑이라도 만나면 또 말에서 내리곤 한다. 그래서 후회하는 일이 거의 없다. 반면에 발굽이 높고 귀가 쫑긋하며 잘 달리는 준마를 얻었을 경우에는 의기양양하여 방자하게 채찍을 갈기기도 하고 고삐를 놓기도 하면서 언덕과 골짜기를 모두 평지로 간주한 채 매우 유쾌하게 질주하곤 한다. 그러나 간혹 위험하게 말에서 떨어지는 환란을 면하지 못한다.
> 아, 사람의 감정이라는 것이 어쩌면 이렇게까지 달라지고 뒤바뀔 수가 있단 말인가. 남의 물건을 빌려서 잠깐 동안 쓸 때에도 오히려 이와 같은데, 하물며 진짜로 자기가 가지고 있는 경우야 더 말해 무엇 하겠는가.
> 그렇긴 하지만 사람이 가지고 있는 것 가운데 남에게 빌리지 않은 것이 또 뭐가 있다고 하겠는가. 임금은 백성으로부터 힘을 빌려서 존귀하고 부유하게 되는 것이요, 신하는 임금으로부터 권세를 빌려서 총애를 받고 귀한 신분이 되는 것이다. 그리고 자식은 어버이에게서, 지어미는 지아비에게서, 비복(婢僕)은 주인에게서 각각 빌리는 것이 또한 심하고도 많은데, 대부분 자기가 본래 가지고 있는 것처럼 여기기만 할 뿐 끝내 돌이켜 보려고 하지 않는다. 이 어찌 미혹된 일이 아니겠는가.
> 그러다가 혹 잠깐 사이에 그동안 빌렸던 것을 돌려주는 일이 생기게 되면, 만방(萬邦)의 임금도 독부(獨夫)가 되고 백승(百乘)의 대부(大夫)도 고신(孤臣)이 되는 법인데, 더군다나 미천한 자의 경우야 더 말해 무엇 하겠는가.
> 맹자(孟子)가 말하기를 "오래도록 차용하고서 반환하지 않았으니, 그들이 자기의 소유가 아니라는 것을 어떻게 알았겠는가."라고 하였다. 내가 이 말을 접하고서 느껴지는 바가 있기에, 차마설을 지어서 그 뜻을 부연해 보노라.
>
> – 이곡, 『차마설』

① 예화와 교훈의 2단으로 구성하였다.
② 주관적인 사실에 대한 보편적인 의견을 제시한다.
③ 성인의 말을 인용하여 자신의 주장을 뒷받침한다.
④ 자신의 견해를 먼저 제시하고, 그에 맞는 사례를 제시한다.
⑤ 유추의 방법을 통해 개인의 경험을 보편적 깨달음으로 일반화한다.

34 다음 글에서 〈보기〉의 문장이 들어갈 위치로 가장 적절한 곳은?

베블런효과는 가격이 오를수록 수요가 증가하는 비정상적인 소비 현상을 설명하는 경제학 이론이다. (가) 일반적인 수요 법칙과 달리 베블런효과는 주로 사치품이나 명품에서 나타나며, 소비자가 높은 가격을 지불함으로써 사회적 지위나 부를 과시하려는 것이다. (나)
베블런효과의 문제점은 경제적 불균형과 과도한 소비를 초래할 수 있다는 점이다. 고가의 사치품에 대한 과시적 소비는 소득 격차를 더욱 부각시키고 사회적 불평등을 심화시킬 수 있다. (다) 또한, 이러한 소비 패턴은 실질적인 필요보다는 과시적 욕구에 기반하므로 자원의 비효율적 배분을 초래할 수 있다. (라) 기업 입장에서는 이러한 소비자 심리를 이용해 가격을 인위적으로 높이는 전략을 구사할 수 있지만, 이는 장기적으로 소비자 신뢰를 저하시킬 위험이 있다. (마) 베블런효과는 소비자 행동 연구와 시장 전략 수립에 중요한 개념이지만 그 부작용을 고려한 신중한 접근이 필요하다.

보기

예를 들어 고가의 명품 가방이나 시계는 그 자체의 기능보다 소유자의 재력 등 우월의식을 드러내는 역할을 한다.

① (가)　② (나)
③ (다)　④ (라)
⑤ (마)

35 다음 글의 서술상 특징으로 가장 적절한 것은?

> 현대의 도시에서는 정말 다양한 형태를 가진 건축물들을 볼 수 있다. 형태뿐만 아니라 건물 외벽에 주로 사용된 소재 또한 유리나 콘크리트 등으로 다양하다. 이렇듯 현대에는 몇 가지로 규정하는 것이 아예 불가능할 만큼 다양한 건축양식이 존재한다. 그러나 다양하고 복잡한 현대의 건축양식에 비해 고대의 건축양식은 매우 제한적이었다.
> 그리스 시기에는 주주식, 주열식, 원형식 신전을 중심으로 몇 가지의 공통된 건축양식을 보인다. 이러한 신전 중심의 그리스 건축양식은 시기가 지나면서 다른 건축물에 영향을 주었다. 신전에만 쓰이던 건축양식이 점차 다른 건물들의 건축에도 사용이 되며 확대되었던 것이다. 대표적으로 그리스 연못은 신전에 쓰이던 기둥의 양식들을 바탕으로 회랑을 구성하기도 하였다.
> 헬레니즘 시기를 맞이하면서 건축양식을 포함하여 예술 분야가 더욱 발전하며 고대 그리스 시기에 비해 다양한 건축양식이 생겨났다. 뿐만 아니라 건축 기술이 발달하면서 조금 더 다양한 형태의 건축이 가능해졌다. 다층구조나 창문이 있는 벽을 포함한 건축양식 등 필요에 따라서 실용적이고 실측적인 건축양식이 나오기 시작한 것이다. 또한 연극의 유행으로 극장이나 무대 등의 건축양식도 등장하기 시작하였다.
> 로마 시대에 이르러서는 원형 경기장이나 온천, 목욕탕 등 특수한 목적을 가진 건축물에도 아름다운 건축양식이 적용되었다. 현재에도 많은 사람이 관광지로 찾을 만큼, 로마시민들의 위락시설들에는 다양하고 아름다운 건축양식들이 적용되었다.

① 시대별 건축양식의 장단점을 분석하고 있다.
② 전문가의 말을 인용하여 신뢰도를 높이고 있다.
③ 역사적 순서대로 주제의 변천에 대해서 서술하고 있다.
④ 비유적인 표현 방법을 사용하여 문학적인 느낌을 주고 있다.
⑤ 현대에서 찾을 수 있는 건축물의 예시를 들어 독자의 이해를 돕고 있다.

36 다음 글의 주장에 대한 비판으로 적절하지 않은 것은?

> 동물실험이란 교육, 시험, 연구 및 생물학적 제제의 생산 등 과학적 목적을 위해 동물을 대상으로 실시하는 실험 또는 그 과학적 절차를 말한다. 전 세계적으로 매년 약 6억 마리의 동물들이 실험에 쓰이고 있다고 추정되며, 대부분의 동물들은 실험이 끝난 뒤 안락사를 시킨다.
> 동물실험은 대개 인체실험의 전 단계로 이루어지는데, 검증되지 않은 물질을 바로 사람에게 주입하여 발생하는 위험을 줄일 수 있다는 점에서 필수적인 실험이라고 말할 수 있다. 물론 살아있는 생물을 대상으로 하는 실험이기 때문에 대체(Replacement), 감소(Reduction), 개선(Refinement)으로 요약되는 3R 원칙에 입각하여 실험하는 것이 당연하다. 굳이 다른 방법이 있다면 그 방법을 채택할 것이며, 희생이 되는 동물의 수를 최대한 줄이고, 필수적인 실험 조건 외에는 자극을 주지 않아야 한다.
> 하지만 그럼에도 보다 안전한 결과를 도출해 내기 위한 동물실험은 필요악이며, 이러한 필수적인 의약 실험조차 금지하려 한다는 것은 기술 발전 속도를 늦춰 약이 필요한 누군가의 고통을 감수하자는 이기적인 주장과 같다고 할 수 있다.

① 아무리 엄격하게 통제된 실험이라고 해도 동물 입장에서 바라본 실험이 비윤리적이며 생명체의 존엄성을 훼손하는 행위라는 사실을 벗어날 수는 없다.

② 과거와 달리 현대에서는 인공 조직을 배양하여 실험의 대상으로 삼을 수 있으므로 동물실험 자체를 대체하는 것이 가능하다.

③ 3R 원칙과 같은 윤리적 강령이 법적인 통제력을 지니지 않은 이상 실제로 얼마나 엄격하게 지켜질 것인지는 알 수 없다.

④ 화장품 업체들의 동물실험과 같은 사례를 통해, 생명과 큰 연관이 없는 실험은 필요악이라고 주장할 수 없다.

⑤ 동물실험에서 안전성을 검증받은 이후 인체에 피해를 준 약물의 사례가 존재한다.

37 다음 밑줄 친 ㉠～㉢에 대한 설명으로 적절하지 않은 것은?

> 국내 연구팀이 반도체 집적회로에 일종의 ㉠ '고속도로'를 깔아 신호의 전송 속도를 높이는 신개념 반도체 소재 기술을 개발했다. 탄소 원자를 얇은 막 형태로 합성한 2차원 신소재인 그래핀을 반도체 회로에 깔아 기존 금속 선로보다 많은 양의 전자를 빠르게 운송하는 것이다.
> 최근 반도체 내에 많은 소자가 집적되면서 소자 사이의 신호를 전송하는 ㉡ '도로'인 금속 재질의 선로에 저항이 기하급수적으로 증가하는 문제가 발생했다. 이러한 집적화의 한계를 극복하기 위해 연구팀은 금속 재질 대신 그래핀을 신호 전송용 길로 활용했다.
> 그래핀은 탄소 원자가 육각형으로 결합한 두께 0.3나노미터의 얇은 2차원 물질로, 전선에 널리 쓰이는 구리보다 전기 전달 능력이 뛰어나며 전자 이동속도도 100배 이상 빨라 이상적인 반도체용 물질로 꼽힌다. 그러나 너무 얇다 보니 전류나 신호를 전달하는 데 방해가 되는 저항이 높고, 전하 농도가 낮아 효율이 떨어진다는 단점이 있었다.
> 연구팀은 이런 단점을 해결하고자 그래핀에 불순물을 얇게 덮는 방법을 생각했다. 그래핀 표면에 비정질 탄소를 흡착시켜 일종의 ㉢ '코팅'처럼 둘러싼 것이다. 연구 결과 이 과정에서 신호 전달을 방해하던 저항은 기존 그래핀 선로보다 60% 감소했고, 신호 손실은 약 절반 정도로 줄어들었으며, 전달할 수 있는 전하의 농도는 20배 이상 증가했다. 이를 통해 연구팀은 금속 선로의 수백분의 1 크기로 작으면서도 효율성은 그대로인 고효율, 고속 신호 전송 선로를 완성하였다.

① 연구팀은 ㉡을 ㉠으로 바꾸었다.
② 반도체 내에 많은 소자가 집적될수록 ㉡에 저항이 증가한다.
③ ㉠은 구리보다 전기 전달 능력과 전자 이동속도가 뛰어나다.
④ 연구팀은 전자의 이동 속도를 높이기 위해 ㉠에 ㉢을 하였다.
⑤ ㉠은 그래핀, ㉡은 금속 재질, ㉢은 비정질 탄소를 의미한다.

38 다음 글의 내용으로 적절하지 않은 것을 〈보기〉에서 모두 고르면?

> 추상표현주의는 1940 ~ 1950년대 나치를 피해 유럽에서 미국으로 건너온 화가들의 영향을 받아 성립된 회화 사조이다. 추상표현주의 작가들은 참혹한 세계 대전을 일으키게 한 이성에 대한 회의를 바탕으로 화가의 감정과 본능을 추상의 방법으로 표현했다. 그들은 자유로운 기법과 행위 자체에 중점을 둔 제작 방법을 통해 화가 개인의 감정을 나타내고자 했다. 이러한 추상표현주의를 대표하는 화가로 잭슨 폴록을 들 수 있다. 폴록은 새로운 재료를 통한 실험적 기법 창조 행위의 중요성 등을 강조하여 화가가 의도된 계획에 따라 그림을 그려나가는 회화 방식을 벗어나려고 했다. 폴록으로 대표되는 추상표현주의는 과거 회화의 틀을 벗어나게 하는 계기를 마련하면서 회화적 다양성을 추구하는 현대 회화의 특성을 정립하는 데 중요한 역할을 했다.

보기

㉠ 추상표현주의는 유럽 화가들의 영향을 받아 성립됐다.
㉡ 추상표현주의 작가들은 이성에 대한 신뢰가 있다.
㉢ 추상표현주의 작가들은 개인의 감정을 표현하는 것을 극도로 자제했다.
㉣ 추상표현주의는 의도된 계획에 따라 그림을 그려나가는 회화 방식이다.

① ㉢
② ㉠, ㉡
③ ㉢, ㉣
④ ㉠, ㉡, ㉣
⑤ ㉡, ㉢, ㉣

※ 다음 글을 읽고 이어지는 질문에 답하시오. [39~40]

디지털 시대에 접어들면서 우리의 일상 곳곳에는 데이터가 스며들어 있다. 은행 거래, 쇼핑 내역, 의료 기록 등 우리의 모든 활동이 데이터로 기록되고 있다. 그런데 이렇게 쌓인 개인정보를 우리가 얼마나 알고 활용하고 있을까? 여기서 등장한 개념이 바로 '마이데이터'이다. 마이데이터는 개인이 자신의 정보를 직접 관리하고 활용할 수 있게 하는 혁신적인 패러다임이다.

마이데이터의 핵심은 개인정보 주권이다. 즉, 개인이 자신의 데이터에 대한 결정권을 가지고 원하는 대로 관리하고 이용할 수 있다는 것이다. 기존에는 기업이나 기관이 개인정보를 수집하고 활용했다면 마이데이터 체계에서는 정보의 주체인 개인이 중심이 된다. 개인은 자신의 데이터를 열람하고, 수정하며 제3자에게 제공할지 여부를 결정할 수 있다.

실생활에서 마이데이터는 이미 다양한 형태로 활용되고 있다. 금융 분야에서는 여러 은행 계좌의 거래 내역을 한 곳에서 관리하거나, 신용정보를 통합해 맞춤형 대출 상품을 추천받을 수 있다. 의료 분야에서는 환자가 자신의 진료기록을 쉽게 확인하고 다른 병원으로 이동할 때 활용할 수 있다. 또한 소비패턴 분석을 통해 개인에게 맞는 상품이나 서비스를 추천받을 수도 있다.

마이데이터의 장점은 다양하다. 첫째, 개인의 정보 주권을 강화한다. 둘째, 맞춤형 서비스를 받을 수 있어 편의성이 높아진다. 셋째, 기업 간 데이터 공유로 혁신적인 서비스 개발이 가능해진다. 넷째, 정보의 투명성과 신뢰성이 높아져 금융사기 등의 위험을 줄일 수 있다. 마지막으로 개인이 자신의 데이터를 활용해 새로운 가치를 창출할 수 있다.

하지만 마이데이터 이용 시 주의해야 할 점도 있다. 개인정보 유출 위험에 항상 경계해야 하며 데이터를 제공할 경우 그 목적과 범위를 명확히 확인해야 한다. 또한 과도한 데이터 공유로 인한 프라이버시 침해 가능성도 고려해야 한다. 마이데이터 서비스 이용 약관을 꼼꼼히 살펴보고, 필요 이상의 정보를 제공하지 않도록 주의해야 한다.

마이데이터는 개인정보 활용의 새로운 지평을 열고 있다. 이는 단순히 기술의 변화가 아닌 개인의 권리와 책임에 대한 인식 변화를 의미한다. 앞으로 마이데이터가 더욱 확산되면서 우리의 일상은 더욱 편리해지고, 개인화된 서비스를 누릴 수 있을 것이다. 그러나 이와 동시에 개인정보 보호에 대한 인식과 주의도 함께 높아져야 한다. 따라서 마이데이터 시대에는 ______________________________

| 2024년 하반기 포스코

39 다음 중 윗글의 주제로 가장 적절한 것은?

① 디지털 시대의 데이터 활용과 개인정보 보호의 균형
② 마이데이터 패러다임의 등장 배경과 그 사회적 영향
③ 개인정보 주권 강화를 통한 데이터 경제의 패러다임
④ 개인정보 주권을 위한 마이데이터의 활용 및 유의점

| 2024년 하반기 포스코

40 다음 중 윗글의 빈칸에 들어갈 내용으로 가장 적절한 것은?

① 자신에 대한 정보가 외부로 새어나가지 않도록 주의해야 한다.
② 신뢰할 수 있는 마이데이터 기관에 자신의 정보를 위탁해야 한다.
③ 내 정보의 주인으로서 권리와 주권을 행사하고 책임을 다해야 한다.
④ 다양한 곳에서 자신의 정보를 활용할 수 있도록 적극적으로 공개해야 한다.

02 수리

| 2025년 상반기 KT

01 농도 8%의 설탕물 500g이 들어있는 컵을 방에 둔 뒤 자고 일어나서 보니 물이 증발하여 농도가 10%가 되었다. 증발한 물의 양은 몇 g인가?(단, 물은 시간당 같은 양이 증발하였다)

① 100g ② 200g
③ 300g ④ 400g
⑤ 500g

| 2025년 상반기 SK

02 S사의 작년 직원 수는 모두 100명이었다. 올해 신입사원 선발 결과, 남직원은 전년 대비 10%, 여직원은 전년 대비 20% 증가하여 전체 직원 수는 총 114명이 되었다. 올해 증가한 남직원의 수는?

① 2명 ② 4명
③ 6명 ④ 8명
⑤ 10명

| 2025년 상반기 SK

03 예지는 원가가 1,000원인 음료수 500병을 구매하고 여기에 이윤을 붙여 공연장에서 판매하려 하였다. 그런데 운송 과정에서 100병이 파손되어 폐기하였다. 예지가 남은 음료수를 모두 판매한 결과 18만 원의 이익이 남았다면, 예지가 정가를 책정할 때 원가에 곱한 이윤의 비율은?

① 40% ② 45%
③ 55% ④ 65%
⑤ 70%

| 2025년 상반기 LG

04 일직선 통로의 양쪽 끝에서 두 개의 구슬이 일정한 속력으로 서로 마주보며 굴러가고 있다. 각 구슬의 속력은 60km/h, 90km/h이고, 통로 길이는 1,800m이다. 통로에 모기가 70km/h의 속력으로 날아다니고 있다면, 두 구슬이 만날 때까지 모기가 이동한 거리는?

① 0.5km ② 0.64km
③ 0.84km ④ 0.9km
⑤ 0.92km

| 2025년 상반기 LG

05

세탁기는 세제 용액의 농도를 0.9%로 유지해야 가장 세탁이 잘된다. 농도가 0.5%인 세제 용액 2kg에 세제를 4스푼 넣었더니, 농도가 0.9%인 세제 용액이 됐다. 이때, 물 3kg에 세제를 몇 스푼 넣으면 농도가 0.9%인 세제 용액이 되겠는가?

① 12스푼
② 12.5스푼
③ 13스푼
④ 13.5스푼
⑤ 14스푼

| 2025년 상반기 CJ

06

C전자 매장의 TV와 냉장고의 판매량 비율은 작년 3 : 2에서 올해 13 : 9로 변하였다. 올해 TV와 냉장고의 총판매량이 작년보다 10% 증가하였을 때, 냉장고의 판매량은 작년보다 몇 % 증가하였는가?

① 11.5%
② 12%
③ 12.5%
④ 13%
⑤ 1.35%

| 2025년 상반기 CJ

07

C사의 작년 직원 수는 올해보다 5% 많았고, 내년에는 올해보다 4% 늘려 28명을 추가로 고용할 예정이다. 이 회사의 작년 직원 수와 내년 직원 수의 차이는 몇 명인가?

① 7명
② 8명
③ 9명
④ 10명
⑤ 11명

| 2025년 상반기 CJ

08

높이가 각각 8cm, 10cm, 6cm인 벽돌 3종류가 있다. 되도록 적은 벽돌을 사용하여 같은 종류의 벽돌끼리 같은 높이로 쌓아 올리고자 한다. 필요한 벽돌의 개수는 모두 몇 개인가?

① 31개
② 35개
③ 39개
④ 43개
⑤ 47개

2025년 상반기 CJ

09 농도 4%의 소금물이 들어있는 컵에 농도 10%의 소금물을 부었더니, 농도 8%의 소금물 600g이 만들어졌다. 처음 들어있던 농도 4%의 소금물의 양은?

① 160g
② 180g
③ 200g
④ 220g
⑤ 240g

2024년 상반기 삼성

10 영업부 5명의 직원이 지방으로 1박 2일 출장을 갔다. 이때 1, 2, 3인실 방에 배정되는 경우의 수는?(단, 각 방은 하나씩 있으며 2, 3인실이 꼭 다 채워질 필요는 없다)

① 50가지
② 60가지
③ 70가지
④ 80가지
⑤ 90가지

2024년 상반기 삼성

11 한 학교의 올해 남학생과 여학생 수는 작년에 비해 남학생은 8% 증가, 여학생은 10% 감소했다. 작년의 전체 학생 수는 820명이고, 올해는 작년에 비해 10명이 감소하였다고 할 때, 작년의 여학생 수는?

① 400명
② 410명
③ 420명
④ 430명
⑤ 440명

2024년 상반기 KT

12 과일가게에서는 토마토와 배를 각각 1개당 90원, 210원에 판매를 하고, 1개의 무게는 각각 120g, 450g이다. 한 바구니에 토마토와 배를 몇 개씩 담아 무게를 재어보니 6.15kg이었고, 가격은 3,150원이었다. 바구니의 무게가 990g이며 가격은 300원이라고 할 때, 바구니 안에 들어있는 배의 개수는?

① 5개
② 6개
③ 7개
④ 8개
⑤ 9개

| 2024년 상반기 삼성

13 S베이커리에서 제조되는 초콜릿의 개수가 다음과 같은 규칙을 보일 때, 2023년 11월에 제조되는 초콜릿의 개수는?

〈S베이커리에서 제조되는 초콜릿의 개수〉

(단위 : 개)

연/월	2023년 1월	2023년 2월	2023년 3월	2023년 4월	2023년 5월	2023년 6월
초콜릿의 개수	10	20	30	50	80	130

① 210개
② 340개
③ 550개
④ 890개
⑤ 1,440개

| 2024년 상반기 KT

14 집에서 마트까지 6km/h의 속력으로 걸어가서 40분 동안 물건을 구매한 후 같은 길을 4km/h의 속력으로 걸어 집으로 돌아왔더니 2시간 30분이 걸렸다. 이때 집에서 마트까지의 거리는?

① 4.1km
② 4.4km
③ 4.9km
④ 5.4km
⑤ 6.3km

| 2024년 상반기 KT

15 A～E 5명은 여름휴가를 떠나기 전 원피스를 사러 백화점에 갔다. 모두 마음에 드는 원피스 하나를 발견해 각자 원하는 색깔을 고르기로 하였다. 원피스가 노란색 2벌, 파란색 2벌, 초록색 1벌이 있을 때, 5명이 각자 1벌씩 고를 수 있는 경우의 수는?

① 28가지
② 30가지
③ 32가지
④ 34가지
⑤ 36가지

| 2024년 상반기 LG

16 흰 구슬 4개, 검은 구슬 6개가 들어 있는 주머니에서 연속으로 2개의 구슬을 꺼낼 때, 흰 구슬과 검은 구슬을 각각 1개씩 뽑을 확률은?(단, 꺼낸 구슬은 다시 넣지 않는다)

① $\frac{2}{15}$ ② $\frac{4}{15}$

③ $\frac{7}{15}$ ④ $\frac{8}{15}$

⑤ $\frac{11}{15}$

| 2024년 상반기 LG

17 같은 헤어숍에 다니고 있는 A와 B는 일요일에 헤어숍에서 마주쳤다. 서로 마주친 이후 A는 10일 간격으로, B는 16일마다 방문했다. 두 사람이 다시 헤어숍에서 만났을 때의 요일은?

① 월요일 ② 화요일

③ 수요일 ④ 목요일

⑤ 금요일

| 2024년 상반기 S-OIL

18 아이스링크장에서 2종목의 경기가 열리고 있다. 참가자는 피겨 스케이팅 4명, 쇼트트랙 8명이다. 모든 경기가 토너먼트 방식으로 진행된다고 할 때, 두 경기의 가능한 대진표의 경우의 수의 합은?

① 100가지 ② 102가지

③ 108가지 ④ 115가지

⑤ 120가지

| 2024년 상반기 S-OIL

19 철수가 각각 1개의 주사위와 동전을 2번씩 던진다. 이때, 주사위의 눈의 합이 7이 나오면서 동전이 둘 다 앞면이 나올 확률은?

① $\frac{1}{20}$ ② $\frac{1}{22}$

③ $\frac{1}{24}$ ④ $\frac{1}{26}$

⑤ $\frac{1}{28}$

| 2024년 상반기 S-OIL

20 갑, 을, 병 3명에게 같은 양의 물건을 한 사람씩 똑같이 나누어 주면 각각 30일, 60일, 40일 동안 사용할 수 있다고 한다. 만약 3명에게 나누어 줄 물건의 양을 모두 합하여 3명이 함께 사용한다면, 3명이 함께 모든 물건을 사용하는 데 걸리는 시간은?

① 20일
② 30일
③ 35일
④ 40일
⑤ 45일

| 2023년 하반기 삼성

21 A～H 8명의 후보 선수 중 4명을 뽑을 때, A, B, C를 포함하여 뽑을 확률은?

① $\frac{1}{14}$
② $\frac{1}{5}$
③ $\frac{3}{8}$
④ $\frac{1}{2}$
⑤ $\frac{3}{5}$

| 2023년 하반기 SK

22 산악 마라톤을 하는데 올라갈 때는 10km/h의 속력으로 달리고, 내려올 때는 올라갈 때보다 10km 더 먼 길을 20km/h의 속력으로 달렸다. 올라갔다가 내려오는 데 총 5시간이 걸렸다면, 올라갈 때 달린 거리는?

① 15km
② 20km
③ 25km
④ 30km
⑤ 35km

| 2023년 하반기 KT

23 세빈이는 이번 주말에 등산을 하였다. 올라갈 때에는 4km/h의 속력으로 걷고 내려올 때에는 올라갈 때보다 2km 더 먼 거리를 6km/h의 속력으로 걸어 내려왔다. 올라갈 때와 내려올 때 걸린 시간이 같았다면 내려올 때 걸린 시간은?

① 1시간
② 1.5시간
③ 2시간
④ 2.5시간
⑤ 3시간

| 2023년 하반기 SK

24 농도가 20%인 소금물 100g을 50g 덜어낸 뒤, 남아있는 소금물에 물을 더 넣어 농도 10%의 소금물을 만들려고 한다. 이때 필요한 물의 양은?

① 10g
② 20g
③ 30g
④ 40g
⑤ 50g

| 2023년 상반기 삼성

25 작년 S사의 일반 사원 수는 400명이었다. 올해 진급하여 직책을 단 사원은 작년 일반 사원 수의 12%이고, 20%는 퇴사를 하였다. 올해 전체 일반 사원 수가 작년보다 6% 증가했을 때, 올해 채용한 신입사원의 수는?

① 144명
② 146명
③ 148명
④ 150명
⑤ 152명

| 2023년 상반기 삼성

26 남학생 4명과 여학생 3명을 원형 모양의 탁자에 앉힐 때, 여학생 3명이 이웃해서 앉을 확률은?

① $\frac{1}{21}$
② $\frac{1}{7}$
③ $\frac{1}{5}$
④ $\frac{1}{15}$
⑤ $\frac{1}{20}$

| 2023년 상반기 LG

27 A와 B가 같이 일을 하면 12일이 걸리고, B와 C가 같이 일을 하면 6일, C와 A가 같이 일을 하면 18일이 걸리는 일이 있다. 만약 A～C 모두 함께 72일 동안 일을 하면 기존에 했던 일의 몇 배의 일을 할 수 있는가?

① 9배
② 10배
③ 11배
④ 12배
⑤ 13배

| 2025년 상반기 CJ

28 다음은 청소년이 고민하는 문제에 대해 조사한 그래프이다. 13～18세가 가장 많이 고민하는 문제와 19～24세가 두 번째로 많이 고민하고 있는 문제를 바르게 나열한 것은?

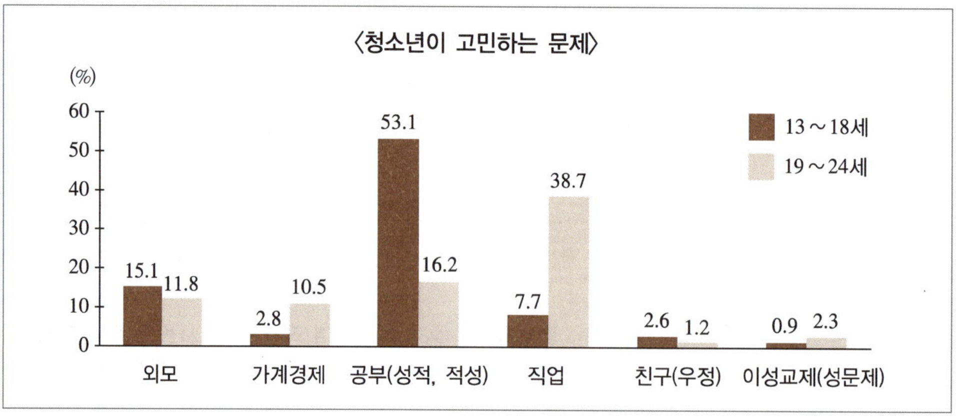

① 직업, 직업
② 직업, 공부
③ 외모, 직업
④ 공부, 공부
⑤ 공부, 외모

| 2025년 상반기 LG

29 다음은 연도별 축산물 수입 추이를 나타낸 자료이다. 이에 대한 설명으로 옳지 않은 것은?

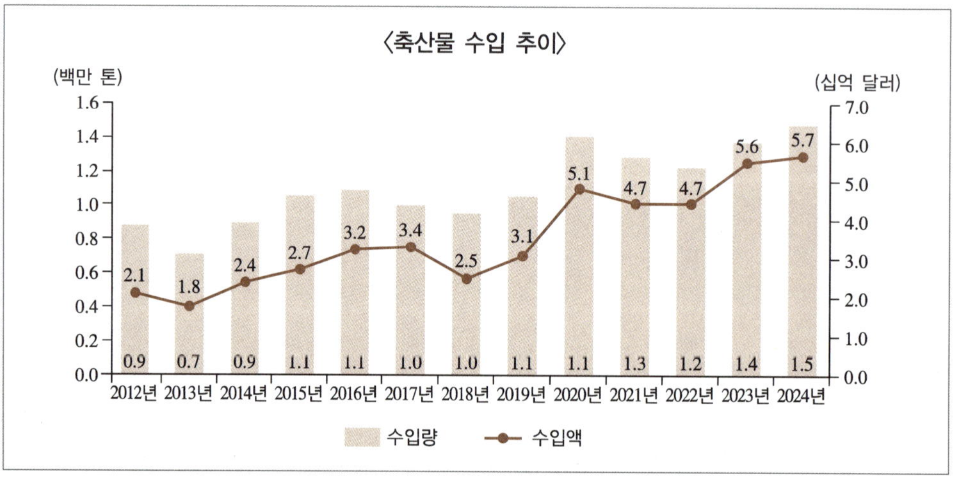

① 2024년 축산물 수입량은 2014년 대비 약 67% 증가하였다.
② 처음으로 2012년 축산물 수입액의 두 배 이상 수입한 해는 2020년이다.
③ 전년 대비 축산물 수입액의 증가율이 가장 높았던 해는 2020년이다.
④ 축산물 수입량과 수입액의 변화 추이는 동일하다.
⑤ 2014～2017년까지 축산물 수입액은 전년 대비 증가했다.

| 2025년 상반기 LG

30 다음은 국가별 자동차 보유 대수에 대한 자료이다. 이에 대한 설명으로 옳은 것은?(단, 모든 비율은 소수점 둘째 자리에서 반올림한다)

〈국가별 자동차 보유 대수〉

(단위 : 천 대)

구분		전체	승용차	트럭·버스
유럽	네덜란드	3,585	3,230	355
	독일	18,481	17,356	1,125
	프랑스	17,434	15,100	2,334
	영국	15,864	13,948	1,916
	이탈리아	15,673	14,259	1,414
캐나다		10,029	7,823	2,206
호주		5,577	4,506	1,071
미국		129,943	104,898	25,045

① 자동차 보유 대수에서 승용차가 차지하는 비율이 가장 높은 국가는 프랑스이다.
② 자동차 보유 대수에서 트럭·버스가 차지하는 비율이 가장 높은 국가는 미국이다.
③ 자동차 보유 대수에서 승용차가 차지하는 비율이 가장 낮은 국가는 호주이며, 90%를 넘는다.
④ 캐나다와 프랑스는 승용차와 트럭·버스의 비율이 3 : 1로 거의 비슷하다.
⑤ 유럽 국가는 미국, 캐나다, 호주와 비교했을 때, 자동차 보유 대수에서 승용차가 차지하는 비율이 높다.

| 2024 하반기 포스코

31 다음은 연도별 아르바이트 월 소득에 대한 자료이다. 이에 대한 설명으로 옳은 것은?(단, 비율은 소수점 둘째 자리에서 반올림한다)

〈아르바이트 월 소득 및 시급〉

(단위 : 원, 시간)

구분	2020년	2021년	2022년	2023년	2024년
월평균 소득	669,000	728,000	733,000	765,000	788,000
평균 시급	6,030	6,470	7,530	8,350	8,590
주간 평균 근로 시간	21.8	22.3	22.4	19.8	18.9

① 2021 ~ 2024년 동안 전년 대비 주간 평균 근로 시간의 증감 추이는 월평균 소득의 증감 추이와 같다.
② 전년 대비 2022년 평균 시급 증가액은 전년 대비 2023년 증가액의 3배 이상이다.
③ 평균 시급이 높아질수록 주간 평균 근로 시간은 줄어든다.
④ 2023년 대비 2024년 월평균 소득 증가율은 평균 시급 증가율보다 높다.

| 2024년 하반기 포스코

32 다음은 주요 젖병회사 브랜드인 D사 · G사 · U사의 연도별 판매율을 나타낸 자료이다. 이에 대한 설명으로 옳지 않은 것은?

〈젖병회사별 판매율〉

(단위 : %)

구분	2020년	2021년	2022년	2023년	2024년
D사	52	55	61	58	69
G사	14	19	21	18	20
U사	34	26	18	24	11

① D사와 G사의 판매율 증감 추이는 동일하다.
② D사와 G사의 판매율이 가장 높은 연도는 동일하다.
③ D사의 판매율이 가장 높은 연도는 U사의 판매율이 가장 낮았다.
④ G사의 판매율이 가장 낮은 연도는 U사의 판매율이 가장 높았다.

| 2024년 상반기 KT

33 다음은 국민연금 운용수익률 추이에 대한 자료이다. 이에 대한 내용으로 옳은 것은?

〈국민연금 운용수익률 추이〉

(단위 : %)

구분		11년 연평균 (2013 ~ 2023년)	5년 연평균 (2019 ~ 2023년)	3년 연평균 (2021 ~ 2023년)	2023년 (2023년 1년간)
전체		5.24	3.97	3.48	−0.92
금융부문		5.11	3.98	3.49	−0.93
	국내주식	4.72	1.30	3.07	−16.77
	해외주식	5.15	4.75	3.79	−6.19
	국내채권	4.84	3.60	2.45	4.85
	해외채권	4.37	3.58	2.77	4.21
	대체투자	8.75	9.87	8.75	11.80
	단기자금	4.08	1.58	1.59	2.43
공공부문		8.26	−	−	−
복지부문		6.34	−1.65	−1.51	−1.52
기타부문		1.69	0.84	0.73	0.96

① 단기자금 운용수익률은 매년 증가하고 있다.
② 2023년 운용수익률은 모든 부문에서 적자를 기록했다.
③ 공공부문은 조사기간 내내 운용수익률이 가장 높은 부문이다.
④ 금융부문 운용수익률은 연평균기간이 짧을수록 꾸준히 증가하고 있다.
⑤ 국민연금 전체 운용수익률은 연평균기간이 짧을수록 점차 감소하고 있다.

| 2024년 상반기 LG

34 다음은 1인 1일 이메일과 휴대전화 스팸 수신량을 나타낸 자료이다. 이에 대한 설명으로 옳은 것은?

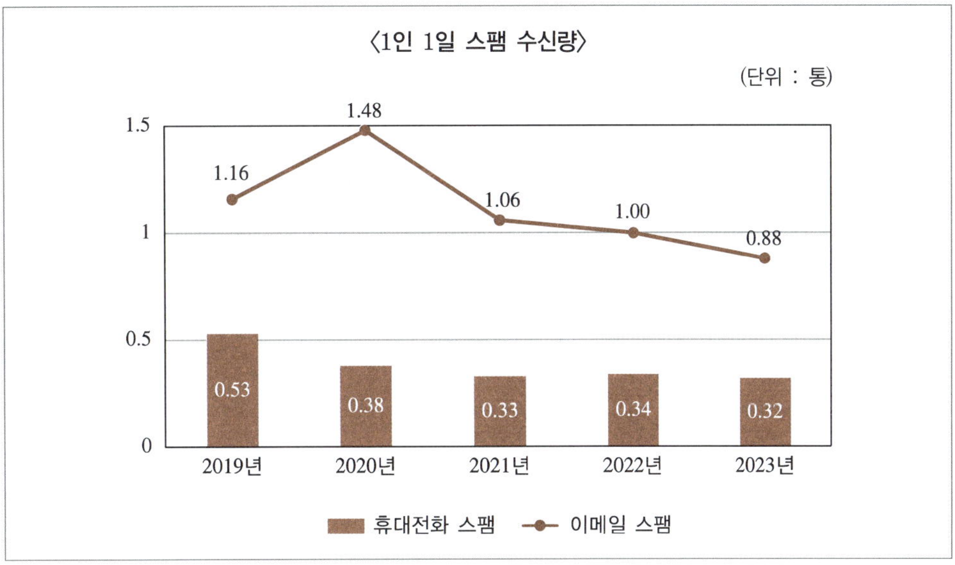

① 이메일 스팸 수신량은 같은 해의 휴대전화 스팸 수신량보다 항상 2.5배 이상이다.
② 2021년부터 2023년까지 휴대전화 스팸 수신량과 이메일 스팸 수신량 증감 추이는 같다.
③ 전년 대비 2021년 이메일 스팸 수신량 감소율은 전년 대비 2022년 감소율의 4배 이하이다.
④ 전년 대비 2022년도 휴대전화 스팸 증가량과 2021년 대비 2023년도 휴대전화 스팸 감소량은 같다.
⑤ 이메일 스팸 수신량이 가장 많은 해는 2020년이고, 휴대전화 스팸 수신량이 가장 적은 해는 2022년이다.

| 2024년 상반기 S-OIL

35 다음은 S센터의 2015 ~ 2023년 공연예술 행사 추이를 나타낸 자료이다. 이에 대한 설명으로 옳은 것은?

〈공연예술 행사 추이〉

(단위 : 건)

구분	2015년	2016년	2017년	2018년	2019년	2020년	2021년	2022년	2023년
양악	250	260	270	300	315	380	395	415	460
국악	68	110	100	113	135	145	180	187	238
무용	60	60	70	105	150	135	미집계	140	138
연극	60	45	55	70	140	117	130	195	180

① 이 기간 동안 매년 국악 공연 건수가 연극 공연 건수보다 많았다.
② 연극 공연 건수가 무용 공연 건수보다 많아진 것은 2022년부터였다.
③ 2015년 대비 2023년 공연 건수의 증가율이 가장 높은 장르는 국악이다.
④ 2022년에 비해 2023년에 공연 건수가 가장 많이 증가한 장르는 양악이다.
⑤ 이 기간 동안 매년 양악 공연 건수가 국악, 무용, 연극 공연 건수의 합보다 많았다.

36 다음은 지역별 인구 및 인구밀도에 대한 자료이다. 이에 대한 설명으로 옳은 것을 〈보기〉에서 모두 고르면?

〈지역별 인구 및 인구밀도〉

(단위 : 천 명, 명/km^2)

구분	2021년		2022년		2023년	
	인구	인구밀도	인구	인구밀도	인구	인구밀도
서울	10,032	16,574	10,036	16,582	10,039	16,593
부산	3,498	4,566	3,471	4,531	3,446	4,493
대구	2,457	2,779	2,444	2,764	2,431	2,750
인천	2,671	2,602	2,645	2,576	2,655	2,586

※ $(\text{인구밀도})=\frac{(\text{인구})}{(\text{면적})}$

보기

ㄱ. 2021년에서 2022년까지 감소한 인구가 2022년 전체 인구에서 차지하는 비율은 부산보다 대구가 더 크다.

ㄴ. 인천의 면적은 1,000km^2보다 넓다.

ㄷ. 2021년 부산의 면적은 대구의 면적보다 넓다.

① ㄱ

② ㄴ

③ ㄱ, ㄴ

④ ㄴ, ㄷ

⑤ ㄱ, ㄴ, ㄷ

| 2024년 상반기 포스코

37 다음은 주요 선진국과 BRICs의 고령화율을 나타낸 자료이다. 2040년의 고령화율이 2010년 대비 3배 이상이 되는 나라를 〈보기〉에서 모두 고르면?

〈주요 선진국과 BRICs 고령화율〉

(단위 : %)

구분	한국	미국	프랑스	영국	독일	일본	브라질	러시아	인도	중국
1990년	5	12	14	13	15	11	4	10	2	5
2000년	7	12	16	15	16	17	5	12	3	6
2010년	11	13	20	16	20	18	7	13	4	10
2020년	15	16	20	20	23	28	9	17	6	11
2030년(예상치)	24	20	25	25	28	30	16	21	10	16
2040년(예상치)	33	26	30	32	30	36	21	26	16	25

보기

㉠ 한국
㉡ 미국
㉢ 일본
㉣ 브라질
㉤ 인도

① ㉠, ㉡, ㉢
② ㉠, ㉡, ㉣
③ ㉠, ㉣, ㉤
④ ㉡, ㉢, ㉤

| 2024년 상반기 CJ

38 화물 출발지와 도착지 간 거리가 A기업은 100km, B기업은 200km이며, 운송량은 A기업 5톤, B기업 1톤이다. 국내 운송 시 수단별 요금체계가 다음과 같을 때, A기업과 B기업의 운송비용에 대한 설명으로 옳은 것은?(단, 다른 조건은 같다)

〈운송비용 정보〉

구분		화물자동차	철도	연안해송
운임	기본운임	200,000원	150,000원	100,000원
	추가운임	1,000원	900원	800원
부대비용		100원	300원	500원

※ 추가운임 및 부대비용은 거리(km)와 무게(톤)를 곱하여 산정함

① A, B 모두 화물자동차 운송이 저렴하다.
② A는 화물자동차가 저렴하고, B는 모든 수단이 같다.
③ A는 모든 수단이 같고, B는 연안해송이 저렴하다.
④ A, B 모두 철도운송이 저렴하다.
⑤ A는 연안해송, B는 철도운송이 저렴하다.

39 다음은 남성과 여성의 희망 자녀수에 대한 자료이다. 이에 대한 설명으로 옳은 것은?

〈남성 · 여성 희망 자녀수〉

(단위 : 명)

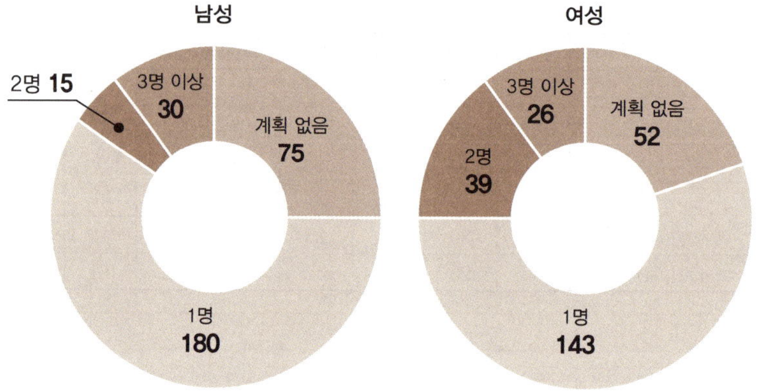

① 남성과 여성의 전체 조사 인원은 600명 이상이다.

② 희망 자녀수가 1명인 여성 인원은 전체 여성 인원의 60%이다.

③ 각 성별의 각 항목을 인원수가 많은 순서대로 나열하면 모든 항목의 순위는 같다.

④ 희망 자녀수가 2명인 여성 인원의 전체 여성 인원에 대한 비율은 응답이 같은 남성 인원의 전체 남성 인원에 대한 비율의 2배이다.

⑤ 자녀 계획이 없는 남성 인원의 전체 남성 인원에 대한 비율은 응답이 같은 여성 인원의 전체 여성 인원에 대한 비율보다 5%p 더 크다.

| 2023년 하반기 KT

40 다음은 중성세제 브랜드별 용량 및 가격을 정리한 자료이다. 브랜드마다 용량에 대한 가격을 조정했을 때, 브랜드별 판매 가격 및 용량의 변경 전과 변경 후에 대한 판매 금액 차이가 바르게 짝지어진 것은?

〈브랜드별 중성세제 판매 가격 및 용량〉

(단위 : 원, L)

구분		1L당 가격	용량		1L당 가격	용량
A브랜드	변경 전	8,000	1.3	변경 후	8,200	1.2
B브랜드		7,000	1.4		6,900	1.6
C브랜드		3,960	2.5		4,000	2.0
D브랜드		4,300	2.4		4,500	2.5

	A브랜드	B브랜드	C브랜드	D브랜드
①	550원 증가	1,220원 감소	2,000원 증가	930원 증가
②	550원 감소	1,240원 증가	1,900원 증가	930원 증가
③	560원 감소	1,240원 증가	1,900원 감소	930원 증가
④	560원 증가	1,240원 감소	2,000원 감소	900원 감소
⑤	560원 감소	1,220원 증가	1,900원 감소	900원 감소

| 2023년 하반기 KT

41 다음은 주요 온실가스의 연평균 농도 변화 추이를 나타낸 자료이다. 이에 대한 설명으로 옳지 않은 것은?

〈주요 온실가스의 연평균 농도 변화 추이〉

구분	2016년	2017년	2018년	2019년	2020년	2021년	2022년
이산화탄소(CO_2, ppm)	387.2	388.7	389.9	391.4	392.5	394.5	395.7
오존전량(O_3, DU)	331	330	328	325	329	343	335

① 이산화탄소의 농도는 계속해서 증가하고 있다.
② 오존전량은 계속해서 증가하고 있다.
③ 2022년 오존전량은 2016년의 오존전량보다 4DU 증가했다.
④ 2022년 이산화탄소의 농도는 2017년보다 7ppm 증가했다.
⑤ 오존전량이 가장 크게 감소한 해는 2022년이다.

| 2023년 하반기 SK

42 다음은 어느 지역에서 세대 간 직업이동성을 알아보기 위하여 임의로 표본 추출하여 조사한 자료이다. 직업은 편의상 A, B, C로 구분하였다. 이에 대한 〈보기〉의 설명 중 옳은 것을 모두 고르면?

〈세대 간 직업이동성 비율〉

(단위 : %)

부모의 직업 \ 자녀의 직업	A	B	C
A	45	48	7
B	5	70	25
C	1	50	49

※ 전체 부모 세대의 직업은 A가 10%, B가 40%, C가 50%이고, 조사한 부모당 자녀 수는 한 명임

보기

ㄱ. 자녀의 직업이 C일 확률은 $\frac{81}{100}$이다.

ㄴ. 자녀의 직업이 B인 경우에 부모의 직업이 C일 확률은 구할 수 없다.

ㄷ. 부모와 자녀의 직업이 모두 A일 확률은 $0.1\times\frac{45}{100}$이다.

ㄹ. 자녀의 직업이 A일 확률은 부모의 직업이 A일 확률보다 낮다.

① ㄱ, ㄷ
② ㄱ, ㄹ
③ ㄴ, ㄷ
④ ㄴ, ㄹ
⑤ ㄷ, ㄹ

| 2023년 하반기 SK

43 S사는 최근 미세먼지와 황사로 인해 실내 공기질이 많이 안 좋아졌다는 건의가 들어와 내부 검토 후 예산 400만 원으로 공기청정기 40대를 구매하기로 하였다. 다음 두 업체 중 어느 곳에서 공기청정기를 구매하는 것이 유리하며, 얼마나 더 저렴한가?

〈공기청정기 할인 정보〉

업체	할인 정보	가격
A전자	• 8대 구매 시, 2대 무료 증정 • 구매 금액 100만 원당 2만 원 할인	8만 원/대
B마트	• 20대 이상 구매 : 2% 할인 • 30대 이상 구매 : 5% 할인 • 40대 이상 구매 : 7% 할인 • 50대 이상 구매 : 10% 할인	9만 원/대

※ 1,000원 단위 이하는 절사함

① A전자, 82만 원
② A전자, 148만 원
③ B마트, 12만 원
④ B마트, 20만 원
⑤ A전자, 120만 원

44 다음은 어느 지역의 주화 공급에 대한 자료이다. 이에 대한 설명으로 옳은 것을 〈보기〉에서 모두 고르면?

〈주화 공급량 및 공급기관 수〉

구분	액면가				
	10원	50원	100원	500원	합계
공급량(만 개)	3,469	2,140	2,589	1,825	10,023
공급기관 수(개)	1,519	929	801	953	4,202

※ (평균 주화 공급량)=$\frac{\text{(주화 종류별 공급량의 합)}}{\text{(주화 종류 수)}}$

※ (주화 공급액)=(주화 공급량)×(액면가)

보기

ㄱ. 주화 공급량이 주화 종류별로 각각 200만 개씩 증가한다면, 이 지역의 평균 주화 공급량은 2,700만 개 이상이다.

ㄴ. 주화 종류별 공급기관당 공급량은 10원 주화가 500원 주화보다 적다.

ㄷ. 10원과 500원 주화는 각각 10%씩, 50원과 100원 주화는 각각 20%씩 공급량이 증가한다면, 이 지역의 평균 주화 공급량의 증가율은 15% 이하이다.

ㄹ. 총 주화 공급액 규모가 12% 증가해도 주화 종류별 주화 공급량의 비율은 변하지 않는다.

① ㄱ, ㄴ

② ㄱ, ㄷ

③ ㄷ, ㄹ

④ ㄱ, ㄷ, ㄹ

⑤ ㄴ, ㄷ, ㄹ

45 퇴직 후 네일아트를 전문적으로 하는 뷰티숍을 개점하려는 S씨는 평소 눈여겨 본 지역의 고객 분포를 알아보기 위해 직접 설문조사를 하였다. 설문조사 결과가 다음과 같을 때, S씨가 이해한 내용으로 옳은 것은?(단, 복수응답과 무응답은 없다)

〈응답자의 연령대별 방문횟수〉

(단위 : 명)

방문횟수 \ 연령대	20 ~ 25세	26 ~ 30세	31 ~ 35세	합계
1회	19	12	3	34
2 ~ 3회	27	32	4	63
4 ~ 5회	6	5	2	13
6회 이상	1	2	0	3
합계	53	51	9	113

〈응답자의 직업〉

(단위 : 명)

직업	응답자
학생	49
회사원	43
공무원	2
전문직	7
자영업	9
가정주부	3
합계	113

① 전체 응답자 중 20 ~ 25세 응답자가 차지하는 비율은 50% 이상이다.

② 26 ~ 30세 응답자 중 4회 이상 방문한 응답자 비율은 10% 이상이다.

③ 31 ~ 35세 응답자의 1인당 평균 방문횟수는 2회 미만이다.

④ 전체 응답자 중 직업이 학생 또는 공무원인 응답자 비율은 50% 이상이다.

⑤ 전체 응답자 중 20 ~ 25세인 전문직 응답자 비율은 5% 미만이다.

46 다음은 L사의 등급별 인원비율 및 성과 상여금을 나타낸 자료이다. 마케팅부서의 인원은 15명이고, 영업부서 인원은 11명일 때, 상여금에 대한 설명으로 옳지 않은 것은?(단, 인원은 소수점 첫째 자리에서 반올림한다)

〈등급별 인원비율 및 성과 상여금〉

(단위 : %, 만 원)

구분	S등급	A등급	B등급	C등급
인원비율	15	30	40	15
상여금	500	420	330	290

① 마케팅부서에 지급되는 총 상여금은 5,660만 원이다.
② A등급 1인당 상여금은 B등급 1인당 상여금보다 약 27% 많다.
③ 영업부서 A등급과 B등급의 인원은 마케팅부서 인원보다 각각 2명씩 적다.
④ 영업부서에 지급되는 총상여금은 마케팅부서 총 상여금보다 1,200만 원이 적다.
⑤ 마케팅부서의 S등급 상여금을 받는 인원과 영업부서의 C등급 상여금을 받는 인원의 수가 같다.

47 어떤 동굴의 한 석순의 길이를 10년 단위로 측정한 결과가 다음과 같은 규칙으로 자랄 때, 2050년에 측정될 석순의 길이는?

〈연도별 석순 길이〉

(단위 : cm)

구분	1960년	1970년	1980년	1990년	2000년
석순 길이	10	12	13	15	16

① 22cm
② 23cm
③ 24cm
④ 25cm
⑤ 26cm

48 세계 물 위원회에서는 전 세계의 물 문제 해결을 위한 공동 대응을 목적으로 '세계 물 포럼'을 주기적으로 개최하고 있다. 제1회 세계 물 포럼은 1997년 모로코의 마라케시에서 개최되었고 개최 연도에 다음과 같은 규칙으로 개최될 때, 제10회 세계 물 포럼이 개최되는 연도는?

〈세계 물 포럼 개최 연도〉

(단위 : 년)

구분	제1회	제2회	제3회	제4회	제5회
연도	1997	2000	2003	2006	2009

① 2022년
② 2023년
③ 2024년
④ 2025년
⑤ 2026년

※ 다음은 2018 ~ 2022년 연도별 해양사고 발생 현황에 대한 자료이다. 이어지는 질문에 답하시오. **[49~50]**

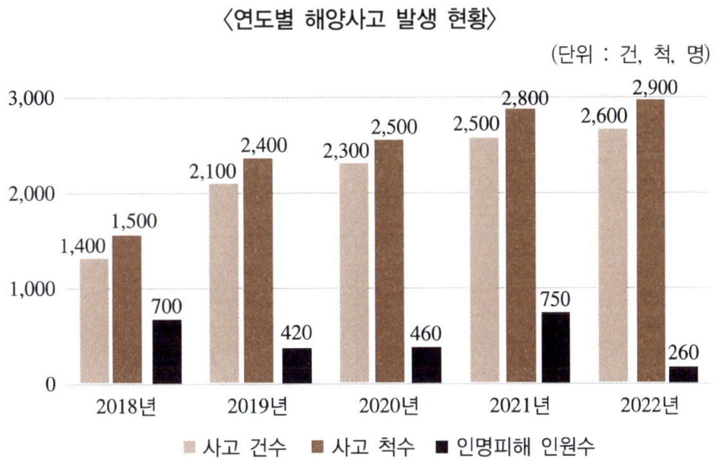

2023년 하반기 삼성

49 다음 중 2018년 대비 2019년 사고 척수의 증가율과 사고 건수의 증가율이 순서대로 나열된 것은?

① 40%, 45%
② 45%, 50%
③ 60%, 50%
④ 60%, 55%
⑤ 60%, 65%

2023년 하반기 삼성

50 다음 중 사고 건수당 인명피해의 인원수가 가장 많은 연도는?

① 2018년
② 2019년
③ 2020년
④ 2021년
⑤ 2022년

03 도형추리

※ 다음 제시된 도형의 규칙을 보고 물음표에 들어갈 도형으로 가장 적절한 것을 고르시오. [1~6]

| 2025년 S-OIL

01

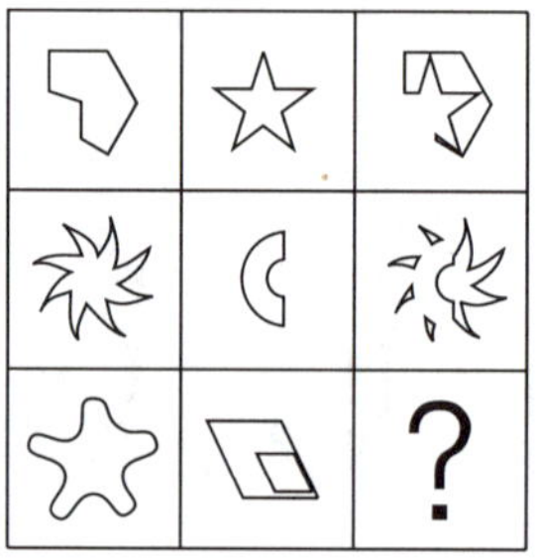

①

②

③

④

⑤

02

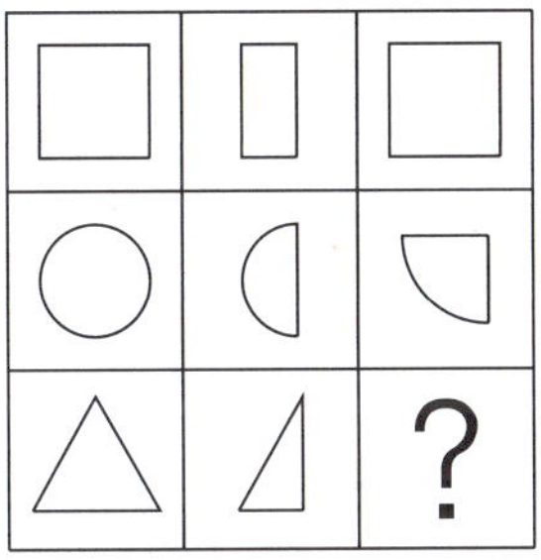

① 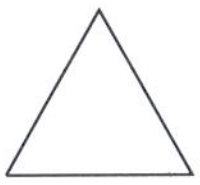

② 

③ 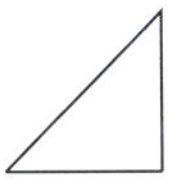

④ 

⑤ 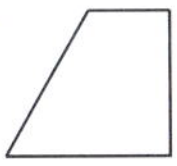

03

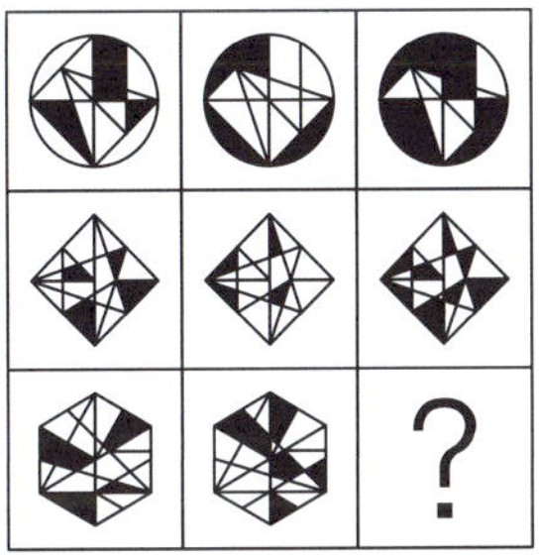

① 

② 

③ 

④ 

⑤ 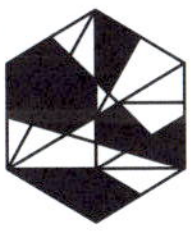

04

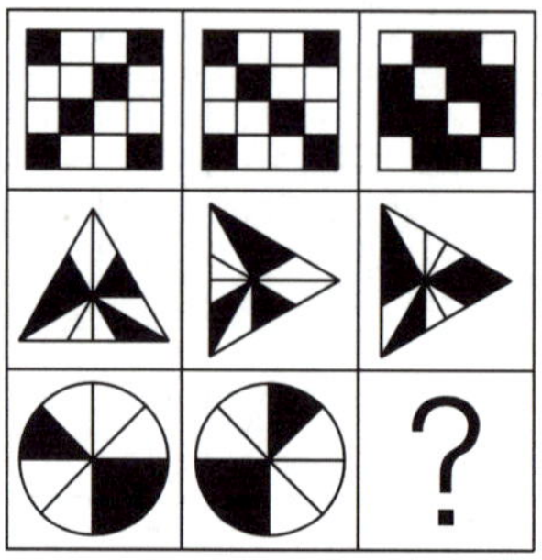

① 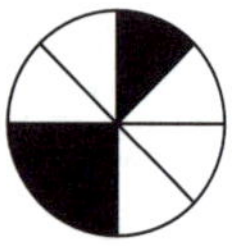

② 

③ 

④ 

⑤ 

05

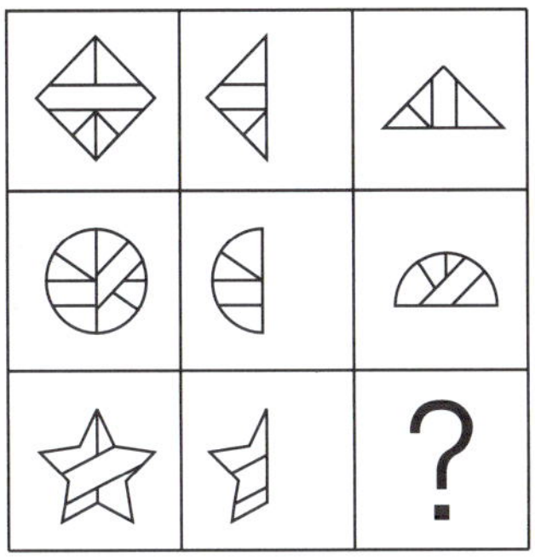

① 

② 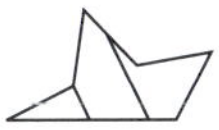

③ 

④ 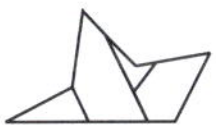

⑤ 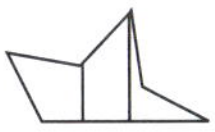

06

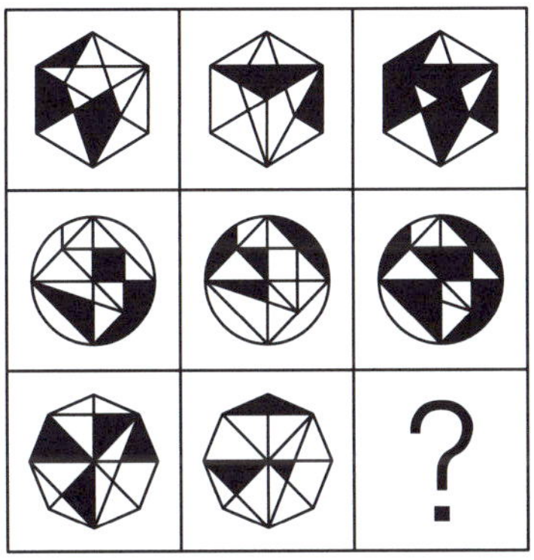

① 

② 

③ 

④ 

※ 다음 도형은 일정한 규칙을 가지고 변화하고 있다. ?에 들어갈 도형으로 알맞은 것을 고르시오. **[7~9]**

| 2025년 S-OIL

07

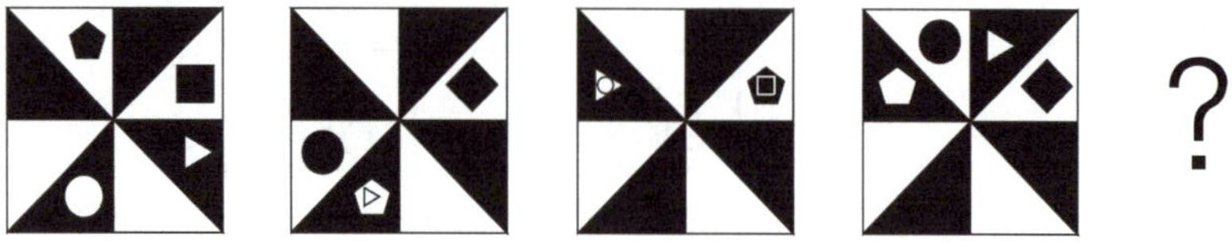

①

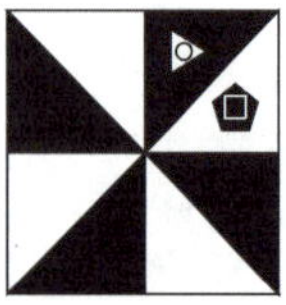

②

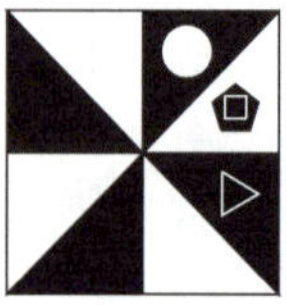

③

④

⑤

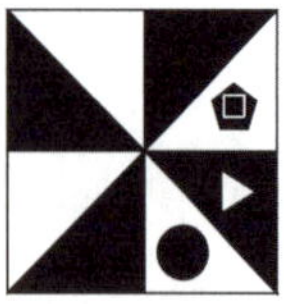

2025년 S-OIL

08

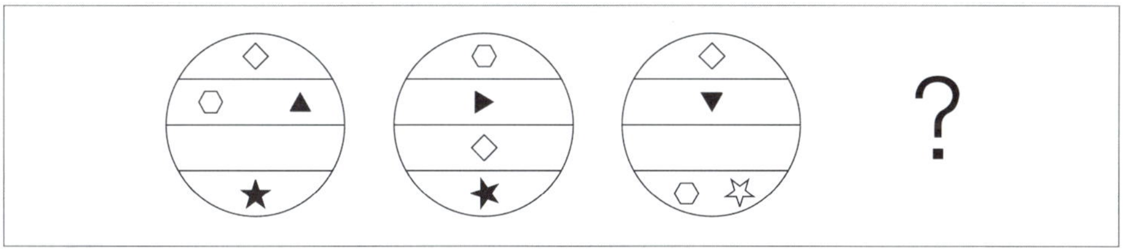

①

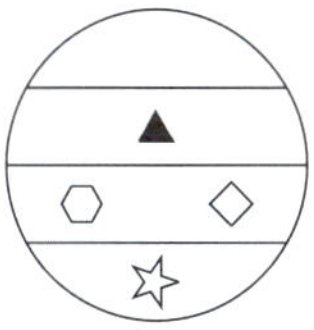

②

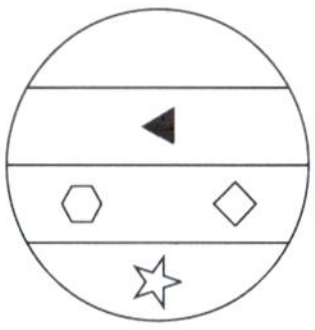

③

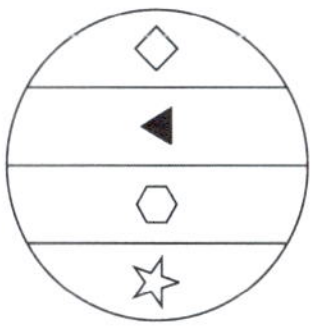

④

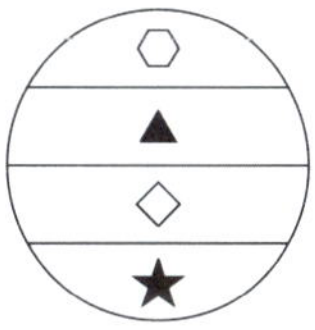

⑤

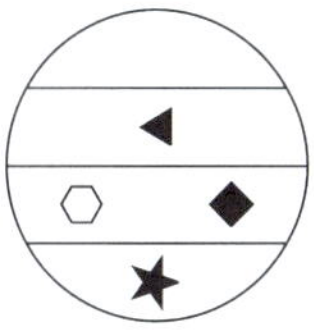

2023년 상반기 포스코

09

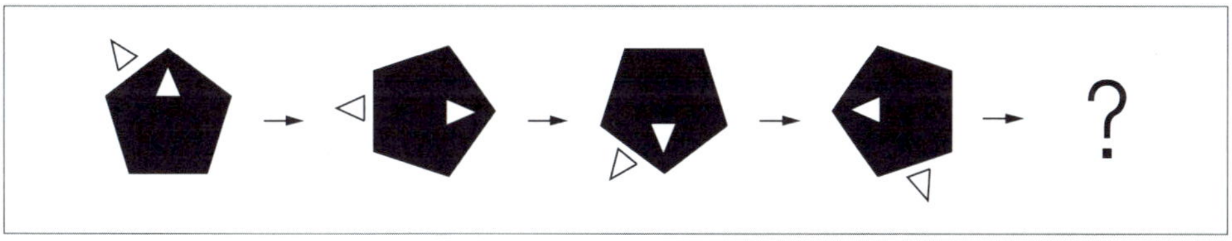

①

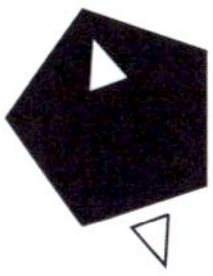

②

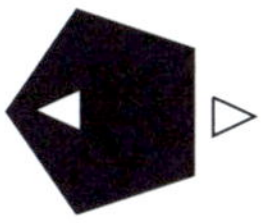

③

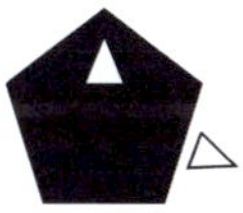

④

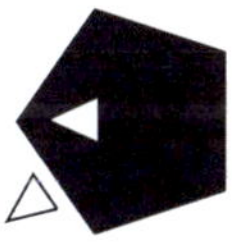

10 다음 도식의 기호들은 일정한 규칙에 따라 도형을 변화시킨다. 〈보기〉의 규칙에 따라 ?에 들어갈 알맞은 도형은?(단, 규칙은 A, B, C, D 각각 4개의 칸에 동일하게 적용된 것을 말하며, A, B, C, D 규칙은 서로 다르다).

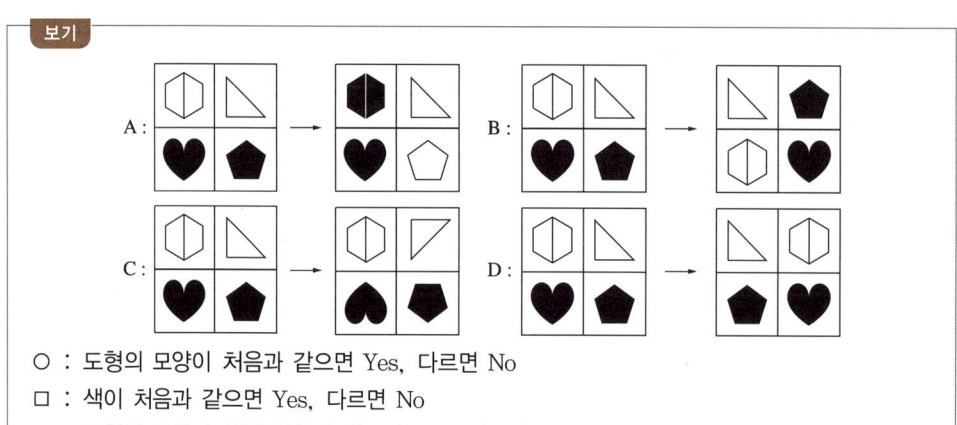

보기

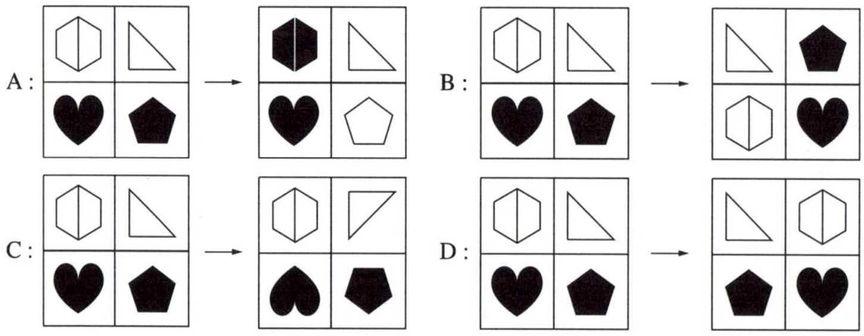

○ : 도형의 모양이 처음과 같으면 Yes, 다르면 No
□ : 색이 처음과 같으면 Yes, 다르면 No
△ : 도형의 모양과 색이 처음과 같으면 Yes, 다르면 No

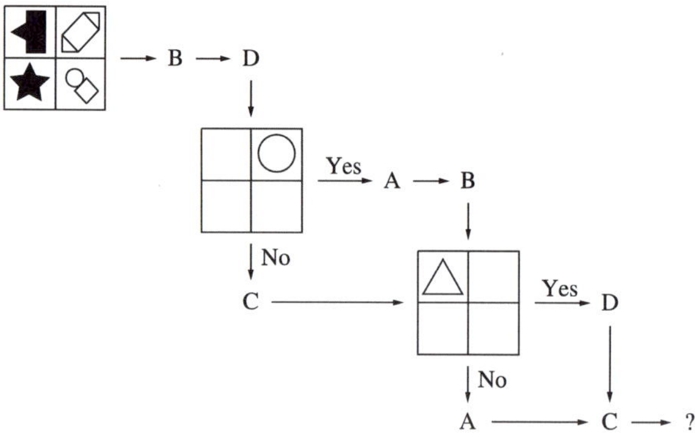

① 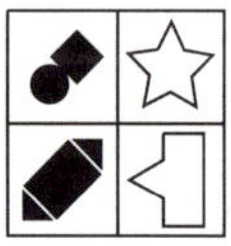

② 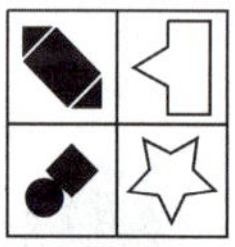

③ 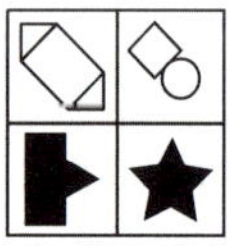

④ 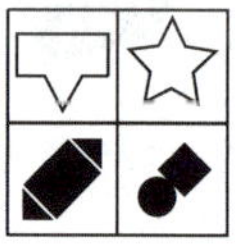

⑤ 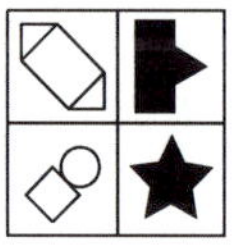

3개년 주요기업 기출복원문제 정답 및 해설

01 언어

01	02	03	04	05	06	07	08	09	10
⑤	③	②	⑤	②	④	②	②	③	④
11	12	13	14	15	16	17	18	19	20
③	③	①	④	④	③	②	③	⑤	⑤
21	22	23	24	25	26	27	28	29	30
②	②	⑤	③	④	②	⑤	④	③	①
31	32	33	34	35	36	37	38	39	40
②	④	④	②	③	④	④	⑤	④	③

01

정답 ⑤

제시문은 스페인의 건축가 가우디의 건축물에 대해 설명하는 글이다. 따라서 (나) 가우디 건축물의 특징인 곡선과 대표 건축물인 카사 밀라 – (라) 카사 밀라에 대한 설명 – (다) 가우디 건축의 또 다른 특징인 자연과의 조화 – (가) 이를 뒷받침하는 건축물인 구엘 공원의 순으로 나열하는 것이 적절하다.

02

정답 ③

제시문은 성품과 인위를 정의하고, 이것에 대한 구체적인 예를 통해 인간의 원래 성품과 선하게 되는 원리를 설명하는 글이다. 따라서 (가) 성품과 인위의 정의 – (다) 성품과 인위의 예 – (라) 성품과 인위의 결과 – (나) 이를 통해 알 수 있는 인간의 성질 순으로 나열하는 것이 적절하다.

03

정답 ②

제시문은 '닭 잡아먹고 오리발 내민다.'는 속담에 대한 글이다. 문맥상 먼저 속담을 제시하고 그 속담에 얽힌 이야기가 순서대로 나와야 하므로 (라) 문단이 가장 먼저 와야 한다. 다음으로는 '앞집'과 '뒷집'의 다툼이 시작되는 (가) 문단이 나오고, 뒷집이 앞집에 닭 한 마리 값을 물어주게 된 상황을 설명하는 (다) 문단이 이어지며, 글을 전체적으로 요약하고 평가하는 (나) 문단이 마지막에 위치해야 한다. 따라서 (라) – (가) – (다) – (나) 순으로 나열하는 것이 적절하다.

04

정답 ⑤

제시문은 비휘발성 메모리인 NAND 플래시 메모리에 대해 먼저 소개하고, NAND 플래시 메모리에 데이터가 저장되는 과정을 설명한 후 반대로 지워지는 과정을 설명하고 있다. 따라서 (라) NAND 플래시 메모리의 정의 – (나) 컨트롤 게이트와 기저 상태 사이에 전위차 발생 – (가) 전자 터널링 현상으로 전자가 플로팅 게이트로 이동하며 데이터 저장 – (다) 전위차를 반대로 가할 때 전자 터널링 현상으로 전자가 기저상태로 되돌아가며 데이터가 삭제됨의 순으로 나열하는 것이 가장 적절하다.

05

정답 ②

제시문은 이글루가 따뜻해질 수 있는 원리에 대해 설명하고 있다. 따라서 (나) 에스키모는 이글루를 연상시킴 – (라) 이글루는 눈으로 만든 집임에도 불구하고 따뜻함 – (가) 눈 벽돌로 이글루를 만들고 안에서 불을 피움 – (마) 온도가 올라가면 눈이 녹으면서 벽의 빈틈을 메우고, 눈이 녹으면 출입구를 열어 물을 얼림 – (다) 이 과정을 반복하면서 눈 벽돌집은 얼음집으로 변하여 내부가 따뜻해짐의 순으로 나열하는 것이 적절하다.

06

정답 ④

제시문은 코젤렉의 '개념사'의 정의와 특징에 대한 글이다. 따라서 (라) 개념에 대한 논란과 논쟁 속에서 등장한 코젤렉의 '개념사' – (가) 코젤렉의 '개념사'와 개념에 대한 분석 – (나) 개념에 대한 추가적인 분석 – (마) '개념사'에 대한 추가적인 분석 – (다) '개념사'의 목적과 코젤렉의 주장 순으로 나열하는 것이 적절하다.

07

정답 ②

제시문은 가격을 결정하는 요인과 이를 통해 도출할 수 있는 예상을 언급한다. 하지만 현실적인 여러 요인으로 인해 '거품 현상'이 나타나기도 하며 그러한 '거품 현상'이 무엇인지 구체적으로 설명하는 글이다. 따라서 (가) 수요와 공급에 의해 결정되는 가격 – (마) 상품의 가격에 대한 일반적인 예상 – (다) 현실적인 가격 결정 요인 – (나) 이로 인해 예상치 못하게 나타나는 '거품 현상' – (라) '거품 현상'에 대한 구체적인 설명 순으로 나열하는 것이 적절하다.

08

정답 ②

제시문에 따르면 시니어 산업의 성장은 사회가 고령화됨에 따라 경제력을 갖추고 디지털 환경에 익숙한 구매력을 가진 노년층이 많아지면서 일어난 현상이다. 따라서 고령화사회가 심해질수록 시니어 산업은 오히려 성장할 것으로 전망할 수 있다.

오답분석

① 시니어 하우징은 전통적인 노년층의 단순 거주 기능을 넘어 건강관리, 취미활동, 커뮤니티 형성 등 삶의 질을 높이는 주거 서비스를 의미한다. 따라서 요양원 운영은 시니어 하우징 사업으로 보기 어렵다.

③ 최근에는 인공지능과 사물인터넷 등 첨단 기술이 시니어 사업과 결합하고 있으며, 디지털 환경에 익숙한 디지털 시니어가 등장하고 있으므로 전통적인 기술이 선호되는 사업으로는 볼 수 없다.

④ 그레이 르네상스는 노년층이 소비와 사회 변화를 이끄는 주체로 떠오르면서 생긴 현상이다. 첨단 기기를 잘 다루는 노년층의 등장은 디지털 시니어에 더 가까운 개념이다.

⑤ 고령층 일자리 창출 사업의 주요 목적은 단순한 생계형 일자리에서 벗어나 전문성과 경험을 살리는 것이다.

09

정답 ③

제시문의 논지는 인간과 자연의 진정한 조화이다. 따라서 자연과 공존하는 삶을 주장하고 있는 ③이 글을 읽고 추론한 내용으로 가장 적절하다.

10

정답 ④

제시문에 따르면 A연구팀은 신경교 세포가 전체 뉴런을 조정하면서 기억력과 사고력을 향상시킨다는 가설하에, 인간의 신경교 세포를 갓 태어난 생쥐의 두뇌에 주입하는 실험을 하였다. 그리고 실험결과는 이 같은 가설을 뒷받침해주는 결과를 가져왔으므로 ④는 추론한 내용으로 가장 적절하다.

오답분석

① 인간의 신경교 세포를 생쥐의 두뇌에 주입하였더니 쥐가 자라면서 주입된 인간의 신경교 세포도 성장했고, 이 세포들이 주위의 뉴런들과 완벽하게 결합되어 쥐의 두뇌 전체에 걸쳐 퍼지게 되었다고 하였다. 그러나 이 과정에서 쥐의 뉴런에 어떠한 영향을 주는지에 대해서는 언급하고 있지 않다.

②·③ 제시문의 실험은 인간의 신경교 세포를 쥐의 두뇌에 주입했을 때의 변화를 살펴본 것이지 인간의 뉴런 세포를 주입한 것이 아니므로 추론할 수 없는 내용이다.

⑤ 쥐에 주입된 인간의 신경교 세포는 그 기능을 그대로 간직한다고 하였으므로 적절하지 않은 내용이다.

11

정답 ③

제시문의 첫 번째 문단에서 오늘날 우리가 부르는 애국가의 노랫말은 외세의 침략으로 나라가 위기에 처해있던 1907년을 전후하여 조국애와 충성심을 북돋우기 위하여 만들어졌음을 알 수 있다고 밝히고 있다. 따라서 1896년 『독립신문』에 현재의 노랫말이 게재되지 않았으므로 ③이 추론한 내용으로 가장 적절하다.

오답분석

① 두 번째 문단에서 1935년 해외에서 활동 중이던 안익태가 오늘날 우리가 부르고 있는 국가를 작곡하였고, 이 곡은 해외에서만 퍼져나갔다고 하였으므로, 1940년에 해외에서는 애국가 곡조를 들을 수 있었다.

② 네 번째 문단에서 국기강하식 방송, 극장에서의 애국가 상영 등은 1980년대 후반 중지되었다고 하였으므로, 1990년대 초반까지 애국가 상영이 의무화되었다는 말은 적절하지 않다.

④ 마지막 문단에서 연주만 하는 의전행사나 시상식·공연 등에서는 전주곡을 연주해서는 안 된다고 하였으므로 적절하지 않다.

12

정답 ③

제시문은 행위별수가제에 대한 내용으로 환자, 의사, 건강보험 재정 등 많은 곳에서 한계점이 있다고 문제를 제기하면서 건강보험 고갈을 막기 위해 다양한 지불방식을 도입하는 등 구조적인 개편이 필요함을 설명하고 있다. 따라서 글의 주제로는 ③ 행위별수가제의 한계점이 가장 적절하다.

13

정답 ①

제시문은 정부의 탈원전·탈석탄 공약에 따른 8차 전력 수급기본계획을 수립하면서 기존의 중앙집중형 에너지 생산시스템의 문제점을 지적하고, 분산형 에너지 생산시스템으로 정책의 전환이 필요함을 이야기하는 글이다. 따라서 글의 주제로는 ① 에너지 분권의 필요성과 방향이 가장 적절하다.

오답분석

② 다양한 사회적 문제점들과 기후, 천재지변 등에 의한 문제점들을 언급하고 있으나, 이는 글의 주제를 뒷받침하기 위한 이유이므로 글 전체의 주제로 적절하지 않다.

③·④ 제시문에서 언급되지 않았다.

14

정답 ④

제시문은 중세 유럽에서 유래된 로열티 제도가 산업 혁명부터 현재까지 지적 재산권에 대한 보호와 가치 확보를 위해 발전되었음을 설명하고 있다. 따라서 글의 제목으로는 ④ 로열티 제도의 유래와 발전이 가장 적절하다.

15

정답 ④

쇼펜하우어는 표상의 세계 안에서의 이성의 역할, 즉 시간과 공간, 인과율을 통해서 세계를 파악하는 주인의 역할을 함에도 불구하고 이 이성이 다시 의지에 종속됨으로써 제한적이며 표면적일 수밖에 없다는 한계를 지적하고 있다. 따라서 글의 중심 내용으로는 ④가 가장 적절하다.

오답분석

① 세계의 본질이 의지의 세계라는 내용은 쇼펜하우어가 주장한 핵심 내용이라는 점에서는 옳지만, 제시문의 주요 내용은 주관 또는 이성 인식으로 만들어내는 표상의 세계가 결국 한계를 가질 수밖에 없다는 것이므로 글의 중심 내용으로 적절하지 않다.
② 제시문에서는 표상 세계의 한계를 지적했을 뿐, 표상 세계의 극복과 그 해결 방안에 대한 내용은 없다.
③ 제시문에서 의지가 표상을 지배하는 종속관계라는 차이를 파악할 수는 있으나, 중심 내용으로 보기에는 적절하지 않다.

16

정답 ③

'최고의 진리는 언어 이전, 혹은 언어 이후의 무언(無言)의 진리이다.', '동양 사상의 정수(精髓)는 말로써 말이 필요 없는 경지'라고 한 부분을 보았을 때 '동양 사상은 언어적 지식을 초월하는 진리를 추구한다.'가 글의 중심 내용로 가장 적절하다.

17

정답 ②

보기의 순서를 고려하여 (가) 전자상거래 시장에서 소셜 커머스 열풍이 불고 있다는 내용을 소개하며 국내 소셜 커머스 현황을 제시 – (다) 소셜 커머스가 주로 SNS를 이용해 공동 구매자를 모으는 것에서 그 명칭이 유래되었다고 언급 – (나) 소셜 쇼핑과 SNS상의 개인화된 쇼핑 등 소셜 커머스의 유형과 전망을 제시 순으로 나열하는 것이 적절하다.

18

정답 ③

레이저 절단 가공은 고밀도, 고열원의 레이저를 쏘아 절단 부위를 녹이고 증발시켜 소재를 절단하는 작업이지만, 다른 열절단 가공에 비해 열변형의 우려가 적다고 언급되어 있으므로 ③은 추론한 내용으로 적절하지 않다.

오답분석

① 고밀도, 고열원의 레이저를 쏘아 절단 부위를 녹이고 증발시켜 소재를 절단한다 하였으므로 절단 작업 중에는 기체가 발생함을 알 수 있다.
② 반도체 소자가 나날이 작아지고 정교해졌다고 언급되어 있으므로 과거 반도체 소자는 현재 반도체 소자보다 덜 정교했음을 추측할 수 있다.
④ 반도체 소자는 나날이 작아지며 정교해지고 있으므로 현재 기술력으로는 레이저 절단 가공 외의 가공법으로 반도체 소자를 다루기 쉽지 않음을 추측할 수 있다.
⑤ 레이저 절단 가공은 물리적 변형이 적어 깨지기 쉬운 소재도 다룰 수 있다고 언급되어 있다.

19

정답 ⑤

초기의 독서는 낭독이 보편적이었고, 12세기 무렵 책자형 책이 두루마리 책을 대체하면서 묵독이 가능하게 되었다. 따라서 책자형 책의 출현으로 낭독의 확산이 아닌 묵독의 확산이 가능해졌다고 할 수 있으므로 ⑤는 추론한 내용으로 적절하지 않다.

오답분석

①·②·③ 마지막 문단에서 확인할 수 있다.
④ 제시문 전체에서 확인할 수 있다.

20

정답 ⑤

후추나 천초는 고추가 전래되지 않았던 조선 전기까지의 주요 향신료였으며, 19세기 이후 고추가 향신료로서 절대적인 우위를 차지하면서 후추나 천초의 지위가 달라졌다고 하였다. 그러나 후추나 천초가 김치에 쓰였다는 언급은 없으므로 ⑤는 추론한 내용으로 적절하지 않다.

21

정답 ②

프톨레마이오스의 세계지도는 2세기 그리스 – 로마 시대에 제작된 지도이다. 두 번째 문단의 마지막 문장에서 프톨레마이오스의 세계지도가 당시의 사람들이 가지고 있었던 세계관을 직접적으로 보여준다고 서술하고 있으며, 세 번째 문단의 마지막 문장에서도 프톨레마이오스의 세계지도가 고대의 세계관과 지리 지식을 반영하는 동시에 그 시대의 한계를 고스란히 담고 있다고 하였다.

오답분석

① 첫 번째 문단에서 프톨레마이오스의 『지리학』을 바탕으로 제작된 프톨레마이오스 세계지도에서 곡선의 경도와 위도선을 처음으로 도입했다고 서술하고 있다.
③ 프톨레마이오스의 세계지도는 당시 정밀한 측정 도구의 부재 및 여행자와 상인, 군사 원정대 등으로부터 전해들은 단편적인 지식에 의존해 제작되어 실제와 다른 지형이나 크기가 지도에 반영되었다.
④ 프톨레마이오스 세계지도의 제작 시기는 2세기 무렵이며, 인쇄술의 발달은 한참 뒤인 15세기에 이루어졌고, 이때 유럽 각지에 널리 보급되었다.
⑤ 첫 번째 문단에서 곡선의 경도와 위도선을 처음으로 도입하여 프톨레마이오스의 시대에 지구가 이미 구형이었음을 인식했다고 서술하고 있다.

22

정답 ②

마지막 문단에서 과거제 출신의 관리들이 공동체에 대한 소속감이 낮고 출세 지향적이었다는 내용을 확인할 수 있으므로 ②가 가장 적절하다.

오답분석

① 첫 번째 문단에서 황종희가 '벽소'와 같은 옛 제도를 되살리는 방법으로 과거제를 보완하자고 주장했다는 내용을 볼 수 있다. 따라서 벽소는 과거제를 없애고자 등장한 새로운 제도가 아니라 과거제를 보완하고자 되살린 옛 제도이므로 적절하지 않다.
③ 두 번째 문단에서 과거제는 학습 능력 이외의 인성이나 실무 능력을 평가할 수 없다는 이유로 시험의 익명성에 대한 회의도 있었다고 하였으므로 적절하지 않다.
④ 마지막 문단에서 과거제를 통해 임용된 관리들은 승진을 위해서 빨리 성과를 낼 필요가 있었다. 그러나 지역사회를 위해 장기적인 정책을 추진하기보다 가시적이고 단기적인 결과만을 중시하는 부작용을 가져왔다고 하였으므로 적절하지 않다.
⑤ 첫 번째 문단에서 고염무는 관료제의 상층에는 능력주의적 제도를 유지하되, 지방관인 지현들은 그 지위를 평생 유지시켜 주고 세습의 길까지 열어 놓는 방안을 제안했다고 했으므로 적절하지 않다.

23

정답 ⑤

먼 바다에서 지진해일의 파고는 수십 cm 이하이지만 얕은 바다에서는 급격하게 높아지므로 ⑤가 가장 적절하다.

오답분석

① 태평양에서 발생한 지진해일은 발생 하루 만에 발생지점에서 지구의 반대편까지 이동할 수 있다.
② 지진해일이 해안가에 가까워질수록 파도가 강해지는 것은 맞지만, 속도는 시속 45 ~ 60km까지 느려진다.
③ 지진해일이 화산폭발로 인해 발생하는 건 맞지만 파장이 길다.
④ 해안의 경사 역시 암초, 항만 등과 마찬가지로 지진해일을 변형시키는 요인이 된다.

24

정답 ③

제시문의 마지막 문단에서 예술 작품을 통한 해석으로 작품의 단일한 의미를 찾아내는 일이 꼭 실현되는 것은 아님을 알 수 있다.

25

정답 ④

마지막 문단에 따르면 아인슈타인이 '우주상수 람다'를 지운 것이 잘못되었다 했으므로 우주상수 람다가 잘못된 이론이라고 볼 수 없다.

오답분석

① 첫 번째 문단에 따르면 시간의 상대성 때문에 주인공과 딸의 시간이 다르게 흐른 것이므로 만일 시간의 상대성이 없다면, 주인공과 딸의 시간은 동일하게 흘렀을 것이다.
② 세 번째 문단에 따르면 특정한 질량을 가진 물체가 시공간을 극도로 휘게 만들면 그 중력은 빛조차도 새어나올 수 없는 강한 힘을 가지게 될 것이라고 하였다.
③ 마지막 문단에서 아인슈타인도 처음에는 '우주의 불변'을 주장했으나, 일반상대성이론의 대입으로 우주가 변한다는 것을 받아들였다.
⑤ 두 번째 문단에 따르면 중력은 시간을 왜곡한다고 하였으며 이러한 중력은 질량이 있는 물체에서 나오는 힘이다. 따라서 물체가 질량이 없다면 중력 또한 없어 시공간을 왜곡할 수 없었을 것이다.

26

정답 ②

두 번째 문단에서 마이크로비드는 '면역체계 교란, 중추신경계 손상 등의 원인이 되는 잔류성유기오염물질을 흡착한다.'라고 설명하고 있다. 따라서 ②의 내용은 적절하지 않다.

27

정답 ⑤

오답분석

①·④ 마지막 문장을 통해 알 수 있다.
② 두 번째 문장을 통해 알 수 있다.
③ 제시문의 흐름으로 확인할 수 있다.

28

정답 ④

제시문은 분자 상태의 수소와 산소가 결합하여 물이 되는 과정을 설명한 글로, 수소 분자와 산소 분자가 원자로 분해되고, 분해된 산소 원자 하나와 수소 원자 두 개가 결합하여 물이라는 화합물이 생성된다고 했다. 따라서 산소 분자와 수소 분자가 '각각' 물이 된다는 ④의 내용은 적절하지 않다.

29

정답 ③

두 번째 문단은 우울증의 긍정적인 면모인 부호 기제로서의 측면에 대한 내용을 다루고 있다. ⓒ은 지금의 경쟁 사회가 정신적인 소진 상태를 초래하기 쉬운 환경이라는 내용이므로, 오늘날 우울증이 급격히 늘어나는 원인을 설명하고 있는 마지막 문단의 마지막 문장 바로 앞에 들어가는 것이 더 적절하다.

오답분석

① 첫 번째 문단은 우울증과 창조성의 관계를 설명하면서 그 예시로 우울증을 갖고 있었던 위대한 인물들을 들고 있다. 따라서 천재와 우울증이 동전의 양면과 같으므로 인류 문명의 진보를 이끌었다고 볼 수 있다는 내용의 ㉠은 첫 번째 문단의 결론이므로 삭제할 필요가 없다.

② 문장의 주어가 '엄청난 에너지를 소모하는 것' 즉, 행위이므로 이 행위는 어떤 상태에 이르게 '만드는' 것이 되어야 문맥이 자연스럽다. 따라서 문장의 주어와 호응하는 것은 '이르게도 할 수 있다.'이다.
④ ㉣을 기준으로 앞 문장은 새로운 조합을 만들어내는 창조성 있는 사람이 이익을 갖게 된다는 내용이고, 뒤 문장은 새로운 조합을 만들어내는 일이 많은 에너지를 요하는 어려운 일이라는 내용이다. 따라서 뒤 문장은 앞 문장의 결과라고 보기 어렵다.
⑤ 마지막 문단 앞 부분의 내용에 따르면 경쟁 사회에서 창조성 있는 사람이 이익을 얻는다. 따라서 ㉤을 '억제하지만'으로 바꾸게 되면 글이 어색해진다.

30

정답 ①

제시문의 빈칸의 뒷부분에서는 수면장애가 다양한 합병증을 유발할 수 있다는 점을 언급하며 낮은 수면의 질이 문제가 되고 있음을 설명하고 있다. 따라서 빈칸에 들어갈 내용으로는 수면의 질과 관련된 ①이 가장 적절하다.

31

정답 ②

제시문에서 '당분 과다로 뇌의 화학적 균형이 무너져 정신에 장애가 왔다고 주장'한 것과 '정제한 당의 섭취를 원천적으로 차단'한 실험 결과를 토대로 추론하면 빈칸에 들어갈 내용은 '과다한 정제당 섭취가 반사회적 행동을 유발할 수 있다.'로 귀결된다. 따라서 빈칸에 ②가 들어가는 것이 가장 적절하다.

32

정답 ④

제시문에서는 변혁적 리더십과 거래적 리더십의 차이를 비교하여 변혁적 리더십의 특징을 효과적으로 설명하고 있다. 따라서 글의 전개 방식으로 ④가 가장 적절하다.

33

정답 ④

이곡의 『차마설』은 말을 빌려 탄 개인적인 경험을 통해 소유에 대한 보편적인 깨달음을 제시하고 올바른 삶의 태도를 촉구하는 교훈적 수필로, 개인적 일상의 경험을 먼저 제시하고 이에 대한 자신의 의견을 제시하고 있다. 따라서 글의 전개 방식으로 ④는 적절하지 않다.

오답분석

① 말을 빌려 탄 개인적 경험의 예화를 통해 소유에 대한 반성의 교훈을 제시하는 2단 구성 방식을 취하고 있다.
② 주관적인 개인적 경험을 통해 소유에 대한 보편적인 의견을 제시하고 있다.
③ 맹자의 말을 인용하여 사람들의 그릇된 소유 관념을 비판하고 있다.
⑤ 말을 빌려 탄 개인의 경험을 소유에 대한 욕망이라는 추상적 대상으로 확장하는 유추의 방법을 사용하고 있다.

34

정답 ②

보기의 문장은 앞의 내용에 이어서 예시를 드는 문장이므로 재력 등 우월의식을 드러내기 위한 베블런효과의 원인 뒤에 들어가야 가장 적절하다. 따라서 '사회적 지위나 부를 과시하려는 것이다.' 뒷부분인 (나)에 그 예시로서 들어가는 것이 가장 적절하다.

35

정답 ③

제시문은 고대 그리스, 헬레니즘, 로마 시대를 순서대로 나열하여 설명하였으므로, 역사적 순서대로 주제의 변천에 대해 서술하고 있다. 따라서 ③이 글의 서술상 특징으로 가장 적절하다.

36

정답 ④

제시문에서 필자는 3R 원칙을 강조하며 가장 필수적이고 최저한의 동물실험이 필요악임을 주장하고 있다. 특히 '보다 안전한 결과를 도출해 내기 위한 동물실험은 필요악이며, 이러한 필수적인 의약 실험조차 금지하려 한다는 것은 기술 발전 속도를 늦춰 약이 필요한 누군가의 고통을 감수하자는 이기적인 주장'이라는 대목을 통해 약이 필요한 이들을 위한 의약 실험에 초점을 맞추고 있음을 확인할 수 있다. 따라서 ④의 주장처럼 생명과 큰 관련이 없는 동물실험을 비판의 근거로 삼는 것은 적절하지 않다.

37

정답 ④

제시문의 ㉠의 '고속도로'는 그래핀이 사용된 선로를 의미하며, ㉢의 '코팅'은 비정질 탄소로 그래핀을 둘러싼 것을 의미한다. ㉠의 그래핀은 전자의 이동 속도가 빠른 대신 저항이 높고 전하 농도가 낮다. 연구팀은 이러한 그래핀의 단점을 해결하기 위해, 그래핀에 비정질 탄소를 얇게 덮어 저항을 감소시키고 전하 농도를 증가시키는 방법을 생각해 냈다. 따라서 ④는 적절하지 않다.

오답분석

① ㉡의 '도로'는 기존 금속 재질의 선로를 의미한다. 연구팀은 기존의 금속 재질(㉡) 대신 그래핀(㉠)을 반도체 회로에 사용하였다.
② 반도체 내에 많은 소자가 집적되면서 금속 재질의 선로(㉡)에 저항이 기하급수적으로 증가하였다.
③ 그래핀(㉠)은 구리보다 전기 전달 능력이 뛰어나고 전자 이동속도가 100배 이상 빠르다.
⑤ ㉠의 '고속도로'는 그래핀, ㉡의 '도로'는 금속 재질, ㉢의 '코팅'은 비정질 탄소를 의미한다.

38

정답 ⑤

㉡ 추상표현주의 작가들은 이성에 대한 회의를 바탕으로 화가의 감정과 본능을 표현했다.
㉢ 추상표현주의 작가들은 화가 개인의 감정을 나타내고자 했다.
㉣ 의도된 계획에 따라 그림을 그려나가는 것은 추상표현주의가 추구하는 예술과 반대되는 것이다.

오답분석

㉠ 첫 번째 문장을 통해 알 수 있다.

39

정답 ④

제시문은 마이데이터의 개념을 소개하고, 그 핵심인 개인정보 주권에 대해 설명하고 있다. 또한 금융, 의료 등 실생활에서의 활용 사례를 제시하고, 마이데이터의 다양한 장점과 주의해야 할 점들을 논의하고, 마이데이터의 미래 전망과 개인의 책임에 대해 언급하고 있다. 따라서 전체적인 구조와 내용을 포괄적으로 반영하고 있는 ④가 글의 주제로 가장 적절하다.

오답분석

① 제시문의 일부 요소만을 다루고 있어 전체를 대표하기에는 부족하다.
② 마이데이터의 등장 배경을 중심으로 하고 있어 제시문의 전반적인 내용을 포괄하지 못한다.
③ 개인정보 주권과 데이터 경제에 초점을 맞추고 있어 제시문의 다른 중요한 측면들을 놓치고 있다.

40

정답 ③

제시문의 빈칸은 결론 부분으로서 앞의 내용을 총괄하여 정리하는 문장이 들어가야 한다. 마이데이터의 핵심 개념은 '데이터 주권'으로 개인이 자신의 정보에 대한 통제권과 결정권을 가지고 관리하는 것을 의미한다. 따라서 ③이 빈칸에 들어갈 내용으로 가장 적절하다.

오답분석

① 정보 보호의 중요성을 강조하지만 마이데이터의 적극적 활용 측면을 반영하지 못하므로 적절하지 않다.
② 개인정보의 제3자 위임은 마이데이터의 취지와 맞지 않으므로 적절하지 않다.
④ 무분별한 공개를 통해 개인정보 보호를 간과하고 있으므로 적절하지 않다.

02 수리

01	02	03	04	05	06	07	08	09	10
①	③	⑤	③	④	③	①	⑤	③	②
11	12	13	14	15	16	17	18	19	20
③	④	⑤	②	②	④	③	③	③	④
21	22	23	24	25	26	27	28	29	30
①	④	①	⑤	⑤	③	③	④	④	⑤
31	32	33	34	35	36	37	38	39	40
④	②	⑤	④	③	②	③	③	⑤	③
41	42	43	44	45	46	47	48	49	50
②	⑤	①	②	②	④	③	③	③	①

01

정답 ①

증발한 물의 양을 xg이라 하자.

$\frac{8}{100}\times500=\frac{10}{100}\times(500-x)$

$\rightarrow 4,000=5,000-10x$

$\therefore x=100$

따라서 증발한 물의 양은 100g이다.

02

정답 ③

S사의 작년 남직원의 수를 x명, 여직원의 수를 y명이라고 하면 다음의 식이 성립한다.

$x+y=100 \rightarrow y=100-x$ …㉠

$1.1x+1.2y=114$ …㉡

㉠을 ㉡에 대입하면 다음의 식이 성립한다.

$1.1x+1.2\times(100-x)=114$

$\rightarrow 1.1x+120-1.2x=114$

$\rightarrow -0.1x=-6$

$\therefore x=60,\ y=40$

따라서 작년 남직원의 수가 60명이므로 올해 증가한 남직원의 수는 $60\times0.1=6$명이다.

03

정답 ⑤

예지가 책정한 음료수의 정가를 x원이라고 하면 다음의 식이 성립한다.

$x\times(500-100)-1,000\times500=180,000$

$\therefore x=1,700$

즉, 예지가 붙인 이윤은 $1,700-1,000=700$원이다.

따라서 예지가 정가를 책정할 때 원가에 곱한 이윤의 비율은 $\frac{700}{1,000}\times100=70\%$이다.

04

정답 ③

모기가 이동한 시간은 두 구슬이 만날 때까지 걸리는 시간과 같다. 두 구슬은 각각 60km/h, 90km/h로 이동하고 있으므로 1.8km의 거리를 60+90=150km/h의 속력으로 가까워지고 있다. (시간)=(거리)÷(속력)이므로 공이 만나는 시간(모기가 이동한 시간)은 $\frac{1.8}{150}=0.012$시간이다.

모기는 70km/h의 속력으로 이동하므로 모기가 이동한 거리는 $70\times0.012=0.84$km이다.

05

정답 ④

세제 1스푼의 양을 xg이라고 하면 다음 식이 성립한다.

$$\frac{5}{1,000}\times2,000+4x=\frac{9}{1,000}\times(2,000+4x)$$

$$\therefore\ x=\frac{2,000}{991}$$

물 3kg에 들어갈 세제의 양을 yg이라고 하면 다음 식이 성립한다.

$$y=\frac{9}{1,000}\times(3,000+y)$$

$$\rightarrow 1,000y=27,000+9y$$

$$\therefore\ y=\frac{27,000}{991}$$

따라서 물 3kg에 세제 $\dfrac{\frac{27,000}{991}}{\frac{2,000}{991}}=\dfrac{26,757,000}{1,982,000}=13.5$스푼을 넣으면 농도가 0.9%인 세제 용액이 된다.

06

정답 ③

작년 TV와 냉장고의 판매량을 $3k$, $2k$, 올해 TV와 냉장고의 판매량을 $13m$, $9m$이라고 하면 작년 TV와 냉장고의 총판매량은 $5k$, 올해 TV와 냉장고의 총판매량은 $22m$이다.

올해 총판매량이 작년보다 10% 증가했으므로 다음 식이 성립한다.

$$5k\left(1+\frac{10}{100}\right)=22m$$

$$\rightarrow \frac{11}{2}k=22m$$

$$\therefore\ k=4m$$

따라서 작년 냉장고 판매량은 $2\times4m=8m$이고, 냉장고의 판매량은 작년보다 $\frac{9m-8m}{8m}\times100=12.5\%$ 증가했다.

07

정답 ①

올해 직원 수를 x명이라고 하면, 작년 직원 수는 $1.05x$명, 내년 직원 수는 $1.04x$명이다.

올해 직원 수의 4%가 28명이므로

$0.04x=28 \rightarrow x=700$임에 따라 올해 직원 수는 700명이다.

- 작년 직원 수 : $1.05\times700=735$명
- 내년 직원 수 : $1.04\times700=728$명

따라서 작년과 내년 직원 수의 차이는 $735-728=7$명이다.

08

정답 ⑤

8, 10, 6 세 수의 최소공배수는 120이므로 세 벽돌의 쌓아 올린 높이는 120cm이다.

따라서 필요한 벽돌의 수는 모두 $\frac{120}{8}+\frac{120}{10}+\frac{120}{6}=15+12+20=47$개이다.

09

정답 ③

농도 4%의 소금물의 양을 xg이라고 하면 농도 10%의 소금물의 양은 $(600-x)$g이므로 식을 세우면 다음과 같다.

$$\frac{4}{100}x+\frac{10}{100}(600-x)=\frac{8}{100}\times600$$

$$\rightarrow 4x+10(600-x)=4,800$$

$$\rightarrow 6x=1,200$$

$$\therefore\ x=200$$

따라서 처음 컵에 들어있던 농도 4%의 소금물의 양은 200g이다.

10

정답 ②

3인실, 2인실, 1인실로 배정되는 인원을 정리하면 다음과 같다.

- (3, 2, 0) : ${}_5C_3\times{}_2C_2=10$가지
- (3, 1, 1) : ${}_5C_3\times{}_2C_1\times{}_1C_1=20$가지
- (2, 2, 1) : ${}_5C_2\times{}_3C_2\times{}_1C_1=30$가지

$\therefore\ 10+20+30=60$

따라서 방에 배정되는 경우의 수는 총 60가지이다.

11

정답 ③

작년 남학생 수와 여학생 수를 각각 a, b명이라고 하면 다음과 같다.

- 작년 전체 학생 수 : $a+b=820$ ⋯ ㉠
- 올해 전체 학생 수 : $1.08a+0.9b=810$ ⋯ ㉡

㉠과 ㉡을 연립하면 다음과 같다.

$\therefore\ a=400,\ b=420$

따라서 작년 여학생의 수는 420명이다.

12

정답 ④

토마토의 개수를 x개, 배의 개수를 y개라고 하자.

$120\times x+450\times y=6,150-990 \rightarrow 4x+15y=172 \cdots$ ㉠

$90\times x+210\times y=3,150-300 \rightarrow 3x+7y=95 \cdots$ ㉡

㉠과 ㉡을 연립하면 다음과 같다.

$\therefore\ x=13,\ y=8$

따라서 바구니 안에 배는 8개가 들어있다.

13

정답 ⑤

전월에 제조되는 초콜릿의 개수와 금월에 제조되는 초콜릿의 개수의 합이 명월에 제조되는 초콜릿의 개수이다.

- 2023년 7월 초콜릿의 개수 : 80+130=210개
- 2023년 8월 초콜릿의 개수 : 130+210=340개
- 2023년 9월 초콜릿의 개수 : 210+340=550개
- 2023년 10월 초콜릿의 개수 : 340+550=890개
- 2023년 11월 초콜릿의 개수 : 550+890=1,440개

따라서 2023년 11월에는 1,440개의 초콜릿이 제조될 것이다.

14

정답 ②

(집에서 마트까지 걸은 시간)+(물건을 구매하는 시간)+(마트에서 집까지 걸은 시간)=2시간 30분이다.

집에서 마트까지의 거리를 $x$km라고 하면 다음과 같은 식이 성립한다.

$\frac{x}{6}+\frac{2}{3}+\frac{x}{4}=\frac{5}{2}$

$\rightarrow \frac{5}{12}x=\frac{11}{6}$

$\therefore\ x=\frac{22}{5}=4.4$

따라서 집에서 마트까지의 거리는 4.4km이다.

15

정답 ②

5명이 노란색 원피스 2벌, 파란색 원피스 2벌, 초록색 원피스 1벌 중 1벌씩 선택하는 경우의 수를 구하기 위해 먼저 5명을 2명, 2명, 1명으로 이루어진 3개의 팀으로 나누어야 한다. 이때 팀을 나누는 경우의 수는 다음과 같다.

${}_5C_2\times{}_3C_2\times{}_1C_1\times\frac{1}{2!}$

$\rightarrow \frac{5\times4}{2}\times3\times1\times\frac{1}{2}=15$가지

2벌인 원피스의 색깔은 노란색과 파란색 2가지이므로 선택할 수 있는 경우의 수는 15×2=30가지이다.

따라서 5명이 각자 1벌씩 고를 수 있는 경우의 수는 30가지이다.

16

정답 ④

- 흰 구슬을 먼저 뽑고, 검은 구슬을 뽑을 확률 : $\frac{4}{10}\times\frac{6}{9}=\frac{4}{15}$
- 검은 구슬을 먼저 뽑고, 흰 구슬을 뽑을 확률 : $\frac{6}{10}\times\frac{4}{9}=\frac{4}{15}$

$\therefore\ \frac{4}{15}+\frac{4}{15}=\frac{8}{15}$

따라서 흰 구슬과 검은 구슬을 각각 1개씩 뽑을 확률은 $\frac{8}{15}$이다.

17

정답 ③

두 사람이 각각 헤어숍에 방문하는 간격인 10과 16의 최소공배수 80을 일주일 단위로 계산하면 11주 3일(80÷7=11 ⋯ 3)이 된다.

따라서 두 사람은 일요일의 3일 후인 수요일에 다시 만난다.

18

정답 ③

i) 피겨 경기 대진표의 경우의 수 : ${}_4C_2\times{}_2C_2\times\frac{1}{2!}$=3가지

ii) 쇼트트랙 경기 대진표의 경우의 수 : ${}_8C_2\times{}_6C_2\times{}_4C_2\times{}_2C_2\times\frac{1}{4!}$=105가지

따라서 두 경기 대진표의 경우의 수의 합은 3+105=108가지이다.

19

정답 ③

주사위의 눈의 합이 7이 나오는 경우의 수 : (1, 6), (2, 5), (3, 4), (4, 3), (5, 2), (6, 1) → 6가지

i) 주사위의 눈의 합이 7이 나올 확률 : $\frac{6}{36}=\frac{1}{6}$

ii) 동전이 둘 다 앞면이 나올 확률 : $\frac{1}{2}\times\frac{1}{2}=\frac{1}{4}$

$\therefore\ \frac{1}{6}\times\frac{1}{4}=\frac{1}{24}$

따라서 주사위의 눈의 합이 7이 나오면서 동전이 둘 다 앞면이 나올 확률은 $\frac{1}{24}$이다.

20

정답 ④

물건의 양을 k라고 하면 갑, 을, 병 1명이 하루에 사용하는 양은 각각 $\frac{k}{30}$, $\frac{k}{60}$, $\frac{k}{40}$이며, 3명이 함께 하루 동안 사용하는 양은 $\frac{k}{30}+\frac{k}{60}+\frac{k}{40}=\frac{9k}{120}=\frac{3k}{40}$이다.

3명에게 나누어 줄 물건의 양을 합하면 $3k$이며, $3k$의 물건을 3명이 하루에 사용하는 양으로 나누면 $3k\div\frac{3k}{40}=40$이다.

따라서 3명이 함께 모든 물건을 사용하는 데 걸리는 시간은 40일이다.

21

정답 ①

8명의 선수 중 4명을 뽑는 경우의 수는 ${}_8C_4=\frac{8\times7\times6\times5}{4\times3\times2\times1}$ $=70$가지이고, A, B, C를 포함하여 4명을 뽑는 경우의 수는 A, B, C를 제외한 5명 중 1명을 뽑으면 되므로 ${}_5C_1=5$가지이다.

따라서 구하고자 하는 확률은 $\frac{5}{70}=\frac{1}{14}$이다.

22

정답 ④

올라갈 때 달린 거리를 $x$km라고 하면 다음과 같다.

$\frac{x}{10}+\frac{x+10}{20}=5$

→ $2x+x+10=100$

→ $3x=90$

∴ $x=30$

따라서 올라갈 때 달린 거리는 30km이다.

23

정답 ①

올라간 거리를 $x$km라고 하면 내려온 거리는 $(x+2)$km이고, 올라간 시간과 내려간 시간이 같으므로 식은 다음과 같다.

$\frac{x}{4}=\frac{x+2}{6}$ → $3x=2(x+2)$

∴ $x=4$

따라서 내려올 때 걸린 시간은 $\frac{4+2}{6}=1$시간이다.

24

정답 ⑤

50g을 덜어낸 뒤 남아있는 소금물의 양은 50g이고, 농도는 20%이다. 이때 남아있는 소금의 양은 다음과 같다.

(소금의 양)=(농도)×(남아있는 소금물의 양)

→ $\frac{20}{100}\times50=10$g

농도를 10%로 만들기 위해 더 넣은 물의 양을 xg이라고 하면 식은 다음과 같다.

$\frac{10}{50+x}\times100=10\%$

∴ $x=50$

따라서 더 넣은 물의 양은 50g이다.

25

정답 ⑤

작년 사원 수에서 줄어든 인원은 올해 진급한 사원(12%)과 퇴사한 사원(20%)이다.

이를 합하면 $400\times(0.12+0.2)=128$명이며,

작년 사원에서 올해도 사원인 사람은 $400-128=272$명이다.

올해 사원 수는 작년 사원 수에서 6% 증가했으므로 $400\times1.06=424$명이 된다.

따라서 올해 채용한 신입사원은 $424-272=152$명임을 알 수 있다.

26

정답 ③

i) 7명의 학생이 원탁에 앉는 경우의 수 : $(7-1)!=6!$가지

ii) 7명의 학생 중 여학생 3명이 원탁에 이웃해서 앉는 경우의 수 : $[(5-1)!\times3!]$가지

∴ 7명의 학생 중 여학생 3명이 원탁에 이웃해서 앉는 확률 : $\frac{4!\times3!}{6!}=\frac{1}{5}$

따라서 구하고자 하는 확률은 $\frac{1}{5}$이다.

27

정답 ③

전체 일의 양을 1이라고 하고, A~C가 하루에 할 수 있는 일의 양을 각각 $\frac{1}{a}$, $\frac{1}{b}$, $\frac{1}{c}$라고 하자.

$\frac{1}{a}+\frac{1}{b}=\frac{1}{12}$ …㉠

$\frac{1}{b}+\frac{1}{c}=\frac{1}{6}$ …㉡

$\frac{1}{c}+\frac{1}{a}=\frac{1}{18}$ …㉢

㉠, ㉡, ㉢을 모두 더한 다음 2로 나누면 3명이 하루에 할 수 있는 일의 양을 구할 수 있다.

$\frac{1}{a}+\frac{1}{b}+\frac{1}{c}=\frac{1}{2}\left(\frac{1}{12}+\frac{1}{6}+\frac{1}{18}\right)$

$=\frac{1}{2}\left(\frac{3+6+2}{36}\right)=\frac{11}{72}$

따라서 72일 동안 3명이 끝낼 수 있는 일의 양은 $\frac{11}{72}\times72=11$이므로 전체 일의 양의 11배이다.

28

정답 ④

13 ~ 18세가 가장 많이 고민하는 문제는 53.1%로 공부(성적, 적성)이고, 19 ~ 24세는 38.7%로 직업이 첫 번째이고, 16.2%로 공부(성적, 적성)가 두 번째이다.
따라서 바르게 나열한 것은 ④이다.

29

정답 ④

2016 ~ 2017년 사이 축산물 수입량은 약 10만 톤 감소했으나, 수입액은 약 2억 달러 증가하였다. 또한 2021 ~ 2022년 사이 축산물 수입량은 약 10만 톤 감소했으나, 수입액은 변함이 없다.
따라서 축산물 수입량과 수입액의 변화 추이는 동일하지 않다.

30

정답 ⑤

각 국가의 승용차 보유 대수 비율은 다음과 같다.

- 네덜란드 : $\frac{3,230}{3,585}\times100 \fallingdotseq 90.1\%$
- 독일 : $\frac{17,356}{18,481}\times100 \fallingdotseq 93.9\%$
- 프랑스 : $\frac{15,100}{17,434}\times100 \fallingdotseq 86.6\%$
- 영국 : $\frac{13,948}{15,864}\times100 \fallingdotseq 87.9\%$
- 이탈리아 : $\frac{14,259}{15,673}\times100 \fallingdotseq 91.0\%$
- 캐나다 : $\frac{7,823}{10,029}\times100 \fallingdotseq 78.0\%$
- 호주 : $\frac{4,506}{5,577}\times100 \fallingdotseq 80.8\%$
- 미국 : $\frac{104,898}{129,943}\times100 \fallingdotseq 80.7\%$

따라서 유럽 국가는 미국, 캐나다, 호주보다 자동차 보유 대수에서 승용차가 차지하는 비율이 높다.

오답분석

① 자동차 보유 대수에서 승용차가 차지하는 비율이 가장 높은 국가는 독일이다.
② 자동차 보유 대수에서 트럭・버스가 차지하는 비율은 100%에서 승용차 보유 대수 비율을 뺀 것과 같다. 즉, 승용차 보유 대수 비율이 낮은 국가가 트럭・버스 보유 대수 비율이 가장 높다. 따라서 트럭・버스 보유 대수 비율이 가장 높은 국가는 캐나다이다.
③ 승용차 보유 대수 비율이 가장 낮은 국가는 약 78%인 캐나다이다.
④ 프랑스의 승용차와 트럭・버스의 비율은 15,100 : 2,334 ≒6.5 : 1이다.

31

정답 ④

- 2023년 대비 2024년 월평균 소득 증가율 :
$\frac{788,000-765,000}{765,000}\times100 \fallingdotseq 3.0\%$
- 평균 시급 증가율 : $\frac{8,590-8,350}{8,350}\times100 \fallingdotseq 2.9\%$

따라서 평균 시급 증가율보다 월평균 소득 증가율이 더 높다.

오답분석

① 2021 ~ 2024년 동안 전년 대비 주간 평균 근로 시간은 2022년까지 증가하다가 2023년부터 감소하며, 월평균 소득의 경우 지속적으로 증가한다.
② 전년 대비 2022년 평균 시급 증가액은 7,530−6,470=1,060원이며, 전년 대비 2023년 증가액은 8,350−7,530=820원이다. 따라서 전년 대비 2022년 평균 시급 증가액은 전년 대비 2023년 증가액의 $\frac{1,060}{820}\fallingdotseq 1.3$배이므로 3배 미만이다.
③ 2021 ~ 2022년은 전년 대비 평균 시급은 높아졌고, 주간 평균 근로 시간도 길어졌다.

32

정답 ②

D사의 판매율이 가장 높은 연도는 2024년, G사의 판매율이 가장 높은 연도는 2022년으로 동일하지 않다.

오답분석

① D사와 G사는 2023년도만 감소하여 판매율 증감 추이가 같다.
③ D사의 판매율이 가장 높은 연도는 2024년이고, U사의 판매율이 가장 낮은 연도도 2024년으로 동일하다.
④ G사의 판매율이 가장 낮은 연도는 2020년이고, U사의 판매율이 가장 높은 연도도 2020년으로 동일하다.

33

정답 ⑤

국민연금 전체 운용수익률은 연평균기간이 짧을수록 5.24% → 3.97% → 3.48% → −0.92%로 감소하고 있다.
따라서 ⑤는 옳은 내용이다.

오답분석

① 기간별 연평균으로 분류하여 수익률을 나타내므로 매년 증가하고 있는지는 알 수 없다.
② 2023년 운용수익률에서 기타부문은 흑자를 기록했고, 공공부문은 알 수 없다.
③ 공공부문의 경우 11년 연평균(2013 ~ 2023년)의 수치만 있으므로 알 수 없다.
④ 금융부문 운용수익률은 연평균기간이 짧을수록 감소하고 있다.

34

정답 ④

2022년도 휴대전화 스팸 수신량은 2021년보다 $0.34-0.33=0.01$통 많으며, 2023년에는 2021년보다 $0.33-0.32=0.01$통이 적다.
따라서 증가량과 감소량이 0.01통으로 같음을 알 수 있으므로 옳은 설명이다.

오답분석

① 2019년의 이메일 스팸 수신량은 1.16통으로 휴대전화 스팸 수신량의 2.5배인 약 1.33통보다 적으므로 옳지 않은 설명이다.
② 2021년부터 2023년까지 휴대전화 스팸 수신량은 2022년도 증가하고 다음 해에 감소했으나 이메일 스팸 수신량은 계속 감소했으므로 옳지 않은 설명이다.
③ 전년 대비 이메일 스팸 수신량 감소율은 2021년에 $\frac{1.48-1.06}{1.48}\times100 ≒ 28.4\%$, 2022년에 $\frac{1.06-1.00}{1.06}\times100 ≒ 5.7\%$로 2021년 감소율이 2022년의 약 5배이므로 옳지 않은 설명이다.
⑤ 이메일 스팸 수신량이 가장 많은 해는 2020년이 맞지만 휴대전화 스팸 수신량이 가장 적은 해는 2023년이므로 옳지 않은 설명이다.

35

정답 ③

2015년 대비 2023년 장르별 공연 건수의 증가율은 다음과 같다.

- 양악 : $\frac{460-250}{250}\times100=84\%$
- 국악 : $\frac{238-68}{68}\times100=250\%$
- 무용 : $\frac{138-60}{60}\times100=130\%$
- 연극 : $\frac{180-60}{60}\times100=200\%$

따라서 2015년 대비 2023년 공연 건수의 증가율이 가장 높은 장르는 국악이다.

오답분석

① 2019년과 2022년에는 연극 공연 건수가 국악 공연 건수보다 많았다.
② 2021년의 무용 공연 건수가 제시되어 있지 않으므로 연극 공연 건수가 무용 공연 건수보다 많아진 것이 2022년부터인지 판단할 수 없으므로 옳지 않은 설명이다.
④ 2022년에 비해 2023년에 공연 건수가 가장 많이 증가한 장르는 국악이다.
⑤ 2018년까지는 양악 공연 건수가 국악, 무용, 연극 공연 건수의 합보다 많았지만, 2019년 이후에는 양악 공연 건수가 국악, 무용, 연극 공연 건수의 합보다 적었다. 또한, 2021년에는 무용 공연 건수 자료가 집계되지 않아 양악의 공연 건수가 다른 공연 건수의 합보다 많은지 적은지 판단할 수 없으므로 옳지 않은 설명이다.

36

정답 ②

단위를 생략한 인천의 인구 수치가 인구밀도 수치보다 크다.
즉, $\frac{(\text{인구})}{(\text{인구밀도})}>1$이므로, 생략된 단위인 1,000을 곱하면 인천의 면적은 $1,000\text{km}^2$보다 넓음을 알 수 있다.

오답분석

ㄱ. 부산의 비율은 $\frac{27}{3,471}$이고, 대구의 비율은 $\frac{13}{2,444}$이다.
즉, 부산은 분자보다 분모가 약 130배 크고, 대구는 약 180배 크다. 따라서 비율을 직접 계산하지 않아도 부산이 더 큼을 알 수 있다.
ㄷ. $(\text{면적})=\frac{(\text{인구})}{(\text{인구밀도})}$이므로, 부산(약 0.766)보다 대구(약 0.884)가 1에 가깝다. 따라서 대구의 면적이 부산의 면적보다 넓다.

37

정답 ③

보기에 있는 나라의 2010년 대비 2040년 고령화율을 계산하면 다음과 같다.

㉠ 한국 : $\frac{33}{11}=3$배
㉡ 미국 : $\frac{26}{13}=2$배
㉢ 일본 : $\frac{36}{18}=2$배
㉣ 브라질 : $\frac{21}{7}=3$배
㉤ 인도 : $\frac{16}{4}=4$배

따라서 2040년의 고령화율이 2010년 대비 3배 이상이 되는 나라는 ㉠ 한국(3배), ㉣ 브라질(3배), ㉤ 인도(4배)이다.

38

정답 ③

- A기업의 경우 :
  화물자동차 : 200,000+(1,000×5×100)+(100×5×100) =750,000원
  철도 : 150,000+(900×5×100)+(300×5×100) =750,000원
  연안해송 : 100,000+(800×5×100)+(500×5×100) =750,000원
- B기업의 경우 :
  화물자동차 : 200,000+(1,000×1×200)+(100×1×200) =420,000원
  철도 : 150,000+(900×1×200)+(300×1×200) =390,000원
  연안해송 : 100,000+(800×1×200)+(500×1×200) =360,000원

따라서 A는 모든 수단에서 동일하고, B는 연안해송이 가장 저렴하다.

39

정답 ⑤

남성의 전체 인원은 75+180+15+30=300명이고, 여성의 전체 인원은 52+143+39+26=260명이다.

따라서 전체 남성 인원엔 대한 자녀 계획이 없는 남성 인원의 비율은 남성이 $\frac{75}{300}\times100=25\%$, 전체 여성 인원에 대한 자녀 계획이 없는 여성 인원의 비율은 $\frac{52}{260}\times100=20\%$로 남성이 여성보다 25−20=5%p 더 크다.

오답분석

① 전체 조사 인원은 300+260=560명으로 600명 미만이다.
② 전체 여성 인원에 대한 희망 자녀수가 1명인 여성 인원의 비율은 $\frac{143}{260}\times100=55\%$이다.
③ 남성의 각 항목을 인원수가 많은 순서대로 나열하면 '1명 – 계획 없음 – 3명 이상 – 2명'이고, 여성의 각 항목을 인원수가 많은 순서대로 나열하면 '1명 – 계획 없음 – 2명 – 3명' 이상이므로 남성과 여성의 항목별 순위는 서로 다르다.
④ 전체 여성 인원에 대한 희망 자녀수가 2명인 여성 인원의 비율은 $\frac{39}{260}\times100=15\%$, 전체 남성 인원에 대한 희망 자녀수가 2명인 남성 인원의 비율은 $\frac{15}{300}\times100=5\%$로 여성이 남성의 3배이다.

40

정답 ③

브랜드별 중성세제의 변경 후 판매 용량에 대한 가격에서 변경 전 가격을 빼면 다음과 같다.

- A브랜드 : (8,200×1.2)−(8,000×1.3)=9,840−10,400 =−560원
- B브랜드 : (6,900×1.6)−(7,000×1.4)=11,040−9,800 =1,240원
- C브랜드 : (4,000×2.0)−(3,960×2.5)=8,000−9,900 =−1,900원
- D브랜드 : (4,500×2.5)−(4,300×2.4)=11,250−10,320 =930원

따라서 A브랜드는 560원 감소, B브랜드는 1,240원 증가, C브랜드는 1,900원 감소, D브랜드는 930원 증가했다.

41

정답 ②

이산화탄소의 농도가 계속해서 증가하고 있는 것과 달리 오존전량은 2017년부터 2019년까지, 그리고 2022년에 감소하였다. 따라서 ②는 옳지 않은 설명이다.

오답분석

① 이산화탄소의 농도는 2016년 387.2ppm에서 시작하여 2022년 395.7ppm으로 해마다 증가했다.
③ 2022년 오존전량은 335DU로, 2016년의 331DU보다 4DU 증가했다.
④ 2022년 이산화탄소 농도는 2017년의 388.7ppm에서 395.7ppm으로 7ppm 증가했다.
⑤ 오존전량은 2017년에는 1DU, 2018년에는 2DU, 2019년에는 3DU 감소하였으며, 2022년에는 8DU 감소하였다.

42

정답 ⑤

ㄷ. 부모와 자녀의 직업이 모두 A일 확률은 $\frac{1}{10}\times\frac{45}{100}$ $=0.1\times\frac{45}{100}$이다.

ㄹ. 자녀의 직업이 A일 확률은 $\frac{1}{10}\times\frac{45}{100}+\frac{4}{10}\times\frac{5}{100}+\frac{5}{10}\times\frac{1}{100}=\frac{7}{100}$이다.

따라서 부모의 직업이 A일 확률은 $\frac{10}{100}$이므로 자녀의 직업이 A일 확률이 더 낮다.

오답분석

ㄱ. 자녀의 직업이 C일 확률은 $\frac{1}{10}\times\frac{7}{100}+\frac{4}{10}\times\frac{25}{100}+\frac{5}{10}\times\frac{49}{100}=\frac{352}{1,000}=\frac{44}{125}$이다.

ㄴ. '부모의 직업이 C일 때, 자녀의 직업이 B일 확률'을 '자녀의 직업이 B일 확률'로 나누면 구할 수 있다.

43

정답 ①

- A전자 : 8대 구매 시 2대를 무료로 증정하기 때문에 32대를 사면 8개를 무료로 증정 받아 32대 가격으로 총 40대를 살 수 있다. 32대의 가격은 80,000×32=2,560,000원이다. 그리고 구매 금액 100만 원당 2만 원이 할인되므로 구매 가격은 2,560,000−40,000=2,520,000원이다.
- B마트 : 40대 구매 금액인 90,000×40=3,600,000원에서 40대 이상 구매 시 7% 할인 혜택을 적용하면 3,600,000×0.93=3,348,000원이다. 이때, 1,000원 단위 이하는 절사하므로 구매 가격은 3,340,000원이다.

따라서 3,340,000−2,520,000=82만 원 더 저렴한 A전자에서 구매하는 것이 유리하다..

44

정답 ②

ㄱ. $\frac{10,023+200\times4}{4}=\frac{10,823}{4}$=2,705.75만 개

ㄷ. • 평균 주화 공급량 : $\frac{10,023}{4}$=2,505.75만 개

• 주화 공급량 증가량 : 3,469×0.1+2,140×0.2+2,589×0.2+1,825×0.1=1,475.2만 개

• 증가한 평균 주화 공급량 : $\frac{10,023+1,475.2}{4}$=2,874.55만 개

따라서 2,505.75×1.15>2,874.55이므로, 증가율은 15% 이하이다.

오답분석

ㄴ. • 10원 주화의 공급기관당 공급량 : $\frac{3,469}{1,519}$≒2.3만 개

• 500원 주화의 공급기관당 공급량 : $\frac{1,825}{953}$≒1.9만 개

ㄹ. 총 주화 공급액이 변하면 주화 종류별 공급량 비율도 당연히 변화한다.

45

정답 ②

26～30세 응답자는 총 51명이다. 그중 4회 이상 방문한 응답자는 5+2=7명이므로, 비율은 $\frac{7}{51}$×100≒13.72%이다. 따라서 10% 이상이다.

오답분석

① 전체 응답자 수는 113명이다. 그중 20～25세 응답자는 53명이므로, 비율은 $\frac{53}{113}$×100≒46.90%가 된다.

③ 주어진 자료만으로는 31～35세 응답자의 1인당 평균 방문횟수를 정확히 구할 수 없다. 그 이유는 방문횟수를 '1회', '2～3회', '4～5회', '6회 이상' 등 구간으로 구분했기 때문이다. 다만 구간별 최소값으로 평균을 냈을 때, 평균 방문횟수가 2회 이상이라는 점을 통해 2회 미만이라는 것은 틀렸다는 것을 알 수 있다.

{1, 1, 1, 2, 2, 2, 2, 4, 4} → 평균=$\frac{19}{9}$≒2.11회

④ 응답자의 직업에서 학생과 공무원 응답자의 수는 51명이다. 즉, 전체 113명의 절반에 미치지 못하므로 비율은 50% 미만이다.

⑤ 주어진 자료만으로 판단할 때, 전문직 응답자 7명 모두 20～25세일 수 있으므로 비율이 5% 이상이 될 수 있다.

46

정답 ④

영업부서와 마케팅부서에서 S등급과 C등급에 배정되는 인원은 같고, A등급과 B등급의 인원이 영업부서가 마케팅부서보다 2명씩 적다.

따라서 두 부서의 총 상여금액 차이는 (420×2)+(330×2)=1,500만 원이므로 적절하지 않다.

오답분석

① 마케팅부서 15명에게 지급되는 총 상여금은 (500×2)+(420×5)+(330×6)+(290×2)=5,660만 원이다.

② A등급 상여금은 B등급 상여금보다 $\frac{420-330}{330}$×100≒27.3% 많다.

③·⑤ 마케팅부서와 영업부서의 등급별 배정인원은 다음과 같다.

구분	S등급	A등급	B등급	C등급
마케팅부서	2명	5명	6명	2명
영업부서	2명	3명	4명	2명

47

정답 ③

제시된 표를 통해 석순의 길이가 10년 단위로 2cm, 1cm 반복하여 자라는 것을 알 수 있다.

- 2010년 : 16+2=18cm
- 2020년 : 18+1=19cm
- 2030년 : 19+2=21cm
- 2040년 : 21+1=22cm
- 2050년 : 22+2=24cm

따라서 2050년에 석순의 길이를 측정한다면 24cm일 것이다.

48

정답 ③

제시된 자료를 토대로 규칙을 파악하면 세계 물 포럼의 개최 주기는 3년임을 알 수 있다. 따라서 제10회 세계 물 포럼은 제1회 포럼으로부터 9번째 후에 개최되므로 $1997+3\times9=2024$년에 개최된다.

49

정답 ③

- 2018년 대비 2019년 사고 척수의 증가율
  : $\frac{2,400-1,500}{1,500}\times100=60\%$
- 2018년 대비 2019년 사고 건수의 증가율
  : $\frac{2,100-1,400}{1,400}\times100=50\%$

50

정답 ①

연도별 사고 건수당 인명피해의 인원수를 구하면 다음과 같다.

- 2018년 : $\frac{700}{1,400}=0.5$명/건
- 2019년 : $\frac{420}{2,100}=0.2$명/건
- 2020년 : $\frac{460}{2,300}=0.2$명/건
- 2021년 : $\frac{750}{2,500}=0.3$명/건
- 2022년 : $\frac{260}{2,600}=0.1$명/건

따라서 사고 건수당 인명피해의 인원수가 가장 많은 연도는 2018년이다.

03 도형추리

01	02	03	04	05	06	07	08	09	10
②	⑤	④	⑤	③	②	③	②	③	②

01

정답 ②

규칙은 가로로 적용된다.
첫 번째 도형에서 두 번째 도형을 뺀 것이 세 번째 도형이다.

02

정답 ⑤

규칙은 가로로 적용된다.
첫 번째 도형을 수직으로 반 잘랐을 때의 왼쪽 도형이 두 번째 도형이고, 두 번째 도형을 수평으로 반 잘랐을 때의 아래쪽 도형이 세 번째 도형이다.

03

정답 ④

규칙은 가로 방향으로 적용된다.
첫 번째 도형과 두 번째 도형의 색칠된 부분을 합친 도형이 세 번째 도형이다.

04

정답 ⑤

규칙은 가로로 적용된다.
첫 번째 도형을 90° 회전한 것이 두 번째 도형이고, 두 번째 도형의 색을 반전시킨 것이 세 번째 도형이다.

05

정답 ③

규칙은 가로로 적용된다.
첫 번째 도형을 반으로 나눴을 때 왼쪽이 두 번째 도형이고, 첫 번째 도형의 오른쪽을 y축 대칭하고 시계 방향으로 90° 회전한 것이 세 번째 도형이다.

06

정답 ②

규칙은 가로로 적용된다.
첫 번째 도형과 두 번째 도형의 색이 칠해진 부분을 합한 것이 세 번째 도형이 된다.

07

정답 ③

도형이 오른쪽의 도형으로 변할 때 도형들은 각각의 규칙을 가지고 이동하는데 ⬟은 시계 반대 방향으로 세 칸 이동, ■은 제자리에서 45° 회전, ▷은 시계 방향으로 두 칸 이동을 하며, ○은 시계 방향으로 한 칸 이동한다.
또한 도형과 배경의 색이 같아질 경우 해당 도형을 색 반전하고, 두 도형이 겹칠 경우 꼭짓점의 개수가 적은 쪽이 두 도형 중 내부에 위치한다.
그러므로 주어진 마지막 도형을 기준으로 ?에 들어갈 도형에 ⬟은 시계 반대 방향으로 세 칸 이동 후 색 반전, ■은 제자리에서 45° 회전, ▷은 시계 방향으로 두 칸 이동하게 되고, ○은 시계 방향으로 한 칸 이동 후 색 반전을 하게 된다. 따라서 ③이 된다.

08

정답 ②

도형이 오른쪽의 도형으로 변할 때 도형들은 각각의 규칙을 가지고 이동하는데 ◇은 아래로 두 줄 이동, ⬡은 위로 한 줄 이동, ▲은 제자리에서 시계 방향으로 90° 회전, ★은 시계 반대 방향으로 90° 회전하며 다른 도형과 같은 줄에 위치하게 될 경우 색 반전한다.
그러므로 주어진 첫 번째 도형을 기준으로 ?에 들어갈 도형에 ◇과 ⬡은 세 번째 줄, ▲은 시계 방향으로 총 270°회전, ★은 색 반전이 한 번 발생하며 시계 반대 방향으로 총 270° 회전하게 된다. 따라서 ②가 된다.

09

정답 ③

가장 큰 도형과 내부도형은 시계 방향으로 90° 회전, 외부도형은 가장 큰 도형의 회전과 관계없이 시계 반대 방향으로 가장 큰 도형의 변을 한 칸씩 이동하는 규칙이다.

10

정답 ②

A : 시계 방향으로 색상 한 칸 이동(도형의 위치 고정)
B : 시계 반대 방향으로 도형 한 칸 이동
C : 상하 반전(도형의 위치 고정)
D : 도형의 좌우 위치 변경(도형의 색상 고정)

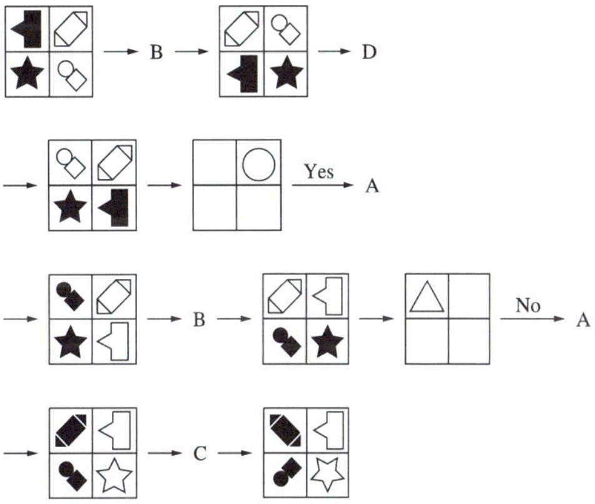

M E M O

PART 1
대표기출유형

CHAPTER 01 언어

합격 CHEAT KEY

샘표식품 인적성검사의 언어 영역은 지원자의 글에 대한 추론능력과 논리적 사고력 그리고 독해력을 평가하기 위한 영역이다. 문학, 경제, 사회, 예술, 과학 등 다양한 분야를 다루는 문제가 출제된다. 총 20문항을 30분 안에 풀기 때문에 문제를 정확하게 이해하기 위해서는 지문을 꼼꼼히 분석하고 각 문단의 요지와 글 전체의 구조를 파악하는 훈련이 필요하다.

01 독해

제시문의 내용과 일치 여부를 묻는 사실적 독해, 주어진 글에 대한 반박으로 옳은 것을 고르는 비판적 독해, 지문을 읽고 추론 가능・불가능한 내용을 찾는 추론적 독해 그리고 장문의 이해와 분석을 요구하는 장문 독해 유형 등이 있다.

학습 포인트

- 독해의 경우 단기간의 공부로 성적을 올릴 수 있는 부분이 아니므로 평소에 독서를 통해 꾸준히 연습해야 하며, 특정 분야에 한정된 독서보다는 여러 분야를 넘나드는 폭넓은 독서를 해야 한다.
- 사실적 독해와 장문 독해의 경우 무작정 지문을 읽고 문제를 풀기보다는 문제와 선택지를 먼저 읽고, 찾아야 할 내용이 무엇인지를 파악한 후 글을 읽는다면 시간을 절약할 수 있다.

02 글의 구조

글의 구조 및 흐름에 대한 분석력과 논리력을 평가하기 위한 유형으로 나열하기, 도식화하기, 빈칸추론 등이 해당된다. 전에는 전체적인 내용을 보지 않아도 답을 추론하는 것이 가능했지만, 최근에는 문맥을 정확하게 모른다면 틀릴 수 있는 문제들이 많이 출제되고 있다. 따라서 지문을 정확하게 읽고 판단하는 연습을 해야 한다.

학습 포인트

- 글의 구조는 언어 영역 중에서도 난도가 높은 편에 속한다. 따라서 고득점을 목표로 한다면 절대 놓쳐서는 안 되는 유형이다.
- 문장과 문장을 연결하는 접속어의 쓰임에 대해 알고 있어야 빠른 시간 내에 문제를 풀 수 있다.
- 문장 속에 나타나는 지시어는 해당 문장의 앞에 어떤 내용이 오는지에 대한 힌트가 되므로 이에 집중한다.

CHAPTER

01 이론점검

01 논리구조

논리구조에서는 주로 단락과 문장 간의 관계나 글 전체의 논리적 구조를 정확히 파악했는지를 묻는다. 글의 순서를 바르게 배열하는 유형이 출제되고 있다. 제시문의 전체적인 흐름을 바탕으로 각 문단의 특징, 단락 간의 역할 등을 논리적으로 구조화할 수 있는 능력을 길러야 한다.

1. 문장과 문장 간의 관계

① **상세화 관계** : 주지 → 구체적 설명(비교, 대조, 유추, 분류, 분석, 인용, 예시, 비유, 부연, 상술 등)

② **문제(제기)와 해결 관계** : 한 문장이 문제를 제기하고, 다른 문장이 그 해결책을 제시하는 관계(과제 제시 → 해결 방안, 문제 제기 → 해답 제시)

③ **선후 관계** : 한 문장이 먼저 발생한 내용을 담고, 다음 문장이 나중에 발생한 내용을 담고 있는 관계

④ **원인과 결과 관계** : 한 문장이 원인이 되고, 다른 문장이 그 결과가 되는 관계(원인 제시 → 결과 제시, 결과 제시 → 원인 제시)

⑤ **주장과 근거 관계** : 한 문장이 필자가 말하고자 하는 바(주지)가 되고, 다른 문장이 그 문장의 증거(근거)가 되는 관계(주장 제시 → 근거 제시, 의견 제안 → 의견 설명)

⑥ **전제와 결론 관계** : 앞 문장에서 조건이나 가정을 제시하고, 뒤 문장에서 이에 따른 결론을 제시하는 관계

2. 문장의 연결 방식

① **순접** : 원인과 결과, 부연 설명 등의 문장 연결에 쓰임
예 그래서, 그리고, 그러므로 등

② **역접** : 앞글의 내용을 전면적 또는 부분적으로 부정
예 그러나, 그렇지만, 그래도, 하지만 등

③ **대등·병렬** : 앞뒤 문장의 대비와 반복에 의한 접속
예 및, 혹은, 또는, 이에 반하여 등

④ **보충·첨가** : 앞글의 내용을 보다 강조하거나 부족한 부분을 보충하기 위해 다른 말을 덧붙이는 문맥
예 단, 곧, 즉, 더욱이, 게다가, 왜냐하면 등

⑤ **화제 전환** : 앞글과는 다른 새로운 내용을 이야기하기 위한 문맥
예 그런데, 그러면, 다음에는, 이제, 각설하고 등

⑥ **비유·예시** : 앞글에 대해 비유적으로 다시 말하거나 구체적인 예를 보임
예 예를 들면, 예컨대, 마치 등

3. 원리 접근법

앞뒤 문장의 중심 의미 파악	→	앞뒤 문장의 중심 내용이 어떤 관계인지 파악	→	문장 간의 접속어, 지시어의 의미와 기능	→	문장의 의미와 관계성 파악
각 문장의 의미를 어떤 관계로 연결해서 글을 전개하는지 파악해야 한다.		지문 안의 모든 문장은 서로 논리적 관계성이 있다.		접속어와 지시어를 음미하는 것은 독해의 길잡이 역할을 한다.		문단의 중심 내용을 알기 위한 기본 분석 과정이다.

02 논리적 이해

1. 전제의 추론

전제의 추론은 원칙적으로 주어진 내용의 이면에 내포되어 있는 이미 옳다고 인정된 사실을 유추하는 유형이다.

① 먼저 주장이 무엇인지 명확하게 파악해야 한다.
② 주장이 성립하기 위해서 논리적으로 필요한 요건이 무엇인지 생각해 본다.
③ 선택지 중 주장과 논리적으로 인과 관계를 형성할 수 있는 조건을 찾아낸다.

2. 결론의 추론

주어진 내용을 명확히 이해한 다음, 이를 근거로 이끌어 낼 수 있는 올바른 결론이나 관련 사항을 논리적인 관점에서 찾는 문제 유형이다. 이와 같은 문제는 평상시 비판적이고 논리적인 관점으로 글을 읽는 연습을 충분히 해두어야 유리하다고 볼 수 있다.

3. 주제의 추론

주제와 관련된 추론 문제는 적성검사에서 자주 출제되는 유형으로서, 글의 표제, 부제, 주제, 주장, 의도를 파악하는 형태의 문제와 같은 유형이다. 이러한 유형의 문제는 주제를 글의 첫 문단이나 마지막 문단을 통해서 찾을 수 있으며, 그렇지 않더라도 문단의 병렬·대등 관계를 파악하면 쉽게 찾을 수 있다. 여러 문단에서 공통된 주제를 추론할 때는, 각각의 제시문을 먼저 요약한 뒤, 핵심 키워드를 찾은 다음, 이를 토대로 주제문을 가려내어 하나의 주제를 유추하면 된다. 따라서 평소에 제시문을 읽고, 핵심 키워드를 찾아 문장을 구성하는 연습을 많이 해두어야 한다. 또한 겉으로 드러난 주제나 정보를 찾는 데 그치지 않고 글 속에 숨겨진 의도나 정보를 찾기 위해 꼼꼼히 관찰하는 태도가 필요하다.

대표기출유형

01 추론하기

| 유형분석 |

- 글의 내용을 바탕으로 논리적으로 추론할 수 있는지를 묻는 유형이다.
- 글의 전체적인 내용과 세부적인 내용을 정확하게 알고 있어야 풀 수 있는 유형이다.
- 독해 유형 중 난도가 높은 편에 속한다.
- 오답의 근거가 명확한 선택지부터 소거한다.

다음 글을 읽고 추론할 수 있는 내용으로 가장 적절한 것은?

신화는 서사(Narrative)와 상호 규정적이다. 그런 의미에서 신화는 역사·학문·종교·예술과 모두 관련되지만, 그중의 어떤 하나만은 아니다. 예를 들면, '신화는 역사다.'라는 말이 하나의 전체일 수는 없다. 나머지인 학문·종교·예술 중 어느 하나라도 배제된다면 더 이상 신화가 아니기 때문이다. 신화는 이들의 복합적 총체이지만, 신화는 신화일 뿐 역사나 학문, 종교나 예술 자체일 수 없다.

① 신화는 현대 학문의 영역에서 배제되는 경향이 있다.
② 인류역사는 신화의 시대에서 형이상학의 시대로, 그리고 실증주의 시대로 이행하였다.
③ 신화는 종교 문학에 속하는 문학의 한 장르이다.
④ 신화는 예술과 상호 관련을 맺는 예술적 상관물이다.
⑤ 신화는 학문·종교·예술의 하위요소이다.

정답 ④
제시문에서 신화는 역사·학문·종교·예술과 모두 관련된다고 하였다.
따라서 예술과 상호 관련을 맺는다는 ④가 가장 적절한 추론이다.

30초 컷 풀이 Tip

문제에서 제시하는 추론 유형이 어떤 형태인지 파악한다.

- 글쓴이의 주장 / 의도를 추론하는 유형 : 글에 나타난 주장, 근거, 논증 방식을 파악하는 유형으로, 주장의 타당성을 평가하여 글쓴이의 관점을 이해하며 읽는다.
- 세부적인 내용을 추론하는 유형 : 주어진 선택지를 먼저 읽고 지문을 읽으면서 답이 아닌 선택지를 지워나가는 방법이 효율적이다.

대표기출유형 01 기출응용문제

※ 다음 글을 읽고 추론할 수 있는 내용으로 가장 적절한 것을 고르시오. [1~2]

01

휴대전화기를 새 것으로 바꾸기 위해 대리점에 간 소비자가 있다. 대리점에 가면서 휴대전화기 가격으로 30만 원을 예상했다. 그런데 마음에 드는 것을 선택하니 가격이 25만 원이라고 하였다. 소비자는 흔쾌히 구입을 결정했다. 그러면서 뜻밖의 이익이 생겼음에 좋아할지도 모른다. 처음 예상했던 휴대전화기의 가격과 실제 지불한 액의 차이, 즉 5만 원의 이익을 얻었다고 보는 것이다. 경제학에서는 이것을 '소비자 잉여(消費者剩餘)'라고 부른다. 어떤 상품에 대해 소비자가 최대한 지불해도 좋다고 생각하는 가격에서 실제로 지불한 가격을 뺀 차액이 소비자 잉여인 셈이다.

휴대전화기를 구입하고 나니, 대리점 직원은 휴대전화의 요금제를 바꾸라고 권유했다. 현재 이용하고 있는 휴대전화 서비스보다 기본요금이 조금 더 비싼 대신 분당 이용료가 싼 요금제로 바꾸는 것이 더 이익이라는 설명도 덧붙였다. 소비자는 지금까지 휴대전화의 요금이 기본 요금과 분당 이용료로 나누어져 있는 것을 당연하게 생각해 왔다. 그런데 곰곰이 생각해 보니, 이건 정말 특이한 가격 체계였다. 다른 제품이나 서비스는 보통 한 번만 값을 지불하면 되는데, 왜 휴대전화 요금은 기본요금과 분당 이용료의 이원 체제로 이루어져 있는 것일까?

휴대전화 회사는 기본요금과 분당 이용료의 이원 체제 전략, 즉 '이부가격제(二部價格制)'를 채택하고 있다. 이부가격제는 소비자가 어떤 상품을 사려고 할 때, 우선적으로 그 권리에 상응하는 가치를 값으로 지불하고, 실제 상품을 구입할 때 그 사용량에 비례하여 또 값을 지불해야 하는 체제를 말한다. 이부가격제를 적용하면 휴대전화 회사는 소비자의 통화량과 관계없이 기본 이윤을 확보할 수 있다.

이부가격제를 적용하는 또 다른 예로 놀이 공원을 들 수 있다. 이전에는 놀이 공원에 갈 때 저렴한 입장료를 지불했고, 놀이 기구를 이용할 때마다 표를 구입했다. 그렇기 때문에 놀이 기구를 골라서 이용하여 사용료를 절약할 수 있었고, 구경만 하고 사용료를 지불하지 않는 것도 가능했다. 그러나 요즘의 놀이 공원은 입장료를 이전보다 엄청나게 비싸게 하고 놀이 기구의 사용료를 상대적으로 낮게 했다. 게다가 '빅3'니 '빅5'니 하는 묶음표를 만들어 놀이 기구 이용자로 하여금 가격의 부담이 적은 것처럼 느끼게 만들었다. 결국 놀이 공원의 가격 전략은 사용료를 낮추고 입장료를 높게 받는 이부가격제로 굳어지고 있는 것이다.

여기서 놀이 공원의 입장료는 상품을 살 수 있는 권리를 얻기 위해 지불해야 하는 금액에 해당한다. 그리고 입장료를 내고 들어간 사람들이 놀이 기구를 이용할 때마다 내는 요금은 상품의 가격에 해당하는 부분이다. 우리가 모르는 가운데 기업의 이윤 극대화를 위한 모색은 계속되고 있다.

① 놀이 공원의 '빅3'나 '빅5' 등의 묶음표는 이용자를 위한 가격제이다.

② 이부가격제는 이윤 극대화를 위해 기업이 채택할 수 있는 가격 제도이다.

③ 소비자 잉여의 크기는 구입한 상품에 대한 소비자의 만족감과 반비례한다.

④ 휴대전화 요금제는 기본요금과 분당 이용료가 비쌀수록 소비자에게 유리하다.

⑤ 가정으로 배달되는 우유를 한 달 동안 먹고 지불하는 값에는 이부가격제가 적용됐다.

Hard

02

> 충전과 방전을 통해 반복적으로 사용할 수 있는 충전지는 양극에 사용되는 금속 산화 물질에 따라 납 충전지, 니켈 충전지, 리튬 충전지로 나눌 수 있다. 충전지가 방전될 때 양극 단자와 음극 단자 간에 전압이 발생하는데, 방전이 진행되면서 전압이 감소한다. 이렇게 변화하는 단자 전압의 평균을 공칭 전압이라고 한다. 충전지를 크게 만들면 충전 용량과 방전 전류 세기를 증가시킬 수 있으나, 전극의 물질을 바꾸지 않는 한 공칭 전압은 변하지 않는다. 납 충전지의 공칭 전압은 2V, 니켈 충전지는 1.2V, 리튬 충전지는 3.6V이다.
>
> 충전지는 최대 용량까지 충전하는 것이 효율적이며 이러한 상태를 만충전이라 한다. 충전지를 최대 용량을 넘어서 충전하거나 방전 하한 전압 이하까지 방전시키면 충전지의 수명이 줄어들기 때문에 충전 양을 측정·관리하는 것이 중요하다. 특히 과충전 시에는 발열로 인해 누액이나 폭발의 위험이 있다. 니켈 충전지의 일종인 니켈카드뮴 충전지는 다른 충전지와 달리 메모리 효과가 있어서 일부만 방전한 후 충전하는 것을 반복하면 충·방전할 수 있는 용량이 줄어든다.
>
> 충전에 사용하는 충전기의 전원 전압은 충전지의 공칭 전압보다 높은 전압을 사용하고, 충전지로 유입되는 전류를 저항으로 제한한다. 그러나 충전이 이루어지면서 충전지의 단자 전압이 상승하여 유입되는 전류의 세기가 점점 줄어들게 된다. 그러므로 이를 막기 위해 충전기에는 충전 전류의 세기가 일정하도록 하는 정전류 회로가 사용된다. 또한 정전압 회로를 사용하기도 하는데, 이는 회로에 입력되는 전압이 변해도 출력되는 전압이 일정하도록 해 준다. 리튬 충전지를 충전할 경우, 정전류 회로를 사용하여 충전하다가 만충전 전압에 이르면 정전압 회로로 전환하여 정해진 시간 동안 충전지에 공급하는 전압을 일정하게 유지함으로써 충전지 내부에 리튬 이온이 고르게 분포될 수 있게 한다.

① 니켈 충전지는 납 충전지보다 공칭 전압이 낮으므로 전압을 높이려면 크기를 더 크게 만들면 되겠군.

② 사용하는 리튬 충전지의 용량이 1,000mAh라면 전원 전압이 2V보다 높은 충전기를 사용해야겠군.

③ 니켈카드뮴 충전지를 오래 사용하려면 방전 하한 전압 이하까지 방전시킨 후에 충전하는 것이 좋겠어.

④ 충전지를 충전하는 과정에서 충전지의 온도가 과도하게 상승한다면 폭발의 위험이 있을 수 있으므로 충전을 중지하는 것이 좋겠어.

⑤ 리튬 충전지의 공칭 전압은 3.6V이므로 충전 시 3.6V에 이르면 충전기의 정전압 회로가 전압을 일정하게 유지한다.

※ 다음 글을 읽고 추론할 수 있는 내용으로 적절하지 않은 것을 고르시오. [3~4]

03

최근 온라인에서 '동서양 만화의 차이'라는 제목의 글이 화제가 되었다. 공개된 글에 따르면 동양만화의 대표 격인 일본 만화는 대사보다는 등장인물의 표정, 대인관계 등에 초점을 맞춰 이미지나 분위기 맥락에 의존한다. 또 다채로운 성격의 캐릭터들이 등장하고 사건 사이의 무수한 복선을 통해 스토리가 진행된다.
반면 서양만화를 대표하는 미국 만화는 정교한 그림체와 선악의 확실한 구분, 수많은 말풍선을 사용한 스토리 전개 등이 특징이다. 서양 사람들은 동양 특유의 느긋한 스토리와 말없는 칸을 어색하게 느낀다. 이처럼 동서양 만화에서 차이가 발생하는 이유는 동서양이 고맥락 문화와 저맥락 문화로 구분되기 때문이다. 고맥락 문화는 민족적 동질을 이루며 역사, 습관, 언어 등에서 공유하고 있는 맥락의 비율이 높다. 또한 집단주의와 획일성이 발달했다. 일본, 한국, 중국과 같은 한자문화권에 속한 동아시아 국가가 이러한 고맥락 문화에 속한다.
반면 저맥락 문화는 다인종·다민족으로 구성된 미국, 캐나다 등이 대표적이다. 저맥락 문화의 국가는 멤버 간에 공유하고 있는 맥락의 비율이 낮아 개인주의와 다양성이 발달한 문화를 가진다. 이렇듯 고맥락 문화와 저맥락 문화의 만화는 말풍선 안에 대사의 양으로 큰 차이점을 느낄 수 있다.

① 고맥락 문화의 만화는 등장인물의 표정, 대인관계 등 이미지나 분위기 맥락에 의존하는 경향이 있다.
② 저맥락 문화는 멤버간의 공유하고 있는 맥락의 비율이 낮아서 다양성이 발달했다.
③ 동서양 만화를 접했을 때 표면적으로 느낄 수 있는 차이점은 대사의 양이다.
④ 일본 만화는 무수한 복선을 통한 스토리 진행이 특징이다.
⑤ 미국은 고맥락 문화의 대표국으로 다양성이 발달하는 문화를 갖기 때문에 다채로운 성격의 캐릭터가 등장한다.

04

멜서스는 『인구론』에서 인구는 기하급수적으로 증가하지만 식량은 산술급수적으로 증가한다고 주장했다. 먹지 않고 살 수 있는 인간은 없는 만큼, 이것이 사실이라면 어떤 방법으로든 인구 증가는 억제될 수밖에 없다. 그 어떤 방법에 포함되는 가장 유력한 항목이 바로 기근, 전쟁, 전염병이다. 식량이 부족해지면 사람들이 굶어 죽거나, 병들어 죽게 된다는 것이다. 이런 불행을 막기 위해서는 인구 증가를 미리 억제해야 한다. 따라서 멜서스의 이론은 사회적 불평등을 해소하려는 모든 형태의 이상주의 사상과 사회운동에 대한 유죄 선고 판결문이었다. 멜서스가 보기에 인간의 평등과 생존권을 옹호하는 모든 사상과 이론은 자연법칙에 위배되는 해로운 것이었다. 사회적 불평등과 불공정을 비판하는 이론은 존재하지 않는 자연법적 권리를 존재한다고 착각하는 데에서 비롯된 망상의 산물일 뿐이었다. 그러나 멜서스의 주장은 빗나간 화살이었다. 멜서스의 주장 이후 유럽 산업국 노동자의 임금은 자꾸 올라가 최저 생존 수준을 현저히 넘어섰지만 인구가 기하급수적으로 증가하지는 않았다. 그리고 하루 벌어 하루 먹고사는 하류계급은 성욕을 억제하지 못해서 임신과 출산을 조절할 수 없다고 했지만, 그가 그 이론을 전개한 시점에서 유럽 산업국의 출산율은 이미 감소하고 있었다.

① 멜서스에게 인구 증가는 국가 부흥의 증거이다.
② 멜서스는 인구 증가를 막기 위해 적극적인 억제방식을 주장한다.
③ 멜서스는 사회구조를 가치 있는 상류계급과 가치 없는 하류계급으로 나눴을 것이다.
④ 멜서스는 대중을 빈곤에서 구해내는 방법을 찾는 데 열중했던 사람들에게 비판받았을 것이다.
⑤ 멜서스는 인간의 평등과 생존권을 옹호하는 사상 및 이론은 유해한 것으로 간주했다.

대표기출유형

02 일치 · 불일치

| 유형분석 |

- 글의 내용과 선택지가 일치 · 불일치하는지를 묻는 유형이다.
- 글에 있는 내용을 그대로 선택지에 제시하거나 다른 표현으로 돌려서 제시한다.
- 오답의 근거가 명확한 선택지를 답으로 고른다.

다음 글의 내용으로 적절하지 않은 것은?

인간 사유의 결정적이고도 독창적인 비약은 시각적인 표시의 코드 체계의 발명에 의해서 이루어졌다. 시각적인 표시의 코드 체계에 의해 인간은 정확한 말을 결정하여 텍스트를 마련하고, 또 이해할 수 있게 된 것이다. 이것이 바로 진정한 의미에서의 '쓰기(Writing)'이다.
이러한 '쓰기'에 의해 코드화된 시각적인 표시는 말을 사로잡게 되고, 그 결과 그때까지 소리 속에서 발전해 온 정밀하고 복잡한 구조나 지시 체계의 특수한 복잡성이 그대로 시각적으로 기록될 수 있게 되고, 나아가서는 그러한 시각적인 기록으로 인해 그보다 훨씬 정교한 구조나 지시 체계가 산출될 수 있게 된다. 그러한 정교함은 구술적인 발화가 지니는 잠재력으로써는 도저히 이룩할 수 없는 정도의 것이다. 이렇듯 '쓰기'는 인간의 모든 기술적 발명 속에서도 가장 영향력이 큰 것이었으며, 지금도 그러하다. 쓰기는 말하기에 단순히 첨가된 것이 아니다. 왜냐하면 쓰기는 말하기를 구술 – 청각의 세계에서 새로운 감각의 세계, 즉 시각의 세계로 이동시킴으로써 말하기와 사고를 함께 변화시키기 때문이다.

① 인간은 시각적 코드 체계를 사용함으로써 말하기를 한층 정교한 구조로 만들었다.
② 인간은 쓰기를 통해서 정확한 말을 사용한 텍스트의 생산과 소통이 가능하게 되었다.
③ 인간은 쓰기를 통해 지시 체계의 복잡성을 기록함으로써 말하기와 사고의 변화를 일으킨다.
④ 인간은 정밀하고 복잡한 지시 체계를 통해 시각적 코드를 발명하였다.
⑤ 인간의 모든 기술적 발명 속에서도 '쓰기'는 예전이나 지금이나 가장 영향력이 크다.

정답 ④

제시문은 '쓰기(Writing)'의 문화사적 의의를 기술한 글이다. 복잡한 구조나 지시 체계는 이미 소리 속에서 발전해왔는데 그러한 복잡한 개념들을 시각적인 코드 체계인 '쓰기'를 통해 기록할 수 있게 되었다. 또한 그러한 '쓰기'를 통해 인간의 문명과 사고가 더욱 발전하게 되었다. 따라서 '쓰기'가 '복잡한 구조나 지시 체계'를 이루는 시초가 되었다고 보고 있으므로 이는 잘못된 해석이다.

30초 컷 풀이 Tip

주어진 글의 내용과 일치하는 것 또는 일치하지 않는 것을 고르는 문제의 경우, 제시문을 읽기 전에 문제와 선택지를 먼저 읽어보는 것이 좋다. 이를 통해 제시문 속에서 찾아내야 할 정보가 무엇인지를 먼저 인지한 후 글을 읽어야 문제 푸는 시간을 단축할 수 있다.

대표기출유형 02 기출응용문제

※ 다음 글의 내용으로 가장 적절한 것을 고르시오. [1~2]

01

플라톤의 '파이드로스'에는 소크라테스가 파이드로스에게 문자의 발명에 관한 옛 이야기를 하는 대목이 있다. 이 옛 이야기에 따르면 문자뿐 아니라 숫자와 여러 문명의 이기를 고안해낸 발명의 신(토이트)이 이집트의 왕(타무스)에게 자신이 발명한 문자를 온 백성에게 사용하게 하면 이집트 백성이 더욱더 현명하게 될 것이라는 제안을 한다는 것이다.

그러나 타무스왕은 문자가 인간을 더욱 이성적이게 하고 인간의 기억을 확장시킬 도구라는 주장에 대해서 강한 거부감을 표현한다. '죽은' 문자는 백성들을 현명하게 만들기는커녕 도리어 생동감있고 살아있는 기억력을 퇴보시킬 것이고, 문자로 적혀진 많은 글들은 다른 여타의 상황해석 없이 그저 글로 적혀진 대로만 읽히고 원뜻과는 동떨어지게 오해되어질 소지가 다분하다는 것이다.

우리 시대의 주요한 화두이기도한 구어문화(Orality)에 대립되는 문자문화(Literacy)의 비역동성과 수동성에 대한 비판은 이제 막 알파벳이 보급되고 문자문화가 전래의 구술적 신화문화를 대체한 플라톤 시기에 이미 논의되어진 것이다.

실제의 말과 사고는 본질적으로 언제나 실제 인간끼리 주고받는 콘텍스트하에 존재하는데, 문자와 글쓰기는 이러한 콘텍스트를 떠나 비현실적이고 비자연적인 세계 속에서 수동적으로 이뤄진다. 글쓰기와 마찬가지로 인쇄술과 컴퓨터는 끊임없이 동적인 소리를 정지된 공간으로 환원하고, 말을 그 살아있는 현재로부터 분리시키고 있다.

물론 인류의 문자화가 결코 '폐해'만을 낳았던 것이 아니라는 주장도 있다. 지난 20년간 컴퓨터공학과 인터넷의 발전이 얼마나 우리의 주변을 변화시켰던가. 고대의 신화적이고 구어문화 중심적인 사회에서 문자사회로의 이행기에 있어서 문자의 사용은 신이나 지배자의 명령하는 목소리에 점령되지 않는 자유공간을 만들어 내기도 했다는 주장에 주목할 필요가 있을 것이다.

이러한 주장의 근저에는 마치 소크라테스의 입을 통해서 플라톤이 주장하는 바와 맥이 닿는 것이 아닐까. 언어 행위의 근간이 되는 변증법적 작용을 무시하는 언술행위의 문자적 고착화에 대한 비판은 궁극적으로 우리가 살아가는 세상은 결코 어떠한 규정적인 개념화와 그 기계적인 강제로도 담아낼 수 없다는 것이다. 역으로 현실적인 층위에서의 물리적인 강제의 억압에 의해 말살되어질 위기에 처한 진리의 소리는 기념비적인 언술행위의 문자화를 통해서 저장되어야 한다는 것이 아닐까.

이러한 문화적 기억력의 여과과정은 결국 삶의 의미에 대한 성찰에 기반한 문화적 구성원들의 가치판단에 의해서 이뤄질 몫이다. 문화적 기억력에 대한 성찰과 가치 판단이 부재한 시대의 새로운 매체는 단지 댓글 파노라마에 불과할 것이기 때문이다.

① 타무스 왕은 문자를 살아있고 생동감 있는 것으로 기억력을 죽은 것으로 생각했어.

② 플라톤 시기에는 문자문화가 구술적 신화문화를 대체하기 시작한 시기였어.

③ 문자와 글쓰기는 항상 콘텍스트하에서 이뤄지는 행위야.

④ 문자 문화로 인해 진리의 소리는 물리적인 강제의 억압에 의해 말살되었어.

⑤ 문화적 기억력이 바탕에 있다면 새로운 매체는 댓글 파노라마로 자리잡을 거야.

Hard

02

우리 몸에 이상이 생기면 약물을 투여하여 이상 부위를 치료하게 된다. 약물을 투여하는 일반적인 방법으로는 약물을 바르는 것, 복용하는 것, 주사하는 것 등이 있는데, 이것들은 약물의 방출량이나 시간 등을 능동적으로 조절하기 어려운 '단순 약물 방출'의 형태이다. 단순 약물 방출의 경우에는 약물이 정상 조직에 작용하여 부작용을 일으키기도 하는데, 특히 항암제나 호르몬제와 같은 약물은 정상 조직에 작용할 경우 심각한 부작용을 초래할 수도 있다. 따라서 치료가 필요한 국부적인 부위에만 약물을 투여할 수 있도록 하는 방안의 필요성이 대두되고 있다.

이에 최근에는 약물의 방출량이나 시간 등을 능동적으로 조절할 수 있는 '능동적 약물 방출'의 연구가 활발하게 이루어지고 있다. 그중 대표적인 것으로 전도성 고분자를 활용하는 연구가 진행 중인데, 특히 '폴리피롤'이라는 전도성 고분자의 활용이 유력시되고 있다. 폴리피롤은 생체 적합성이 우수하고 안정성이 뛰어날 뿐만 아니라 전압에 의해 이온들의 출입이 가능한 특징을 가지고 있기 때문이다.

폴리피롤에 전압을 가하면 부피가 변하게 된다. 폴리피롤에는 이온 형태의 도판트*가 들어 있는데, 이 도판트의 크기에 따라 부피 변화 양상은 달라지게 된다. 예를 들어, 도판트의 크기가 작을 경우 폴리피롤에 음의 전압을 가하면 폴리피롤 내에 음전자가 늘어나는 환원반응이 일어나게 되고, 전기적 중성을 유지하기 위해 크기가 작은 도판트 음이온이 밖으로 빠져 나오게 된다. 이에 따라 폴리피롤의 부피는 줄어든다.

한편 도판트의 크기가 큰 경우에는 환원반응이 일어나더라도 도판트가 밖으로 나가지 못한다. 대신 폴리피롤 외부에 있는 양이온이 전기적 중성을 맞추기 위하여 폴리피롤 내부로 들어오게 되어 폴리피롤의 부피는 커지게 된다.

이처럼 폴리피롤에서 도판트가 방출되는 원리를 이용하면, 도판트를 이온 상태의 약물로 대체할 경우 전압에 의해 방출량이 제어되는 능동적 약물 방출 시스템으로의 응용도 가능해진다. 이 시스템은 크게 두 가지로 구분된다. 우선, 폴리피롤 합성 과정에서 약물을 직접 도판트로 사용하는 경우이다. 이 경우는 약물의 방출량은 많지만 도판트로 합성이 가능한 약물의 종류에는 제한이 있다. 다른 방법으로는 약물이 이온 형태로 존재하는 전해질 내에서 도판트와 약물을 치환하는 경우이다. 이 경우는 치환되는 전해질 내의 약물 이온의 밀도가 높아야 다양한 약물을 폴리피롤 내에 넣는 것이 가능하다. 그러나 도판트 전부가 치환되지는 않기 때문에 첫 번째 방법보다 약물의 방출량은 적어지고, 제조 공정이 다소 복잡하다.

* 도판트 : 전기 전도도를 변화시키기 위해 의도적으로 넣어주는 불순물

① 폴리피롤을 사용하는 이유는 생체 적합성이 우수하고 안정성이 뛰어나기 때문이다.
② 능동적 약물 방출의 대표적인 방법이 적용된 사례는 연고나 주사제 등이 있다.
③ 약물은 정상 조직에 작용하더라도 문제가 발생되지 않게 만들어진다.
④ 단순 약물 방출은 원하는 때에 필요한 만큼의 약물을 투여할 수 있다.
⑤ 전도성 고분자를 활용한 약물 투여 시스템이 널리 사용되고 있다.

03 다음 글의 내용으로 적절하지 않은 것은?

> 최저임금제도는 정부가 근로자들을 보호하고 일자리의 질을 향상시키기 위해 근로자들이 임금을 일정 수준 이하로 받지 않도록 보장하여 경제적인 안정성을 제공하는 제도이다.
> 최저임금제도는 일자리의 안정성과 경제의 포용성을 촉진한다. 일정 수준 이상으로 설정된 최저임금은 근로자들에게 최소한의 생계비를 보장하고 근로 환경에서의 안정성을 확보할 수 있게 한다. 이는 근로자들의 생활의 질과 근로 만족도를 향상시키는 데 기여한다.
> 이 제도는 불공정한 임금구조를 해소하고 경제적인 격차를 완화하는 데 도움을 준다. 일부 기업에서는 경쟁력 확보나 이윤 극대화를 위해 근로자들에게 낮은 임금을 지불하는 경우가 있다. 최저임금제도는 이런 부당한 임금 지급을 방지하고 사회적인 형평성을 증진시킨다.
> 또한 최저임금제도는 소비 활성화와 경기 부양에도 기여한다. 근로자들이 안정된 임금을 받게 되면 소비력이 강화되고, 소비 지출이 증가한다. 이는 장기적으로 기업의 생산과 판매를 촉진시켜 경기를 활성화한다.
> 그러나 일부 기업들에게 추가적인 경제적 부담으로 다가올 수 있다. 인건비 인상으로 인한 비용 부담 증가는 일자리의 제약이나 물가 상승으로 이어질 수 있다. 그러므로 정부는 적절한 최저임금 수준을 설정하고 기업의 경쟁력을 고려하여 적절한 대응 방안을 모색해야 한다.
> 이와 같이 최저임금제도는 노동자 보호와 경제적 포용성을 위한 중요한 정책 수단이다. 그러나 이 제도만으로는 모든 경제적 문제를 해결할 수 없으며 근로시간, 근로조건 등 다른 노동법과의 조화가 필요하다.

① 최저임금제도는 기업 입장에서 아무런 이득이 없다.
② 최저임금제도는 기업의 경제적 부담을 증가시킬 수 있다.
③ 최저임금제도는 근로자의 소비를 증가시킨다.
④ 최저임금제도는 경제적 양극화를 완화하는 데 도움을 준다.
⑤ 최저임금제도를 통해 근로자들은 최소한의 생계비를 보장받을 수 있다.

PART 1

대표기출유형

03 나열하기

| 유형분석 |

- 글의 논리적 관계를 파악하여 올바르게 나열할 수 있는지를 평가하는 유형이다.
- 문단 순서 나열에서 가장 중요한 것은 지시어와 접속어이므로, 접속어의 쓰임에 대해 정확히 알고 있어야 하며 지시어가 가리키는 것이 무엇인지 잘 파악해야 한다.

다음 문장을 논리적 순서대로 바르게 나열한 것은?

(가) 또 그는 현대 건축 이론 중 하나인 '도미노 이론'을 만들었는데, 도미노란 집을 뜻하는 라틴어 '도무스(Domus)'와 혁신을 뜻하는 '이노베이션(Innovation)'을 결합한 단어다.

(나) 그는 이 이론의 원칙을 통해 인간이 효율적으로 살 수 있는 집을 꾸준히 연구해왔으며, 그가 제안한 건축방식 중 필로티와 옥상정원 등이 최근 우리나라 주택에 많이 쓰이고 있다.

(다) 최소한의 철근콘크리트 기둥들이 모서리를 지지하고 평면의 한쪽에서 각 층으로 갈 수 있게 계단을 만든 개방적 구조가 이 이론의 핵심이다. 건물을 돌이나 벽돌을 쌓아 올리는 조적식 공법으로만 지었던 당시에 이와 같은 구조는 많은 이들에게 적지 않은 충격을 주었다.

(라) 스위스 출신의 프랑스 건축가 르 꼬르뷔지에(Le Corbusier)는 근대주택의 기본형을 추구했다는 점에서 현대 건축의 거장으로 불린다. 그는 현대 건축에서의 집의 개념을 '거주 공간'에서 '더 많은 사람이 효율적으로 살 수 있는 공간'으로 바꿨다.

① (나) – (다) – (라) – (가)
② (나) – (라) – (다) – (가)
③ (다) – (가) – (라) – (나)
④ (라) – (가) – (다) – (나)
⑤ (라) – (나) – (가) – (다)

정답 ④

제시문은 현대 건축가 르 꼬르뷔지에의 업적에 대해 설명하고 있다. 먼저, 현대 건축의 거장으로 불리는 르 꼬르뷔지에를 소개하는 (라) 문단이 나오고, 르 꼬르뷔지에가 만든 도미노 이론의 정의를 설명하는 (가) 문단이 나와야 한다. 다음으로 도미노 이론을 설명하는 (다) 문단이 나오고 마지막으로 도미노 이론의 연구와 적용되고 있는 다양한 건물을 설명하는 (나) 문단이 나오는 것이 적절하다.

30초 컷 풀이 Tip

먼저 각 문장에 자리한 지시어와 접속어를 살펴본다. 문두에 접속어가 오거나 문장 중간에 지시어가 나오는 경우 글의 첫 번째 문장이 될 수 없다. 따라서 이러한 문장들을 하나씩 소거해 나가다 보면 첫 문장이 될 수 있는 것을 찾을 수 있을 것이다. 또한, 선택지를 참고하여 문장의 순서를 생각해 보는 것도 시간을 단축하는 좋은 방법이 될 수 있다.

※ 다음 문단을 논리적 순서대로 나열한 것을 고르시오. [1~3]

01

(가) '빅뱅 이전에 아무 일도 없었다.'는 말을 달리 해석하는 방법도 있다. 그것은 바로 빅뱅 이전에는 시간도 없었다고 해석하는 것이다. 그 경우 '빅뱅 이전'이라는 개념 자체가 성립하지 않으므로 그 이전에 아무 일도 없었던 것은 당연하다. 그렇게 해석한다면 빅뱅이 일어난 이유도 설명할 수 있게 된다. 즉 빅뱅은 '0년'을 나타내는 것이다. 시간의 시작은 빅뱅의 시작으로 정의되기 때문에 우주가 그 이전이든 이후이든 왜 탄생했느냐고 묻는 것은 이치에 닿지 않는다.

(나) 단지 지금 설명할 수 없다는 뜻이 아니라 설명 자체가 있을 수 없다는 뜻이다. 어떻게 설명이 가능하겠는가? 수도관이 터진 이유는 그전에 닥쳐온 추위로 설명할 수 있다. 공룡이 멸종한 이유는 그 전에 지구와 운석이 충돌했을 가능성으로 설명하면 된다. 바꿔 말해서, 우리는 한 사건을 설명하기 위해 그 사건 이전에 일어났던 사건에서 원인을 찾는다. 그러나 빅뱅의 경우에는 그 이전에 아무것도 없었으므로 어떠한 설명도 찾을 수 없는 것이다.

(다) 그런데 이런 식으로 사고하려면, 아무 일도 일어나지 않고 시간만 존재하는 것을 상상할 수 있어야 한다. 그것은 곧 시간을 일종의 그릇처럼 상상하고 그 그릇 안에 담긴 것과 무관하게 여긴다는 뜻이다. 시간을 이렇게 본다면 변화는 일어날 수 없다. 여기서 변화는 시간의 경과가 아니라 사물의 변화를 가리킨다. 이런 전제하에서 우리가 마주하는 문제는 이것이다. 어떤 변화가 생겨나기도 전에 영겁의 시간이 있었다면, 왜 우주가 탄생하게 되었는지를 설명할 수 없다.

(라) 우주론자들에 따르면 우주는 빅뱅으로부터 시작되었다고 한다. 빅뱅이란 엄청난 에너지를 가진 아주 작은 우주가 폭발하듯 갑자기 생겨난 사건을 말한다. 그게 사실이라면 빅뱅 이전에는 무엇이 있었느냐는 질문이 나오는 게 당연하다. 아마 아무것도 없었을 것이다. 하지만 빅뱅 이전에 아무것도 없었다는 말은 무슨 뜻일까? 영겁의 시간 동안 단지 진공이었다는 뜻이다. 움직이는 것도, 변화하는 것도 없었다는 것이다.

① (가) – (나) – (다) – (라)
② (가) – (다) – (나) – (라)
③ (가) – (라) – (나) – (다)
④ (라) – (가) – (나) – (다)
⑤ (라) – (다) – (나) – (가)

PART 1

Easy

02

(가) 공공재원 효율적 활용을 지향하기 위해 사회 생산성 기여를 위한 공간정책이 마련되어야 함과 동시에 주민복지의 거점으로써 기능을 해야 한다. 또한 도시체계에서 다양한 목적의 흐름을 발생, 집중시키는 노드로써 다기능・복합화를 실현하여 범위의 경제를 창출하고, 이용자 편의성을 증대시키는 동시에 공공재원의 효율적 활용에도 기여해야 한다.

(나) 우리나라도 인구감소 시대에 본격적으로 진입할 가능성이 높아지고 있다. 이미 비수도권의 대다수 시・군에서는 인구가 급속하게 줄어왔으며, 수도권 내 상당수의 시・군에서도 인구정체가 나타나고 있다. 인구감소 시대에 접어들면, 줄어드는 인구로 인해 고령화 및 과소화가 급속하게 진전될 것이고, 그 결과 취약계층, 교통약자 등 주민의 복지수요가 늘어날 것이다.

(다) 앞으로 공공재원의 효율적 활용, 주민복지의 최소 보장, 자원배분의 정의, 공유재의 사회적 가치 및 생산에 대해 관심을 기울여야 할 것이다. 또한 인구감소 시대에 대비하여 창조적 축소, 거점 간 또는 거점과 주변 간 네트워크화 등에 관한 논의, 그와 관련되는 국가와 지자체의 역할 분담, 이해관계 주체의 연대, 참여, 결속에 관한 논의가 계속적으로 이루어져야 할 것이다.

(라) 이러한 상황에서는 공공재원을 확보, 확충하기 어려우므로 재원의 효율적 활용 요구가 높아질 것이다. 실제로 현재 인구 감소에 따른 과소화, 고령화가 빠르게 전개되어온 지역에서 공공서비스 공급의 제약이 발생하고 있으며, 비용 효율성을 높여야 한다는 과제에 직면해 있다.

① (가) – (다) – (나) – (라)
② (가) – (라) – (나) – (다)
③ (나) – (가) – (라) – (다)
④ (나) – (라) – (가) – (다)
⑤ (나) – (라) – (다) – (가)

03

(가) 대부분의 반딧불이는 빛을 사랑의 도구로 사용하지만, 어떤 반딧불이는 번식 목적이 아닌 적대적 목적으로 사용하기도 한다. 포투루스(Photurus)라는 반딧불이의 암컷은 아무렇지 않게 상대 반딧불이를 잡아먹는다. 이 무시무시한 작업을 벌이기 위해 암컷 포투루스는 포티너스(Photinus) 암컷의 불빛을 흉내 낸다. 자신과 같은 종으로 생각한 수컷 포티너스가 사랑이 가득 찬 마음으로 암컷 포투루스에게 달려들지만, 정체를 알았을 때는 이미 너무 늦었다는 것을 깨닫는다.

(나) 먼저 땅에 사는 반딧불이 한 마리가 60마리 정도의 다른 반딧불이들과 함께 일렬로 빛을 내뿜는 경우가 있다. 수많은 반딧불이가 기차처럼 한 줄을 지어 리더의 지시에 따르듯 한 반딧불이의 섬광을 따라 불빛을 내는 모습은 마치 작은 번개처럼 보인다. 이처럼 반딧불이는 집단으로 멋진 작품을 연출하는데, 그중 가장 유명한 것은 동남아시아에 서식하는 반딧불이다. 이들은 동시에 그리고 완벽하게 발광하여 크리스마스트리의 불빛을 연상시키기도 한다. 그러다 암컷을 발견한 반딧불이는 무리에서 빠져나와 암컷을 향해 직접 빛을 번쩍거리기도 한다.

(다) 이렇게 다른 종의 불빛을 흉내 내는 반딧불이는 북아메리카에서 흔히 찾아볼 수 있다. 그러므로 짝을 찾아 헤매는 수컷 반딧불이에게 황혼이 찾아드는 하늘은 유혹의 무대인 동시에 위험한 장소이기도 하다. 성욕을 채우려 연인을 찾다 그만 식욕만 왕성한 암컷을 만나게 되는 비운을 맞을 수 있기 때문이다.

(라) 사랑과 관련하여 반딧불이의 섬광은 여러 가지 형태의 신호가 있으며, 빛 색깔의 다양성, 밝기, 빛을 내는 빈도, 빛의 지속성 등에서 반딧불이 자신만의 특징을 가지기도 한다. 예를 들어 황혼 무렵에 사랑을 나누고 싶어 하는 반딧불이는 오렌지색을 선호하며, 사랑엔 깊은 밤이 최고라는 반딧불이는 초록계열의 색을 선호한다. 발광 장소도 땅이나 공중, 식물 등 그 선호도가 다양하다. 반딧불이는 모든 요소를 결합하여 다양한 모습을 보여주는데, 이런 다양성이 조화를 이루거나 또는 동시에 이루어지면 말 그대로 장관을 이루게 된다.

(마) 이처럼 혼자 행동하기를 좋아하는 반딧불이는 빛을 번쩍거리면서 서식지를 홀로 돌아다니기도 한다. 대표적인 뉴기니 지역의 반딧불이는 짝을 찾아 좁은 해안선과 근처 숲 사이를 반복적으로 왔다 갔다 한다. 반딧불이 역시 달이 빛나고 파도가 철썩이는 해변을 사랑을 나누기에 최적인 로맨틱한 장소로 여기는 것이다.

① (가) – (나) – (다) – (라) – (마)
② (가) – (다) – (라) – (나) – (마)
③ (라) – (가) – (나) – (마) – (다)
④ (라) – (가) – (다) – (나) – (마)
⑤ (라) – (나) – (마) – (가) – (다)

CHAPTER 02

수리

합격 CHEAT KEY

샘표식품 인적성검사의 수리 영역은 지원자의 응용수리력과 도표, 그래프 등 실생활에서 접할 수 있는 통계자료에 대한 분석력 그리고 이를 활용한 계산 능력을 평가한다. 수리 영역은 크게 응용수리와 자료해석 유형으로 나뉜다. 총 20문항을 30분 안에 풀어야 하며 응용수리와 자료해석의 비중이 비슷하고 난이도는 어렵지 않은 편이다.

01 응용수리

농도, 거리 · 속도 · 시간, 일의 양 등과 같은 중학교 수준의 문제가 출제된다. 일반적으로 난이도가 높지는 않은 것으로 알려져 있으나 기본적인 일차방정식 및 이차방정식 풀이 방법에 대하여 숙지해야 하며, 공식을 외우고 있지 않으면 문제를 풀기 어려운 경우가 많으므로 필수 공식은 꼭 외우는 것이 좋다.

학습 포인트

- 문제풀이 시간 확보가 관건이므로 이 유형에서 점수를 획득하기 위해서는 다양한 문제를 최대한 많이 풀어보는 수밖에 없다.
- 고등학교 시절을 생각하며 오답노트를 만드는 것도 좋은 방법이 될 수 있다.
- 경우의 수의 합의 법칙과 곱의 법칙 등에 관해 명확히 숙지해야 한다.
- 문제에서 제시된 조건의 순서대로 경우의 수를 구하면 실수하거나 헷갈릴 위험이 적다.

02 자료해석

도표, 그래프 등의 통계자료를 보고 세부적인 내용을 분석하거나, 제시된 공식을 활용 또는 비율, 증감률, 평균 등을 구하는 공식을 활용하여 일정한 값을 도출하는 문제가 출제된다. 객관적인 사실만을 풀어서 쓰는 경우도 있지만 자료를 보고 미래의 추세를 예측하는 형태로 출제되기도 한다.

학습 포인트

- 자료의 내용을 확인하기 전에 자료의 제목과 범주, 단위를 우선적으로 확인하여 어떠한 자료를 담고 있는지 파악한 이후 구하고자 하는 자료를 확인하는 것이 시간을 단축할 수 있다.
- 다양한 형태의 자료를 접해보기 위해서는 문제를 많이 풀어보는 것도 중요하지만, 통계청과 같은 인터넷 사이트를 통해 표, 도식, 차트 등의 여러 가지 자료를 접하여 자료별로 구성이 어떻게 되어 있는지를 숙지해놓는 것도 좋은 방법이 될 수 있다.

CHAPTER

02 이론점검

01 응용수리

1. 수의 관계

(1) 약수와 배수

a가 b로 나누어떨어질 때, a는 b의 배수, b는 a의 약수

(2) 소수

1과 자기 자신만을 약수로 갖는 수. 즉, 약수의 개수가 2개인 수

(3) 합성수

1과 자신 이외의 수를 약수로 갖는 수. 즉, 소수가 아닌 수 또는 약수의 개수가 3개 이상인 수

(4) 최대공약수

2개 이상의 자연수의 공통된 약수 중에서 가장 큰 수

(5) 최소공배수

2개 이상의 자연수의 공통된 배수 중에서 가장 작은 수

(6) 서로소

1 이외에 공약수를 갖지 않는 두 자연수. 즉, 최대공약수가 1인 두 자연수

(7) 소인수분해

주어진 합성수를 소수의 거듭제곱의 형태로 나타내는 것

(8) 약수의 개수

자연수 $N=a^m \times b^n$에 대하여, N의 약수의 개수는 $(m+1)\times(n+1)$개

(9) 최대공약수와 최소공배수의 관계

두 자연수 A, B에 대하여, 최소공배수와 최대공약수를 각각 L, G라고 하면 $A\times B=L\times G$가 성립함

2. 방정식의 활용

(1) 날짜 · 요일 · 시계

① 날짜 · 요일

㉠ 1일=24시간=1,440분=86,400초

㉡ 날짜 · 요일 관련 문제는 대부분 나머지를 이용해 계산한다.

② 시계

㉠ 시침이 1시간 동안 이동하는 각도 : 30°

㉡ 시침이 1분 동안 이동하는 각도 : 0.5°

㉢ 분침이 1분 동안 이동하는 각도 : 6°

(2) 거리 · 속력 · 시간

① (거리)=(속력)×(시간)

㉠ 기차가 터널을 통과하거나 다리를 지나가는 경우

- (기차가 움직인 거리)=(기차의 길이)+(터널 또는 다리의 길이)

㉡ 두 사람이 반대 방향 또는 같은 방향으로 움직이는 경우

- (두 사람 사이의 거리)=(두 사람이 움직인 거리의 합 또는 차)

② $(\text{속력})=\frac{(\text{거리})}{(\text{시간})}$

㉠ 흐르는 물에서 배를 타는 경우

- (하류로 내려갈 때의 속력)=(배 자체의 속력)+(물의 속력)
- (상류로 올라갈 때의 속력)=(배 자체의 속력)−(물의 속력)

③ $(\text{시간})=\frac{(\text{거리})}{(\text{속력})}$

(3) 나이 · 인원 · 개수

구하고자 하는 것을 미지수로 놓고 식을 세운다. 동물의 경우 다리의 개수에 유의해야 한다.

(4) 원가 · 정가

① (정가)=(원가)+(이익), (이익)=(정가)−(원가)

② (a원에서 b% 할인한 가격)$=a\times\left(1-\frac{b}{100}\right)$

(5) 일률 · 톱니바퀴

① 일률

전체 일의 양을 1로 놓고, 시간 동안 한 일의 양을 미지수로 놓고 식을 세운다.

- $(\text{일률})=\dfrac{(\text{작업량})}{(\text{작업기간})}$
- $(\text{작업기간})=\dfrac{(\text{작업량})}{(\text{일률})}$
- $(\text{작업량})=(\text{일률})\times(\text{작업기간})$

② 톱니바퀴

(톱니 수)×(회전수)=(총 맞물린 톱니 수)

즉, A, B 두 톱니에 대하여, (A의 톱니 수)×(A의 회전수)=(B의 톱니 수)×(B의 회전수)가 성립한다.

(6) 농도

① $(\text{농도})=\dfrac{(\text{용질의 양})}{(\text{용액의 양})}\times 100$

② $(\text{용질의 양})=\dfrac{(\text{농도})}{100}\times(\text{용액의 양})$

(7) 수 I

① 연속하는 세 자연수 : $x-1$, x, $x+1$

② 연속하는 세 짝수(홀수) : $x-2$, x, $x+2$

(8) 수 II

① 십의 자릿수가 x, 일의 자릿수가 y인 두 자리 자연수 : $10x+y$

이 수에 대해, 십의 자리와 일의 자리를 바꾼 수 : $10y+x$

② 백의 자릿수가 x, 십의 자릿수가 y, 일의 자릿수가 z인 세 자리 자연수 : $100x+10y+z$

(9) 증가 · 감소

① x가 $a\%$ 증가 : $\left(1+\dfrac{a}{100}\right)x$

② y가 $b\%$ 감소 : $\left(1-\dfrac{b}{100}\right)y$

3. 경우의 수 · 확률

(1) 경우의 수

① 경우의 수 : 어떤 사건이 일어날 수 있는 모든 가짓수

② 합의 법칙

㉠ 두 사건 A, B가 동시에 일어나지 않을 때, A가 일어나는 경우의 수를 m, B가 일어나는 경우의 수를 n이라고 하면, 사건 A 또는 B가 일어나는 경우의 수는 $m+n$이다.

㉡ '또는', '~이거나'라는 말이 나오면 합의 법칙을 사용한다.

③ 곱의 법칙

㉠ A가 일어나는 경우의 수를 m, B가 일어나는 경우의 수를 n이라고 하면, 사건 A와 B가 동시에 일어나는 경우의 수는 $m\times n$이다.

㉡ '그리고', '동시에'라는 말이 나오면 곱의 법칙을 사용한다.

④ 여러 가지 경우의 수

㉠ 동전 n개를 던졌을 때, 경우의 수 : 2^n

㉡ 주사위 m개를 던졌을 때, 경우의 수 : 6^m

㉢ 동전 n개와 주사위 m개를 던졌을 때, 경우의 수 : $2^n\times 6^m$

㉣ n명을 한 줄로 세우는 경우의 수 : $n!=n\times(n-1)\times(n-2)\times\cdots\times 2\times 1$

㉤ n명 중, m명을 뽑아 한 줄로 세우는 경우의 수 : ${}_nP_m=n\times(n-1)\times\cdots\times(n-m+1)$

㉥ n명을 한 줄로 세울 때, m명을 이웃하여 세우는 경우의 수 : $(n-m+1)!\times m!$

㉦ 0이 아닌 서로 다른 한 자리 숫자가 적힌 n장의 카드에서, m장을 뽑아 만들 수 있는 m자리 정수의 개수 : ${}_nP_m$

㉧ 0을 포함한 서로 다른 한 자리 숫자가 적힌 n장의 카드에서, m장을 뽑아 만들 수 있는 m자리 정수의 개수 : $(n-1)\times{}_{n-1}P_{m-1}$

㉨ n명 중, 자격이 다른 m명을 뽑는 경우의 수 : ${}_nP_m$

㉩ n명 중, 자격이 같은 m명을 뽑는 경우의 수 : ${}_nC_m=\frac{{}_nP_m}{m!}$

㉪ 원형 모양의 탁자에 n명을 앉히는 경우의 수 : $(n-1)!$

⑤ 최단거리 문제 : A에서 B 사이에 P가 주어져 있다면, A와 P의 최단거리, B와 P의 최단거리를 각각 구하여 곱한다.

PART 1

(2) 확률

① (사건 A가 일어날 확률)$=\frac{\text{(사건 A가 일어나는 경우의 수)}}{\text{(모든 경우의 수)}}$

② 여사건의 확률

㉠ 사건 A가 일어날 확률이 p일 때, 사건 A가 일어나지 않을 확률은 $(1-p)$이다.

㉡ '적어도'라는 말이 나오면 주로 사용한다.

③ 확률의 계산

㉠ 확률의 덧셈

두 사건 A, B가 동시에 일어나지 않을 때, A가 일어날 확률을 p, B가 일어날 확률을 q라고 하면, 사건 A 또는 B가 일어날 확률은 $p+q$이다.

㉡ 확률의 곱셈

A가 일어날 확률을 p, B가 일어날 확률을 q라고 하면, 사건 A와 B가 동시에 일어날 확률은 $p\times q$이다.

④ 여러 가지 확률

㉠ 연속하여 뽑을 때, 꺼낸 것을 다시 넣고 뽑는 경우 : 처음과 나중의 모든 경우의 수는 같다.

㉡ 연속하여 뽑을 때, 꺼낸 것을 다시 넣지 않고 뽑는 경우 : 나중의 모든 경우의 수는 처음의 모든 경우의 수보다 1만큼 작다.

㉢ (도형에서의 확률)$=\frac{\text{(해당하는 부분의 넓이)}}{\text{(전체 넓이)}}$

02 자료해석

(1) 꺾은선(절선)그래프

① 시간적 추이(시계열 변화)를 표시하는 데 적합하다.
  예 연도별 매출액 추이 변화 등

② 경과・비교・분포를 비롯하여 상관관계 등을 나타낼 때 사용한다.

〈중학교 장학금, 학비감면 수혜현황〉

(단위 : 천 명, 억 원)

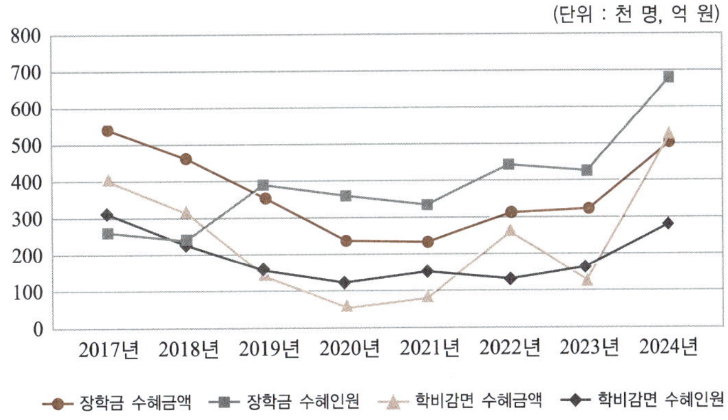

(2) 막대그래프

① 비교하고자 하는 수량을 막대 길이로 표시하고, 그 길이를 비교하여 각 수량 간의 대소 관계를 나타내는 데 적합하다.
  예 영업소별 매출액, 성적별 인원분포 등

② 가장 간단한 형태로 내역・비교・경과・도수 등을 표시하는 용도로 사용한다.

〈연도별 암 발생 추이〉

(잠정치, 단위 : 억 달러)

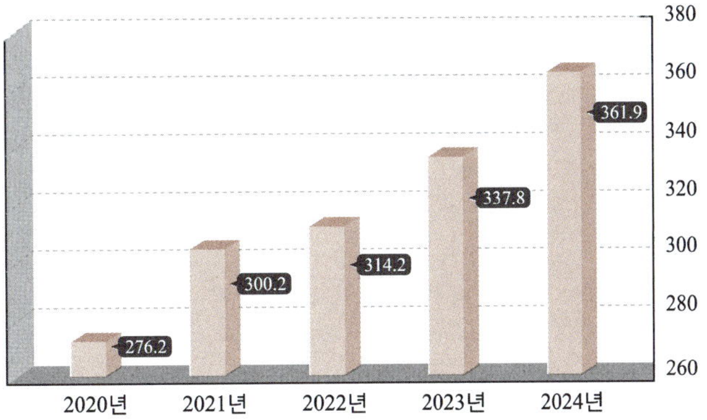

(3) 원그래프

① 내역이나 내용의 구성비를 분할하여 나타내는 데 적합하다.
  예 제품별 매출액 구성비 등

② 원그래프를 정교하게 작성할 때는 수치를 각도로 환산해야 한다.

〈S국의 가계 금융자산 구성비〉

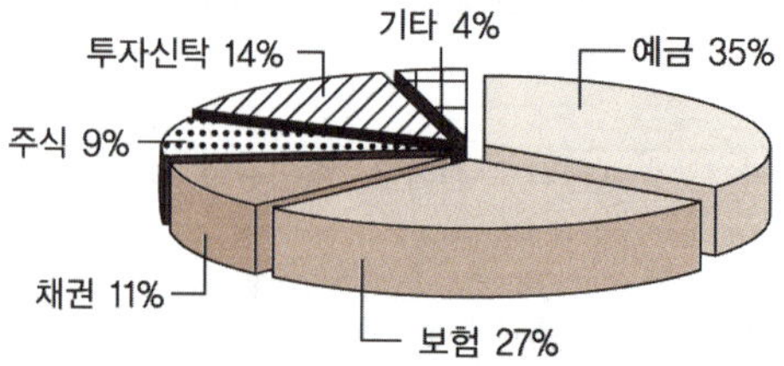

(4) 점그래프

① 지역분포를 비롯하여 도시, 지방, 기업, 상품 등의 평가나 위치, 성격을 표시하는 데 적합하다.
  예 광고비율과 이익률의 관계 등

② 종축과 횡축에 두 요소를 두고, 보고자 하는 것이 어떤 위치에 있는가를 알고자 할 때 사용한다.

〈OECD 국가의 대학졸업자 취업률 및 경제활동인구 비중〉

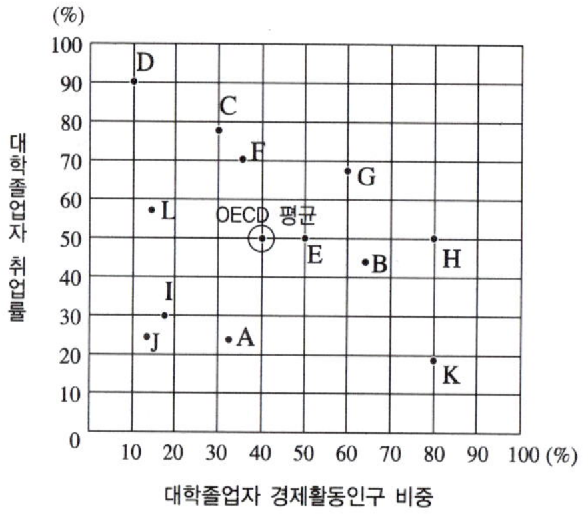

(5) 층별그래프

① 합계와 각 부분의 크기를 백분율로 나타내고 시간적 변화를 보는 데 적합하다.

② 합계와 각 부분의 크기를 실수로 나타내고 시간적 변화를 보는 데 적합하다.

예 상품별 매출액 추이 등

③ 선의 움직임보다는 선과 선 사이의 크기로써 데이터 변화를 나타내는 그래프이다.

〈우리나라 세계유산 현황〉

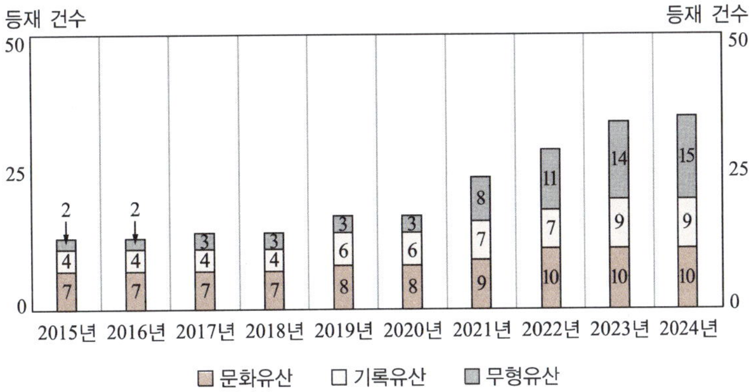

(6) 레이더 차트(거미줄그래프)

① 다양한 요소를 비교할 때, 경과를 나타내는 데 적합하다.

예 매출액의 계절변동 등

② 비교하는 수량을 직경, 또는 반경으로 나누어 원의 중심에서의 거리에 따라 각 수량의 관계를 나타내는 그래프이다.

〈외환위기 전후 한국의 경제상황〉

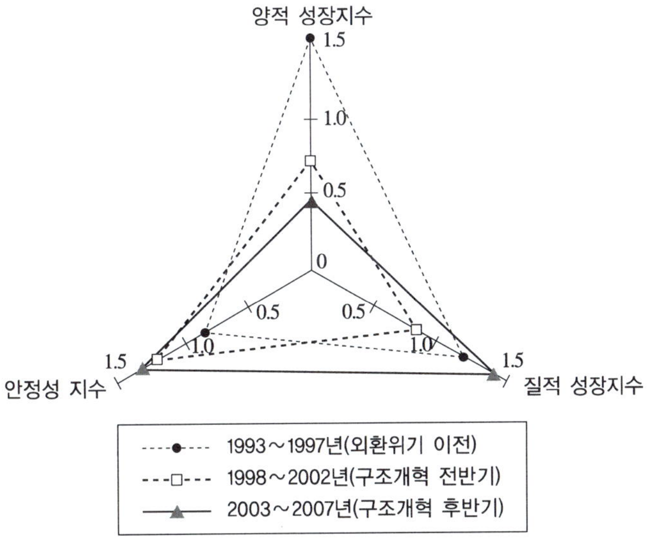

대표기출유형

01 거리 · 속력 · 시간

| 유형분석 |

- (거리)=(속력)×(시간) 공식을 활용한 문제이다.

  $(속력)=\frac{(거리)}{(시간)}$, $(시간)=\frac{(거리)}{(속력)}$
- 기차와 터널의 길이, 물과 같이 속력이 있는 장소 등 추가적인 거리나 속력 시간에 관한 조건과 결합하여 난도 높은 문제로 출제된다.

B대리는 주말마다 집 앞 산책로에서 운동한다. 10km인 산책로를 3km/h의 속력으로 걷다가 중간에 6km/h의 속력으로 뛰어 2시간 만에 완주할 때, B대리가 6km/h의 속력으로 뛰어간 거리는?

① 4km
② 6km
③ 8km
④ 10km
⑤ 12km

정답 ③

6km/h의 속력으로 뛰어간 거리를 $x$km라 하면, 3km/h의 속력으로 걸어간 거리는 $(10-x)$km가 된다.

시간에 대한 식을 세우면 다음과 같다.

$\frac{x}{6}+\frac{10-x}{3}=2$

→ $x+2\times(10-x)=6\times2$

→ $-x=12-20$

∴ $x=8$

따라서 6km/h의 속력으로 뛰어간 거리는 8km이다.

30초 컷 풀이 Tip

1. 미지수를 정할 때에는 문제에서 묻는 것을 정확하게 파악해야 한다.
2. 속력과 시간의 단위를 처음에 정리하여 계산하면 계산 실수 없이 풀이할 수 있다.
   - 1시간=60분=3,600초
   - 1km=1,000m=100,000cm

01 헤어진 두 남녀가 집으로 돌아가다가 마음을 바꾸고 동시에 다시 만나기 위해 달려가고 있다. 두 남녀 간의 거리는 10km이며, 여자는 남자가 있는 곳으로 4km/h의 속도로 달려가고 있고, 남자는 여자가 있는 곳으로 6km/h의 속도로 가고 있다. 여자는 가는 도중 30분을 쉬었다가 달려서 두 남녀가 다시 만났다면, 두 남녀가 다시 만나는 데 걸리는 시간은?

① 1시간
② 1시간 4분
③ 1시간 12분
④ 1시간 18분
⑤ 1시간 22분

02 일정한 속력으로 달리는 기차가 길이 480m인 터널을 완전히 통과하는 데 걸리는 시간이 36초이고 같은 속력으로 길이 600m인 철교를 완전히 통과하는 데 걸리는 시간이 44초일 때, 기차의 속력은?

① 15m/s
② 18m/s
③ 20m/s
④ 24m/s
⑤ 25m/s

Hard

03 나영이와 현지가 집에서 공원을 향해 150m/min의 속력으로 걸어가고 있다. 30분을 걸은 후, 나영이가 지갑을 집에 두고 온 것을 깨닫고 300m/min의 속력으로 집에 갔다가 같은 속력으로 다시 공원을 향해 걸어가기 시작했다. 현지는 계속해서 공원을 향해 걸어 20분 뒤에 공원에 도착했을 때, 나영이는 현지가 공원에 도착하고 몇 분 후에 공원에 도착하는가?

① 20분 후
② 25분 후
③ 30분 후
④ 35분 후
⑤ 40분 후

04 집에서 학교까지 가는 데 동생은 뛰어서 50m/min의 속력으로, 형은 걸어서 30m/min의 속력으로 동시에 출발하였더니 동생이 5분 먼저 도착하였다. 집에서 학교까지의 거리는 몇 m인가?

① 355m
② 360m
③ 365m
④ 370m
⑤ 375m

02 농도

| 유형분석 |

- $(농도)=\frac{(용질의\ 양)}{(용액의\ 양)}\times 100$ 공식을 활용한 문제이다.
- (소금물의 양)=(물의 양)+(소금의 양)이라는 것에 유의하고, 더해지거나 없어진 것을 미지수로 두고 풀이한다.

소금물 500g이 있다. 이 소금물에 농도가 3%인 소금물 200g을 온전히 섞었더니 소금물의 농도는 7%가 되었다. 500g의 소금물에 녹아 있던 소금의 양은?

① 31g ② 37g
③ 43g ④ 49g
⑤ 51g

정답 ③

문제에서 구하고자 하는 500g의 소금물에 녹아 있던 소금의 양을 미지수로 놓는다.
500g의 소금물에 녹아 있던 소금의 양을 xg이라고 하면,
농도가 3%인 소금물 200g에 녹아 있던 소금의 양은 $\frac{3}{100}\times 200=6$g이다.
소금물 500g에 농도가 3%인 소금물 200g을 섞었을 때 소금물의 농도가 주어졌으므로 농도를 기준으로 식을 세우면 다음과 같다.

$\frac{x+6}{500+200}\times 100=7$

→ $(x+6)\times 100=7\times(500+200)$

→ $(x+6)\times 100=4,900$

→ $x+6=49$

∴ $x=43$

따라서 500g의 소금물에 녹아 있던 소금의 양은 43g이다.

30초 컷 풀이 Tip

1. 숫자의 크기를 최대한 간소화해야 한다. 특히, 농도의 경우 분수와 정수가 같이 제시되고, 최근에는 비율을 활용한 문제가 많이 출제되고 있으므로 통분이나 약분을 통해 수를 간소화시켜 계산 실수를 줄일 수 있도록 한다.
2. 항상 미지수를 구해서 그 값을 계산하여 풀이해야 하는 것은 아니다. 문제에서 원하는 값은 정확한 미지수를 구하지 않아도 풀이과정에서 답이 제시되는 경우가 있으므로 문제에서 묻는 것을 명확히 해야 한다.

대표기출유형 02 기출응용문제

01 S사원은 물 200g과 녹차 가루 50g을 가지고 있다. S사원은 같은 부서 동료인 A사원과 B사원에게 농도가 다른 녹차를 타주려고 한다. A사원의 녹차는 물 65g과 녹차 가루 35g으로 만들어 주었고, B사원에게는 남은 물과 녹차 가루로 녹차를 타주려고 한다. B사원이 마시는 녹차의 농도는 몇 %인가?(단, 모든 물과 녹차 가루를 남김없이 사용한다)

① 10%
② 11%
③ 12%
④ 13%
⑤ 14%

Hard

02 농도가 9%인 A소금물 300g과 농도가 11.2%인 B소금물 250g을 합쳐서 C소금물을 만들었다. C소금물을 20% 덜어내고, 10g의 소금을 추가했을 때, 만들어진 소금물의 농도는?

① 12%
② 13%
③ 14%
④ 15%
⑤ 16%

03 설탕물 200g이 들어있는 비커에서 물 50g를 증발시킨 후 설탕 5g를 더 녹였더니 농도가 처음의 3배가 되었다. 처음 설탕물의 농도는?(단, 소수점 둘째 자리에서 반올림한다)

① 0.5%
② 1.2%
③ 1.9%
④ 2.6%
⑤ 3.3%

04 농도 6%의 소금물 200g에서 소금물을 조금 덜어낸 후 덜어낸 양의 절반만큼 물을 넣고 농도 2%의 소금물을 넣었더니 농도 3%의 소금물 300g이 되었다. 더 넣은 농도 2% 소금물의 양은?

① 90g
② 105g
③ 120g
④ 135g
⑤ 150g

대표기출유형

03 금액

| 유형분석 |

- 원가, 정가, 할인가, 판매가 등의 개념을 명확히 한다.
  (정가)=(원가)+(이익)
  (이익)=(정가)−(원가)
  a원에서 b% 할인한 가격$=a\times\left(1-\frac{b}{100}\right)$원
- 난이도가 어려운 편은 아니지만 비율을 활용한 계산 문제이기 때문에 실수하기 쉬우므로 주의한다.

조각 케이크 1조각을 정가로 팔면 3,000원의 이익을 얻는다. 정가보다 20%를 할인하여 5개 팔았을 때 순이익과 조각 케이크 1개당 정가에서 2,000원씩 할인하여 4개를 팔았을 때의 매출액이 같다면 이 상품의 정가는 얼마인가?

① 4,000원
② 4,100원
③ 4,300원
④ 4,400원
⑤ 4,600원

정답 ⑤

원가를 x원이라고 하면 정가는 $(x+3,000)$원이다.

정가에서 20%를 할인하여 5개 팔았을 때 순이익은 조각 케이크 1개당 정가에서 2,000원씩 할인하여 4개를 팔았을 때의 매출과 같으므로 다음 식이 성립한다.

$5\{0.8\times(x+3,000)-x\}=4(x+3,000-2,000)$

$\rightarrow 5(-0.2x+2,400)=4x+4,000$

$\rightarrow 5x=8,000$

$\therefore x=1,600$

따라서 정가는 1,600+3,000=4,600원이다.

30초 컷 풀이 Tip

1을 %로 나타내면 1×100=100%와 같으므로 100%를 1로 환산하면 쉽게 풀이할 수 있다.

예 15%, 24%, 20%가 증가된다는 것은 100%에 각각 15%, 24%, 20%가 더해진다는 것이므로, 합이 115%, 124%, 120%가 되어 각각 1.15, 1.24, 1.2로 환산되는 것이다.

01 S회사는 올해 매출액이 작년 매출액의 2.5% 이상 상승할 것으로 전망하며 마케팅과 제품연구에 노력을 기울였다. 하지만 아쉽게도 올해 매출액을 집계해 보니 작년보다 0.39%밖에 오르지 않았다. 올해 매출액이 1,300억 원일 때, 작년 매출액은 얼마인가?(단, 천만 자리에서 반올림한다)

① 1,295억 원
② 1,296억 원
③ 1,297억 원
④ 1,298억 원
⑤ 1,299억 원

02 원래 가격이 a원인 물건이 있다. 이 물건은 10개를 팔 때 9개 가격을 받고, 100개 이상 구입하면 전체 가격의 5%를 추가로 할인한다. 이 물건을 385개 주문했을 때, 지불하는 가격은?

① $\frac{6,591}{20}a$원
② $\frac{6,593}{20}a$원
③ $\frac{6,595}{20}a$원
④ $\frac{6,597}{20}a$원
⑤ $\frac{6,599}{20}a$원

Hard

03 A, B 두 종목의 경기를 하여 각각에 대하여 상을 주는데 상을 받은 사람은 모두 30명이다. A종목에서는 50,000원을 받고 B종목에서는 30,000원을 받는다. A, B 두 종목 모두에서 상을 받은 사람은 10명이고, A종목에서 상을 받은 사람은 B종목에서 상을 받은 사람보다 8명 많다. 이때 A종목에서 상을 받은 사람들이 받은 상금은 얼마인가?

① 1,100,000원
② 1,200,000원
③ 1,300,000원
④ 1,400,000원
⑤ 1,500,000원

대표기출유형

04 일률

| 유형분석 |

- 전체 일의 양을 1로 두고 풀이하는 유형이다.
- 분이나 초 단위 계산이 가장 어려운 유형으로 출제되고 있다.
- $(\text{일률})=\frac{(\text{작업량})}{(\text{작업기간})}$, $(\text{작업기간})=\frac{(\text{작업량})}{(\text{일률})}$, $(\text{작업량})=(\text{일률})\times(\text{작업기간})$

K프로젝트를 A가 혼자 일하면 10일, B가 혼자 일하면 20일, C가 혼자 일하면 40일이 걸린다. 이 프로젝트를 4일간 A와 B가 먼저 일하고, 남은 양을 C 혼자서 마무리한다고 할 때, C는 며칠간 일해야 하는가?

① 12일
② 14일
③ 16일
④ 18일
⑤ 20일

정답 ③

하루 동안 A, B, C가 할 수 있는 일의 양은 각각 $\frac{1}{10}$, $\frac{1}{20}$, $\frac{1}{40}$이다.

4일간 A와 B가 먼저 일하고, 남은 일의 양은 $1-\left(\frac{1}{10}+\frac{1}{20}\right)\times4=1-\frac{3}{5}=\frac{2}{5}$이다.

C가 남은 일을 혼자하는 기간을 x일이라고 하자.

$\frac{2}{5}=\frac{1}{40}x$

$\therefore x=16$

따라서 C가 혼자 일하는 기간은 16일이다.

30초 컷 풀이 Tip

전체의 값을 모르는 상태에서 비율을 묻는 문제의 경우 전체를 1이라고 하면 쉽게 풀이할 수 있다.

예 O가 1개의 빵을 만드는 데 3시간이 걸린다. 1개의 빵을 만드는 일의 양을 1이라고 하면 O는 1시간에 $\frac{1}{3}$만큼의 빵을 만든다.

대표기출유형 04 기출응용문제

Easy

01 S공장에서 완성품 1개를 만드는 데 걸리는 시간은 A기계가 20일, B기계가 30일이다. A와 B기계를 함께 사용하면 완성품 1개를 며칠 만에 만들 수 있겠는가?

① 5일
② 9일
③ 12일
④ 15일
⑤ 20일

02 수영장에 물을 공급하는 A장치와 물을 배출하는 B장치가 있다. A, B장치는 시간당 일정한 양의 물을 공급하고 배출한다. A장치로 수영장 물을 가득 채우는 데 4시간이 걸리고, A장치와 B장치를 동시에 작동시켜 수영장 물을 가득 채우는 데 6시간이 걸린다. 수영장에 물이 가득 채워져 있을 때 B장치를 작동시켜 전체 물을 배출하는 데 걸리는 시간은?

① 11시간
② 12시간
③ 13시간
④ 14시간
⑤ 15시간

03 건물 화단 보수를 위해 시설관리팀이 두 팀으로 나뉘었다. A팀은 작업 하나를 마치는 데 15분이 걸리지만 작업을 마치면 도구 교체를 위해 5분이 걸리고, B팀은 작업 하나를 마치는 데 30분이 걸리지만 한 작업을 마치면 도구 교체 없이 바로 다른 작업을 시작한다고 한다. 오후 1시부터 두 팀이 쉬지 않고 작업한다고 할 때, 두 팀이 세 번째로 동시에 작업을 시작하는 시각은?

① 오후 3시 30분
② 오후 4시
③ 오후 4시 30분
④ 오후 5시
⑤ 오후 5시 30분

04 초콜릿 한 상자를 만드는 데 명훈이는 30시간, 우진이는 20시간이 걸린다. 명훈이가 3시간, 우진이가 5시간 동안 만든 후, 둘이서 같이 한 상자를 완성하려고 한다. 두 사람이 같이 초콜릿을 만드는 시간은 얼마인가?

① $\frac{37}{5}$시간
② $\frac{39}{5}$시간
③ 8시간
④ $\frac{42}{5}$시간
⑤ $\frac{44}{5}$시간

대표기출유형

05 경우의 수

| 유형분석 |

- 순열(P)과 조합(C)을 활용한 문제이다.

  ${}_nP_m=n\times(n-1)\times\cdots\times(n-m+1)$

  ${}_nC_m=\frac{{}_nP_m}{m!}=\frac{n\times(n-1)\times\cdots\times(n-m+1)}{m!}$
- 벤 다이어그램을 활용한 문제가 출제되기도 한다.

9개의 숫자 1, 2, 3, 4, 5, 6, 7, 8, 9 중에서 서로 다른 3개의 숫자를 택할 때, 각 자리의 수 중 어떤 두 수의 합도 9가 아닌 수를 만들려고 한다. 예를 들어 217은 조건을 만족시키지 않는다. 조건을 만족시키는 세 자리 자연수의 개수는?

① 144개　② 168개
③ 250개　④ 336개
⑤ 420개

정답 ④

1부터 9까지 자연수 중 합이 9가 되는 두 수의 쌍은 (1, 8), (2, 7), (3, 6), (4, 5)이다.
이 4개의 쌍 중 하나를 택하고 9개의 숫자 중 이미 택한 2개의 숫자를 제외한 7개의 숫자 중 하나를 택하여 3개의 숫자를 얻는다.
이렇게 얻은 3개의 숫자를 일렬로 배열하는 경우의 수는 $4\times7\times(3\times2\times1)=168$가지이다. 한편, 1부터 9까지 자연수 중 3개의 숫자를 택하는 경우의 수는 $9\times8\times7=504$가지이다.
따라서 구하는 세 자리 자연수의 개수는 $504-168=336$개이다.

30초 컷 풀이 Tip

경우의 수의 합의 법칙과 곱의 법칙 등에 관해 명확히 한다.

합의 법칙

㉠ 두 사건 A, B가 동시에 일어나지 않을 때, A가 일어나는 경우의 수를 m, B가 일어나는 경우의 수를 n이라고 하면, 사건 A 또는 B가 일어나는 경우의 수는 $(m+n)$가지이다.
㉡ '또는', '~이거나'라는 말이 나오면 합의 법칙을 사용한다.

곱의 법칙

㉠ A가 일어나는 경우의 수를 m, B가 일어나는 경우의 수를 n이라고 하면, 사건 A와 B가 동시에 일어나는 경우의 수는 $(m\times n)$가지이다.
㉡ '그리고', '동시에'라는 말이 나오면 곱의 법칙을 사용한다.

대표기출유형 05 기출응용문제

01 남학생 5명과 여학생 3명이 운동장에 있다. 남학생 중 2명을 뽑고, 여학생 중 2명을 뽑아 한 줄로 세우는 경우의 수는?

① 120가지
② 240가지
③ 360가지
④ 720가지
⑤ 750가지

Easy

02 서로 다른 2개의 주사위를 던질 때, 나오는 눈의 수의 합이 4 또는 7이 나오는 경우의 수는?

① 5가지
② 6가지
③ 7가지
④ 8가지
⑤ 9가지

03 0에서 9까지의 수가 각각 적힌 10장의 카드에서 두 장을 뽑아 두 자리 정수를 만들 때, 3의 배수가 되는 경우의 수는?

① 25가지
② 26가지
③ 27가지
④ 28가지
⑤ 29가지

대표기출유형

06 확률

| 유형분석 |

- 순열(P)과 조합(C)을 활용하는 유형이다.
- 조건부 확률 문제가 출제되기도 한다.

당신은 신과 동전 던지기를 하고 있다. 신이 동전을 5번 던질 때, 적어도 1번은 앞면이 나올 확률은?

① $\frac{7}{8}$
② $\frac{13}{16}$
③ $\frac{15}{16}$
④ $\frac{31}{32}$
⑤ $\frac{1}{2}$

정답 ④

(적어도 1번은 앞면이 나올 확률)=1−(모두 뒷면이 나올 확률)

$\therefore 1-\left(\frac{1}{2}\right)^5=\frac{31}{32}$

따라서 신이 동전을 5번 던질 때, 적어도 1번은 앞면이 나올 확률은 $\frac{31}{32}$이다.

30초 컷 풀이 Tip

1. 직관적으로 문제에서 가장 최소한의 계산 과정을 사용하는 조건을 기준으로 삼고, 경우의 수를 구한다.
2. 여사건을 이용할 때와 아닐 때의 경우의 수(확률)를 따져보고 좀 더 쉽게 계산할 수 있는 편을 선택한다.

대표기출유형 06 기출응용문제

01 주머니 안에 빨간 구슬 7개, 노란 구슬 5개, 파란 구슬 3개가 들어있다. 이 중 3개를 1개씩 차례로 꺼낼 때, 3개 중에 파란색 구슬이 있을 확률을 구하면?

① $\frac{43}{182}$

② $\frac{43}{91}$

③ $\frac{47}{182}$

④ $\frac{47}{91}$

⑤ $\frac{48}{91}$

Easy

02 어느 학교의 학생은 A과목과 B과목 중 한 과목만을 선택하여 수업을 받는다. A과목과 B과목을 선택한 학생의 비율이 각각 전체의 40%, 60%이고, A과목을 선택한 학생 중 여학생은 30%, B과목을 선택한 학생 중 여학생은 40%라고 하자. 이 학교의 3학년 학생 중에서 임의로 뽑은 학생이 여학생일 때, 그 학생이 B과목을 선택한 학생일 확률은?

① $\frac{1}{3}$

② $\frac{2}{3}$

③ $\frac{1}{4}$

④ $\frac{3}{4}$

⑤ $\frac{2}{5}$

03 어느 학생이 문제 A, B를 푸는데 문제 A를 맞히지 못할 확률은 60%, 두 문제를 모두 맞힐 확률은 24%일 때, 이 학생이 문제 A는 맞히고, 문제 B는 맞히지 못할 확률은?

① 36%

② 30%

③ 28%

④ 24%

⑤ 16%

대표기출유형

07 자료해석

| 유형분석 |

- 자료를 보고 해석하거나 추론한 내용을 고르는 문제가 출제된다.
- 증감 추이, 증감률, 증감폭 등의 간단한 계산이 포함되어 있다.
- %, %p 등의 차이점을 알고 적용할 수 있어야 한다.
  %(퍼센트) : 어떤 양이 전체(100)에 대해서 얼마를 차지하는가를 나타내는 단위
  %p(퍼센트 포인트) : %로 나타낸 수치가 이전 수치와 비교했을 때 증가하거나 감소한 양

다음은 예식장 사업 형태에 대한 자료이다. 이에 대한 설명으로 옳지 않은 것은?

〈예식장 사업 형태〉

(단위 : 개, 백만 원, m^2)

구분	개인경영	회사법인	회사 이외의 법인	비법인 단체	합계
사업체 수	1,160	44	91	9	1,304
매출	238,789	43,099	10,128	791	292,807
비용	124,446	26,610	5,542	431	157,029
면적	1,253,791	155,379	54,665	3,534	1,467,369

※ $[\text{수익률}(\%)]=\left[\frac{(\text{매출})}{(\text{비용})}-1\right]\times 100$

① 예식장 사업은 대부분 개인경영 형태로 이루어지고 있다.
② 사업체당 매출액이 평균적으로 제일 큰 예식장 사업 형태는 회사법인 예식장이다.
③ 예식장 사업은 매출액의 약 50% 정도가 수익이 되는 사업이다.
④ 수익률이 가장 높은 예식장 사업 형태는 회사법인 형태이다.
⑤ 사업체당 평균 면적이 가장 작은 예식장 사업 형태는 비법인 단체 형태이다.

정답 ④

수익률은 주어진 공식 $\left[\frac{(매출)}{(비용)}-1\right]\times 100$으로 구한다.

구분	개인경영	회사법인	회사 이외의 법인	비법인 단체
수익률(%)	$\left(\frac{238,789}{124,446}-1\right)\times 100 ≒ 92$	$\left(\frac{43,099}{26,610}-1\right)\times 100 ≒ 62$	$\left(\frac{10,128}{5,542}-1\right) ≒ 83$	$\left(\frac{791}{431}-1\right) ≒ 84$

따라서 수익률이 가장 높은 예식장 사업 형태는 개인경영이다.

오답분석

① 사업체 수를 보면 다른 사업 형태보다 개인경영 사업체 수가 많은 것을 확인할 수 있다.

② 사업체당 매출액을 구하면 다음과 같다.

- 개인경영 : $\frac{238,789}{1,160}$ ≒206백만 원
- 회사법인 : $\frac{43,099}{44}$ ≒980백만 원
- 회사 이외의 법인 : $\frac{10,128}{91}$ ≒111백만 원
- 비법인 단체 : $\frac{791}{9}$ ≒88백만 원

따라서 사업체당 매출액이 가장 큰 예식장 사업 형태는 회사법인 예식장이다.

③ 표에서 예식장 사업 합계를 보면 매출액은 292,807백만 원이며 비용은 매출액의 절반 정도인 157,029백만 원이므로 매출액의 절반 정도가 수익이 되는 사업이라고 할 수 있다.

⑤ 사업체당 평균 면적은 면적을 사업체 수로 나눠서 구한다. 사업체당 평균 면적을 구하면 다음과 같다.

- 개인경영 : $\frac{1,253,791}{1,160} ≒ 1,081m^2$
- 회사법인 : $\frac{155,379}{44} ≒ 3,531m^2$
- 회사 이외의 법인 : $\frac{54,665}{91} ≒ 601m^2$
- 비법인 단체 : $\frac{3,534}{9} ≒ 393m^2$

따라서 사업체당 평균 면적이 가장 작은 예식장 사업 형태는 비법인 단체 형태이다.

30초 컷 풀이 Tip

간단한 선택지부터 해결하기

계산이 필요 없거나 생각하지 않아도 되는 선택지를 먼저 해결한다.

적절한 것 / 적절하지 않은 것 헷갈리지 않게 표시하기

자료해석은 적절한 것 또는 적절하지 않은 것을 찾는 문제가 출제된다. 문제마다 매번 바뀌므로 이를 확인하는 것은 매우 중요하다. 따라서 선택지에 표시할 때에도 선택지가 적절하지 않은 내용이라서 '×' 표시를 했는지, 적절한 내용이지만 문제가 적절하지 않은 것을 찾는 문제라 '×' 표시를 했는지 헷갈리지 않도록 표시 방법을 정해야 한다.

제시된 자료를 통해 계산할 수 있는 값인지 확인하기

제시된 자료만으로 계산할 수 없는 값을 묻는 선택지인지 먼저 판단해야 한다. 문제를 읽고 바로 계산부터 하면 함정에 빠지기 쉽다.

Easy

01 국내의 유통업체 S사는 몽골 시장으로 진출하기 위해 현지에 진출해 있는 기업들이 경험한 진입 장벽에 대하여 다음과 같이 조사하였다. 이에 대한 설명으로 옳은 것은?

S사는 몽골 시장의 진입 장벽에 해당하는 주요 요인 4가지를 선정하였고, 현지 진출 기업들은 경험을 바탕으로 요인별로 0 ~ 10점 사이의 점수를 부여하였다.

〈진출 기업 업종별 몽골 시장으로의 진입 장벽〉

(단위 : 점)

구분	몽골 기업의 시장 점유율	초기 진입 비용	현지의 엄격한 규제	문화적 이질감
유통업	7	5	9	2
제조업	5	3	8	4
서비스업	4	2	6	8
식·음료업	6	7	5	6

※ 점수가 높을수록 해당 요인이 강력한 진입 장벽으로 작용함

① 유통업의 경우 타 업종에 비해 높은 초기 진입 비용이 강력한 진입 장벽으로 작용한다.
② S사의 경우 현지의 엄격한 규제가 몽골 시장의 진입을 방해하는 요소로 작용할 가능성이 크다.
③ 제조업의 경우 타 업종에 비해 높은 몽골 기업의 시장 점유율이 강력한 진입 장벽으로 작용한다.
④ 문화적 이질감이 가장 강력한 진입 장벽으로 작용하는 업종은 식·음료업이다.
⑤ 서비스업의 경우 타 업종에 비해 시장으로의 초기 진입 비용이 가장 많이 든다.

02 다음은 연도별 지역의 한 가구당 평균 자녀수를 나타낸 표이다. 이에 대한 설명으로 옳지 않은 것은?

〈연도별 한 가구당 평균 자녀수〉

(단위 : 명)

구분	2020년	2021년	2022년	2023년	2024년
서울	4.2	2.9	2.2	1.5	0.8
경기	5.8	4.4	3	2.4	1.3
인천	5.5	4.8	3.6	2.8	1.1
대구	6.4	5	3.8	3	1.8
부산	5.2	4.9	4.1	2	1.5
광주	6.8	5.5	4	3.1	2.2
대전	5	4.2	3.6	2.1	1.4
울산	4.8	4	3.5	2.5	2
강원	7.2	5.5	4.8	3.6	2.4
제주	7.4	5.8	5	3.8	2.5

※ 수도권 : 서울, 경기, 인천

※ 광역시 : 인천, 대구, 부산, 광주, 대전, 울산

① 모든 지역에서 매년 한 가구당 평균 자녀수는 감소하고 있다.

② 모든 연도에서 제주의 한 가구당 평균 자녀수는 다른 지역보다 항상 많다.

③ 모든 연도에서 경기의 한 가구당 평균 자녀수는 2020년을 제외하고는 인천보다 항상 적다.

④ 2021년 한 가구당 평균 자녀수가 가장 많은 지역의 평균 자녀수는 가장 적은 지역 평균 자녀수의 2배이다.

⑤ 2024년 수도권 한 가구당 평균 자녀수의 합은 광역시의 한 가구당 평균 자녀수 합의 35% 미만이다.

Hard

03 다음은 우리나라의 환경보호 관련 지출 및 수입 현황에 대한 표이다. 이에 대한 설명으로 옳지 않은 것은?

〈환경보호 관련 지출 및 수입 현황〉

(단위 : 백만 원, %)

구분	투자지출	내부 경상지출	보조금	부산물 수입	부담금	지출 계	수입 계
대기보호	1,345,897 (16.5)	1,624,621 (16.2)	456 (8.0)	38,947 (6.0)	144,180 (2.8)	2,970,974 (16.3)	183,127 (3.2)
폐수관리	3,767,561 (46.1)	2,631,914 (26.3)	0 (0.0)	16,808 (2.6)	1,824,371 (35.9)	6,399,475 (35.2)	1,841,179 (32.1)
폐기물관리	1,153,593 (14.1)	4,193,745 (41.9)	83 (1.5)	591,270 (90.5)	2,911,455 (57.3)	5,347,421 (29.4)	3,502,725 (61.1)
토양·수질 보호	337,874 (4.1)	320,435 (3.2)	273 (4.8)	521 (0.1)	39,379 (0.8)	658,582 (3.6)	39,900 (0.7)
소음·진동 방지	140,846 (1.7)	71,290 (0.7)	0 (0.0)	63 (0.0)	17,229 (0.3)	212,136 (1.2)	17,292 (0.3)
생태계보호	987,942 (12.1)	447,740 (4.5)	2,590 (45.3)	0 (0.0)	33,494 (0.7)	1,438,272 (7.9)	33,494 (0.6)
방사선피해 방지	51,544 (0.6)	105,305 (1.1)	0 (0.0)	0 (0.0)	28,696 (0.6)	156,849 (0.9)	28,696 (0.5)
연구개발	237,482 (2.9)	169,624 (1.7)	0 (0.0)	350 (0.1)	4,227 (0.1)	407,106 (2.2)	4,577 (0.1)
기타 환경보호	142,592 (1.7)	439,788 (4.4)	2,312 (40.4)	5,471 (0.8)	74,814 (1.5)	584,692 (3.2)	80,285 (1.4)
합계	8,165,331 (100.0)	10,004,462 (100.0)	5,714 (100.0)	653,430 (100.0)	5,077,845 (100.0)	18,175,507 (100.0)	5,731,275 (100.0)

① 환경보호 관련 지출액이 가장 많은 분야는 폐수관리이고, 수입액이 가장 많은 분야는 폐기물관리이다.

② 대기보호 분야의 투자지출액은 이 분야 총 지출액의 40% 미만이다.

③ 부문별 합계에서 부산물 수입이 10% 미만인 분야가 보조금이 10% 미만인 분야보다 많다.

④ 생태계보호 분야의 투자지출액은 이 분야 총 지출액의 70% 미만이다.

⑤ 투자지출 비중이 가장 작은 분야는 총 지출에서 차지하는 비중도 가장 작다.

04 다음은 농가 수 및 농가 인구 추이와 농가 소득 현황을 나타낸 자료이다. 이에 대한 〈보기〉의 설명 중 옳지 않은 것을 모두 고르면?

〈농가 수 및 농가 인구 추이〉

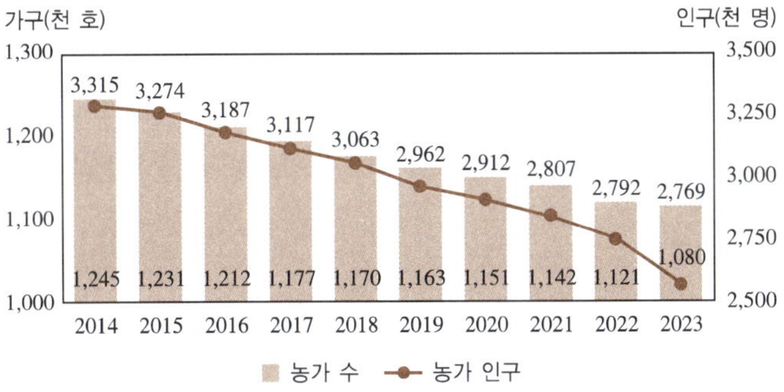

〈농가 소득 현황〉

(단위 : 천 원)

구분	2018년	2019년	2020년	2021년	2022년	2023년
농업 소득	10,098	8,753	9,127	10,035	10,303	11,257
농업 이외 소득	22,023	21,395	21,904	24,489	24,647	25,959
합계	32,121	30,148	31,031	34,524	34,950	37,216

보기

ㄱ. 농가 수 및 농가 인구는 지속적으로 감소하고 있다.
ㄴ. 전년 대비 농가 수가 가장 많이 감소한 해는 2023년이다.
ㄷ. 2018년 대비 2023년 농가 인구의 감소율은 9% 이상이다.
ㄹ. 농가 소득 중 농업 이외 소득이 차지하는 비율은 매년 증가하고 있다.
ㅁ. 2023년 농가의 농업 소득의 전년 대비 증가율은 10%를 넘는다.

① ㄱ, ㄷ
② ㄴ, ㄹ
③ ㄷ, ㄹ
④ ㄹ, ㅁ
⑤ ㄱ, ㄷ, ㅁ

08 자료계산

| 유형분석 |

- 주어진 자료를 통해 문제에서 주어진 특정한 값을 찾고, 자료의 변동량을 구할 수 있는지를 평가하는 유형이다.
- 주로 그래프와 표로 제시되며, 경영·경제·산업 등과 관련된 최신 이슈를 많이 다룬다.
- 자료 간의 증감률·비율·추세 등을 자주 묻는다.

다음은 A제철소에서 생산한 철강의 출하량을 분야별로 기록한 표이다. 2024년에 세 번째로 많은 생산을 했던 분야에서 2022년 대비 2023년의 변화율을 바르게 표시한 것은?

〈A제철소 철강 출하량〉

(단위 : 천 톤)

구분	자동차	선박	토목 / 건설	일반기계	기타
2022년	5,230	3,210	6,720	4,370	3,280
2023년	6,140	2,390	5,370	4,020	4,590
2024년	7,570	2,450	6,350	5,730	4,650

① 약 10% 증가하였다.
② 약 10% 감소하였다.
③ 약 8% 증가하였다.
④ 약 8% 감소하였다.
⑤ 변화하지 않았다.

정답 ④

2024년에 세 번째로 많은 생산을 했던 분야는 일반기계 분야이다.

일반기계 분야의 2022년 대비 2023년의 변화율은 $\frac{4,020-4,370}{4,370}\times 100 \fallingdotseq -8\%$이므로 약 8% 감소하였다.

30초 컷 풀이 Tip

증감 추이를 먼저 확인하기

수치를 일일이 확인하는 것보다 증감 추이를 먼저 판단해서 선택지를 1차적으로 거르고 나머지 선택지 중 도표에서 크게 차이 나는 곳의 수치를 확인하면 빠르게 풀이할 수 있다.

제시된 자료를 통해 계산할 수 있는 값인지 확인하기

제시된 자료만으로 계산할 수 없는 값을 묻는 선택지인지 먼저 판단해야 한다. 문제를 읽고 바로 계산부터 하면 함정에 빠지기 쉽다.

대표기출유형 08 기출응용문제

01 다음은 A사 피자 1판 주문 시 구매 방식별 할인 혜택과 비용을 나타낸 자료이다. 이를 근거로 정가가 12,500원인 A사 피자 1판을 가장 싸게 살 수 있는 구매 방식으로 옳은 것은?

〈구매 방식별 할인 혜택과 비용〉

구분	할인 혜택과 비용
스마트폰앱	정가의 25% 할인
전화	정가에서 1,000원 할인 후, 할인된 가격의 10% 추가 할인
회원카드와 쿠폰	회원카드로 정가의 10% 할인 후, 할인된 가격의 15%를 쿠폰으로 추가 할인
직접 방문	정가의 30% 할인, 교통비용 1,000원 발생
교환권	A사 피자 1판 교환권 구매비용 10,000원 발생

※ 구매 방식은 한 가지만 선택함

① 스마트폰앱
② 전화
③ 회원카드와 쿠폰
④ 직접 방문
⑤ 교환권

Hard

02 다음은 A의 보유 반찬 및 칼로리 정보와 A의 하루 식단에 대한 자료이다. A가 하루에 섭취하는 총열량은?

〈A의 보유 반찬 및 칼로리 정보〉

구분	현미밥	미역국	고등어구이	시금치나물	버섯구이	블루베리
무게(g)	300	500	400	100	150	80
열량(kcal)	540	440	760	25	90	40
구분	우유식빵	사과잼	된장찌개	갈비찜	깍두기	연근조림
무게(g)	100	40	200	200	50	100
열량(kcal)	350	110	176	597	50	96

〈A의 하루 식단〉

구분	식단
아침	우유식빵 80g, 사과잼 40g, 블루베리 60g
점심	현미밥 200g, 갈비찜 200g, 된장찌개 100g, 버섯구이 50g, 시금치나물 20g
저녁	현미밥 100g, 미역국 200g, 고등어구이 150g, 깍두기 50g, 연근조림 50g

① 1,940kcal
② 2,120kcal
③ 2,239kcal
④ 2,352kcal
⑤ 2,520kcal

03 다음 자료는 가야 문화재 발굴단에서 실시한 2022 ~ 2024년까지의 발굴 작업 현황을 나타낸 것이다. 가장 비용이 많이 든 연도와 그 비용은?

〈발굴 작업 현황〉

(단위 : 건)

구분	2022년	2023년	2024년
정비 발굴	21	23	19
순수 발굴	10	4	12
수중 발굴	13	18	7

※ 발굴 작업 1건당 비용은 정비 발굴은 12만 원, 순수 발굴은 3만 원, 수중 발굴은 20만 원임

① 2022년, 542만 원
② 2022년, 642만 원
③ 2023년, 648만 원
④ 2023년, 758만 원
⑤ 2024년, 404만 원

PART 1

CHAPTER 03

도형추리

합격 CHEAT KEY

샘표식품 인적성검사의 도형추리 영역은 도형의 규칙을 파악하여 빈칸에 어떤 도형이 들어가야 하는지를 판단하는 유형이 주로 출제되고 있다. 20문항을 30분 안에 풀어야 하며 초반에는 색 반전, 이동, 회전, 대칭과 같은 기본적인 규칙이 부여되기 때문에 문제의 난이도가 높지 않아 수월하게 풀어나갈 수 있다. 하지만 중반부부터는 기본적인 규칙 외에도 다소 복잡하고 다양한 규칙이 출제되기 때문에 폭넓은 문제풀이를 통해 여러 규칙에 익숙해질 필요가 있다.

3×3형태의 네모 칸에 위치한 도형의 규칙을 파악하여 빈칸에 어떤 도형이 들어가야 하는지를 판단하는 유형으로 구성되어 있다. 쉽게 추리 및 연상이 가능한 초반부 문제와 달리 중반부부터 난도가 높아져 샘표식품 인적성검사에서 가장 어려운 유형으로 평가된다. 따라서 다양한 문제를 풀면서 규칙을 빠르게 찾아내는 연습을 하는 것은 물론, 도형의 색반전, 이동, 회전, 대칭을 쉽게 할 수 있는 노하우를 터득하는 것이 중요하다.

학습 포인트

- 제시된 규칙을 파악하여 빠르게 문제에 적용하는 연습을 해야 한다.
- 난도가 높은 유형이므로 자사에 수록된 기출유형을 연습해 보는 것이 좋다.

대표기출유형

01 도형추리

| 유형분석 |

- 3×3의 칸에 나열된 각 도형들 사이의 규칙을 찾아 ?에 들어갈 알맞은 도형을 찾는 유형이다.
- 규칙은 가로, 세로, 대각선 등 다양하게 적용되며, 회전, 색 반전, 대칭, 겹치는 부분 지우기 / 남기기 / 색 반전 등 여러 규칙이 등장한다.

다음 도형의 규칙을 보고 물음표에 들어갈 알맞은 것을 고르면?

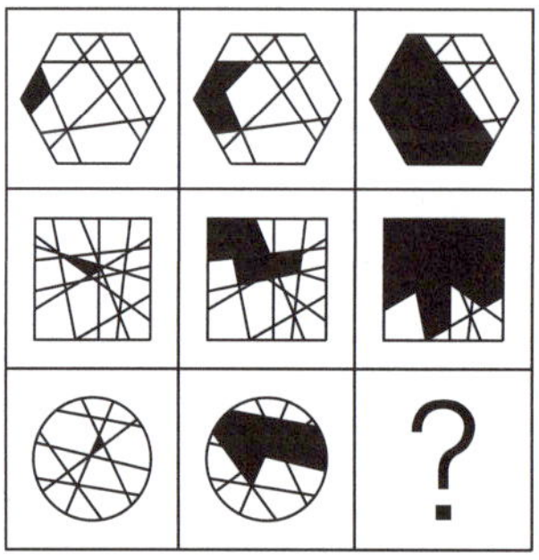

① 

② 

③ 

④ 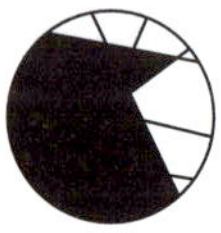

⑤ 

정답 ①

규칙은 가로로 적용된다.

첫 번째 도형의 검은색 부분과 꼭짓점이 맞닿은 부분이 검은색으로 변한 것이 두 번째 도형이다. 두 번째 도형에서 세 번째 도형도 같은 규칙이 적용된다.

30초 컷 풀이 Tip

우선 규칙이 어느 방향으로 적용되는지부터 판단한 후 도형의 모양, 음영 위치, 선 유무 등으로 규칙을 파악한다.

대표기출유형 01 기출응용문제

※ 다음 도형의 규칙을 보고 물음표에 들어갈 알맞은 것을 고르시오. [1~3]

Easy

01

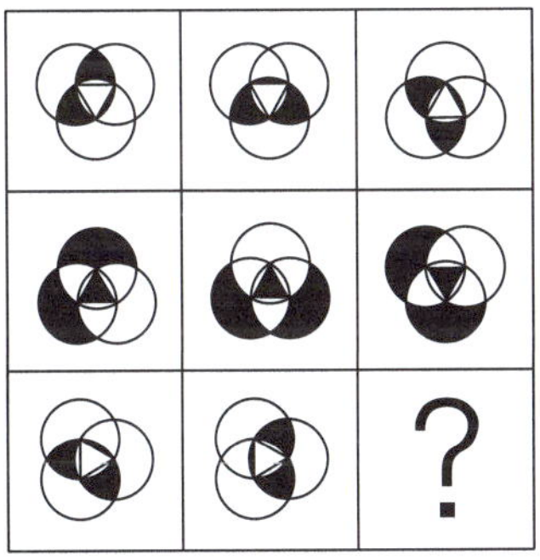

①

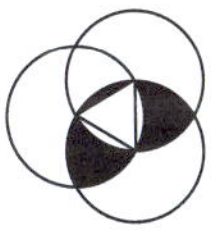

②

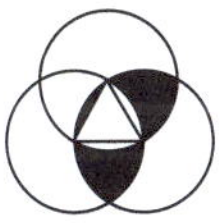

③

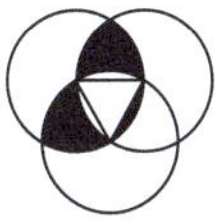

④

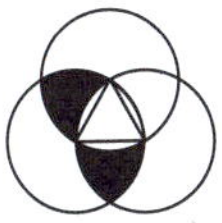

⑤

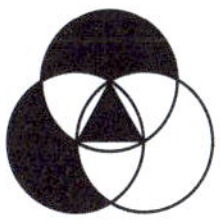

02

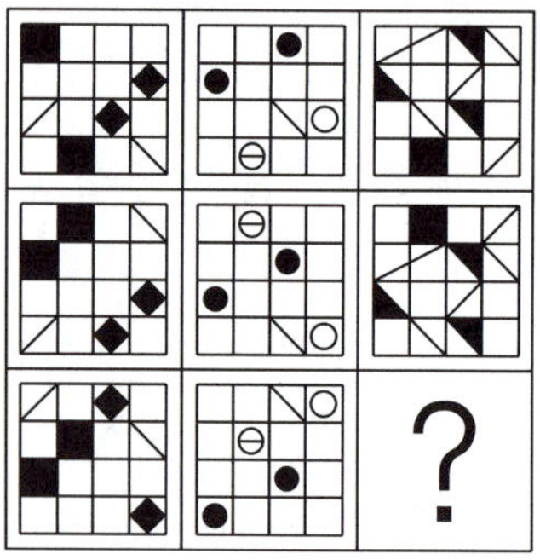

①

②

③

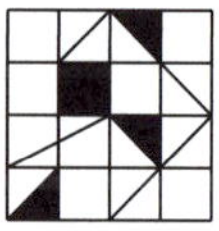

④

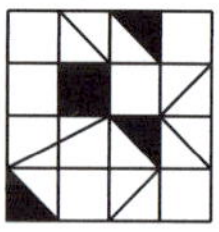

⑤

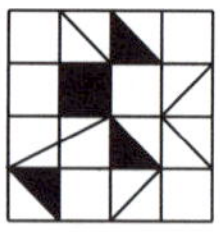

03

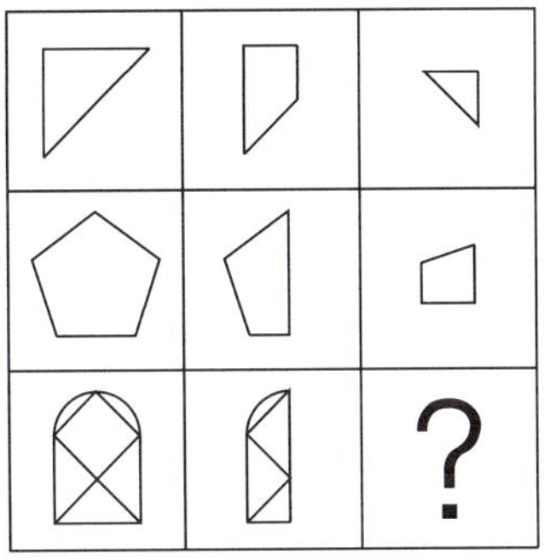

① 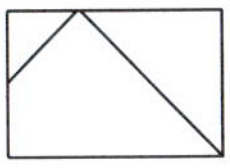

② 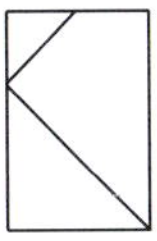

③ 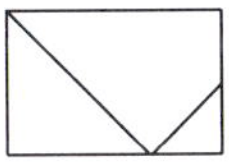

④ 

⑤ 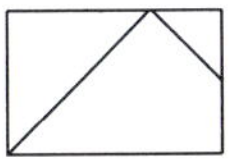

시대에듀

M E M O

PART 2

최종점검 모의고사

샘표식품 인적성검사		
영역	문항 수	제한시간
언어	20문항	30분
수리	20문항	30분
도형추리	20문항	30분

모바일 OMR

제1회 최종점검 모의고사

문항 수 : 60문항 응시시간 : 90분

정답 및 해설 p.014

01 언어

※ 다음 글의 중심 내용으로 가장 적절한 것을 고르시오. [1~2]

01

사피어 – 워프 가설은 어떤 언어를 사용하느냐에 따라 사고의 방식이 정해진다는 이론이다. 이에 따르면 언어는 인간의 사고나 사유를 반영함은 물론이고, 그 언어를 쓰는 사람들의 사고방식에까지 영향을 미친다.

공동체의 언어 습관이 특정한 해석을 선택하도록 하기 때문에 우리는 일반적으로 우리가 행한 대로 보고 듣고 경험한다고 한 사피어의 관점에 영향을 받아, 워프는 언어가 경험을 조직한다고 주장했다. 한 문화의 구성원으로서, 특정한 언어를 사용하는 화자로서, 우리는 언어를 통해 암묵적 분류를 배우고 이 분류가 세계의 정확한 표현이라고 간주한다. 그리고 그 분류는 사회마다 다르므로, 각 문화는 서로 다른 의견을 가질 수 있는 개인들로 구성됨에도 불구하고 독특한 합의를 보여 준다.

가령, 에스키모어에는 눈에 관한 낱말이 많은데 영어로는 한 단어인 '눈(snow)'을 네 가지 다른 단어, 즉 땅 위의 눈(aput), 내리는 눈(quana), 바람에 날리는 눈(piqsirpoq), 바람에 날려 쌓이는 눈(quiumqsuq) 등으로 표현한다는 것이다. 북아프리카 사막의 유목민들은 낙타에 대한 10개 이상의 단어를 가지고 있으며, 우리도 마찬가지다. 영어의 'rice'에 해당하는 우리말은 '모', '벼', '쌀', '밥' 등이 있다.

그렇다면 언어와 사고, 언어와 문화의 관계는 어떻게 볼 수 있을까? 일단 우리는 언어와 정신 활동이 상호 의존성을 갖는다고 말할 수 있을 것이다. 하지만 그들 간의 관계 중 어떤 것이 우월한 것인지를 잘 식별할 수 없는 정도로 인식이 되고 나면, 우리의 생각은 언어 우위 쪽으로 기울기 쉽다. 왜냐하면 언어의 사용에 따라 사고가 달라지는 것이라고 규정하는 것이 사고를 통해 언어가 만들어진다는 것보다 훨씬 더 쉽게 이해되기 때문이다. 이러한 면에서 사피어 – 워프 가설은 언어 우위론적 입장을 보인다고 할 수 있다.

그러나 사피어 – 워프 가설이 언어 우위론의 근거로만 설명되는 것은 아니다. 앞의 에스키모어의 예를 보면, 사람들이 눈을 인지하는 방법이 달라진 것(사고의 변화)으로 인해 언어도 달라지게 되었는지, 반대로 언어 체계가 달라진 것으로 인해 눈을 인지하는 방법이 달라졌는지를 명확하게 설명할 수 없기 때문이다.

① 사피어 – 워프 가설은 언어 우위론으로 입증할 수 있다.
② 사피어 – 워프 가설의 예로 에스키모어가 있다.
③ 사피어 – 워프 가설은 우리의 언어 생활과 밀접한 이론이다.
④ 언어와 사고의 관계에 대한 사피어 – 워프 가설을 증명하기는 쉽지 않다.
⑤ 사피어 – 워프 가설은 학계에서 대체로 인정하는 추세이다.

02

통계는 다양한 분야에 사용되며 막강한 위력을 발휘한다. 그러나 모든 도구나 방법이 그렇듯 통계 수치에도 함정이 있다. 함정에 빠지지 않으려면 통계 수치의 의미를 정확히 이해하고, 도구와 방법을 올바르게 사용해야 한다.
예시를 들어보자. 친구 5명이 만나서 이야기를 나누다가 연봉이 화제가 되었다. 2천만 원이 4명, 7천만 원이 1명이었는데, 평균을 내면 3천만 원이다. 이 숫자에 대해 4명은 "나는 봉급이 왜 이렇게 적을까?"하며 한숨을 내쉬었다. 그러나 이 평균값 3천만 원이 5명의 집단을 대표하는 데에 아무 문제가 없을까? 물론 계산 과정에는 하자가 없지만, 평균을 집단의 대푯값으로 사용하는 데에 어떤 한계가 있는지 깊이 생각해 보지 않는다면, 우리는 잘못된 생각에 빠질 수도 있다. 평균은 극단적으로 아웃라이어(비정상적인 수치)에 민감하다. 집단 내에 아웃라이어가 하나만 있어도 평균이 크게 바뀐다는 것이다. 위의 예에서 1명의 연봉이 7천만 원이 아니라 100억 원이었다고 하자. 그러면 평균은 20억 원이 넘게 된다.
나머지 4명은 자신의 연봉이 평균치의 100분의 1밖에 안 된다며 슬퍼해야 할까? 연봉 100억 원인 사람이 아웃라이어이듯 처음의 예에서 연봉 7천만 원인 사람도 아웃라이어인 것이다. 두드러진 아웃라이어가 있는 경우에는 평균보다는 최빈값이나 중앙값이 대푯값으로 더 나을 수 있다.

① 평균은 집단을 대표하는 수치로서는 매우 부적당하다.
② 통계는 숫자 놀음에 불과하므로 통계 수치에 일희일비할 필요가 없다.
③ 평균보다는 최빈값이나 중앙값을 대푯값으로 사용해야 한다.
④ 통계 수치의 의미와 한계를 정확히 인식하고 사용할 필요가 있다.
⑤ 통계는 올바르게 활용하면 다양한 분야에서 사용할 수 있는 도구이다.

※ 다음 글의 주제로 가장 적절한 것을 고르시오. [3~4]

03

지구 내부는 끊임없이 운동하며 막대한 에너지를 지표면으로 방출하고, 이로 인해 지구 표면에서는 지진이나 화산 등의 자연 현상이 일어난다. 그런데 이러한 자연 현상을 예측하기란 매우 어렵다. 그 이유는 무엇일까?
지구 내부는 지각, 상부 맨틀, 하부 맨틀, 외핵, 내핵이 층상 구조를 이루고 있다. 지구내부로 들어갈수록 온도가 증가하는데, 이 때문에 외핵은 액체 상태로 존재한다. 고온의 외핵이 하부 맨틀의 특정 지점을 가열하면 이 부분의 중심부 물질은 상승류를 형성하여 움직이기 시작한다. 아주 느린 속도로 맨틀을 통과한 상승류는 지표면 가까이에 있는 판에 부딪치게 된다. 판은 매우 단단한 암석으로 이루어져 있어 거대한 상승류도 쉽게 뚫지 못한다. 그러나 간혹 상승류가 판의 가운데 부분을 뚫고 곧바로 지표면으로 나오기도 하는데, 이곳을 열점이라 한다. 열점에서는 지진과 화산 활동이 활발히 일어난다.
한편 딱딱한 판을 만난 상승류는 꾸준히 판에 힘을 가하여 거대한 길이의 균열을 만들기도 한다. 결국 판이 완전히 갈라지면 이 틈으로 아래의 물질이 주입되어 올라오고, 올라온 물질은 지표면에서 옆으로 확장되면서 새로운 판을 형성한다. 상승류로 인해 판이 갈라지는 이 부분에서도 지진과 화산 활동이 일어난다.
새롭게 생성된 판은 오랜 세월 천천히 이동하는 동안 식으면서 밀도가 높아지는데, 이미 존재하고 있던 다른 판 중 밀도가 낮은 판과 충돌하면 그 아래로 가라앉게 된다. 가라앉는 판이 상부 맨틀의 어느 정도 깊이까지 들어가면 용융 온도가 낮은 일부 물질은 녹는데, 이 물질이 이미 존재하던 판의 지표면으로 상승하면서 지진을 동반한 화산 활동이 일어나기도 한다. 그러나 녹지 않은 대부분의 물질은 위에서 내리누르는 판에 의해 큰 흐름을 만들면서 맨틀을 통과한다. 이 하강류는 핵과 하부 맨틀 경계면까지 내려와 외핵의 한 부분을 누르게 된다. 외핵은 액체로 되어 있으므로 한 부분을 누르면 다른 부분에서 위로 솟아오르는데, 솟아오른 이 지점에서 또 다른 상승류가 시작된다. 그런데 하강류가 규칙적으로 발생하지 않으므로 상승류가 언제 어디서 발생하는지 알기 어렵다.
지금까지 살펴본 바처럼 화산과 지진 등의 자연 현상은 맨틀의 상승류와 하강류로 인해 일어난다. 맨틀의 상승류와 하강류는 흘러가는 동안 여러 장애물을 만나게 되고 이로 인해 그 흐름이 불규칙하게 진행된다. 그런데 현대과학 기술로 지구 내부에 있는 이 장애물의 성질과 상태를 모두 밝혀내기는 어렵다. 바로 이것이 지진이나 화산과 같은 자연 현상을 쉽게 예측할 수 없는 이유이다.

① 판의 분포
② 지각의 종류
③ 지구 내부의 구조
④ 내핵의 구성 성분
⑤ 우리나라 화산의 종류

04

이제 2023년 6월부터 민법과 행정 분야에서 나이를 따질 때 기존 계산하는 방식에 따라 1~2살까지 차이가 났던 우리나라 특유의 나이 계산법이 국제적으로 통용되는 '만 나이'로 일원화된다. 이는 태어난 해를 0살로 보고 정확하게 1년이 지날 때마다 한 살씩 더하는 방식을 말한다.
이에 대해 여론은 대체적으로 긍정적이나, 다만 일각에서는 모두에게 익숙한 관습을 벗어나 새로운 방식에 적응해야 한다는 점을 우려하고 있다. 특히 지금 받고 있는 행정서비스에 급격한 변화가 일어나 혹시라도 손해를 보거나 미리 따져봐야 할 부분이 있는 건 아닌지, 또 다른 혼선이 야기되는 건 아닌지 하는 것들이 이에 해당한다.
이처럼 국회가 법적 나이 규정을 만 나이로 정비한 이유는 한국의 나이 기준이 우리가 관습적으로 쓰는 '세는 나이'와 민법 등에서 법적으로 규정한 '만 나이', 일부 법령이 적용하고 있는 '연 나이' 등 세 가지로 되어있기 때문에 한 사람의 나이가 계산 방식에 따라 최대 2살이 달라져 이러한 '나이 불일치'로 각종 행정서비스 이용과 계약체결 과정에서 혼선과 법적 다툼이 발생했기 때문이다.
더군다나 법적 나이를 규정한 민법에서조차 표현상으로 만 나이와 일반 나이가 혼재되어 있어 문구를 통일해야 한다는 지적이 나왔다. 표현상 '만 OO세'로 돼 있지 않아도 기본적으로 만 나이로 보는 게 관례이지만 법적 분쟁 발생 시 이는 해석의 여지를 줄 수 있기 때문이다. 다른 법에서 특별히 나이의 기준을 따로 두지 않았다면 민법의 나이 규정을 따르도록 되어 있는데 실상은 민법도 명확하지 않았던 것이다.
정부는 내년부터 개정된 법이 시행되면 우선 그동안 문제로 지적됐던 법적·사회적 분쟁이 크게 줄어들 것으로 기대하고 있지만 국민 전체가 일상적으로 체감하는 변화는 크지 않을 것으로 보고 있다. 이번 법 개정의 취지 자체가 나이 계산법 혼용에 따른 분쟁을 해소하는 데 맞춰져 있고, 오랜 세월 확립된 나이에 대한 사회적 인식이 법 개정으로 단번에 바뀔 수 있는 건 아니기 때문이다.
또한 여야와 정부는 연 나이를 채택해 또래 집단과 동일한 기준을 적용하는 것이 오히려 혼선을 막을 수 있고 법 집행의 효율성이 담보된다고 합의한 병역법, 청소년보호법, 민방위기본법 등 52개 법령에 대해서는 연 나이 규정 필요성이 크다면 굳이 만 나이 적용을 하지 않겠다고 밝혔다.

① 연 나이 계산법 유지의 필요성
② 우리나라 나이 계산법의 문제점
③ 기존 나이 계산법 개정의 필요성
④ 나이 계산법 혼용에 따른 분쟁 해소 방안
⑤ 나이 계산법의 변화로 달라지는 행정 서비스

PART 2

※ 다음 글을 읽고 이해한 내용으로 가장 적절한 것을 고르시오. [5~8]

05

선물환거래란 계약일로부터 일정시간이 지난 뒤, 특정일에 외환의 거래가 이루어지는 것으로, 현재 약정한 금액으로 미래에 결제하게 되기 때문에 선물환계약을 체결하게 되면, 약정된 결제일까지 매매 쌍방 모두 결제가 이연된다. 선물환거래는 보통 환리스크를 헤지(Hedge)하기 위한 목적으로 이용된다. 예 1개월 이후 달러로 거래 대금을 수령할 예정인 수출한 기업은 은행과 1개월 후 달러를 매각하는 대신 원화를 수령하는 선물환계약을 통해 원/달러 환율변동에 따른 환리스크를 헤지할 수 있다.

이외에도 선물환거래는 금리차익을 얻는 것과 투기적 목적 등도 가지고 있다. 선물환거래에는 일방적으로 선물환을 매입하는 것 또는 매도 거래만 발생하는 Outright Forward거래가 있고, 또 선물환거래가 스왑거래의 일부분으로써 현물환거래와 같이 발생하는 Swap Forward거래로 구분된다. Outright Forward거래는 만기 때, 실물 인수도가 일어나는 일반 선물환거래와 만기 때, 실물의 인수 없이 차액만을 정산하는 차액결제선물환(NDF; Non-Deliverable Forward)거래가 구분된다.

옵션(Option)이란 거래당사자들이 미리 가격을 정하고, 그 가격으로 미래의 특정시점이나, 그 이전에 자산을 사고파는 권리를 매매하는 계약이다. 선도 및 선물, 스왑거래 등과 같은 파생금융상품이다.

옵션은 매입권리가 있는 콜옵션(Call Option)과 매도권리가 있는 풋옵션(Put Option)으로 구분된다. 옵션거래로 매입이나 매도할 수 있는 권리를 가지게 되는 옵션매입자는 시장가격의 변동에 따라 자기에게 유리하거나 불리한 경우를 판단하여, 옵션을 행사하거나 포기할 수도 있다. 옵션매입자는 선택할 권리에 대한 대가로 옵션매도자에게 프리미엄을 지급하고, 옵션매도자는 프리미엄을 받는 대신 옵션매입자가 행사하는 옵션에 따라 발생하는 하는 것에 대한 것을 이해하는 책임을 가진다. 옵션거래의 손해와 이익은 행사가격, 현재가격 및 프리미엄에 의해 결정된다.

① 선물환거래는 투기를 목적으로 사용되기도 한다.

② 옵션은 미래에 조건이 바뀌어도 계약한 금액을 지불해야 한다.

③ 선물환 거래는 권리를 행사하거나 포기할 수 있다.

④ 옵션은 환율변동 리스크를 해결하는 데 좋은 선택이다.

⑤ 선물환 거래는 행사가격, 현재가격, 프리미엄가에 따라 손해와 이익이 발생한다.

Easy

06

멋이라는 것도 일상생활의 단조로움이나 생활의 압박에서 해방되려는 노력의 하나일 것이다. 끊임없이 일상의 복장, 그 복장이 주는 압박감에서 벗어나기 위해 옷을 잘 차려 입는 사람은 멋쟁이이다. 또는 삶을 공리적 계산으로서가 아니라 즐김의 대상으로 볼 수 있게 해 주는 활동, 가령 서도(書道)라거나 다도(茶道)라거나 꽃꽂이라거나 하는 일을 과외로 즐길 줄 아는 사람을 우리는 생활의 멋을 아는 사람이라고 말한다. 그러나 그렇다고 해서 값비싸고 화려한 복장, 어떠한 종류의 스타일과 수련을 전제하는 활동만이 멋을 나타내는 것은 아니다. 경우에 따라서는 털털한 옷차림, 겉으로 내세울 것이 없는 소탈한 생활 태도가 멋있게 생각될 수도 있다. 기준적인 것에 변화를 더하는 것이 중요한 것이다. 그러나 기준으로부터의 편차가 너무 커서는 안 된다. 혐오감을 불러일으킬 정도의 몸가짐, 몸짓, 생활 태도는 멋있는 것으로 생각되지 않는다. 편차는 어디까지나 기준에 의해서 존재하는 것이다.

① 다양한 종류의 옷을 가지고 있는 사람은 멋쟁이이다.
② 값비싸고 화려한 복장을 하는 사람은 공리적 계산을 하는 사람이다.
③ 소탈한 생활 태도를 갖는 것이 가장 중요하다.
④ 꽃꽂이를 과외로 즐길 줄 아는 사람은 생활의 멋을 아는 사람이다.
⑤ 차는 종류별로 즐길 줄 알아야 진정한 멋을 아는 사람이다.

07

사람의 키는 주로 다리뼈의 길이에 의해서 결정된다. 다리뼈는 뼈대와 뼈끝판 그리고 뼈끝으로 구성되어 있다. 막대기 모양의 뼈대는 뼈 형성세포인 조골세포를 가지고 있다. 그리고 뼈끝은 다리뼈의 양쪽 끝 부분이며 뼈끝과 뼈대의 사이에는 여러 개의 연골세포층으로 구성된 뼈끝판이 있다. 뼈끝판의 세포층 중 뼈끝과 경계면에 있는 세포층에서만 세포분열이 일어난다.
연골세포의 세포분열이 일어날 때, 뼈대 쪽에 가장 가깝게 있는 연골세포의 크기가 커지면서 뼈끝판이 두꺼워진다. 크기가 커진 연골세포는 결국 죽으면서 빈 공간을 남기고 이렇게 생긴 공간이 뼈대에 있는 조골세포로 채워지면서 뼈가 형성된다. 이 과정을 되풀이하면서 뼈끝판이 두꺼워지는 만큼 뼈대의 길이 성장이 일어나는데, 이는 연골세포의 분열이 계속되는 한 지속된다.
사춘기 동안 뼈의 길이 성장에는 여러 호르몬이 관여하는데, 이 중 뇌에서 분비하는 성장호르몬은 직접 뼈에 작용하여 뼈를 성장시킨다. 또한 성장호르몬은 간세포에 작용하여 뼈의 길이 성장 과정 전체를 촉진하는 성장인자를 분비하도록 한다. 이외에도 갑상샘 호르몬과 남성호르몬인 안드로겐도 뼈의 길이 성장에 영향을 미친다. 성장호르몬이 뼈에 작용하기 위해서는 갑상샘 호르몬의 작용이 있어야 하기 때문에 갑상샘 호르몬은 뼈의 성장에 중요한 요인이다. 안드로겐은 뼈의 성장을 촉진함으로써 사춘기 남자의 급격한 성장에 일조한다. 부신에서 분비되는 안드로겐은 이 시기에 나타나는 뼈의 길이 성장에 관여한다. 하지만 사춘기가 끝날 때, 안드로겐은 뼈끝판 전체에서 뼈가 형성되도록 하여 뼈의 길이 성장을 정지시킨다. 결국 사춘기 이후에는 호르몬에 의한 뼈의 길이 성장이 일어나지 않는다.

① 사람의 키를 결정짓는 다리뼈는 연골세포의 분열로 인해 성장하게 된다.
② 뼈끝판의 세포층 중 뼈대와 경계면에 있는 세포층에서만 세포분열이 일어난다.
③ 사춘기 이후에 뼈의 길이가 성장하였다면, 호르몬이 그 원인이다.
④ 성장호르몬은 간세포에 작용하여 뼈 성장을 촉진하는 성장인자를 분비하는 등 뼈 성장에 간접적으로 도움을 준다.
⑤ 뼈의 성장을 촉진시키는 호르몬인 안드로겐은 남성호르몬으로, 여자에게서는 생성되지 않는다.

08

'춤을 춘다. 아니, 차라리 곡예를 부린다는 표현이 더 어울린다. 정상적인 사람이 저렇게 움직일 수는 없다. 하지만 그 절박한 상황에서도 그는 온갖 문제들을 한꺼번에 해결한다. 왜소하고 어정쩡하고 어딘가 덜 떨어진 인물임에도 그는 언제나 최후의 승자가 된다.' 이는 할리우드 '슬랩스틱 코미디*'의 전형적인 전개 방식이다. 여기서 그는 찰리 채플린일 수도 있고, 버스터 키튼일 수도 있다. 겉으로 보기에 그들은 볼품없는 남자지만 숨겨진 능력의 소유자이며, 무엇보다 선하고 정의롭다. 평범한, 동시에 위대한 영웅이 탄생하는 것이다. 할리우드의 영광은 바로 그들과 함께 시작되었다. 물론 요즘 할리우드 영화는 예전과 같이 천편일률적이라고 할 수 없다. 하지만 그 뿌리에는 슬랩스틱 코미디가 있고 지금의 할리우드 영화는 그에 대한 일종의 확대 재생산이라고 할 수 있다.

이와 같이 출발한 할리우드 영화는 1920년대를 넘어서면서 오늘날과 같은 모델이 형성되었다. 할리우드는 영화를 생산함에 있어 포드자동차의 분업과 체계화된 노동방식을 차용했다. 새로운 이야기를 만들기보다는 이야기를 표준화하여 그때그때 상황에 맞추어 솜씨 좋게 조합하는 방식을 취하는 것이다. 그 결과로 서부극, 공포물, 드라마, 멜로물, 형사물 등의 장르 영화가 탄생했다. 이로써 할리우드는 영화를 생산하는 '공장'이 되었고, 상업적으로 성공을 거두었다.

영화의 예술성과 관련하여 두 가지 시각이 있다. 할리우드 영화는 짜임새 있는 이야기 구조, 하나의 극점을 향해 순차적으로 나아가는 사건 진행, 분명한 결말, 영웅적인 등장인물 등을 제시하며 나름대로 상당한 내적 완성도를 얻고 있다. 그러나 영화의 가치는 엉성한 줄거리와 구성 방식에서도 발견할 수 있다. 「누벨바그*」를 비롯한 유럽의 실험적 영화들이 이에 속한다. 문제가 있다면 많은 관객들이 이들 영화를 즐길 만큼 영화의 예술성에 큰 가치를 두지 않는다는 사실이다.

바로 그 증거가 1950년대까지 계속된 할리우드 영화의 승승장구로 이어졌다. 대중은 영화의 첫 용도를 '재담꾼'으로 설정했던 것이다. 그러나 동시에 할리우드 영화는 고착된 관습과 매너리즘에 빠졌다. 그때 할리우드에 새로운 출구를 제시한 것이 장 뤽 고다르 등이 주축이 되었던 프랑스의 「누벨바그」였다. 할리우드는 '외부의 것'을 들여와 발전의 자양분으로 삼았던 것이다.

엄밀히 말해 오늘날 대부분의 영화는 국적과 상관없이 사실상 모두 할리우드 영화의 강력한 영향하에 있다. 할리우드가 만들어놓은 생산의 법칙, 분배의 법칙, 재생산의 법칙을 충실히 따라가고 있다. 단순한 '발명품'이었던 영화가 이제는 이렇듯 일상 깊숙이 침투하여 삶의 일부가 되도록 한 것은 분명 할리우드의 공적이라고 할 수 있다.

* 슬랩스틱 코미디 : 무성영화 시대에 인기를 끈 코미디의 한 형태
* 누벨바그 : 프랑스어로 '새로운 물결'이라는 뜻으로 전(前) 세대 영화와 단절을 외치며 새로운 스타일의 화면을 만들었던 영화 운동

① 초기 영화의 영향에서 탈피하여 예술성을 얻으려는 노력이 필요하다.
② 영화의 가치는 얼마만큼 대중들에게 영향력을 미치는가에 달려 있다.
③ 상업적 성공에 안주하지 말고 새로움을 위한 끊임없는 시도가 필요하다.
④ 오락적 성격만 강조하는 것은 영화 예술에 대한 편견을 가져올 수 있으니 지양해야 한다.
⑤ 대중적 인기를 지속해서 얻으려면 과학기술을 적절하게 이용할 필요가 있다.

PART 2

※ 다음 글에 대한 내용으로 적절하지 않은 것을 고르시오. [9~11]

09

컴퓨터로 작업을 하다가 전원이 꺼져 작업하던 데이터가 사라져 낭패를 본 경험이 한 번쯤은 있을 것이다. 이는 현재 컴퓨터에서 주 메모리로 D램을 사용하기 때문이다. D램은 전기장의 영향을 받으면 극성을 띠게 되는 물질을 사용하는데 극성을 띠면 1, 그렇지 않으면 0이 된다. 그런데 D램에 사용되는 물질의 극성은 지속적으로 전원을 공급해야만 유지된다. 그래서 D램은 읽기나 쓰기 작업을 하지 않아도 전력이 소모되며, 전원이 꺼지면 데이터가 모두 사라진다는 문제점을 안고 있다.

이러한 D램의 문제를 해결할 수 있는 차세대 램 메모리로 가장 주목을 받고 있는 것은 M램이다. M램은 두 장의 자성 물질 사이에 얇은 절연막을 끼워 넣어 접합한 구조로 되어 있다. 절연막은 일반적으로 전류의 흐름을 막는 것이지만 M램에서는 절연막이 매우 얇아 전류가 통과할 수 있다. 그리고 자성 물질은 자석처럼 일정한 자기장 방향을 가지는데, 아래위 자성 물질의 자기장 방향에 따라 저항이 달라진다. 자기장 방향이 반대일 경우 저항이 커져 전류가 약해지지만 자기장 방향이 같을 경우 저항이 약해져 상대적으로 강한 전류가 흐르게 된다. M램은 이 전류의 강도 차이를 감지해 전류가 상대적으로 약할 때 0, 강할 때 1로 읽게 된다. 자성 물질은, 강한 전기 자극을 가하면 자기장 방향이 바뀌는데 이를 이용해 한쪽 자성 물질의 자기장 방향만 바꿈으로써 쓰기 작업도 할 수 있다.

자성 물질의 자기장 방향은 전기 자극을 가해주지 않는 이상 변하지 않기 때문에 M램에서는 D램에서처럼 지속적으로 전원을 공급할 필요가 없다. 그렇기 때문에 D램에 비해 훨씬 적은 양의 전력을 사용하면서도 속도가 빠르며, 전원이 꺼져도 데이터를 잃어버릴 염려가 없다. 이런 장점들로 인해 M램이 일반화되면 컴퓨터뿐만 아니라 스마트폰이나 태블릿 PC와 같은 모바일 기기들의 성능은 크게 향상될 것이다.

그러나 M램이 일반화되기 위해서는 기술적 과제들도 많다. M램은 매우 얇은 막들을 쌓은 구조이기 때문에 이러한 얇은 막들이 원하는 기능을 하도록 제어하는 것은 기존의 반도체 공정으로는 매우 어렵다. 그리고 현재 사용하고 있는 자성 물질을 고도로 집적할 경우 자성 물질의 자기장이 인접한 자성 물질에 영향을 주는 문제도 있다. 이러한 문제를 해결할 수 있는 새로운 재료의 개발과 제조 공정의 개선이 이루어진다면 세계 반도체 시장의 판도도 크게 바뀔 것으로 보인다.

① D램과 M램 모두 0 또는 1로 정보를 기록한다.
② M램은 자성 물질의 자기장이 강할수록 성능이 우수하다.
③ M램에서는 전류의 강도 차이를 감지해 데이터를 읽는다.
④ D램은 전원을 공급해주지 않으면 0의 값을 가지게 된다.
⑤ D램에서는 읽기나 쓰기 작업을 하지 않아도 전력이 소모된다.

10

고려 초에 시작되어 천여 년의 역사를 갖고 있는 강릉단오제는 강릉을 비롯한 영동 지역 공동체의 안녕과 풍요를 위하여 여는 축제이다. 2005년 11월 25일에는 유네스코 인류 구전 및 무형 유산 걸작으로 등재되기도 했다. 4월 보름 대관령 산정에 있는 국사 성황사에서 신을 모셔와 음력 5월 5일인 단오를 중심으로 일주일 이상 강릉 시내를 관통하는 남대천 변에 굿마당을 마련하고, 각종 의례와 놀이를 벌인다. 엄숙한 유교식 제례와 무당굿, 토속적인 탈놀이와 같은 지정문화재 행사와 그네, 씨름, 농악 등 세시 민속놀이가 어우러지며, 주변에 거대한 난장이 서기 때문에 많은 사람들이 단오제를 보기 위해 몰려든다.

강릉단오제에서 무당굿은 가장 핵심이 되는 행사로, 고유의 성질을 가진 여러 신을 모시는 의례이다. 먼저 고을을 편안하게 해줄 서낭님을 모시고, 모든 집안에 있는 조상을 위하여 조상굿을 한다. 자식들에게 복을 주는 세존굿, 집안의 안녕과 대주를 보호하는 성주굿, 역대 장수를 모시며 군에 간 자손을 보호해 달라 청하는 군웅장수굿, 어부의 눈을 맑게 해 주고 집집마다 효녀를 낳으라는 심청굿도 한다. 아픈 사람이 없기를 바라면서 홍역이나 천연두를 예방하는 손님굿도 하며 사이사이 굿청에 모인 사람들을 위해 축원굿도 한다.

제일(祭日) 며칠 전부터 제사에 직접 관여하는 제관·임원·무격 등은 부정이 없도록 새벽에 목욕재계하고, 언행을 함부로 하지 않으며, 제사가 끝날 때까지 먼 곳 출입을 삼가고 근신하는 등 몸과 마음을 깨끗이 한다. 마을 사람들도 부정한 일을 저지르지 않고, 부정한 일을 보거나 부정한 음식을 먹는 일을 하지 않는다. 제사를 지낼 신당과 우물·도가 등에는 황토를 뿌리고 금줄을 쳐서 부정을 막는다. 제물을 다루는 사람은 말을 하지 않기 위해서 입에 밤이나 백지 조각을 문다고 한다. 말을 하면 침이 튀어 음식에 들어갈 수도 있고, 또 부정한 말을 주고받을 수도 있기 때문이다. 이처럼 다양하고 엄격한 금기를 깨면 개인은 벌을 받고, 임원·제관·무격이 금기를 어기면 제사를 지내도 효험이 없으며 오히려 서낭의 노여움을 사서 재앙이 있다고 한다.

단오제가 끝나면 대개 비가 내린다고 하는데, 신은 돌아갔지만 이 비를 맞으면서 논의 모는 쑥쑥 자라고 신의 약속으로 든든해진 인간은 지상에 남아 다시 한 해 동안 열심히 살아간다. 이것이 바로 삶의 고단함을 신과 인간이 하나 되는 신명의 놀이로 풀어주는 축제의 힘이다.

① 세존굿은 자식들에게 복을 주는 굿이며, 군웅장수굿은 군에 간 자손을 보호하기 위한 굿이다.
② 심청굿을 통해 홍역이나 천연두를 예방하고자 했다.
③ 강릉단오제는 유네스코 유산으로 등재되기도 했다.
④ 강릉단오제는 신과 인간이 하나 되는 축제로 볼 수 있다.
⑤ 제사에 관여하는 사람들은 제사가 끝날 때까지 먼 곳 출입을 삼가야 한다.

11

1986년부터 2년에 걸쳐 조사된 백제 시대의 공산성에서는 원형의 인공 연못이 발굴되었다. 일반적으로 연못을 조성하는 방법은 지면을 깊게 파고 그 가장자리에 자연석으로 경계면을 쌓아 만드는 것이다. 발굴될 당시에는 '500년에 백제의 동성왕이 공산성 안에 못을 파 놀이터로 삼았으며'라는 『삼국사기』의 기록에 근거하여 공산성의 원형 연못도 이러한 방식으로 만들어진 것으로 추정하였다. 그러나 2004년 탄성파 굴절법으로 연못 지반의 특성을 조사하는 과정에서 공산성 원형 연못의 조성 방식이 일반적인 방식과는 차이가 있음을 알게 되었다.
탄성파 굴절법은 인공 지진파를 이용하여 지하에 매장되어 있는 석유, 가스와 같은 광물 자원을 탐사하기 위한 것이었는데, 궁궐터나 절터 등 문화재를 발굴하는 방법으로도 활용되고 있다. 탐사를 위해서는 먼저 해머 등으로 인공 지진파를 발생시켜야 한다. 인공 지진파는 지표와 지하를 이동하여 지표에 설치된 여러 수진기에 기록이 되는데, 이때 지표를 따라 수진기에 도달하는 직접파와 지하의 매질*의 특성에 따라 서로 다르게 도착하는 굴절파로 나뉜다. 직접파는 진원지에서 출발하여 일정한 시간이 지나 수진기에 도착한다. 이와 달리 굴절파는 지하의 깊이와는 상관없이, 구성하고 있는 매질의 성격에 따라 이동하는 속도가 달라지는데 강도가 강한 매질을 통과한 굴절파일수록 빨라지게 된다. 따라서 직접파가 기준이 되어 굴절파들의 도착 속도를 비교하면 지하를 구성하고 있는 지반의 특성을 알 수 있게 되는 것이다. 이런 방법으로 탐사한 결과인 표준 암반 기준에 의하면 굴절파의 속도가 200 ~ 700m/s는 다져지지 않은 풍화토층, 700 ~ 1,200m/s는 인공적인 힘에 의해 다져진 인공 다짐층, 1,200 ~ 1,900m/s의 경우는 보통암인 기반암으로 분류하고 있다.
공산성의 원형 연못 주변을 탐사한 결과, 공산성의 지반은 대략적으로 3층으로 구성되어 있음이 밝혀졌다. 첫 번째 층은 굴절파가 약 300m/s 속도를 가진 2m 두께의 풍화토층, 중간층은 약 900m/s 속도를 보인 4m 두께의 인공 다짐층이며 최하부층은 2,500m/s의 속도와 약 7 ~ 10m의 범위를 보여주는 기반암임을 알 수 있었다. 따라서 오랜 세월의 흐름으로 자연히 쌓인 풍화토를 제외한다면 공산성 연못에는 인공적으로 만든 기초 지반이 형성되어 있을 가능성이 제기된 것이다. 다시 말해 공산성 원형 연못은 지면을 파서 연못을 조성한 것으로 보기보다는 일반적인 건축물을 지을 때와 같이 기반암 위에 인공적인 다짐층을 형성하고 그 위에 연못을 조성하는 쌓아 올림의 방식으로 만들어졌을 것으로 파악된다.

* 매질 : 파동을 매개하는 물질

① 인공 지진파는 직접파와 굴절파로 나뉜다.
② 역사적 자료를 통해 유적지 조성 방식을 추측할 수 있다.
③ 탄성파 굴절법으로 액체와 기체의 광물도 탐사할 수 있다.
④ 탄성파 굴절법의 굴절파는 지하로 깊이 내려갈수록 속도가 빨라진다.
⑤ 탄성파 굴절법 탐사를 위해서는 인공 지진을 만드는 장비가 필요하다.

※ 다음 중 문단을 논리적 순서대로 나열한 것을 고르시오. [12~13]

12

(가) 킬러 T세포는 혈액이나 림프액을 타고 몸속 곳곳을 순찰하는 일을 담당하는 림프 세포의 일종이다. 킬러 T세포는 감염된 세포를 직접 공격하는데, 세포 하나하나를 점검하여 바이러스에 감염된 세포를 찾아낸다. 이 과정에서 바이러스에 감염된 세포가 킬러 T세포에게 발각이 되면 죽게 된다. 그렇다면 킬러 T세포는 어떤 방법으로 바이러스에 감염된 세포를 파괴할까?

(나) 지금도 우리 몸의 이곳저곳에서는 비정상적인 세포분열이나 바이러스 감염이 계속되고 있다. 하지만 우리 몸에 있는 킬러 T세포가 병든 세포를 찾아내 파괴하는 메커니즘이 정상적으로 작동하고 있는 한 건강한 상태를 유지할 수 있다. 이렇듯 면역 시스템은 우리 몸을 지켜주는 수호신이다. 또한 우리 몸이 유기적으로 잘 짜인 구조임을 보여주는 좋은 예라고 할 수 있다.

(다) 그다음 킬러 T세포가 활동한다. 킬러 T세포는 자기 표면에 있는 TCR(T세포 수용체)을 통해 세포의 밖으로 나온 MHC와 펩티드 조각이 결합해 이루어진 구조를 인식함으로써 바이러스 감염 여부를 판단한다. 만약 MHC와 결합된 펩티드가 바이러스 단백질의 것이라면 T세포는 활성화되면서 세포를 공격하는 단백질을 감염된 세포 속으로 보낸다. 이렇게 T세포의 공격을 받은 세포는 곧 죽게 되며 그 안의 바이러스 역시 죽음을 맞이하게 된다.

(라) 우리 몸은 자연적 치유의 기능을 가지고 있다. 자연적 치유는 우리 몸에 바이러스(항원)가 침투하더라도 외부의 도움 없이 이겨낼 수 있는 면역 시스템을 가지고 있다는 것을 의미한다. 그런데 이러한 면역 시스템에 관여하는 세포 중에서 매우 중요한 역할을 하는 세포가 있다. 그것은 바로 바이러스에 감염된 세포를 직접 찾아내 제거하는 킬러 T세포(Killer T Cells)이다.

(마) 면역 시스템에서 먼저 활동을 시작하는 것은 세포 표면에 있는 MHC(주요 조직 적합성 유전자 복합체)이다. MHC는 꽃게 집게발 모양의 단백질 분자로 세포 안에 있는 단백질 조각을 세포 표면으로 끌고 나오는 역할을 한다. 본래 세포 속에는 자기 단백질이 대부분이지만, 바이러스에 감염되면 원래 없던 바이러스 단백질이 세포 안에 만들어진다. 이렇게 만들어진 자기 단백질과 바이러스 단백질은 단백질 분해효소에 의해 펩티드 조각으로 분해되어 세포 속을 떠돌아다니다가 MHC와 결합해 세포 표면으로 배달되는 것이다.

① (가) – (나) – (마) – (라) – (다)
② (나) – (다) – (가) – (라) – (마)
③ (다) – (가) – (마) – (나) – (라)
④ (라) – (가) – (마) – (다) – (나)
⑤ (라) – (나) – (가) – (다) – (마)

13

(가) 다만 각자에게 느껴지는 감각질이 뒤집혀 있을 뿐이고 경험을 할 때 겉으로 드러난 행동과 하는 말은 똑같다. 예컨대 그 사람은 신호등이 있는 건널목에서 똑같이 초록 불일 때 건너고 빨간 불일 때는 멈추며, 초록 불을 보고 똑같이 "초록 불이네."라고 말한다. 그러나 그는 자신의 감각질이 뒤집혀 있는지 전혀 모른다. 감각질은 순전히 사적이며 다른 사람의 감각질과 같은지를 확인할 수 있는 방법이 없기 때문이다.

(나) 그래서 어떤 입력이 들어올 때 어떤 출력을 내보낸다는 기능적·인과적 역할로써 정신을 정의하는 기능론이 각광을 받게 되었다. 기능론에서는 정신이 물질에 의해 구현되므로 그 둘이 별개의 것은 아니라고 주장한다는 점에서 이원론과 다르면서도, 정신의 인과적 역할이 뇌의 신경세포에서든 로봇의 실리콘 칩에서든 어떤 물질에서도 구현될 수 있음을 보여 준다는 점에서 동일론의 문제점을 해결할 수 있기 때문이다.

(다) 심신 문제는 정신과 물질의 관계에 대해 묻는 오래된 철학적 문제이다. 정신 상태와 물질 상태는 별개의 것이라고 주장하는 이원론이 오랫동안 널리 받아들여졌으나, 신경 과학이 발달한 현대에는 그 둘은 동일하다는 동일론이 더 많은 지지를 받고 있다. 그러나 똑같은 정신 상태라고 하더라도 사람마다 그 물질 상태가 다를 수 있고, 인간과 정신 상태는 같지만 물질 상태는 다른 로봇이 등장한다면 동일론에서는 그것을 설명할 수 없다는 문제가 생긴다.

(라) 그래도 정신 상태가 물질 상태와 다른 무엇이 있다고 생각하는 이원론에서는 '나'가 어떤 주관적인 경험을 할 때 다른 사람에게 그 경험을 보여줄 수는 없지만 나는 분명히 경험하는 그 느낌에 주목한다. 잘 익은 토마토를 봤을 때의 빨간색의 느낌, 시디신 자두를 먹었을 때의 신 느낌, 꼬집힐 때의 아픈 느낌이 그런 예이다. 이런 질적이고 주관적인 감각 경험, 곧 현상적인 감각 경험을 철학자들은 '감각질'이라고 부른다. 이 감각질이 뒤집혔다고 가정하는 사고 실험을 통해 기능론에 대한 비판이 제기된다. 나에게 빨강으로 보이는 것이 어떤 사람에게는 초록으로 보이고 나에게 초록으로 보이는 것이 그에게는 빨강으로 보인다는 사고 실험이 그것이다.

① (가) – (나) – (다) – (라)
② (나) – (다) – (가) – (라)
③ (다) – (가) – (라) – (나)
④ (다) – (나) – (라) – (가)
⑤ (다) – (라) – (가) – (나)

※ 다음 글을 통해 추론할 수 있는 내용으로 가장 적절한 것을 고르시오. [14~15]

14

모필은 붓을 말한다. 이 붓은 종이, 먹과 함께 문인들이 인격화해 불렀던 문방사우(文房四友)에 속하는데, 문인들은 이것을 품성과 진리를 탐구하는 데에 없어서는 안 되는 중요한 벗으로 여기고 이것들로 글씨를 쓰거나 그림을 그렸다. 이렇게 그려진 그림을 동양에서는 문인화(文人畵)라 불렀으며 이 방면에 뛰어난 면모를 보인 이들을 문인화가라고 지칭했다. 그리고 문인들은 화공(畵工)과는 달리 그림을, 심성을 기르고 심의(心意)와 감흥을 표현하는 교양적 매체로 보고, 전문적이고 정교한 기법이나 기교에 바탕을 둔 장식적인 채색풍을 의식적으로 멀리했다. 또한 시나 서예와의 관계를 중시하여 시서화일치(詩書畵一致)의 경지를 지향하고, 대상물의 정신, 그리고 고매한 인품을 지닌 작가의 내면을 구현하는 것이 그림이라고 보았다. 이런 의미에서 모필로 대표되는 지・필・묵(紙・筆・墨, 종이・붓・먹)은 문인들이 자신의 세계를 표현하는 데 알맞은 매체가 되면서 동양의 문화 현상으로 자리 잡게 되었던 것이다.

중국 명나라 말기의 대표적 문인인 동기창(董其昌)은 정통적인 화공들의 그림보다 문인사대부들이 그린 그림을 더 높이 평가했다. 동양에서 전문적인 화공의 그림과 문인사대부들의 그림이 대립되는 양상을 형성한 것은 이에서 비롯되는데, 이처럼 두 개의 회화적 전통이 성립된 곳은 오로지 극동 문화권뿐이다. 전문 화가들의 그림보다 아마추어격인 문인사대부들의 그림을 더 높이 사는 이러한 풍조야말로 동양 특유의 문화 현상에서만 나타나는 것이다.

동양에서 지・필・묵은 단순한 그림의 매체라는 좁은 영역에 머무는 것이 아니라 동양의 문화를 대표한다는 보다 포괄적인 의미를 지닌다. 지・필・묵이 단순한 도구나 재료의 의미를 벗어나 그것을 통해 파생되는 모든 문화적 현상 자체를 대표하는 것이다. 나아가 수학(修學)의 도구로 사용되었던 지・필・묵이 점차 자신의 생각과 예술을 담아내는 매체로 발전하면서 이미 그것은 단순한 도구가 아니라 하나의 사유 매체로서 기능을 하게 되었다. 말하자면 종이와 붓과 먹을 통해 사유하게 되었다는 것이다.

① 동기창(董其昌)은 정교한 기법이나 기교에 바탕을 둔 그림을 높이 평가했을 것이다.
② 동양 문화와 같이 서양 문화에도 두 개의 회화적 전통이 성립되어 있었을 것이다.
③ 정통적인 화공(畵工)들은 주로 문인화(文人畵)를 그렸을 것이다.
④ 서양 문화에서는 문인사대부들보다 전문 화가들의 그림을 더 높게 평가할 것이다.
⑤ 지・필・묵은 동서양의 문화적 차이를 극복하고 사유 매체로서의 기능을 담당하였을 것이다.

PART 2

15

조선이 임진왜란 중에도 필사적으로 보존하고자 한 서적이 바로 조선왕조실록이다. 실록은 원래 서울의 춘추관과 성주 · 충주 · 전주 4곳의 사고(史庫)에 보관되었으나, 임진왜란 이후 전주 사고의 실록만 온전한 상태였다. 전란이 끝난 후 단 1벌 남은 실록을 다시 여러 벌 등서하자는 주장이 제기되었다. 우여곡절 끝에 실록 인쇄가 끝난 시기는 1606년이었다. 재인쇄 작업의 결과 원본을 포함해 모두 5벌의 실록을 갖추게 되었다. 원본은 강화도 마니산에 봉안하고 나머지 4벌은 서울의 춘추관과 평안도 묘향산, 강원도의 태백산과 오대산에 봉안했다.
이 5벌 중에서 서울 춘추관의 것은 1624년 이괄의 난 때 불에 타 없어졌고, 묘향산의 것은 1633년 후금과의 관계가 악화되자 전라도 무주의 적상산에 사고를 새로 지어 옮겼다. 강화도 마니산의 것은 1636년 병자호란 때 청군에 의해 일부 훼손되었던 것을 현종 때 보수하여 숙종 때 강화도 정족산에 다시 봉안했다. 결국 내란과 외적 침입으로 인해 5곳 가운데 1곳의 실록은 소실되었고, 1곳의 실록은 장소를 옮겼으며, 1곳의 실록은 손상을 입었던 것이다.
정족산, 태백산, 적상산, 오대산 4곳의 실록은 그 후 안전하게 지켜졌다. 그러나 일본이 다시 여기에 손을 대었다. 1910년 조선 강점 이후 일제는 정족산과 태백산에 있던 실록을 조선총독부로 이관하고, 적상산의 실록은 구황궁 장서각으로 옮겼으며, 오대산의 실록은 일본 동경제국대학으로 반출했다. 일본으로 반출한 것은 1923년 관동 대지진 때 거의 소실되었다. 정족산과 태백산의 실록은 1930년에 경성제국대학으로 옮겨져 지금까지 서울대학교에 보존되어 있다. 한편 장서각의 실록은 6 · 25 전쟁 때 북한으로 옮겨져 현재 김일성종합대학에 소장되어 있다.

① 재인쇄하였던 실록은 모두 5벌이다.
② 태백산에 보관하였던 실록은 현재 일본에 있다.
③ 현재 한반도에 남아 있는 실록은 모두 4벌이다.
④ 적상산에 보관하였던 실록은 일부가 훼손되었다.
⑤ 현존하는 실록 중에서 가장 오래된 것은 서울대학교에 있다.

16 다음 글을 바탕으로 추론할 수 있는 내용으로 적절하지 않은 것은?

20세기로 들어서기 전에 이미 영화는 두 가지 주요한 방향으로 발전하기 시작했는데, 그것은 곧 사실주의와 형식주의이다. 1890년대 중반 프랑스의 뤼미에르 형제는 「열차의 도착」이라는 영화를 통해 관객들을 매혹시켰는데, 그 이유는 영화에 그들의 실생활을 거의 비슷하게 옮겨 놓은 것처럼 보였기 때문이다. 거의 같은 시기에 조르주 멜리에스는 순수한 싱싱의 사건인 기발한 이야기와 트릭 촬영을 혼합시켜 「달세계 여행」이라는 판타지 영화를 만들었다. 이들은 각각 사실주의와 형식주의 영화의 전통적 창시자라 할 수 있다.

① 「열차의 도착」은 사실주의를 나타낸 영화이다.
② 조르주 멜리에스는 형식주의 영화를 만들고자 했다.
③ 「달세계 여행」이라는 영화는 형식주의를 나타낸 영화이다.
④ 사실주의 영화에서 기발한 이야기와 트릭 촬영은 중요한 요소이다.
⑤ 19세기 영화는 사실주의와 형식주의의 방향으로 발전했다.

※ 다음 글의 빈칸에 들어갈 내용으로 가장 적절한 것을 고르시오. [17~18]

Easy

17

MZ세대 직장인을 중심으로 '조용한 사직'이 유행하고 있다. '조용한 사직'이라는 신조어는 2022년 7월 한 미국인이 SNS에 소개하면서 큰 호응을 얻은 것으로 실제로 퇴사하진 않지만 최소한의 일만 하는 업무 태도를 말한다. 실제로 MZ세대 직장인은 적당히 하자라는 생각으로 주어진 업무는 하되 더 찾아서 하거나 스트레스 받을 수준으로 많은 일을 맡지 않고, 사내 행사도 꼭 필요할 때만 참여해 일과 삶을 철저히 분리하고 있다.

한 채용플랫폼의 설문조사 결과에 따르면 직장인 10명 중 7명이 '월급받는 만큼만 일하면 끝'이라고 답했고, 20대 응답자 중 78.5%, 30대 응답자 중 77.1%가 '받은 만큼만 일한다.'라고 답했다. 설문조사 결과 연령대가 높아질수록 그 비율은 감소해 젊은 층을 중심으로 이 같은 인식이 확산하고 있음을 짐작할 수 있다.

이러한 인식이 확산하는 데는 인플레이션으로 인한 임금 감소, '돈을 많이 모아도 집 한 채를 살 수 있을까?' 등 전반적인 경제적 불만이 기저에 있다고 전문가들은 말했다. 또 MZ세대가 '노력에 상응하는 보상을 받고 있는지'에 민감하게 반응하는 특성을 가지고 있는 것도 한몫하고 있다.

주안점은 이러한 '조용한 사직' 분위기가 기업의 전반적인 생산성 저하로 이어지고 있다는 것이다. 이에 맞서 기업도 '조용한 사직'으로 대응해 게으른 직원에게 업무를 주지 않는 '조용한 해고'를 하는 상황이 발생하고 있다. 이에 전문가들은 MZ세대 직장인을 나태하다고 구분 짓는 사고방식은 잘못되었다고 지적하며, 기업 차원에서는 "________________"이, 개인 차원에서는 "스스로 일과 삶을 잘 조율하는 현명함을 만드는 것"이 필요하다고 언급했다.

① 직원이 일한 만큼 급여를 올려주는 것
② 직원이 스트레스를 받지 않게 적당량의 업무를 배당하는 것
③ 젊은 세대의 채용을 신중히 하는 것
④ 젊은 세대의 특성을 이해하고 온전히 받아들이는 것
⑤ 젊은 세대가 함께할 수 있도록 분위기를 만드는 것

PART 2

Hard

18

최근 미국 국립보건원은 벤젠 노출과 혈액암 사이에 연관이 있다고 보고했다. 직업안전보건국은 작업장에서 공기 중 벤젠 노출 농도가 1ppm을 넘지 말아야 한다는 한시적 긴급 기준을 발표했다. 당시 법규에 따른 기준은 10ppm이었는데, 직업안전보건국은 이 엄격한 새 기준이 영구적으로 정착되길 바랐다. 그런데 벤젠 노출 농도가 10ppm 이상인 작업장에서 인명피해가 보고된 적은 있지만, 그보다 낮은 노출 농도에서 인명피해가 있었다는 검증된 데이터는 없었다. 그럼에도 불구하고 직업안전보건국은 벤젠이 발암물질이라는 이유를 들어, 당시 통용되는 기기로 쉽게 측정할 수 있는 최소치인 1ppm을 기준으로 삼아야 한다고 주장했다.
직업안전보건국은 직업안전보건법의 구체적 실행에 관여하는 핵심 기관인데, 이 법은 "직장생활을 하는 동안 위험물질에 업무상 주기적으로 노출되더라도 그로 인해 어떤 피고용인도 육체적 손상이나 작업 능력의 손상을 입어서는 안 된다."라고 규정하고 있다.
이후 대법원은 직업안전보건국이 제시한 1ppm의 기준이 지나치게 엄격하다고 판결하였다. 대법원은 "직업안전보건법이 비용 등 다른 조건은 무시한 채 전혀 위험이 없는 작업장을 만들기 위한 표준을 채택하도록 직업안전보건국에게 무제한의 재량권을 준 것은 아니다."라고 밝혔다. ____ 직업안전보건국은 과학적 불확실성에도 불구하고 사람의 생명이 위험에 처할 수 있는 경우에는 더욱 엄격한 기준을 시행하는 것이 옳다면서, 자신들에게 책임을 전가하는 것에 반대했다. 직업안전보건국은 노동자를 생명의 위협이 될 수 있는 화학 물질에 노출시키는 사람들이 그 안전성을 입증해야 한다고 보았다.

① 여러 가지 과학적 불확실성으로 인해, 직업안전보건국의 기준이 합당하다는 것을 대법원이 입증할 수 없으므로 이를 수용할 수 없다는 것이다.
② 대법원은 벤젠의 노출 수준이 1ppm을 초과할 경우 노동자의 건강에 실질적으로 위험하다는 것을 직업안전보건국이 입증해야 한다고 주장했다.
③ 대법원은 재량권의 범위가 클수록 그만큼 더 신중하게 사용해야 한다는 점을 환기시키면서, 10ppm 수준의 벤젠 농도가 노동자의 건강에 정확히 어떤 손상을 가져오는지를 직업안전보건국이 입증해야 한다고 주장했다.
④ 직업안전보건국은 발암물질이 함유된 공기가 있는 작업장들 가운데서 전혀 위험이 없는 환경과 미미한 위험이 있는 환경을 구별해야 한다고 주장했는데, 대법원은 이것이 무익하고 무책임한 일이라고 지적했다.
⑤ 국립보건원의 최근 보고를 바탕으로, 직업안전보건국은 벤젠이 인체에 미치는 위해 범위가 엄밀한 의미에서 과학적으로 불확실하다는 점을 강조하면서, 자신들이 비용에 대한 고려를 간과하고 있다는 대법원의 언급은 근거 없는 비방이라고 맞섰다.

Hard

19 **다음 글의 주장이 비판하려는 논거로 가장 적절한 것은?**

> '모래언덕'이나 '바람' 같은 개념은 매우 모호해 보인다. 작은 모래 무더기가 모래언덕이라고 불리려면 얼마나 높이 쌓여야 하는가? 바람이 되려면 공기는 얼마나 빨리 움직여야 하는가?
> 그러나 지질학자들이 관심이 있는 대부분의 문제 상황에서 이런 개념들은 아무 문제없이 작동한다. 더 높은 수준의 세분화가 요구될 만한 맥락에서는 그때마다 '30m에서 40m 사이의 높이를 가진 모래언덕'이나 '20km/h의 속력과 40km/h의 속력 사이의 바람'처럼 수식어구가 달린 표현이 과학적 용어의 객관적인 사용을 뒷받침한다.
> 물리학 같은 정밀과학에서도 사정은 비슷하다. 물리학의 한 연구 분야인 저온물리학은 저온현상, 즉 초전도 현상을 비롯하여 절대온도 0K인 −273.16°C 부근의 저온에서 나타나는 흥미로운 현상들을 연구한다. 그렇다면 정확히 몇 도부터 저온인가? 물리학자들은 이 문제를 놓고 다투지 않는다. 때로는 이 말이 헬륨의 끓는점(−268.6°C) 같은 극저온 근방을 가리키는가 하면, 질소의 끓는점(−195.8°C)이 기준이 되기도 한다.
> 과학자들은 모호한 것을 싫어한다. 모호성은 과학의 정밀성을 훼손할 뿐만 아니라 궁극적으로 과학의 객관성을 약화하기 때문이다. 그러나 모호성에 대응하는 길은 모든 측정의 오차를 0으로 만드는 데 있는 것이 아니라 대화를 통해 그 상황에 적절한 합의를 하는 데 있다.

① 과학의 정확성은 측정기술의 정확성에 달려 있다.
② 물리학 같은 정밀과학에서도 오차는 발생하기 마련이다.
③ 과학의 발달은 과학적 용어체계의 변화를 유발할 수 있다.
④ 과학적 언어의 객관성은 그 언어가 사용되는 맥락 속에서 확보된다.
⑤ 과학적 언어의 객관성은 용어의 엄밀하고 보편적인 정의에 의해서만 보장된다.

20 다음 글의 주장에 대한 비판으로 가장 적절한 것은?

> 저작권은 저자의 권익을 보호함으로써 활발한 저작 활동을 촉진하여 인류의 문화 발전에 기여하기 위한 것이다. 그러나 이렇게 공적 이익을 추구하기 위한 저작권이 현실에서는 일반적으로 지나치게 사적 재산권을 행사하는 도구로 인식되고 있다. 저작물 이용자들의 권리를 보호하기 위해 마련한 공익적 성격의 법조항도 법적 분쟁에서는 항상 사적 재산권의 논리에 밀려 왔다.
>
> 저작권 소유자 중심의 저작권 논리는 실제로 저작권이 담당해야 할 사회적 공유를 통한 문화 발전을 방해한다. 몇 해 전의 '애국가 저작권'에 대한 논란은 이러한 문제를 단적으로 보여준다. 저자 사후 50년 동안 적용되는 국내 저작권법에 따라, 애국가가 포함된 「한국 환상곡」의 저작권이 작곡가 안익태의 유족들에게 2015년까지 주어졌다는 사실이 언론을 통해 알려진 것이다. 누구나 자유롭게 이용할 수 있는 국가마저 공공재가 아닌 개인 소유라는 사실에 많은 사람들이 놀랐다.
>
> 창작은 백지 상태에서 완전히 새로운 것을 만드는 것이 아니라 저작자와 인류가 쌓은 지식 간의 상호 작용을 통해 이루어진다. "내가 남들보다 조금 더 멀리 보고 있다면, 이는 내가 거인의 어깨 위에 올라서 있는 난쟁이이기 때문"이라는 뉴턴의 겸손은 바로 이를 말한다. 이렇듯 창작자의 저작물은 인류의 지적 자원에서 영감을 얻은 결과이다. 그러한 저작물을 다시 인류에게 되돌려 주는 데 저작권의 의의가 있다. 이러한 생각은 이미 1960년대 프랑스 철학자들에 의해 형성되었다. 예컨대 기호학자인 바르트는 '저자의 죽음'을 거론하면서 저자가 만들어 내는 텍스트는 단지 인용의 조합일 뿐 어디에도 '오리지널'은 존재하지 않는다고 단언한다.
>
> 전자 복제 기술의 발전과 디지털 혁명은 정보나 자료의 공유가 지니는 의의를 잘 보여주고 있다. 인터넷과 같은 매체 환경의 변화는 원본을 무한히 복제하고 자유롭게 이용함으로써 누구나 창작의 주체로 새로운 문화 창조에 기여할 수 있도록 돕는다. 인터넷 환경에서 이용자는 저작물을 자유롭게 교환할 뿐 아니라 수많은 사람들과 생각을 나눔으로써 새로운 창작물을 생산하고 있다. 이러한 상황은 저작권을 사적 재산권의 측면에서보다는 공익적 측면에서 바라볼 필요가 있음을 보여준다.

① 저작권의 사회적 공유에 대해 일관성 없는 주장을 하고 있다.
② 저작물이 개인의 지적·정신적 창조물임을 과소평가하고 있다.
③ 저작권의 사적 보호가 초래한 사회적 문제의 사례가 적절하지 않다.
④ 인터넷이 저작권의 사회적 공유에 미치는 영향을 드러내지 못하고 있다.
⑤ 객관적인 사실을 제시하지 않고 추측에 근거하여 논리를 전개하고 있다.

02 수리

01 신입사원 A는 집에서 거리가 10km 떨어진 회사에서 근무하고 있다. 출근할 때는 자전거를 타고 1시간이 걸린다. 퇴근할 때는 회사에서 4km 떨어진 헬스장에 들렀다가 운동 후 7km 거리를 이동하여 집에 도착한다. 퇴근할 때 회사에서 헬스장까지 30분, 헬스장에서 집까지 1시간 30분이 걸린다면 신입사원 A가 출·퇴근하는 평균속력은 몇 km/h인가?

① 5km/h
② 6km/h
③ 7km/h
④ 8km/h
⑤ 9km/h

02 어떤 컴퓨터로 600KB의 자료를 다운받는 데 1초가 걸린다. A씨가 이 컴퓨터를 이용하여 B사이트에 접속해 자료를 다운받는 데까지 1분 15초가 걸렸다. 자료를 다운받을 때 걸리는 시간이 사이트에 접속할 때 걸리는 시간의 4배일 때, A씨가 다운받은 자료의 용량은?

① 18,000KB
② 24,000KB
③ 28,000KB
④ 34,000KB
⑤ 36,000KB

Hard

03 판매량이 모두 다른 A, B, C휴대전화 판매량의 총합은 300만 개이다. A, B휴대전화의 판매량의 차와 B, C휴대전화의 판매량의 차가 같고, C휴대전화의 판매량이 70만 개일 때, A휴대전화의 판매량은?

① 70만 개
② 100만 개
③ 130만 개
④ 160만 개
⑤ 190만 개

04 A가 소풍을 왔는데 경비의 30%는 교통비, 교통비의 50%는 식비로 사용하여 남은 돈이 33,000원이다. 처음의 경비는?(단, 경비는 교통비와 식비의 합이다)

① 60,000원
② 70,000원
③ 80,000원
④ 90,000원
⑤ 100,000원

05 S기업에서는 사회 나눔 사업의 일환으로 마케팅부에서 5팀, 총무부에서 2팀을 구성해 어느 요양 시설에서 7팀 모두가 하루에 1팀씩 7일 동안 봉사활동을 하려고 한다. 7팀의 봉사활동 순번을 임의로 정할 때, 첫 번째 날 또는 일곱 번째 날에 총무부 소속 팀이 봉사활동을 하게 될 확률은 $\frac{b}{a}$이다. $a-b$의 값은?(단, a와 b는 서로소이다)

① 4
② 6
③ 8
④ 10
⑤ 12

Hard

06 화물 운송 트럭 A, B, C는 하루 2회 운행하며 192톤을 옮겨야 한다. A트럭만 운행하였을 때 12일이 걸렸고, A트럭과 B트럭을 동시에 운행하였을 때 8일이 걸렸으며, B트럭과 C트럭을 동시에 운행하였을 때 16일이 걸렸다. 이때, C트럭의 적재량은?

① 1톤
② 2톤
③ 3톤
④ 4톤
⑤ 5톤

Easy

07 농도 40%의 소금물 100g에 물 60g을 넣었을 때, 이 소금물의 농도는 몇 %가 되는가?

① 20%
② 21%
③ 22%
④ 24%
⑤ 25%

08 올해 S사의 신입사원 수는 작년에 비해 남자 신입사원이 8%, 여자 신입사원이 12% 증가하였고, 증가한 총 인원은 32명이다. 작년 신입사원이 325명일 때, 올해 남자 신입사원은 몇 명인가?

① 150명
② 175명
③ 189명
④ 196명
⑤ 204명

09 10명으로 구성된 팀이 2대의 차에 나눠 타고 야유회를 가려고 한다. 차량은 각각 5인승과 7인승이고, 운전을 할 수 있는 사람은 2명이다. 10명의 팀원이 차에 나눠 타는 경우의 수는 모두 몇 가지인가?(단, 차량 내 좌석은 구분하지 않는다)

① 77가지
② 96가지
③ 128가지
④ 154가지
⑤ 308가지

PART 2

10 자전거를 타고 집에서부터 출발하여 도서관에 갔다가 우체국에 가려고 한다. 도서관은 집을 기준으로 서쪽에 있고, 우체국은 집을 기준으로 동쪽에 있다. 집에서 도서관까지는 5km/h의 속력으로 이동하고, 도서관에서 집을 거쳐 우체국까지는 3km/h의 속력으로 이동한다. 집에서 우체국까지의 거리가 10km이고, 도서관에 갔다가 우체국에 갈 때까지 걸리는 시간이 4시간 이내라면 도서관은 집에서 최대 몇 km 떨어진 곳에 있는가?

① 1km
② $\frac{5}{4}$km
③ $\frac{3}{2}$km
④ $\frac{7}{4}$km
⑤ 2km

11 K사원은 평상시에 지하철을 이용하여 출퇴근을 하지만, 프로젝트를 맡는 기간에는 자동차를 탄다. 이번 달에는 프로젝트 없이 업무가 진행됐지만, 다음 달에는 5일간 프로젝트 업무를 진행할 예정이다. 지하철을 이용하여 출퇴근하면 1일 3,000원이 들고, 자동차를 이용할 경우 기름값이 1일 5,000원, 톨게이트 이용료가 1회 2,000원이 든다. K사원이 이번 달에 사용한 교통비와 다음 달에 사용할 교통비의 차액은?(단, 한 달에 20일을 출근하며, 톨게이트는 출퇴근 시 각각 1번씩 지난다)

① 20,000원
② 30,000원
③ 50,000원
④ 60,000원
⑤ 90,000원

12 A, B 2명이 호텔에 묵으려고 한다. 301, 302, 303호 3개의 방이 있을 때, 호텔 방을 선택할 수 있는 경우의 수는?(단, 1명이 하나만 선택할 수 있고, 둘 중 1명이 선택을 하지 않거나 2명 모두 선택하지 않을 수도 있다)

① 10가지
② 11가지
③ 12가지
④ 13가지
⑤ 14가지

Easy

13 서로 다른 네 종류의 메모지 중 2개와 세 종류의 펜 중 1개를 사용하여 메모하는 모든 경우의 수는?

① 12가지
② 15가지
③ 16가지
④ 18가지
⑤ 24가지

14 2 ~ 8의 자연수가 적힌 숫자 카드 7장이 있다. 7장의 카드 중 2장을 고를 때 고른 수의 합이 짝수가 될 확률은?(단, 한 번 뽑은 카드는 다시 넣지 않는다)

① $\frac{1}{2}$
② $\frac{3}{7}$
③ $\frac{5}{14}$
④ $\frac{2}{7}$
⑤ $\frac{3}{14}$

15 야구 경기에서 타율이 0.25인 타자가 5번 타석에 서서 안타를 2번 칠 확률은?

① $\frac{27}{4^5}$

② $\frac{54}{4^5}$

③ $\frac{270}{4^5}$

④ $\frac{360}{4^5}$

⑤ $\frac{540}{4^5}$

PART 2

16 다음은 S카드사의 제휴카드별 출시위원회 심사 결과 자료이다. 이에 대한 설명으로 옳은 것은?

〈제휴카드 출시위원회 심사 결과〉

기준 / 제휴카드	제공혜택	동종 혜택을 제공하는 타사 카드 개수	연간 예상필요자본 규모	신규가입 시 혜택 제공가능 기간
A카드	교통 할인	8개	40억 원	12개월
B카드	S통신사 통신요금 할인	3개	25억 원	24개월
C카드	제휴 레스토랑 할인	없음	18억 원	18개월
D카드	제휴보험사 보험료 할인	2개	11억 원	24개월

① 교통 할인을 제공하는 카드를 출시하는 경우 시장에서의 경쟁이 가장 치열할 것으로 예상된다.
② B카드를 출시하는 경우가 D카드를 출시하는 경우에 비해 자본 동원이 수월할 것이다.
③ 제휴 레스토랑 할인을 제공하는 카드를 출시하는 경우 신규가입 혜택 제공을 가장 길게 받는다.
④ 신규가입 시 혜택 제공가능 기간이 길수록 동종 혜택분야에서의 현재 카드사 간 경쟁이 치열하다.
⑤ 연간 예상필요자본 규모가 작을수록, 신규가입 시 혜택 제공가능 기간이 길수록 출시 가능성이 크다면, B카드의 출시가능성이 가장 높을 것이다.

17 다음은 전국 풍수해 규모에 대한 자료이다. 이에 대한 설명으로 옳은 것은?

〈전국 풍수해 규모〉

(단위 : 억 원)

구분	2014년	2015년	2016년	2017년	2018년	2019년	2020년	2021년	2022년	2023년
태풍	118	1,609	8	–	1,725	2,183	8,037	17	53	134
호우	9,063	435	581	2,549	1,808	5,282	384	1,555	1,400	14
대설	60	74	36	128	663	477	204	119	324	130
강풍	140	69	11	70	2	5	267	9	1	39
풍랑	57	331	–	241	70	3	–	–	–	3
전체	9,438	2,518	636	2,988	4,268	7,950	8,892	1,700	1,778	320

① 2015 ~ 2023년 동안 연도별로 발생한 전체 풍수해 규모의 전년 대비 증감 추이는 태풍으로 인한 풍수해 규모의 증감 추이와 같다.

② 풍랑으로 인한 풍수해 규모는 매년 가장 작았다.

③ 2023년 호우로 인한 풍수해 규모의 전년 대비 감소율은 97% 미만이다.

④ 전체 풍수해 규모에서 대설로 인한 풍수해 규모가 차지하는 비중은 2021년이 2019년보다 크다.

⑤ 2014 ~ 2023년 동안 연도별로 발생한 전체 풍수해 규모에서 태풍으로 인한 풍수해 규모가 가장 큰 해는 2020년뿐이다.

18 다음은 단계별 농 · 축 · 수산물 안전성 조사결과에 대한 표이다. 이에 대한 설명으로 옳지 않은 것은?

〈단계별 농 · 축 · 수산물 안전성 조사결과〉

(단위 : 건)

구분	농산물		축산물		수산물	
	조사건수	부적합건수	조사건수	부적합건수	조사건수	부적합건수
생산단계	91,211	1,209	418,647	1,803	12,922	235
유통단계	55,094	516	22,927	106	8,988	49
합계	146,305	1,725	441,574	1,909	21,910	284

※ [부적합건수 비율(%)]$=\frac{\text{(부적합건수)}}{\text{(조사건수)}}\times 100$

① 생산단계에서의 수산물 부적합건수 비율은 농산물 부적합건수 비율보다 높다.

② 농 · 축 · 수산물의 부적합건수의 평균은 1천 3백 건 이상이다.

③ 농 · 축 · 수산물 중에서 부적합건수 비율이 가장 높은 것은 농산물이다.

④ 유통단계의 부적합건수 중 농산물 건수는 수산물 건수의 10배 이상이다.

⑤ 부적합건수가 가장 많은 건수의 비율과 부적합건수가 가장 적은 건수의 비율의 차이는 0.12%p이다.

PART 2

19 다음은 2024년 성별 · 장애등급별 등록 장애인 현황을 나타낸 자료이다. 이에 대한 설명으로 옳은 것은?

〈2024년 성별 등록 장애인 수〉

(단위 : 명, %)

구분 \ 성별	여성	남성	전체
등록 장애인 수	1,048,979	1,468,333	2,517,312
전년 대비 증가율	0.50	5.50	(　　)

〈2024년 성별 · 장애등급별 등록 장애인 수〉

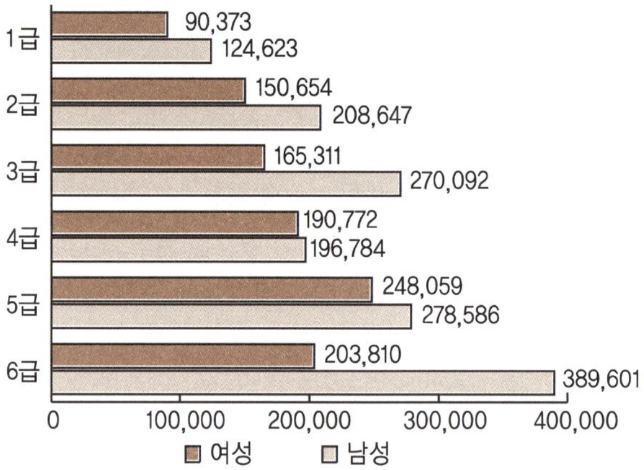

※ 장애등급은 1 ~ 6급으로만 구분되며, 미등록 장애인은 없음

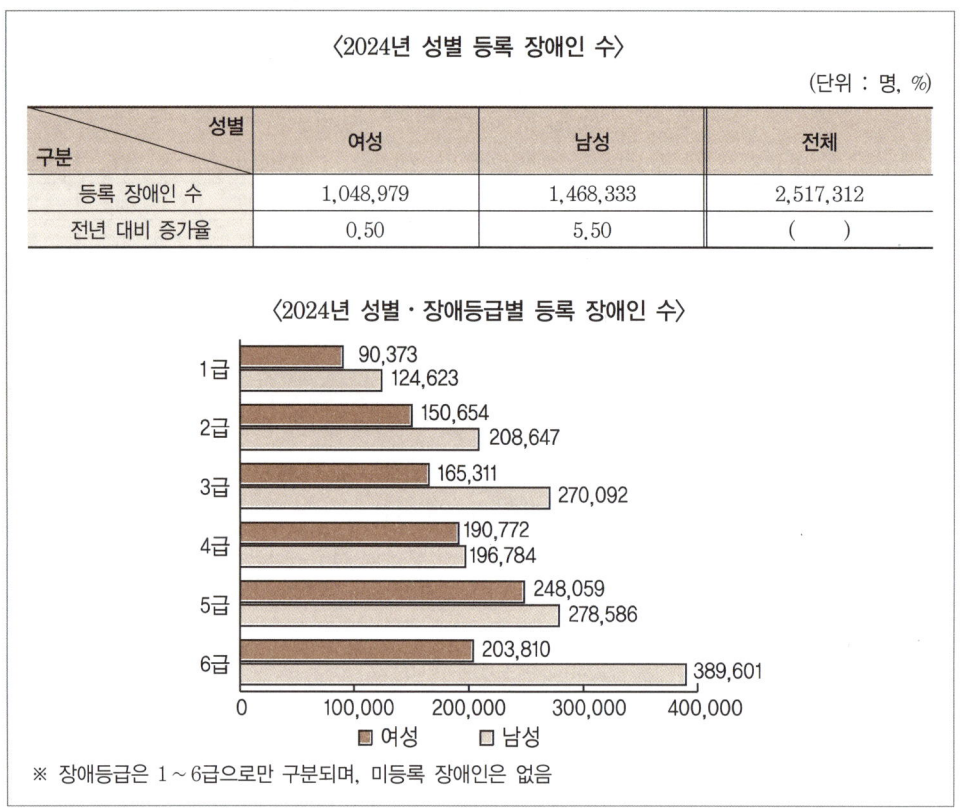

① 2024년 전체 등록 장애인 수의 전년 대비 증가율은 4% 이상이다.

② 전년 대비 2024년 등록 장애인 수가 가장 많이 증가한 장애등급은 6급이다.

③ 장애등급 5급과 6급의 등록 장애인 수의 합은 전체 등록 장애인 수의 50% 이상이다.

④ 등록 장애인 수가 가장 많은 장애등급의 남성 장애인 수는 등록 장애인 수가 가장 적은 장애등급의 남성 장애인 수의 3배 이상이다.

⑤ 성별 등록 장애인 수 차이가 가장 작은 장애등급과 가장 큰 장애등급의 여성 장애인 수의 합은 여성 전체 등록 장애인 수의 40% 이상이다.

20 다음은 S기업의 지역별 매장 수 증감에 대한 표이다. 2021년에 매장이 두 번째로 많은 지역의 매장 개수는 몇 개인가?

〈지역별 매장 수 증감〉

(단위 : 개)

지역	2021년 대비 2022년 증감 수	2022년 대비 2023년 증감 수	2023년 대비 2024년 증감 수	2024년 매장 수
서울	2	2	−2	17
경기	2	1	−2	14
인천	−1	2	−5	10
부산	−2	−4	3	10

① 10개
② 12개
③ 14개
④ 16개
⑤ 18개

PART 2

03 도형추리

※ 다음 도형의 규칙을 보고 물음표에 들어갈 알맞은 것을 고르시오. [1~20]

Easy

01

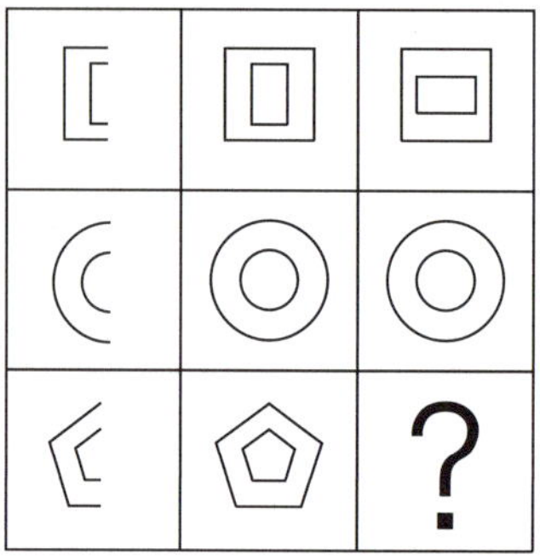

①

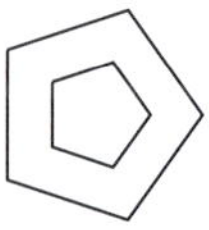

②

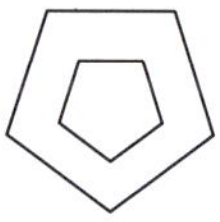

③

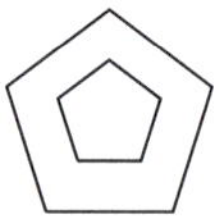

④

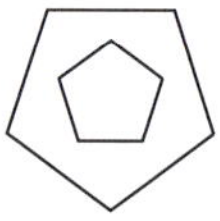

⑤

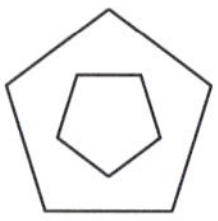

02

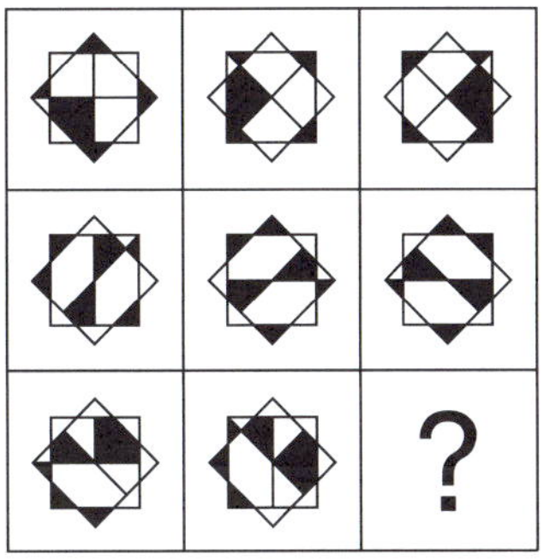

① 

② 

③ 

④ 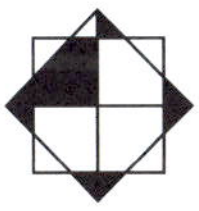

⑤ 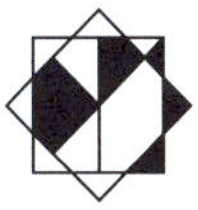

Easy

03

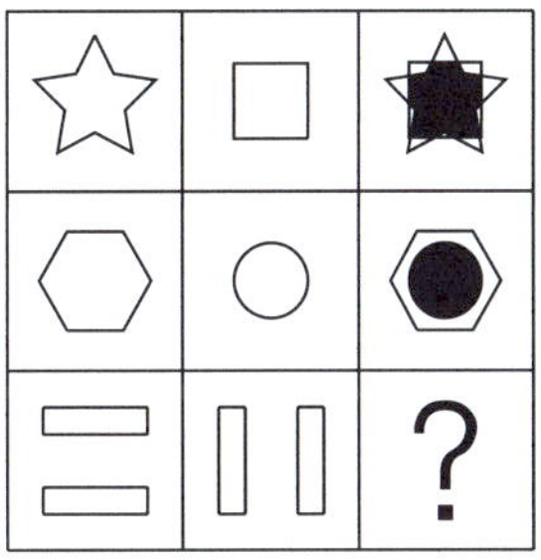

① 

② 

③ 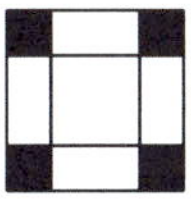

④ 

⑤ 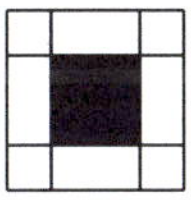

04

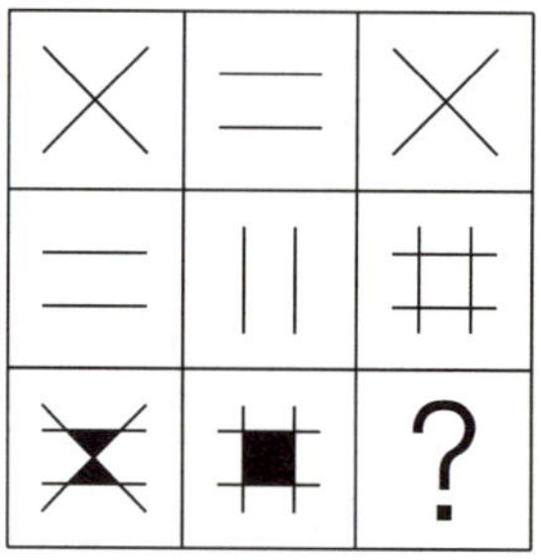

① 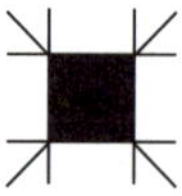

② 

③ 

④ 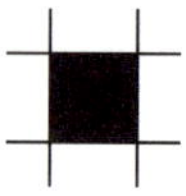

⑤ 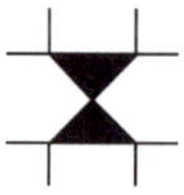

05

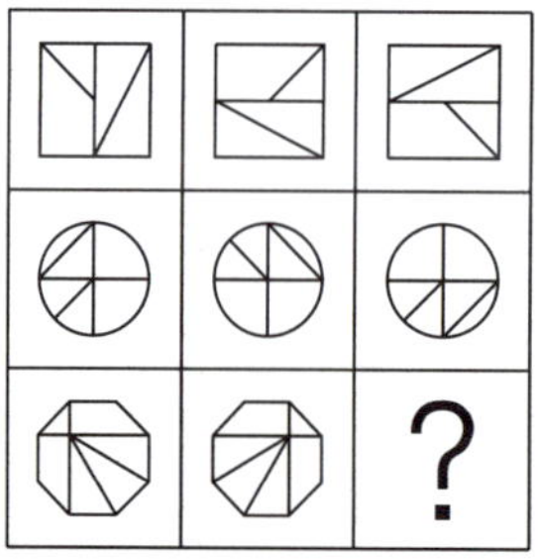

① 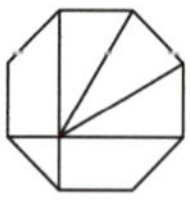

② 

③ 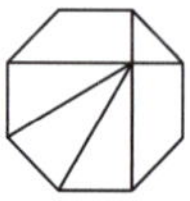

④ 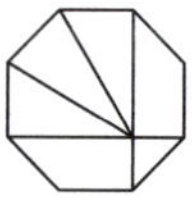

⑤ 

06

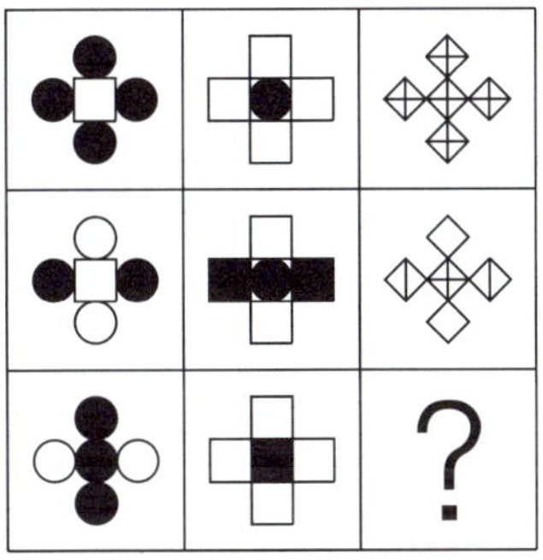

① 

② 

③ 

④ 

⑤ 

PART 2

Hard

07

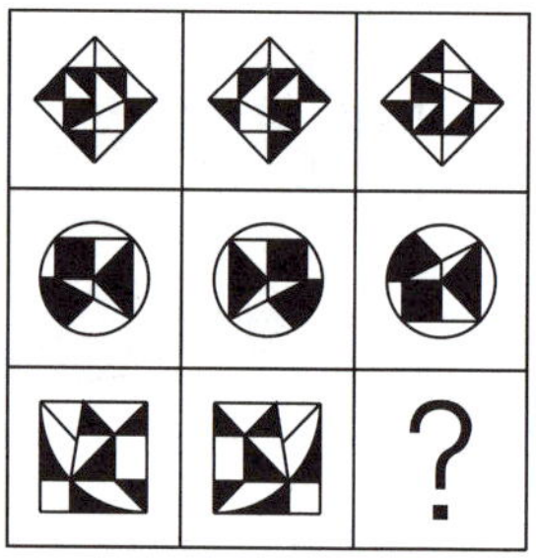

①

②

③

④

⑤

08

①

②

③

④

⑤

09

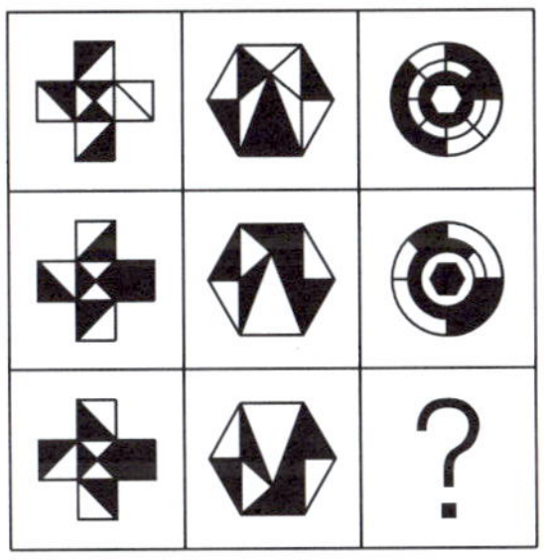

① 

② 

③ 

④ 

⑤ 

10

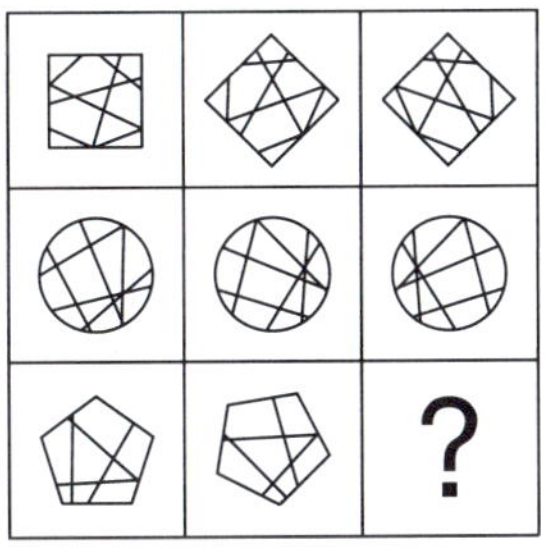

① 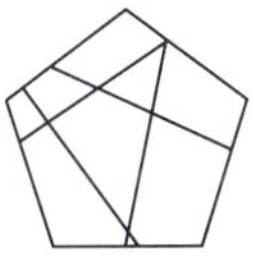

② 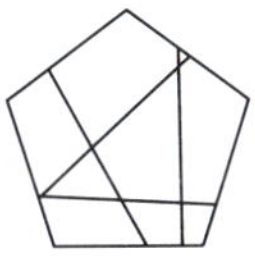

③ 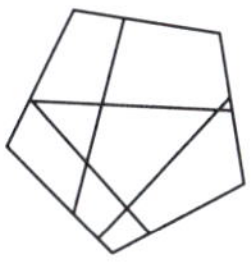

④ 

⑤ 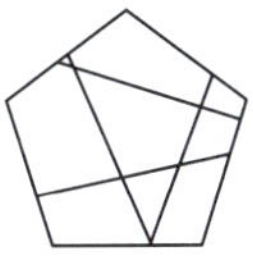

11

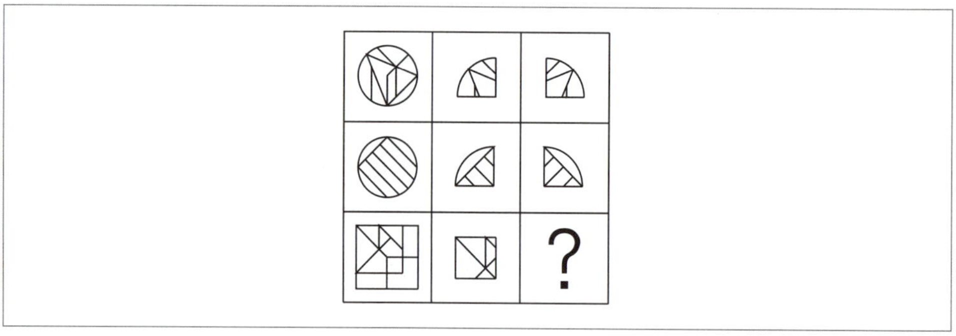

① 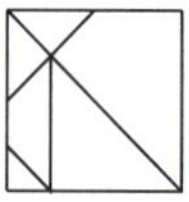

② 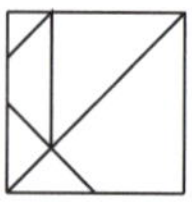

③ 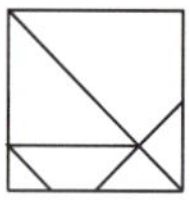

④ 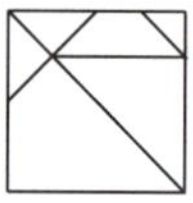

⑤ 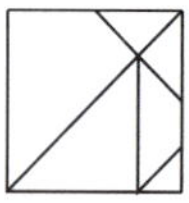

12

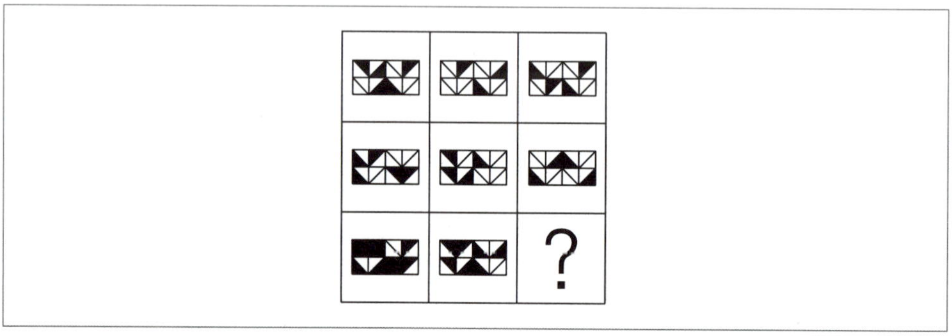

① 

② 

③ 

④ 

⑤ 

13

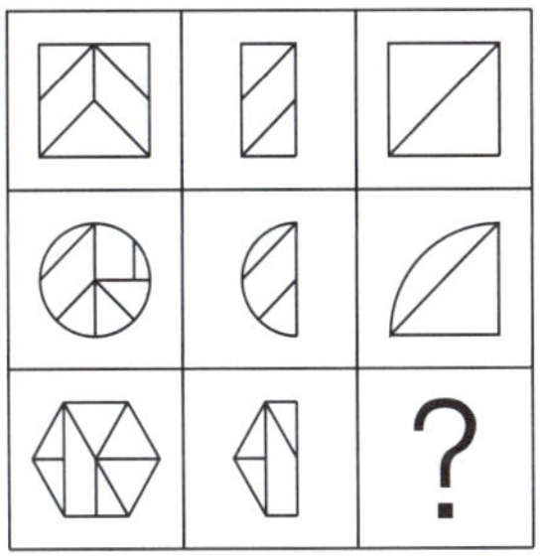

① 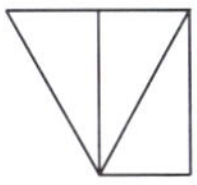

② 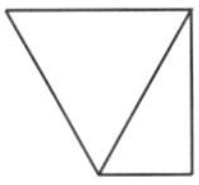

③ 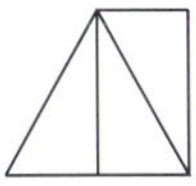

④ 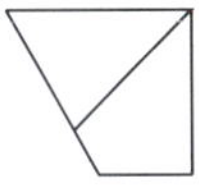

⑤ 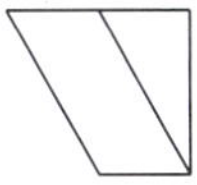

14

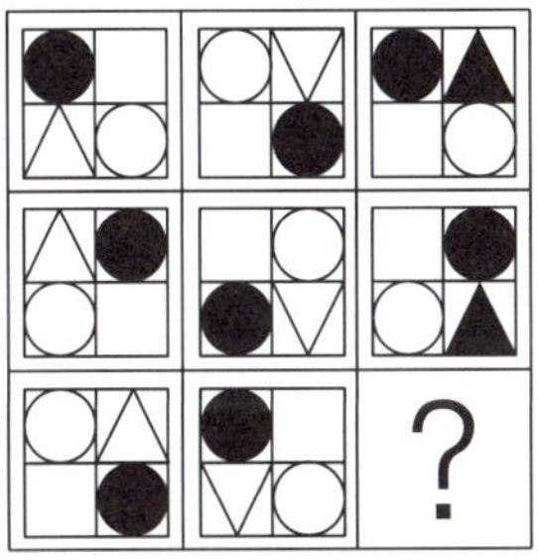

① 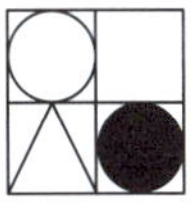

② 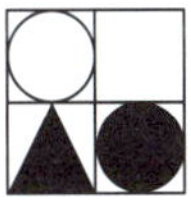

③ 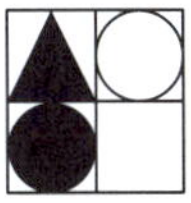

④ 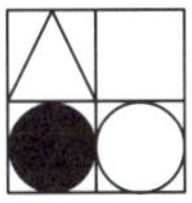

⑤ 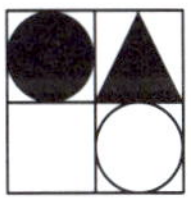

Hard

15

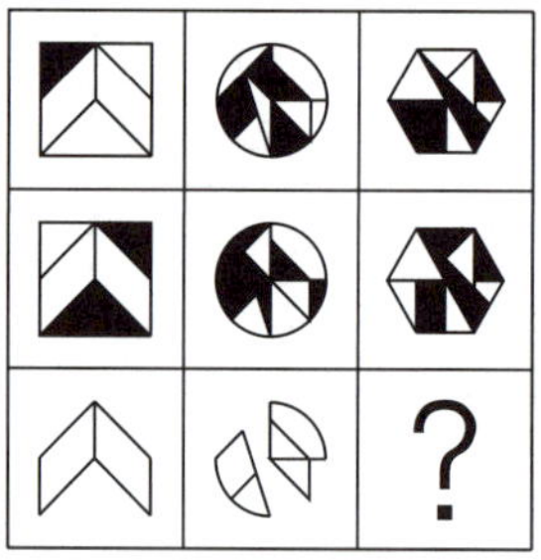

① 

② 

③ 

④ 

⑤ 

Easy

16

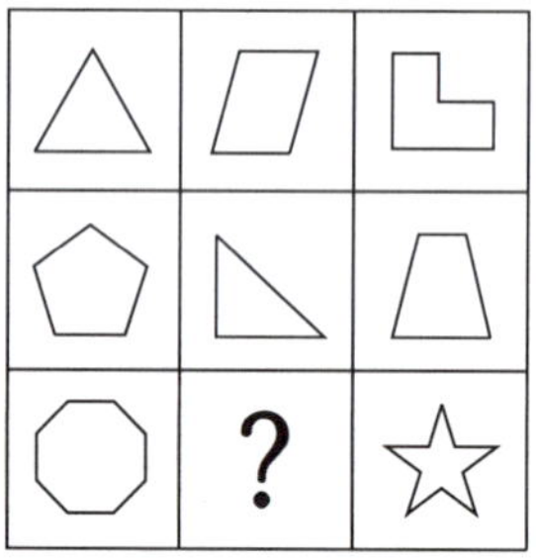

① 

② 

③ 

④ 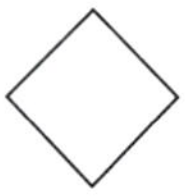

⑤ 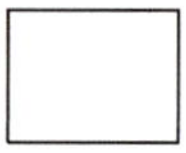

17

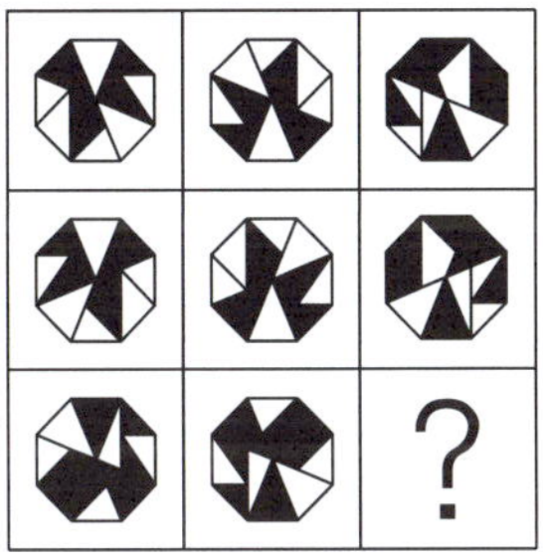

① 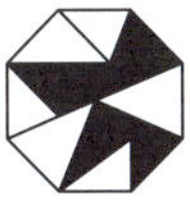

② 

③ 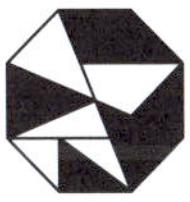

④ 

⑤ 

18

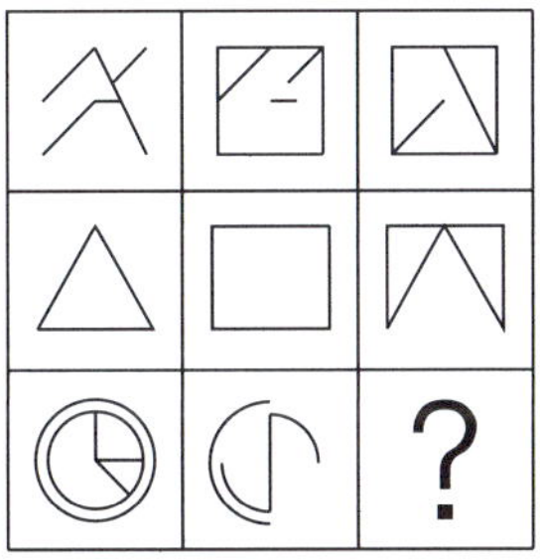

① 

② 

③ 

④ 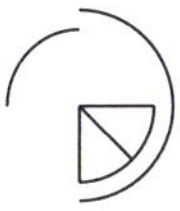

⑤ 

19

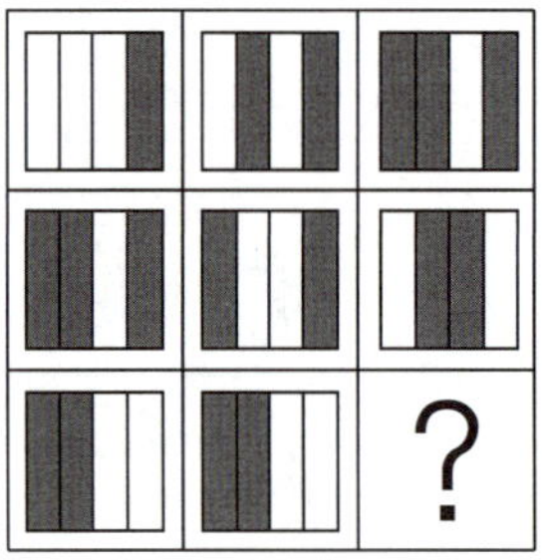

① 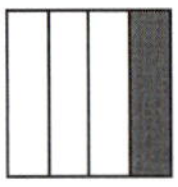

② 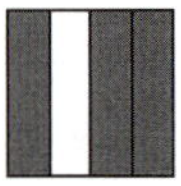

③ 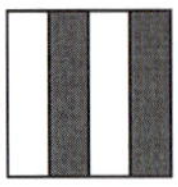

④ 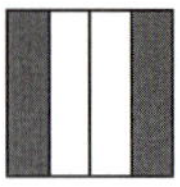

⑤ 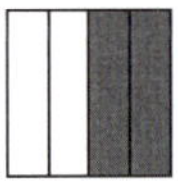

20

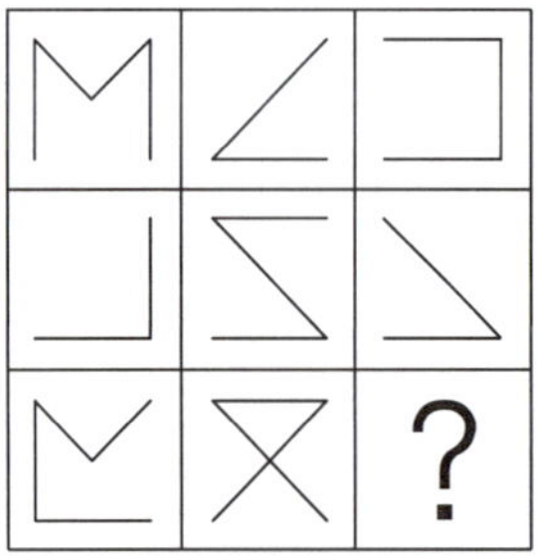

① 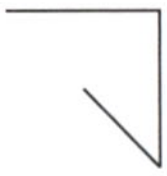

② 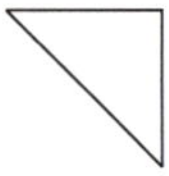

③ 

④ 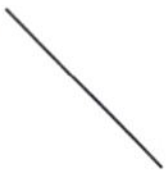

⑤ 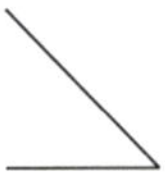

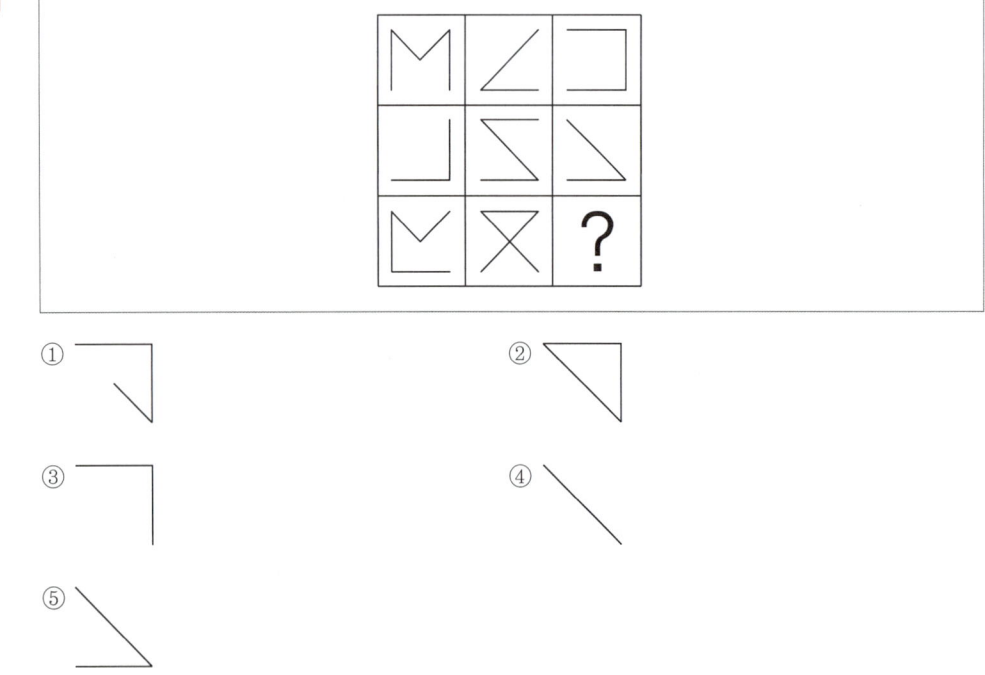

제2회 최종점검 모의고사

문항 수 : 60문항 응시시간 : 90분

정답 및 해설 p.022

01 언어

※ 다음 글을 통해 추론할 수 있는 내용으로 적절하지 않은 것을 고르시오. **[1~3]**

01

헤로도토스의 앤드로파기(=식인종)나 신화나 전설적 존재들인 반인반양, 켄타우로스, 미노타우로스 등은 아무래도 역사적인 구체성이 크게 결여된 편이다. 반면에 르네상스의 야만인 담론에 등장하는 야만인들은 서구의 전통 야만인관에 의해 각색되는 것은 여전하지만 이전과는 달리 현실적 구체성을 띠고 나타난다. 하지만 이때도 문명의 시각이 작동하기는 마찬가지며 야만인이 저질 인간으로 인식되는 것도 마찬가지다. 다만 이제 이런 인식은 서구 중심의 세계체제 형성과 관련을 맺는다. 르네상스 야만인 상은 서구인의 문명건설 과업과 관련하여 만들어진 것이다. '신대륙 발견'과 더불어 '문명'과 '야만'의 접촉이 빈번해지자 야만인은 더는 신화적·상징적·문화적 이해 대상이 아니다. 이제 그는 실제 경험의 대상으로서 서구인의 일상생활에까지 모습을 드러내는 존재이다.

특히 주목해야 할 점은 콜럼버스의 '신대륙 발견' 이후로 야만인 담론은 유럽인이 '발견'한 지역의 원주민들과 직접, 그리고 집단으로 만나는 실제 체험과 관련되어 있다는 사실이다. 르네상스 이전이라고 해서 이방의 원주민들을 만나지 않았을 리 없겠지만 그때에는 원주민에 관한 정보가 직접 경험에 의한 것이라기보다는 뜬소문에 근거하거나 아니면 순전히 상상의 산물인 경우가 많았다. 반면에 르네상스 시대 야만인은 그냥 원주민이 아니다. 이때 원주민은 식인종이며 바로 이 점 때문에 문명인의 교화를 받거나 정복과 절멸의 대상이 된다. 이 점은 코르테스가 정복한 아스테카 제국인 멕시코를 생각하면 쉽게 이해할 수 있다. 멕시코는 당시 거대한 제국으로써 유럽에서도 유례를 찾아보기 힘들 정도로 거대한 인구 25만의 도시를 건설한 '문명국'이었지만 코르테스를 수행하여 멕시코 정벌에 참여하고 나중에 이 경험에 관한 회고록으로 『뉴스페인 정복사』를 쓴 베르날 디아즈에 따르면 지독한 식인습관을 가진 것으로 매도된다. 멕시코 원주민들이 식인종으로 규정되고 나면 그들이 아무리 스페인 정복군이 눈이 휘둥그레질 정도로 발달된 문화를 가지고 있어도 소용이 없다. 집단으로 '식인' 야만인으로 규정됨으로써 정복의 대상이 되고 또 이로 말미암아 세계사의 흐름에 큰 변화가 오게 된다. 거대한 대륙의 주인이 바뀌는 것이다.

① 고대에 형성된 야만인 이미지들은 경험에 의한 것이기보다 허구의 산물이었다.
② 르네상스 이후 서구인의 야만인 담론은 전통적인 야만인관과 단절을 이루었다.
③ 르네상스 이후 야만인은 서구의 세계 제패 전략의 관점에서 인식되고 평가되었다.
④ 스페인 정복군에 의한 아즈테카 문명의 정복은 서구 야만인 담론을 통해 합리화되었다.
⑤ 콜럼버스 신대륙 발견 이후 야만인은 문명에 의해 교화되거나 정복되어야 할 잔인한 존재로 매도되었다.

02

최근 국내 건설업계에서는 3D 프린팅 기술을 건설 분야와 접목하고자 노력하고 있다. 해외 건설사들도 3D 프린팅 기술을 이용한 건축 시장을 선점하기 위해 활발히 경쟁하고 있으며, 이미 미국 텍사스 지역에서 3D 프린팅 기술을 이용하여 주택 4채를 일주일 만에 완공한 바 있다. 또한 우리나라에서도 인공 조경 벽 등 건설 현장에서 3D 프린팅 건축물을 차차 도입해 가고 있다.
왜 건설업계에서는 3D 프린팅 기술을 주목하게 되었을까? 3D 프린팅 건축 방식은 전통 건축 방식과 비교하여 비용을 절감할 수 있고, 공사 기간이 단축되는 점을 장점으로 꼽을 수 있다. 특히 공사 기간이 짧은 점은 천재지변으로 인한 이재민 등을 위한 주거시설을 빠르게 준비할 수 있다는 점에서 호평받고 있다. 또한 전통 건축 방식으로는 구현하기 힘든 다양한 디자인을 구현할 수 있다는 점과 건축 폐기물 감소 및 CO_2 배출량 감소 등 환경보호 면에서도 긍정적인 평가를 받고 있으며 각 국가 간 이해관계 충돌로 인한 직·간접적 자재 수급난을 해결할 수 있는 점도 긍정적 평가를 받는 요인이다.
어떻게 3D 프린터로 건축물을 세우는 것일까? 먼저 일반적인 3D 프린팅의 과정을 알아야 한다. 일반적인 3D 프린팅은 물체를 3D 형태로 모델링한 후 용융성 플라스틱이나 금속 등을 3D 프린터 노즐을 통해 분사하여 아래부터 층별로 겹겹이 쌓는 과정을 거친다.
3D 프린팅 건축 방식도 마찬가지이다. 컴퓨터를 통해 건축물을 모델링한 후 모델링 정보에 따라 콘크리트, 금속, 폴리머 등의 건축자재를 노즐을 통해 분사시켜 층층이 쌓아 올리면서 컴퓨터로 설계한 대로 건축물을 만든다. 기계가 대신 건축물을 만든다는 점에서 사람의 힘으로 한계가 있는 기존 건축방식의 해결은 물론 인건비 상승 및 전문인력 수급난을 해결할 수 있다는 점 또한 호평받고 있다.
하지만 아쉽게도 우리나라에서의 3D 프린팅 건설 사업은 관련 인증 및 안전 규정 미비 등의 제도적 한계와 기술적 한계가 있어 상용화 단계가 이루어지기는 힘들다. 특히 3D 프린터로 구조물을 쌓아 올리는 데에는 로봇 팔이 필요한데, 아직은 5층 이하의 저층 주택 준공이 한계이고 현 대한민국 주택시장은 고층 아파트 등 고층 건물이 주력이므로 3D 프린터 고층 건축물 제작 기술을 개발해야 한다는 주장도 더러 나오고 있다.

① 이미 해외에서는 3D 프린터를 이용하여 주택을 시공한 바 있다.
② 3D 프린터 건축 기술은 전통 건축 기술과는 달리 환경에 영향을 덜 끼친다.
③ 3D 프린터 건축 기술은 인력난을 해소할 수 있는 새로운 기술이다.
④ 3D 프린터 건축 기술로 인해 대량의 실업자가 발생할 것이다.
⑤ 현재 우리나라는 3D 프린터 건축 기술의 제도적 장치 및 기술적 한계를 해결해야 하는 과제가 있다.

03

> 외래어는 원래의 언어에서 가졌던 모습을 잃어버리고 새 언어에 동화되는 속성을 가지고 있다. 외래어의 동화양상을 음운, 형태, 의미적 측면에서 살펴보자.
> 첫째, 외래어는 국어에 들어오면서 국어의 음운적 특징을 띠게 되어 외국어 본래의 발음이 그대로 유지되지 못한다. 자음이든 모음이든 국어에 없는 소리는 국어의 가장 가까운 소리로 바뀐다. 프랑스의 수도 Paris는 원래 프랑스어인데 국어에서는 [파리]가 된다. 프랑스어 [r] 발음은 국어에 없는 소리여서 비슷한 소리인 [ㄹ]로 바뀌는 것이다. 그 외에 장단이나 강세, 성조와 같은 운율적 자질도 원래 외국어의 모습을 잃어버리고 만다.
> 둘째, 외래어는 국어의 형태적인 특징을 갖게 된다. 외래어의 동사와 형용사는 '-하다'가 반드시 붙어서 쓰이게 된다. 영어 형용사 Smart가 국어에 들어오면 '스마트하다'가 된다. '아이러니하다'라는 말도 있는데, 이는 명사에 '-하다'가 붙어 형용사처럼 쓰인 경우이다.
> 셋째, 외래어는 원래 언어의 의미와 다른 의미로 쓰일 수 있다. 일례로 프랑스어 'Madame'이 국어에 와서는 '마담'이 되는데 프랑스어에서의 '부인'의 의미가 국어에서는 '술집이나 다방의 여주인'의 의미로 쓰이고 있다.

① 외래어로 만들고자 하는 외국어의 발음이 국어에 없는 소리일 때는 국어에 있는 비슷한 성질의 음운으로 바뀐다.
② '-하다'는 외국어의 형용사와 명사에 붙어 형용사를 만드는 기능이 있다.
③ 원래의 외국어와 이에 대응하는 외래어는 의미가 전혀 다를 수 있다.
④ 외국어의 장단, 강세, 성조와 같은 운율적 자질은 국어의 체계와 다를 수 있다.
⑤ 서울의 로마자 표기 'Seoul'은 실제 우리말 발음과 다르게 읽어야 한다.

※ 다음 글을 읽고 이해한 내용으로 가장 적절한 것을 고르시오. [4~5]

Easy

04

OECD에 따르면 평균 수면시간이 프랑스는 8시간 50분, 미국은 8시간 38분, 영국은 8시간 13분이며, 우리나라는 7시간 49분으로 OECD 회원국 중 한국인의 수면시간이 가장 적다. 사회 특성상 다른 국가에 비해 근무 시간이 많아 수면시간이 짧은 것도 문제지만, 수면의 질 또한 낮아지고 있어 문제가 심각하다.

최근 수면장애 환자가 급격히 증가하는 추세다. 국민건강보험공단에 따르면 수면장애로 병원을 찾은 환자는 2010년 46만 1,000명에서 2015년 72만 1,000명으로 5년 새 56% 이상 급증했다. 당시 병원을 찾은 사람이 70만 명을 넘었다면, 현재 수면장애로 고통받는 사람은 더 많을 것으로 추산된다.

수면장애는 단순히 잠을 이루지 못하는 불면증뿐 아니라 충분한 수면을 취했음에도 낮 동안 각성을 유지하지 못하는 기면증(과다수면증), 잠들 무렵이면 다리가 쑤시거나 저리는 증상, 코골이와 동반되어 수면 중에 호흡이 멈춰 숙면을 취하지 못하는 수면무호흡증 등 수면의 양과 질 저하로 생긴 다양한 증상을 모두 포괄한다. 수면장애는 학습장애, 능률 저하는 물론이고 교통사고 등 안전사고, 정서장애, 사회 적응 장애의 원인이 될 수 있다. 방치하게 되면 지병이 악화되고 심근경색증, 뇌졸중 등 심각한 병을 초래하기도 한다.

수면장애 환자는 여성이 42만 7,000명으로 남성(29만 1,000명)보다 1.5배 정도 더 많다. 여성은 임신과 출산, 폐경과 함께 찾아오는 갱년기 등 생체주기에 따른 영향으로 전 연령에서 수면장애가 보다 빈번하게 나타나는 경향을 보이는 것으로 보고된다. 특히 폐경이 되면 여성호르몬인 에스트로겐이 줄어들면서 수면과 관련이 있는 아세틸콜린 신경전달 물질의 분비 역시 저하되어 체내 시계가 혼란스러움을 느끼게 돼 밤에 잘 잠들지 못하거나 자주 깨며 새벽에 일찍 일어나는 등 여러 형태의 불면증이 동반된다.

또 연령별로는 40·50대 중·장년층이 36.6%로 가장 큰 비중을 차지했고, 이에 비해 20·30대는 17.3%로 나타났다. 흔히 나이가 들면 생체시계에 변화가 생겨 깊은 잠은 비교적 줄어들고 꿈 수면이 나타나는 시간이 빨라지게 돼 상대적으로 얕은 수면과 꿈 수면이 많아지게 된다.

① 한국인의 수면시간은 근무 시간보다 짧다.

② 수면장애 환자는 20·30대에 가장 많다.

③ 수면장애 환자는 여성보다 남성이 더 많다.

④ 한국인의 수면의 질이 낮아지고 있다.

⑤ 여성의 경우 에스트로겐의 증가가 불면증에 영향을 미친다.

05

> 세계 식품 시장의 20%를 차지하는 할랄식품(Halal Food)은 '신이 허용한 음식'이라는 뜻으로 이슬람 율법에 따라 생산, 처리, 가공되어 무슬림들이 먹거나 사용할 수 있는 식품을 말한다. 이런 기준이 적용된 할랄식품은 엄격하게 생산되고 유통과정이 투명하기 때문에 일반 소비자들에게도 좋은 평을 얻고 있다.
> 할랄식품 시장은 최근 들어 급격히 성장하고 있는데 이의 가장 큰 원인은 무슬림 인구의 증가이다. 무슬림은 최근 20년 동안 5억 명 이상의 인구증가를 보이고 있어서 많은 유통업계들이 할랄식품을 위한 생산라인을 설치하는 등의 노력을 하고 있다.
> 그러나 할랄식품을 수출하는 것은 쉬운 일이 아니다. 신이 '부정한 것'이라고 하는 모든 것으로부터 분리돼야 하기 때문이다. 또한, 국제적으로 표준화된 기준이 없다는 것도 할랄식품 시장의 성장을 방해하는 요인이다. 세계 할랄 인증 기준만 200종에 달하고 수출업체는 각 무슬림 국가마다 별도의 인증을 받아야 한다. 전문가들은 이대로라면 할랄 인증이 무슬림 국가들의 수입 장벽이 될 수 있다고 지적한다.

① 할랄식품은 무슬림만 먹어야 하는 식품이다.
② 할랄식품의 이미지 때문에 소비자들에게 인기가 좋다.
③ 할랄식품 시장의 급격한 성장으로 유통업계에서 할랄식품을 위한 생산라인을 설치 중이다.
④ 표준화된 할랄 인증 기준을 통과하면 무슬림 국가에 수출이 가능하다.
⑤ 할랄식품은 그 자체가 브랜드이기 때문에 큰 걸림돌 없이 지속적인 성장이 가능하다.

PART 2

※ 다음 글의 주제로 가장 적절한 것을 고르시오. **[6~9]**

06

우주 개발이 왜 필요한가에 대한 주장은 크게 다음 세 가지로 구분할 수 있다. 먼저 칼 세이건이 우려하는 것처럼 인류가 혜성이나 소행성의 지구 충돌과 같은 재앙에서 살아남으려면 지구 이외의 다른 행성에 식민지를 건설해야 한다는 것이다. 소행성의 지구 충돌로 절멸한 공룡의 전철을 밟지 않기 위해서 말이다. 여기에는 자원 고갈이나 환경오염과 같은 전 지구적 재앙에 대비하자는 주장도 포함된다. 그다음으로 우리의 관심을 지구에 한정하다는 것은 인류의 숭고한 정신을 가두는 것이라는 호킹의 주장을 들 수 있다. 지동설, 진화론, 상대성 이론, 양자역학, 빅뱅 이론과 같은 과학적 성과들은 인류의 문명뿐만 아니라 정신적 패러다임의 변화에 지대한 영향을 끼쳤다. 마지막으로 우주 개발의 노력에 따르는 부수적인 기술의 파급 효과를 근거로 한 주장을 들 수 있다. 실제로 우주 왕복선 프로그램을 통해 산업계에 이전된 새로운 기술이 100여 가지나 된다고 한다. 인공심장, 신분확인 시스템, 비행추적 시스템 등이 그 대표적인 기술들이다. 그러나 우주 개발에서 얻는 이익이 과연 인류 전체의 이익을 대변할 수 있는가에 대해서는 쉽게 답할 수가 없다. 역사적으로 볼 때 탐사의 주된 목적은 새로운 사실의 발견이라기보다 영토와 자원, 힘의 우위를 선점하기 위한 것이었기 때문이다. 이러한 이유로 우주 개발에 의심의 눈초리를 보내는 사람들도 적지 않다. 그들은 우주 개발에 소요되는 자금과 노력을 지구의 가난과 자원 고갈, 환경 문제 등을 해결하는 데 사용하는 것이 더 현실적이라고 주장한다.

과연 그 주장을 따른다고 해서 이러한 문제들을 해결할 수 있는가? 인류가 우주 개발에 나서지 않고 지구 안에서 인류의 미래를 위한 노력을 경주한다고 가정해보자. 그렇더라도 인류가 사용할 수 있는 자원이 무한한 것은 아니며, 인구의 자연 증가를 막을 수 없다는 문제는 여전히 남는다. 지구에 자금과 노력을 투자해야 한다고 주장하는 사람들은 지금 당장은 아니더라도 언젠가는 이러한 문제들을 해결할 수 있다는 논리를 펼지도 모른다. 그러나 이러한 논리는 우주 개발을 지지하는 쪽에서 마찬가지로 내세울 수 있다. 오히려 인류가 미래에 닥칠 문제를 해결할 수 있는 방법은 지구 밖에서 찾게 될 가능성이 더 크지 않을까?

우주를 개발하려는 시도가 최근에 등장한 것은 아니다. 인류가 의식을 갖게 되면서부터 우주를 꿈꾸어 왔다는 증거는 세계 여러 민족의 창세신화에서 발견된다. 수천 년 동안 우주에 대한 인류의 꿈은 식어갈 줄 몰랐다. 그리고 그 결과가 오늘날의 우주 개발이라는 현실로 다가온 것이다. 이제 인류는 우주의 시초를 밝히게 되었고, 우주의 끄트머리를 바라볼 수 있게 되었으며, 우주 공간에 인류의 거주지를 만들 수 있게 되었다. 우주 개발을 해야 할 것이냐 말아야 할 것이냐는 이제 문제의 핵심이 아니다. 우리가 선택해야 할 문제는 우주 개발을 어떻게 해야 할 것인가이다. "달과 다른 천체들은 모든 나라가 함께 탐사하고 이용할 수 있도록 자유지역으로 남아 있어야 한다. 어느 국가도 영유권을 주장할 수는 없다."라는 린든 B. 존슨의 경구는 우주 개발의 방향을 일러주는 시금석이 되어야 한다.

① 우주 개발의 한계
② 지구의 당면 과제
③ 우주 개발의 정당성
④ 친환경적인 지구 개발
⑤ 우주 개발 실태

07

싱가포르에서는 1982년부터 자동차에 대한 정기검사 제도가 시행되었는데, 그 체계가 우리나라의 검사제도와 매우 유사하다. 단, 국내와는 다르게 재검사에 대해 수수료를 부과하고 있고 금액은 처음 검사 수수료의 절반이다.
자동차검사에서 특이한 점은 2007년 1월 1일부터 디젤 자동차에 대한 배출가스 정밀검사가 시행되고 있다는 점이다. 안전도검사의 검사방법 및 기준은 교통부에서 주관하고 배출가스검사의 검사방법 및 기준은 환경부에서 주관하고 있다.
싱가포르는 사실상 자동차 등록 총량제에 의해 관리되고 있다. 우리나라와는 다르게 자동차를 운행할 수 있는 권리증을 자동차 구매와 별도로 구매하여야 하며 그 가격이 매우 높다. 또한 일정 구간(혼잡구역)에 대한 도로세를 우리나라의 하이패스 시스템과 유사한 시스템인 ERP시스템을 통하여 징수하고 있다.
강력한 자동차 안전도 규제, 이륜차에 대한 체계적인 검사와 ERP를 이용한 관리를 통해 검사진로 내에서 사진촬영보다 유용한 시스템을 적용한다. 그리고 분기별 기기 정밀도 검사를 시행하여 국민에게 신뢰받을 수 있는 정기검사 제도를 시행하고 국민의 신고에 의한 수시 검사제도를 통하여 불법자동차 근절에 앞장서고 있다.

① 싱가포르의 자동차 관리 시스템
② 싱가포르와 우리나라의 교통규제시스템
③ 싱가포르의 자동차 정기검사 제도
④ 싱가포르의 불법자동차 근절방법
⑤ 국민에게 신뢰받는 싱가포르의 교통법규

08

우리 고유의 발효식품이자 한식 제1의 반찬인 김치는 천년이 넘는 역사를 함께해 온 우리 삶의 일부이다. 채소를 오래 보관하여 먹기 위한 절임 음식으로 시작된 김치는 양념을 버무리고 숙성시키는 우리만의 발효과학 식품으로 변신하였고, 김장은 우리 민족의 가장 중요한 행사 중 하나가 되었다. 다른 나라에도 소금 등에 채소를 절인 절임 음식이 존재하지만, 절임 후 양념으로 2차 발효시키는 음식으로는 우리 김치가 유일하다. 김치는 발효과정을 통해 원재료보다 영양이 한층 더 풍부하게 변신하며, 암과 노화, 비만 등의 예방과 억제에 효과적인 기능성을 보유한 슈퍼 발효 음식으로 탄생한다.
김치는 지역마다, 철마다, 또 특별한 의미를 담아 다양하게 변신하여 300가지가 넘는 종류로 탄생하는데, 기후와 지역 등에 따라서 다채로운 맛을 담은 김치들이 있다. 주재료로 채소뿐만 아니라 수산물이나 육류를 이용한 독특한 김치도 있고, 같은 김치라도 사람에 따라 특별한 김치로 재탄생되기도 한다. 지역과 집안마다 저마다의 비법으로 담그기 때문에 유서 깊은 종가마다 비법으로 만든 특별한 김치가 전해오며, 김치를 담그고 먹는 일도 수행의 연속이라 여기는 사찰에서는 오신채를 사용하지 않은 김치가 존재한다.
우리 문화의 정수이자 자존심인 김치는 현대에 들어서는 문화와 전통이 결합한 복합 산업으로 펼쳐지고 있다. 김치에 들어가는 수많은 재료에 관련된 산업의 생산액은 3.3조 원이 넘으며, 주로 배추김치로 형성된 김치 생산은 약 2.3조 원의 시장을 형성하고 있고, 시판 김치의 경우 대기업의 시장 주도력이 증가하고 있다. 소비자 요구에 맞춘 다양한 포장 김치가 등장하고, 김치냉장고는 1.1조 원의 시장을 형성하고 있으며, 정성과 기다림을 상징하는 김치는 문화산업의 소재로 활용되며, 김치 문화는 관광 관련 산업으로 활성화되고 있다. 김치의 영양 기능성과 김치 유산균을 활용한 여러 기능성 제품이 개발되고, 부식뿐 아니라 새로운 요리의 식재료로서 김치는 39조 원의 외식산업 시장을 뒷받침하고 있다.

① 김치의 탄생
② 김치산업의 활성화 방안
③ 우리 민족의 축제, 김장
④ 지역마다 다양한 종류의 김치
⑤ 우리 민족의 전통이자 자존심, 김치

09

요한 제바스티안 바흐는 '경건한 종교음악가'로서 천직을 다하기 위한 이상적인 장소를 라이프치히라고 생각하여 27년 동안 그곳에서 열심히 칸타타를 써 나갔다고 알려졌다. 그러나 실은 7년째에 라이프치히의 칸토르(교회의 음악감독)직으로는 가정을 꾸리기에 수입이 충분치 못해서 다른 일을 하기도 했고, 다른 궁정에 자리를 알아보기도 했다. 그것이 계기가 되어 칸타타를 쓰지 않게 되었다는 사실이 최근의 연구에서 밝혀졌다.
또한 볼프강 아마데우스 모차르트의 경우에는 비극적으로 막을 내린 35년이라는 짧은 생애에 걸맞게 '하늘이 이 위대한 작곡가의 죽음을 비통해하듯' 천둥 치고 진눈깨비 흩날리는 가운데 장례식이 행해졌고 그 때문에 그의 묘지는 행방을 알 수 없게 되었다고 하는데, 그 후 이러한 이야기는 빈 기상대에 남아 있는 기상자료와 일치하지 않는다는 사실도 밝혀졌다. 게다가 만년에 엄습해온 빈곤에도 불구하고 다수의 걸작을 남기고 세상을 떠난 모차르트가 실제로는 그 정도로 수입이 적지는 않았다는 사실도 드러나 최근에는 도박벽으로 인한 빈곤설을 주장하는 학자까지 등장하게 되었다.

① 음악가들의 헌신적인 열정
② 미화된 음악가들의 삶과 그 진실
③ 음악가들을 괴롭힌 근거 없는 소문들
④ 음악가들의 명성에 가려진 빈곤한 생활
⑤ 음악가들의 쓸쓸한 최후

※ 다음 중 문단을 논리적 순서대로 나열한 것을 고르시오. **[10~11]**

Hard

10

(가) 이러한 수평적 연결은 사물인터넷 서비스로 새로운 성장 동력을 모색할 수 있다. 예를 들어, 스마트 컵인 프라임베실(개인에게 필요한 수분 섭취량을 알려줌), 스마트 접시인 탑뷰(음식의 양을 측정함), 스마트 포크인 해피포크(식사 습관개선을 돕는 스마트 포크로, 식사 속도와 시간, 1분간 떠먹는 횟수 등을 계산해 식사 습관을 분석함)를 연결하면 식생활 습관을 관리할 수 있을 것이다. 이를 식당, 병원, 헬스케어 센터에서 이용하면 고객의 식생활을 부가 서비스로 관리할 수 있다.

(나) 마치 100m 달리기를 하듯 각자의 트랙에서 목표를 향해 전력 질주하던 시대가 있었다. 선택과 집중의 논리로 수직 계열화를 통해 효율을 확보하고, 성능을 개선하고자 했었다. 그런데 세상이 변하고 있다. 고객 혹은 사용자를 중심으로 기존의 제품과 서비스가 재정의되고 있는 것이다. 이러한 산업의 패러다임적 전환을 신성장 동력이라 말한다.

(다) 기존의 가스 경보기를 만들려면 미세한 가스도 놓치지 않는 센서의 성능, 오래 지속되는 배터리, 크게 알릴 수 있는 알람 소리, 인테리어에 잘 어울리는 멋진 제품 디자인이 필요하다. 그런데 아무리 좋은 가스 경보기를 만들어도 사람의 안전을 담보하지는 못한다. 만약 집에서 가스 경보기가 울리면 아마 창문을 열어 환기시키고, 가스 밸브를 잠그고, 119에 신고를 해야 할 것이다. 사람의 안전을 담보하는, 즉 연결 지배성이 높은 가스 경보기는 이런 일을 모두 해내야 한다. 이런 가스 경보기를 만들려면 전기, 전자, 통신, 기계, 인테리어, 디자인 등의 도메인들이 사용자 경험을 중심으로 연결돼야 한다. 이를 수평적 연결이라 부른다.

(라) 똑똑한 사물인터넷은 점점 더 다양해진다. SKT의 '누구'나 아마존 '에코' 같은 스마트 스피커는 사용자가 언제 어디든, 일상에서 인공 비서로 사용되는 시대가 되었다. 그리고 귀뚜라미 보일러의 사물인터넷 서비스는 보일러 쪽으로 직접 가지 않아도 스마트폰 전용 앱으로 보일러를 관리한다. 이제 보일러가 언제, 얼마나, 어떻게 쓰이는지, 그리고 보일러의 상태는 어떠한지, 사용하는 방식과 에너지 소모 등의 정보도 얻을 수 있다. 4차 산업혁명의 전진기지 역할을 하는 사물인터넷 서비스는 이제 거스를 수 없는 대세이다.

① (나) – (가) – (다) – (라)
② (나) – (다) – (가) – (라)
③ (다) – (가) – (라) – (나)
④ (다) – (나) – (가) – (라)
⑤ (다) – (라) – (나) – (가)

11

(가) 물체의 회전 상태에 변화를 일으키는 힘의 효과를 돌림힘이라고 한다. 물체에 회전 운동을 일으키거나 물체의 회전 속도를 변화시키려면 물체에 힘을 가해야 한다. 같은 힘이라도 회전축으로부터 얼마나 멀리 떨어진 곳에 가해 주느냐에 따라 회전 상태의 변화 양상이 달라진다. 물체에 속한 점 X와 회전축을 최단 거리로 잇는 직선과 직각을 이루는 동시에 회전축과 직각을 이루도록 힘을 X에 가한다고 하자. 이때 물체에 작용하는 돌림힘의 크기는 회전축에서 X까지의 거리와 가해준 힘의 크기의 곱으로 표현되고 그 단위는 뉴턴미터(Nm)이다.

(나) 회전 속도의 변화는 물체에 알짜 돌림힘이 일을 해 주었을 때만 일어난다. 돌고 있는 팽이에 마찰력이 일으키는 돌림힘을 포함하여 어떤 돌림힘도 작용하지 않으면 팽이는 영원히 돈다. 일정한 형태의 물체에 일정한 크기와 방향의 알짜 돌림힘을 가하여 물체를 회전시키면, 알짜 돌림힘이 한 일은 알짜 돌림힘의 크기와 회전 각도의 곱이고 그 단위는 줄(J)이다. 알짜 돌림힘이 물체를 돌리려는 방향과 물체의 회전 방향이 일치하면 알짜 돌림힘이 양(+)의 일을 하고 그 방향이 서로 반대이면 음(−)의 일을 한다.

(다) 동일한 물체에 작용하는 두 돌림힘의 합을 알짜 돌림힘이라 한다. 두 돌림힘의 방향이 같으면 알짜 돌림힘의 크기는 두 돌림힘의 크기의 합이 되고 그 방향은 두 돌림힘의 방향과 같다. 두 돌림힘의 방향이 서로 반대이면 알짜 돌림힘의 크기는 두 돌림힘의 크기의 차가 되고 그 방향은 더 큰 돌림힘의 방향과 같다. 지레의 힘을 주지만 물체가 지레의 회전을 방해하는 힘을 작용점에 주어 지레가 움직이지 않는 상황처럼, 두 돌림힘의 크기가 같고 방향이 반대이면 알짜 돌림힘은 0이 되고 이때를 돌림힘의 평형이라고 한다.

(라) 지레는 받침과 지렛대를 이용하여 물체를 쉽게 움직일 수 있는 도구이다. 지레에서 힘을 주는 곳을 힘점, 지렛대를 받치는 곳을 받침점, 물체에 힘이 작용하는 곳을 작용점 이라 한다. 받침점에서 힘점까지의 거리가 받침점에서 작용점까지의 거리에 비해 멀수록 힘점에서 작은 힘을 주어 작용점에서 물체에 큰 힘을 가할 수 있다. 이러한 지레의 원리에는 돌림힘의 개념이 숨어 있다.

① (가) – (나) – (다) – (라)
② (가) – (나) – (라) – (다)
③ (가) – (다) – (나) – (라)
④ (라) – (가) – (나) – (다)
⑤ (라) – (가) – (다) – (나)

PART 2

※ 다음 글의 빈칸에 들어갈 내용으로 가장 적절한 것을 고르시오. [12~13]

12

어느 시대든 사람들은 원인이 무엇인지 알고 있다고 믿었다. 사람들은 그런 앎을 어디서 얻는가? 원인을 안다고 믿는 사람들의 믿음은 어디서 생기는 것일까?
새로운 것, 체험되지 않은 것, 낯선 것은 원인이 될 수 없다. 알려지지 않은 것에서는 위험, 불안정, 걱정, 공포감이 뒤따라 나오기 때문이다. 우리 마음의 불안한 상태를 없애고자 한다면, 우리는 알려지지 않은 것을 알려진 것으로 환원해야 한다. 이러한 환원은 우리 마음을 편하게 해주고 안심시키며 만족하게 하고 힘을 느끼게 한다. 이 때문에 우리는 이미 알려진 것, 체험된 것, 기억에 각인된 것을 원인으로 설정하게 된다. '왜?'라는 물음의 답으로 나온 것은 그것이 진짜 원인이기 때문에 우리에게 떠오른 것이 아니다. 그것이 우리에게 떠오른 것은 그것이 우리를 안정시켜주고 성가신 것을 없애주며 무겁고 불편한 마음을 가볍게 해주기 때문이다. 따라서 원인을 찾으려는 우리의 본능은 위험, 불안정, 걱정, 공포감 등에 의해 촉발되고 자극받는다.
우리는 '설명이 없는 것보다 설명이 있는 것이 언제나 더 낫다.'고 믿는다. 우리는 특별한 유형의 원인만을 써서 설명을 만들어 낸다. ______________________________ 그래서 특정 유형의 설명만이 점점 더 우세해지고, 그러한 설명들이 하나의 체계로 모아져 결국 그런 설명이 우리의 사고방식을 지배하게 된다. 기업인은 즉시 이윤을 생각하고, 기독교인은 즉시 원죄를 생각하며, 소녀는 즉시 사랑을 생각한다.

① 이것은 우리의 호기심과 모험심을 자극한다.
② 이것은 인과관계에 대한 우리의 지식을 확장시킨다.
③ 이것은 우리가 왜 불안한 심리 상태에 있는지를 설명해 준다.
④ 이것은 낯설고 체험하지 않았다는 느낌을 가장 빠르고 가장 쉽게 제거해 버린다.
⑤ 이것은 새롭고 낯선 것에서 원인을 발견하려는 우리의 본래 태도를 점차 약화시키고 오히려 그 반대의 태도를 우리의 습관으로 굳어지게 한다.

Hard

13

> 우리는 도시의 세계에 살고 있다. 인류 역사상 처음으로 세계 전체에서 도시 인구수가 농촌 인구수를 넘어섰다. 이제 우리는 도시가 없는 세계를 상상하기 힘들며, 세계 최초의 도시들을 탄생시킨 근본적인 변화가 무엇이었는지를 상상하는 것도 쉽지 않다.
> 인류는 약 1만 년 전부터 5천 년 전까지 도시가 아닌 작은 농촌 마을에서 살았다. 이 시기 농촌 마을의 인구는 대부분 약 2천 명 정도였다. 5천 년 전부터 이라크 남부, 이집트, 파키스탄, 인도 북서부에서 1만 명 정도의 사람이 모여 사는 도시가 출현하였다. 이런 세계 최초의 도시들을 탄생시킨 원인은 무엇인가? 이 질문에 대해서 몇몇 사람들은 1만 년 전부터 5천 년 전 사이에 일어난 농업의 발전에 의해서 농촌의 인구가 점차적으로 증가해 도시가 되었다고 말한다. 과연 농촌의 인구는 점차적으로 증가했는가? 고고학적 연구는 그렇지 않다고 말한다. 농업 기술의 발전에 의해서 마을이 점차 거대화되었다면, 거주 인구가 2천 명과 1만 명 사이인 마을들이 빈번하게 발견되어야 한다. 그러나 2천 명이 넘는 인구를 수용한 마을은 거의 발견되지 않았다. 이 점은 약 5천 년 전 즈음 마을의 거주 인구가 비약적으로 증가했다는 것을 보여준다.
> 무엇 때문에 이런 거주 인구의 비약적인 변화가 가능했는가? 이 질문에 대한 답은 사회적 제도의 발명에서 찾을 수 있다. ______________________________ 따라서 거주 인구가 비약적으로 증가하기 위해서는 사람들을 조직하고, 이웃들 간의 분쟁을 해소하는 것과 같은 문제들을 해결하는 사회적 제도의 발명이 필수적이다. 이런 이유에서 도시의 발생은 사회적 제도의 발명에 영향을 받았다고 생각할 수 있다. 그리고 이런 사회적 제도의 출현은 이후 인류 역사의 모습을 형성하는 데 결정적인 역할을 한 사건이었다.

① 거주 인구가 2천 명이 넘지 않는 마을은 도시라고 할 수 없다.

② 농업 기술의 발전에 의해서 마을이 점차적으로 거대화되었다면, 약 1만 년 전 농촌 마을의 거주 인구는 2천 명 정도여야 한다.

③ 행정조직, 정치제도, 계급과 같은 사회적 제도 없이 사람들이 함께 모여 살 수 있는 인구 규모의 최대치는 2천 명 정도밖에 되지 않는다.

④ 2천 명 정도의 인구를 가진 농촌 마을도 행정조직과 같은 사회적 제도를 가지고 있었다.

⑤ 도시인의 삶이 정치제도, 계급과 같은 사회적 제도에 의해 제한되었다는 사실은 수많은 역사적 자료에 의해 검증된다.

※ 다음 글의 주장을 반박하는 내용으로 적절하지 않은 것을 고르시오. [14~15]

14

문화재 관리에서 중요한 개념이 복원과 보존이다. 복원은 훼손된 문화재를 원래대로 다시 만드는 것을, 보존은 더 이상 훼손되지 않도록 잘 간수하는 것을 의미한다. 이와 관련하여 훼손된 탑의 관리에 대한 논의가 한창이다.
복원보다는 보존이 다음과 같은 근거에서 더 적절하다. 우선, 탑을 보존하면 탑에 담긴 역사적 의미를 온전하게 전달할 수 있어 진정한 역사 교육이 가능하다. 탑은 백성들의 평화로운 삶을 기원하기 위해 만들어졌고, 이후 역사의 흐름 속에서 전란을 겪으며 훼손된 흔적들이 더해져 지금 모습으로 남아 있다. 그런데 탑을 복원하면 이런 역사적 의미들이 사라져 그 의미를 온전하게 전달할 수 없다. 다음으로, 정확한 자료가 없이 탑을 복원하면 이는 결국 탑을 훼손하는 것이 될 수밖에 없다. 따라서 원래의 재료를 활용하지 못하고 과거의 건축 과정에 충실하게 탑을 복원하지 못하면 탑의 옛 모습을 온전하게 되살리는 것은 불가능하다.
마지막으로, 탑을 보존하면 탑과 주변 공간의 조화가 유지된다. 전문가에 따르면 탑은 주변 산수는 물론 절 내부 건축물들과의 조화를 고려하여 세워졌다고 한다. 이런 점을 무시하고 탑을 복원한다면 탑과 기존 공간의 조화가 사라진다.
따라서 탑은 보존하는 것이 복원하는 것보다 더 적절하다. 건축 문화재의 경우 복원보다는 보존을 중시하는 국제적인 흐름을 고려했을 때도, 탑이 더 훼손되지 않도록 지금의 모습을 유지하고 관리하는 것이 문화재로서의 가치를 지키고 계승할 수 있는 바람직한 방법이다.

① 탑을 복원하더라도 탑에 담긴 역사적 의미는 사라지지 않는다.
② 탑을 복원하면 형태가 훼손된 탑에서는 느낄 수 없었던 탑의 형태적 아름다움을 느낄 수 있다.
③ 탑 복원에 필요한 자료를 충분히 수집하여 탑을 복원하면 탑의 옛 모습을 되살릴 수 있다.
④ 주변 공간과의 조화를 유지하는 방법으로 탑을 복원할 수 있다.
⑤ 탑을 복원하는 비용보다 보존하는 비용이 더 많이 든다.

15

> 프랑크푸르트학파는 대중문화의 정치적 기능을 중요하게 본다. 20세기 들어 서구 자본주의 사회에서 혁명이 불가능하게 된 이유 가운데 하나는 바로 대중문화가 대중들을 사회의 권위에 순응하게 함으로써 사회를 유지하는 기능을 하고 있기 때문이라는 것이다. 이 순응의 기능은 두 방향으로 진행된다.
> 한편으로 대중문화는 대중들에게 자극적인 오락거리를 제공함으로써 정신적인 도피를 유도하여 정치에 무관심하도록 만든다는 것이다. 유명한 3S(Sex, Screen, Sports)는 바로 현실도피와 마취를 일으키는 대표적인 도구들이다.
> 다른 한편으로 대중문화는 자본주의적 가치관과 이데올로기를 은연중에 대중들이 받아들이게 하는 적극적인 세뇌 작용을 한다. 영화나 드라마, 광고나 대중음악의 내용이 규격화되어 현재의 지배적인 가치관을 지속해서 주입함으로써, 대중은 현재의 문제를 인식하고 더 나은 상태로 생각할 수 있는 부정의 능력을 상실한 일차원적 인간으로 살아가게 된다는 것이다.
> 프랑크푸르트학파의 대표자 가운데 한 사람인 아도르노(Adorno)는 「대중음악에 대하여」라는 글에서 대중음악이 어떻게 이러한 기능을 수행하는지 분석했다. 그의 분석에 따르면, 대중음악은 우선 규격화되어 누구나 쉽고 익숙하게 들을 수 있는 특징을 가진다. 그리고 이런 익숙함은 어려움 없는 수동적인 청취를 조장하여 자본주의 안에서의 지루한 노동의 피난처 구실을 한다. 그리고 나아가 대중음악의 소비자들이 기존 질서에 심리적으로 적응하게 함으로써 사회적 접착제의 역할을 한다.

① 대중문화의 영역은 지배계급이 헤게모니를 얻고자 하는 시도와 이에 대한 반대 움직임이 서로 얽혀 있는 곳으로 보아야 한다.

② 대중문화를 소비하는 대중이 문화 산물을 생산한 사람이 의도하는 그대로 문화 산물을 소비하는 존재에 불과하다는 생각은 현실과 맞지 않는다.

③ 발표되는 음악의 80%가 인기를 얻는 데 실패하고, 80% 이상의 영화가 엄청난 광고에도 불구하고 흥행에 실패한다는 사실은 대중이 단순히 수동적인 존재가 아니라는 것을 단적으로 드러내 보여주는 예이다.

④ 대중의 평균적 취향에 맞추어 높은 질을 유지하는 것이 어렵다 하더라도 19세기까지의 대중이 즐겼던 문화에 비하면 현대의 대중문화는 훨씬 수준 높고 진보된 것으로 평가할 수 있다.

⑤ 대중문화는 지배 이데올로기를 강요하는 지배문화로만 구성되는 것도 아니고, 이에 저항하여 자발적으로 발생한 저항문화로만 구성되는 것도 아니다.

16 **다음 글의 바로 뒤에 이어질 내용으로 가장 적절한 것은?**

> 자유의 속성상 인간은 불가피하게 새로운 속박으로 도피할 수밖에 없는가에 대한 물음에 '자발성'은 하나의 해답이 된다. 사람은 자발적으로 자아를 실현하는 과정에서 자신을 외부 세계에 새롭게 결부시키기 때문에, 자아의 완전성을 희생시키지 않고 고독을 극복할 수 있는 것이다. 소극적인 자유는 개인을 고독한 존재로 만들며 개인과 세계와의 관계를 소원하게 만들고 자아를 약화시켜 끊임없는 위협을 느끼게 한다. 자발성에 바탕을 둔 적극적 자유에는 다음과 같은 원리가 내포되어 있다. 개인적 자아보다 더 높은 힘은 존재하지 않고, 인간은 생활의 중심이자 목적이라는 원리와 개성의 성장과 실현을 그 어떤 목표보다 우선한다는 원리가 그것이다.

① 이러한 원리에 더하여 인간이 사회를 지배하고 사회 과정에 적극적으로 참여할 수 있는 사회적 여건이 갖추어질 때 근대 이후 인간을 괴롭히던 고독감과 무력감은 극복될 수 있다.

② 도피의 또 다른 심리 과정은 외부 세계에 의해서 그에게 부여된 인격을 전적으로 받아들임으로써 자기 자신이 되는 것을 스스로 중지하는 것이다.

③ 근대 이전까지는 자신의 신분에 맞는 삶을 영위하면서 나름대로 안정감과 소속감을 느끼던 인간들은 자신을 둘러싼 외부 세계가 자신의 의지와는 무관하게 작용한다는 것과 다른 사람들과의 관계조차도 적대적이 되었다는 것을 느끼게 된다.

④ 그러나 그는 자아의 상실이라는 매우 비싼 대가를 치르게 된다. 그는 부단히 다른 사람에게 인정받는 행위를 함으로써 자기 동일성을 유지하고자 하는 불안한 노력을 기울이게 되는 것이다.

⑤ 하지만 자유는 자발성을 가지는 인간이 성취할 수 있는 것이 아니다. 상황에 따라 적극적인 자발성은 자유로 도달하는 데 큰 방해물이 될 수 있다.

Hard

17 다음 글을 통해 알 수 있는 내용으로 적절하지 않은 것은?

고전주의 예술관에 따르면 진리는 예술 작품 속에 이미 완성된 형태로 존재한다. 독자는 작가가 담아놓은 진리를 '원형 그대로' 밝혀내야 하고 작품에 대한 독자의 감상은 작가의 의도와 일치해야 한다. 결국 고전주의 예술관에서 독자는 작품의 의미를 수동적으로 받아들이는 존재일 뿐이다.
하지만 작품의 의미를 해석하고 작가의 의도를 파악하는 존재는 결국 독자이다. 특히 현대 예술에서는 독자에 따라 작품에 대한 다양한 해석이 가능하다고 여긴다. 바로 여기서 수용미학이 등장한다. 수용미학을 처음으로 제기한 사람은 야우스이다. 그는 "문학사는 작품과 독자 간의 대화의 역사로 쓰여야 한다."라고 주장했다. 이것은 작품의 의미는 작품 속에 갇혀 있는 것이 아니라 독자에 의해 재생산되는 것임을 말한 것이다. 이로부터 문학을 감상할 때 작품과 독자의 관계에서 독자의 능동성이 강조되었다.
야우스에 의해 제기된 독자의 역할을 체계적으로 정리한 사람이 이저이다. 그는 독자의 능동적 역할을 밝히기 위해 '텍스트'와 '작품'을 구별했다. 텍스트는 독자와 만나기 전의 것을, 작품은 독자가 텍스트와의 상호작용을 통해 그 의미가 재생산된 것을 가리킨다. 그런데 이저는 텍스트에는 '빈틈'이 많다고 보았다. 이 빈틈으로 인해 텍스트는 '불명료성'을 가진다. 텍스트에 빈틈이 많다는 것은 그것이 부족하다는 의미가 아니라, 독자의 개입에 의해 언제나 새롭게 해석될 수 있다는 것을 의미한다.
텍스트가 작품이 되기 위해서는 독자 스스로 빈틈을 채우는 '구체화 과정'이 필요하다. 가령, 시에 '갈색 커피잔'이 나온다면, 이 잔은 색깔만 가지고 있을 뿐 크기, 무게, 모양 등은 정해져 있지 않다. 반면 실재적 대상으로서 커피잔은 무한한 속성을 갖고 있고 그 속성들은 모두 정해져 있다. 결국 텍스트에는 정해지지 않은 부분이 있기 마련이며, 이 빈틈은 독자가 스스로 채워 넣어야 할 부분인 것이다.
여기에서 이저의 독특한 독자관이 나온다. 이저는 텍스트 속에 독자의 역할이 들어 있다고 보았다. 그러나 독자가 어떠한 역할을 수행할지는 정해져 있지 않기 때문에 독자는 텍스트를 읽는 과정에서 텍스트의 내용과 형식에 끊임없이 반응한다. 이러한 상호작용 과정을 통해 독자는 작품을 재생산한다. 텍스트는 다양한 독자에 따라 다른 작품으로 태어날 수 있으며, 같은 독자라도 시간과 장소에 따라 다른 작품으로 생산될 수 있는 것이다. 이처럼 텍스트와 독자의 상호작용을 강조한 이저는 작품의 내재적 미학에서 탈피하여 작품에 대한 다양한 해석의 가능성을 열어주었다.

① 고전주의 예술관이 등장한 배경
② 고전주의 예술관에서 독자의 위상
③ 수용미학에서 작품과 독자의 관계
④ 수용미학과 이전 예술관의 차이점
⑤ 수용미학에서 작품의 재생산 방법

PART 2

18 다음 글과 〈보기〉를 읽은 반응으로 적절하지 않은 것은?

조선 전기에 물가 조정 정책을 시행하는 기관으로 상평창이 있었다. 상평창은 곡식의 가격이 하락하면 시가보다 비싸게 쌀을 구입하였다가 곡식의 가격이 상승하면 시가보다 싸게 방출하여 백성의 생활을 안정시키려고 설치한 물가 조정 기관이다.

이 기관에서 실시한 정책은 크게 채매(採買) 정책과 창저(倉儲) 정책으로 나눌 수 있다. 채매란 국가가 물가 조정에 필요한 상품을 시장으로부터 사들이는 것을 말한다. 이때에는 주로 당시에 실질적인 화폐의 역할을 하던 면포로 상품을 구입하였다. 연산군 8년, 지주제의 발전과 상품 경제의 발달에 따라 토지를 잃은 농민들이 일자리를 찾아 서울로 몰려들어 상공업 종사자의 수가 급격히 늘어나게 되어 서울의 쌀값이 지방에 비해 2배가 올랐다. 이에 따라 조정에서는 쌀값이 비교적 싼 전라도에서 면포를 주고 쌀을 구입하여 서울에 쌀을 풀어 쌀값을 낮추는 채매 정책을 실시하였다. 이는 면포를 기준으로 하여 쌀값이 싼 지방에서 쌀을 긴급하게 구입하여 들이는 조치로, 공간적 가격 차를 이용한 것이다.

창저란 쌀을 상평창에 저장하는 것을 말한다. 세종 27년에는 풍년이 들어 면포 1필의 값이 쌀 15두였으나, 성종 1년에는 흉년이 들어 면포 1필의 값이 쌀 4 ~ 5두가 되어 쌀값이 비싸졌다. 이에 조정에서는 세종 27년에 싼 값에 쌀을 구매하여 창고에 보관하였다가 성종 1년에 시장의 가격보다 싸게 팔아 높아진 쌀의 값을 낮추는 창저 정책을 실시하였다. 또한 수해 등 자연 재해를 대비하여 평소에 지역 내의 쌀을 사서 저장해두는 것도 여기에 해당되며 시간적 가격 차를 이용한 것이다.

채매와 창저는 농사의 풍·흉년에 따라 당시 화폐의 역할을 하였던 면포를 거두어들이거나 유통하여 쌀값을 안정시키고자 하는 상평창의 기능을 잘 보여주고 있다.

보기

정부는 국내 물가의 상승과 이로 인한 자국의 화폐가치 급락을 우려하고 있다. 이에 정부는 외국의 값싼 생필품을 수입하고, 저장해 놓았던 곡물을 싼 값에 유통시켜 물가 상승을 억제하는 정책을 펴고 있다. 또한 중앙은행을 통해 기준 금리를 높여 시중에 풀린 자본을 흡수하여 궁극적으로 물가 안정을 도모하고 있다.

① 상평창은 보기의 '중앙은행'과 유사한 역할을 한다.
② 풍년으로 인한 쌀값 하락은 보기의 화폐가치의 급락으로 볼 수 있다.
③ 채매(採買) 정책은 보기에서 정부가 생필품을 수입하는 것에 해당한다.
④ 창저(倉儲) 정책은 보기에서 기준 금리를 높이는 것과 그 목적이 비슷하다.
⑤ 보기에서 저장해 둔 곡물을 유통시키는 것은 시간적 가격 차이를 이용한 것이다.

19 다음 글을 읽고 〈보기〉에 대한 ㉠~㉤ 인물의 반응으로 적절하지 않은 것을 고르면?

사회 진화론은 다윈의 생물 진화론을 개인과 집단에 적용시킨 사회 이론이다. 사회 진화론의 중심 개념은 19세기에 등장한 '생존 경쟁'과 '적자생존'인데, 이 두 개념의 적용 범위가 개인인가 집단인가에 따라 자유방임주의와 결합하기도 하고, 민족주의나 제국주의와 결합하기도 하였다.
1860년대 영국의 대표적인 사회 진화론자인 ㉠ 스펜서는 인간 사회의 생활은 개인 간의 '생존 경쟁'이며, 그 경쟁은 '적자생존'에 의해 지배된다고 주장하였다. 스펜서는 가난한 자는 자연적으로 '도태된 자'이므로 인위적인 도움을 주어서는 안 되고, 빈부격차는 사회 진화의 과정에서 불가피하다고 인식하였다. 이러한 주장은 자본주의가 확장되던 영국과 미국에서 자유 경쟁과 약육강식의 현실을 정당화하고, 개인주의적 정서를 강화하는 데 이용되었다.
19세기 말 ㉡ 키드, 피어슨 등은 인종이나 민족, 국가 등의 집단 단위로 '생존 경쟁'과 '적자생존'을 적용하여 우월한 집단이 열등한 집단을 지배하는 것은 자연법칙이라고 주장함으로써 인종 차별이나 제국주의를 정당화하였다. 우생학과 결합한 사회 진화론은 앵글로색슨 족이나 아리아 족의 문화적·생물학적 우월성에 대한 믿음을 지지함으로써 서구 열강의 제국주의적, 식민주의적, 인종주의적 정책을 합리화하는 데 이용되었다.
한편 일본에서는 19세기 말 ㉢ 문명 개화론자들이 사회 진화론을 수용하였다. 이들은 '생존 경쟁'과 '적자생존'을 국가와 민족 단위에 적용하여 '약육강식'과 '우승열패'의 논리를 바탕으로 서구식 근대 문명국가 건설과 군국주의를 역설하였다. 나아가 세계적인 대세에 잘 적응한 일본이 경쟁에서 뒤처진 조선을 지배하는 것이 자연의 이치라는 주장을 전개했는데, 이는 나중에 식민사관으로 이어졌다.
사회 진화론은 구한말 개화파 지식인들에게도 큰 영향을 미쳤다. ㉣ 윤치호 같은 일부 개화파는 강자에 의한 패배를 불가피한 숙명으로 인식함으로써 조선 망국의 가능성을 거론하는 등 무기력한 모습을 보였다. 반면 ㉤ 박은식, 신채호 등 민족주의자들은 같은 사회 진화론을 받아들이면서도 조선이 살아남기 위해서는 일본이나 서구 열강과의 경쟁에서 반드시 승자가 되어야 하며, 그러기 위해서는 힘을 키워야 한다는 자강론의 근거로 삼았다.

보기

19세기 말 일본에서 근대화된 방직 기계로 대량 생산된 면제품이 들어오면서 재래식 기계로 옷감을 짜는 조선의 수공업은 심각한 타격을 입었다. 이제 막 공장을 갖추어 가던 조선의 수공업자들은 도산하였으며, 이들의 도산으로 면화 재배 농민들도 잇달아 몰락하였다.

① ㉠ : 자유 경쟁 시장에서 개인의 능력 부족으로 도태된 조선인들을 도와주면 안 된다.
② ㉡ : 생물학적으로 열등한 집단에 대한 지원을 강화해야 한다.
③ ㉢ : 일본이 조선보다 앞서 서구식 근대 문명국가를 건설했기 때문에 가능했던 일이다.
④ ㉣ : 기계 공업에 밀려 수공업자들과 농민들이 몰락하는 것은 불가피한 숙명이다.
⑤ ㉤ : 이런 문제를 해결하려면 우리 민족이 힘을 키워 경쟁에서 승리해야 한다.

PART 2

20 **다음 중 (가) ~ (마) 문단에 대한 설명으로 적절하지 않은 것은?**

(가) 신문이나 잡지는 대부분 유료로 판매된다. 반면에 인터넷 뉴스 사이트는 신문이나 잡지의 기사와 같거나 비슷한 내용을 무료로 제공한다. 왜 이런 현상이 발생하는 것일까?
(나) 이 현상 속에는 경제학적 배경이 숨어 있다. 대체로 상품의 가격은 그 상품을 생산하는 데 드는 비용의 언저리에서 결정된다. 생산 비용이 많이 들면 들수록 상품의 가격이 상승하는 것이다. 그런데 인터넷에 게재되는 기사를 생산하는 데 드는 비용은 0에 가깝다. 기자가 컴퓨터로 작성한 기사를 신문사 편집실로 보내 종이 신문에 게재하고, 그 기사를 그대로 재활용하여 인터넷 뉴스 사이트에 올리기 때문이다. 또한, 인터넷 뉴스 사이트 방문자 수가 증가하면 사이트에 걸어 놓은 광고에 대한 수입도 증가하게 된다. 이러한 이유로 신문사들은 경쟁적으로 인터넷 뉴스 사이트를 개설하여 무료로 운영했다.
(다) 그런데 무료 인터넷 뉴스 사이트를 이용하는 사람들이 폭발적으로 늘어나면서 돈을 내고 신문이나 잡지를 구독하는 사람들이 점점 줄어들기 시작했다. 그 결과 언론사들의 수익률이 감소하여 재정이 악화되었다. 문제는 여기서 그치지 않는다. 언론사들의 재정적 악화는 깊이 있고 정확한 뉴스를 생산하는 그들의 능력을 저하하거나 사라지게 할 수도 있다. 결국, 그로 인한 피해는 뉴스를 이용하는 소비자에게로 되돌아올 것이다.
(라) 그래서 언론사들, 특히 신문사들의 재정 악화 개선을 위해 인터넷 뉴스를 유료화해야 한다는 의견이 있다. 하지만 그러한 주장을 현실화하는 것은 그리 간단하지 않다. 소비자들은 어떤 상품을 구매할 때 그 상품의 가격이 얼마 정도면 구매할 것이고, 얼마 이상이면 구매하지 않겠다는 마음의 선을 긋는다. 이 선의 최대치가 바로 최대지불의사(Willingness To Pay)이다. 소비자들의 머릿속에 한번 각인된 최대지불의사는 좀처럼 변하지 않는 특성이 있다. 인터넷 뉴스의 경우 오랫동안 소비자에게 무료로 제공되었고, 그러는 사이 인터넷 뉴스에 대한 소비자들의 최대지불의사도 0으로 굳어진 것이다. 그런데 이제 와서 무료로 이용하던 정보를 유료화한다면 소비자들은 여러 이유를 들어 불만을 토로할 것이다.
(마) 해외 신문 중 일부 경제 전문지는 이러한 문제를 성공적으로 해결했다. 그들은 매우 전문화되고 깊이 있는 기사를 작성하여 소비자에게 제공하는 대신 인터넷 뉴스 사이트를 유료화했다. 그럼에도 불구하고 많은 소비자가 기꺼이 돈을 내고 이들 사이트의 기사를 이용하고 있다. 전문화되고 맞춤화된 뉴스일수록 유료화 잠재력이 높은 것이다. 이처럼 제대로 된 뉴스를 만드는 공급자와 제값을 내고 제대로 된 뉴스를 소비하는 수요자가 만나는 순간 문제 해결의 실마리를 찾을 수 있을 것이다.

① (가) : 현상을 제시하고 있다.
② (나) : 현상의 발생 원인을 분석하고 있다.
③ (다) : 현상의 문제점을 지적하고 있다.
④ (라) : 현상의 긍정적 측면을 강조하고 있다.
⑤ (마) : 문제의 해결 방안을 시사하고 있다.

02 수리

01 수영장에 물을 가득 채울 때 수도관 A로는 6시간, B로는 4시간이 걸린다. A, B 두 수도관을 모두 사용하여 수영장에 물을 가득 채우는 데 걸리는 시간은?

① 2시간
② 2시간 12분
③ 2시간 24분
④ 2시간 36분
⑤ 2시간 48분

02 영채는 길이가 30km인 강을 배를 타고 이동하고자 한다. 강을 거슬러 올라가는 데 걸린 시간이 5시간이고 강물의 흐르는 방향과 같은 방향으로 내려가는 데 걸린 시간이 3시간일 때, 흐르지 않는 물에서의 배의 속력은?(단, 배와 강물의 속력은 일정하다)

① 5km/h
② 6.5km/h
③ 8km/h
④ 10km/h
⑤ 12km/h

Hard

03 과일 가게에서 사과 2개와 배 5개를 한 세트로 하여 특가로 판매하였다. 영업 시작 전 사과와 배의 개수가 3 : 7의 비율로 있었는데, 영업 마감 후에는 사과만 42개 남았다. 영업 시작 전 사과와 배의 총 개수는?

① 900개
② 1,200개
③ 1,500개
④ 1,800개
⑤ 2,100개

04

A와 B가 시장에 가서 각각 2번에 걸쳐 물건을 사는 데 총 32,000원이 들었다. A는 두 번째 구매 시 첫 번째보다 50% 감소한 금액을 냈고, B는 두 번째 구매 시 첫 번째보다 50% 증가한 금액을 냈다. 나중에 서로 비교해보니 B가 A보다 5,000원을 더 소비한 것을 알게 되었다고 할 때, A가 첫 번째로 낸 금액은 얼마인가?

① 7,400원
② 8,500원
③ 9,000원
④ 9,700원
⑤ 10,300원

Hard

05

가로, 세로의 길이가 각각 432m, 720m인 직사각형 모양의 공원에 나무를 심으려고 한다. 네 귀퉁이에는 반드시 나무를 심고 서로 간격이 일정하게 떨어져 있도록 심을 때, 최소한 몇 그루를 심을 수 있는가?(단, 공원의 내부에는 나무를 심지 않는다)

① 16그루
② 24그루
③ 36그루
④ 48그루
⑤ 60그루

06

영수는 1분에 15L의 물을 퍼낼 수 있고, 철수는 1분에 12L의 물을 부을 수 있다. 물이 가득 차 있는 100L짜리 수조에 두 사람이 동시에 물을 퍼내고 붓기 시작했다면, 25분 후에 수조에 남아있는 물의 양은?

① 15L
② 18L
③ 20L
④ 22L
⑤ 25L

Easy

07

농도를 알 수 없는 설탕물 500g에 농도 3%의 설탕물 200g을 온전히 섞었더니 섞은 설탕물의 농도는 7%가 되었다. 처음 500g의 설탕물에 녹아있던 설탕은 몇 g인가?

① 40g
② 41g
③ 42g
④ 43g
⑤ 44g

08 주머니에 빨간색 구슬 3개, 초록색 구슬 4개, 파란색 구슬 5개가 있다. 구슬 2개를 꺼낼 때, 모두 빨간색이거나 모두 초록색이거나 모두 파란색일 확률은?

① $\frac{3}{11}$
② $\frac{19}{66}$
③ $\frac{10}{33}$
④ $\frac{7}{22}$
⑤ $\frac{7}{44}$

09 성인의 영화표 가격은 12,000원이고 청소년의 영화표 가격은 성인의 0.7배이다. 9명이 함께 관람하는 가격으로 90,000원을 지불하였다면, 청소년은 몇 명인가?

① 3명
② 4명
③ 5명
④ 6명
⑤ 7명

Hard

10 180L 들이의 항아리에 물을 부으면 1분에 1.5L씩 채워진다. A는 제한시간인 2시간 안에 항아리를 채우기 위해 물을 붓기 시작했고, 30분이 지났을 때 바닥에 금이 가서 $\frac{1}{12}$밖에 채워지지 않은 것을 알게 되었다. 제한시간이 될 때까지 항아리에 물을 가득 채우기 위해 1분당 부어야 하는 물의 최소량은?

① 2.6L
② 2.7L
③ 2.8L
④ 2.9L
⑤ 3L

PART 2

11 지역별 조기 축구 대회가 S고등학교 경기장에서 열린다. 경기는 토너먼트 방식으로 진행되며 한 경기마다 경기장 이용료를 2,000원씩 지불해야 할 때, 총 20개의 팀이 경기에 참가했다면 학교에 지불해야 하는 금액은?(단, 3·4위전은 고려하지 않고, 동점을 받은 팀은 없다)

① 36,000원
② 37,000원
③ 38,000원
④ 39,000원
⑤ 40,000원

Easy

12 A와 아버지의 나이 차는 28세이다. 아버지의 나이가 A의 나이의 3배라면 아버지의 나이는?

① 40세
② 42세
③ 44세
④ 46세
⑤ 48세

13 보라는 제주도에 있는 식당 10곳 중에서 3곳을 골라 아침, 점심, 저녁을 먹으려고 한다. 이때 선택할 수 있는 경우의 수는?(단, 한 번 방문한 곳은 다시 선택하지 않는다)

① 420가지
② 560가지
③ 600가지
④ 720가지
⑤ 750가지

14 빨강 1개, 초록 1개, 파랑 2개의 총 4개의 숟가락, 빨강 2개, 초록 2개의 총 4개의 젓가락이 있다. 숟가락과 젓가락으로 4개 세트를 만드는 경우의 수는?

① 22가지
② 36가지
③ 54가지
④ 72가지
⑤ 86가지

15 같은 회사에 다니는 A사원과 B사원이 건물 맨 꼭대기 층인 10층에서 엘리베이터를 함께 타고 내려갔다. 두 사원이 서로 다른 층에 내릴 확률은?(단, 두 사원 모두 지하에서는 내리지 않는다)

① $\frac{5}{27}$

② $\frac{8}{27}$

③ $\frac{2}{3}$

④ $\frac{8}{9}$

⑤ $\frac{77}{81}$

16 다음은 통계청에서 발표한 서울 지역 물가지수 자료이다. 이에 대한 설명으로 옳지 않은 것은?

〈서울 지역 소비자물가지수 및 생활물가지수〉

구분	2021년	2022년				2023년				2024년		
	4/4	1/4	2/4	3/4	4/4	1/4	2/4	3/4	4/4	1/4	2/4	3/4
소비자물가지수	95.5	96.4	97.7	97.9	99.0	99.6	100.4	100.4	101.0	102.6	103.4	104.5
전년 동기(월)비	4.2	3.9	2.5	2.4	2.7	2.5	2.5	2.8	3.2	3.6	3.8	4.1
생활물가지수	95.2	95.9	97.1	97.6	99.1	99.7	99.7	100.4	100.9	103.1	103.5	104.5
전년 동기(월)비	3.5	3.1	2.4	2.5	3.4	2.7	2.7	2.9	3.4	4.0	3.8	4.1

※ 물가지수는 2010년을 100으로 하여 각 연도의 비교치를 제시한 것임

① 2010년에 비해 2023년 소비자물가지수는 거의 변동이 없다.

② 2024년 4/4분기의 생활물가지수가 95.9라면, 2024년 생활물가지수는 2010년에 비해 2포인트 이상 상승했다.

③ 2021년 이후 소비자물가지수와 생활물가지수는 감소한 적이 없다.

④ 2023년에는 소비자물가지수가 생활물가지수보다 약간 더 높다.

⑤ 전년 동기와 비교하여 상승 폭이 가장 큰 것은 2021년 4/4분기 소비자물가지수이고, 가장 낮은 것은 2022년 2/4분기 생활물가지수와 2022년 3/4분기 소비자물가지수이다.

17 다음은 A방송사의 매출액 추이를 나타낸 자료이다. 이에 대하여 바르게 분석한 사람을 〈보기〉에서 모두 고르면?

〈A방송사 매출액 추이〉

(단위 : 십억 원)

구분		2019년	2020년	2021년	2022년	2023년
방송사업 매출액	방송수신료	56	57	54	53	54
	광고	215	210	232	220	210
	협찬	31	30	33	31	32
	프로그램 판매	11	10	12	13	12
	기타 방송사업	18	22	21	20	20
기타 사업		40	41	42	41	42
합계		371	370	394	378	370

보기

지환 : 방송수신료 매출액의 전년 대비 증감 추이와 반대되는 추이를 보이는 항목이 존재해.
소영 : 5년간 모든 항목의 매출액이 3십억 원 이상의 변동폭을 보였어.
동현 : 5년간 각 항목의 매출액 순위는 한 번도 변동 없이 동일했구나.
세미 : 2019년과 비교했을 때 2023년에 매출액이 상승하지 않은 항목은 2개뿐이군.

① 지환, 소영
② 소영, 세미
③ 동현, 세미
④ 지환, 동현, 세미
⑤ 지환, 동현, 소영

18 다음은 생후 1주일 이내 성별 · 생존기간별 신생아 사망률에 대한 표이다. 이에 대한 설명으로 옳은 것은?

〈생후 1주일 이내 성별 · 생존기간별 신생아 사망률〉

(단위 : 명, %)

생존 기간	남자		여자	
1시간 이내	31	2.7	35	3.8
1 ~ 12시간	308	26.5	249	27.4
13 ~ 24시간	97	8.3	78	8.6
25 ~ 48시간	135	11.6	102	11.2
49 ~ 72시간	166	14.3	114	12.5
73 ~ 168시간	272	23.4	219	24.1
미상	153	13.2	113	12.4
전체	1,162	100.0	910	100.0

〈생후 1주일 이내 산모 연령별 신생아 사망률〉

(단위 : 명, %)

산모 연령	출생아 수	신생아 사망률
19세 미만	6,356	8.8
20 ~ 24세	124,956	6.3
25 ~ 29세	379,209	6.8
30 ~ 34세	149,760	9.4
35 ~ 39세	32,560	13.5
40세 이상	3,977	21.9
전체	696,818	7.7

① 생후 첫날 여자 신생아 사망률은 남자 신생아 사망률보다 낮다.

② 생후 1주일 내 신생아 사망자 수가 가장 많은 산모 연령대는 40세 이상이다.

③ 생후 1주일 내에서 첫날의 신생아 사망률은 약 50%이다.

④ 생후 1주일 내 신생아 사망률 중 셋째 날 신생아 사망률은 약 13.5%이다.

⑤ 산모 연령 25 ~ 29세가 출생아 수가 가장 많고 신생아 사망률이 가장 낮다.

19 **다음은 연간 국내 인구이동에 대한 그래프이다. 이에 대한 설명으로 옳지 않은 것은?(단, 소수점 둘째 자리에서 반올림한다)**

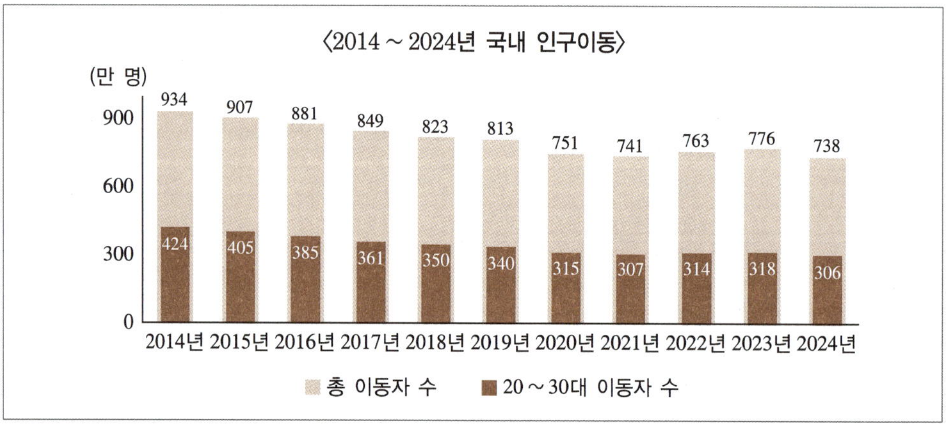

① 2021년까지 20 ~ 30대 이동자 수는 지속 감소하였다.

② 총이동자 수와 20 ~ 30대 이동자 수의 변화 양상은 동일하다.

③ 총이동자 수 대비 20 ~ 30대 이동자 수의 비율은 2021년이 가장 높다.

④ 20 ~ 30대를 제외한 이동자 수가 가장 많은 해는 2014년이다.

⑤ 총이동자 수가 가장 적은 해에 20 ~ 30대 이동자가 차지하는 비율은 41.5%이다.

20 다음은 인구의 국제 이동에 대한 자료이다. 이에 대한 설명으로 옳지 않은 것은?

〈출・입국자 및 국제 순이동 인구 현황〉

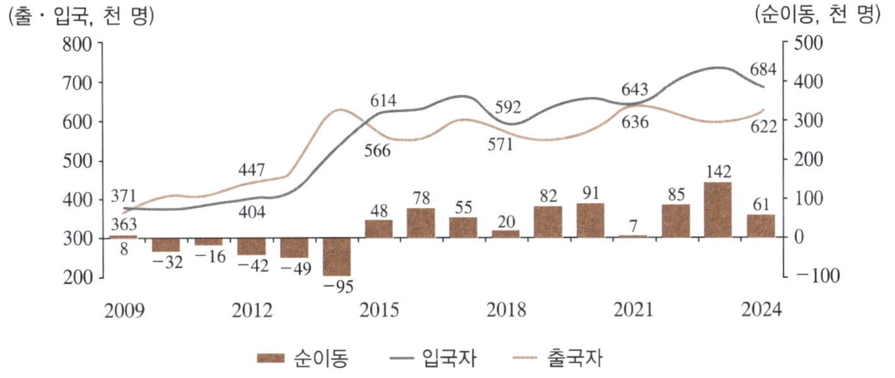

〈국제 이동 인구 현황〉

(단위 : 천 명)

구분	2009년	2010년	2011년	2012년	2013년	2014년	2015년	2016년
국제 순이동	8	−32	−16	−42	−49	−95	48	78
입국자	371	374	387	404	423	530	614	630
출국자	363	406	403	447	471	625	566	553
내국인 순이동	−76	−87	−62	−57	−77	−84	−81	−71
외국인 순이동	84	55	46	15	28	−11	129	148

구분	2017년	2018년	2019년	2020년	2021년	2022년	2023년	2024년
국제 순이동	55	20	82	91	7	85	142	61
입국자	659	592	632	658	643	696	735	684
출국자	603	571	550	568	636	611	594	622
내국인 순이동	−37	21	−15	1	−4	−7	5	−10
외국인 순이동	92	−1	97	90	10	92	137	72

① 국제 순이동은 2015년 이후 순유입을 유지하고 있다.
② 외국인은 2009년 이후 일부 연도를 제외하고는 순유입 추세를 보이고 있다.
③ 내국인의 국제 순이동은 2020년 이후 유출과 유입의 차이가 1만 명 이내이다.
④ 내국인 순유출이 가장 많았던 해에는 외국인 순유입이 가장 적었다.
⑤ 외국인 순이동 수치가 가장 컸던 해는 2016년이다.

※ 다음 도형의 규칙을 보고 물음표에 들어갈 알맞은 것을 고르시오. [1~20]

Hard

01

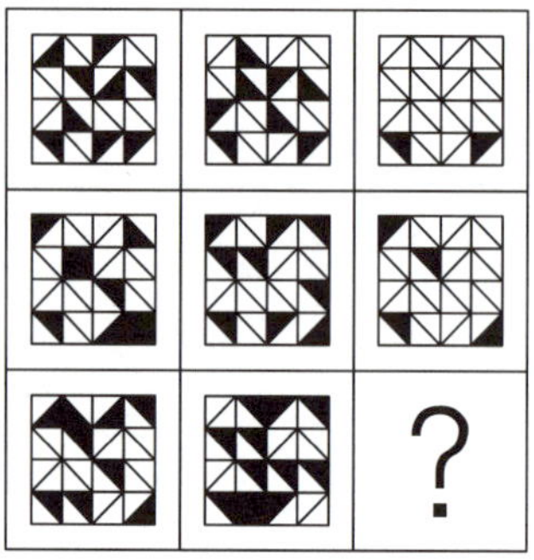

①
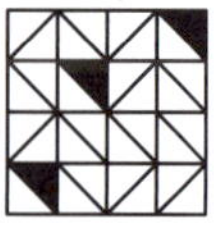

②

③
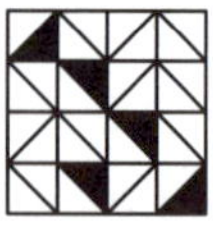

④

⑤
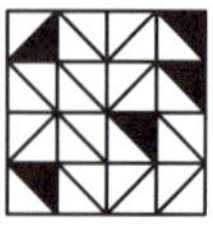

Easy

02

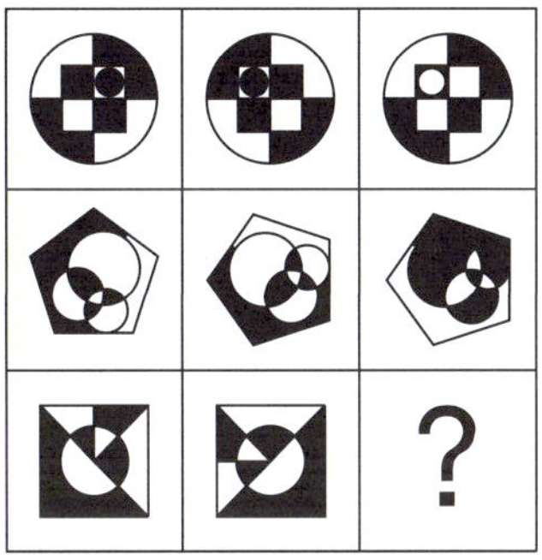

① 

② 

③ 

④ 

⑤ 

PART 2

03

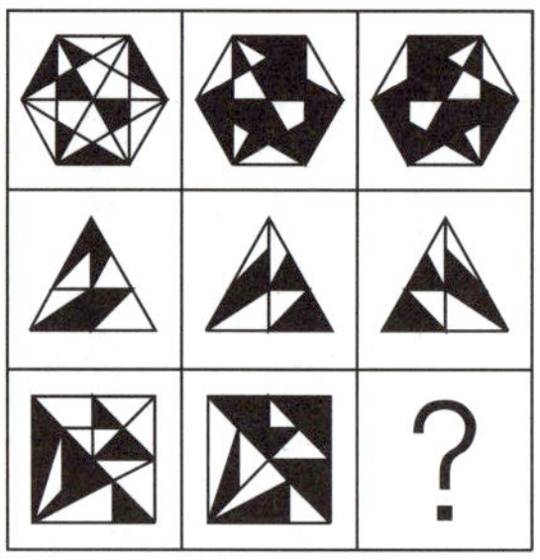

① 

② 

③ 

④ 

⑤ 

04

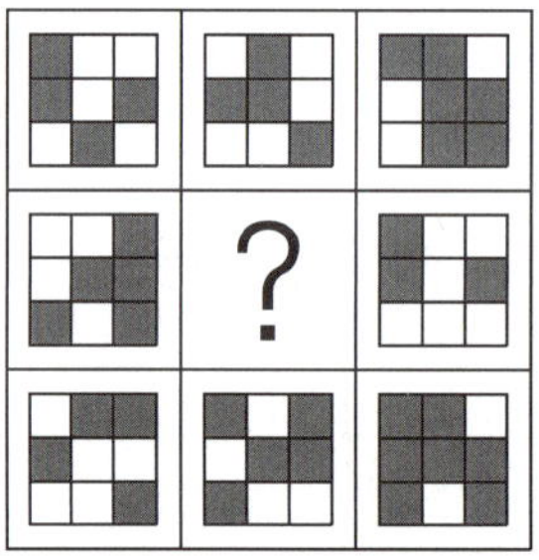

① 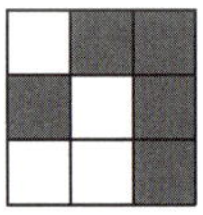

② 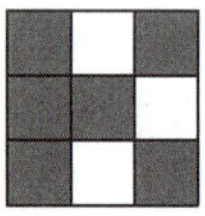

③ 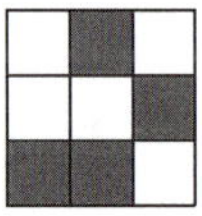

④ 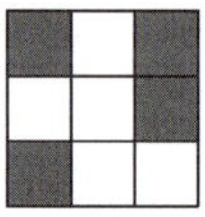

⑤ 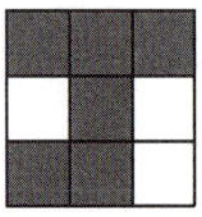

Easy

05

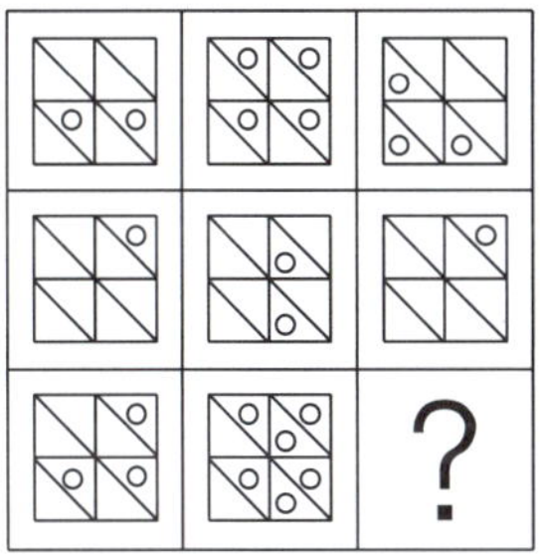

①

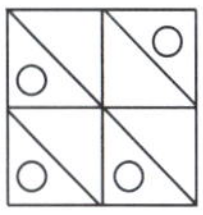

②

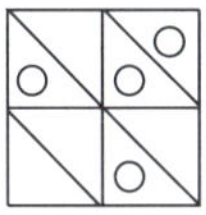

③

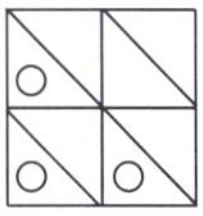

④

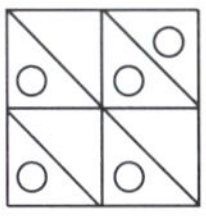

⑤

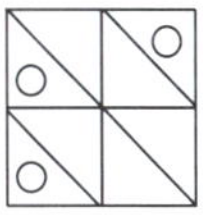

06

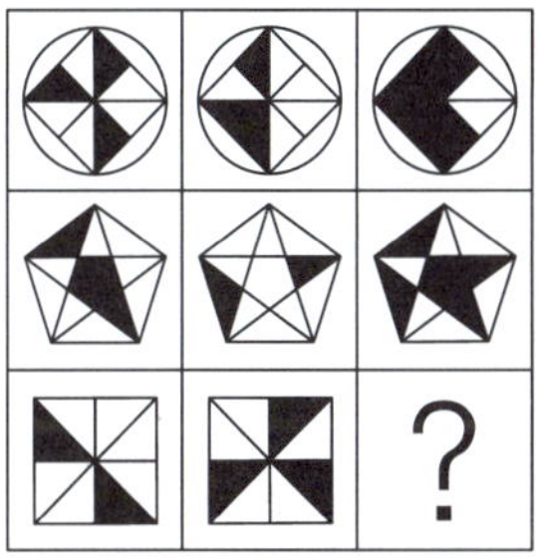

①

②

③

④

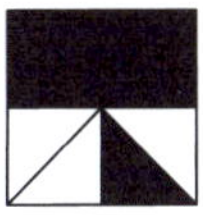

⑤

07

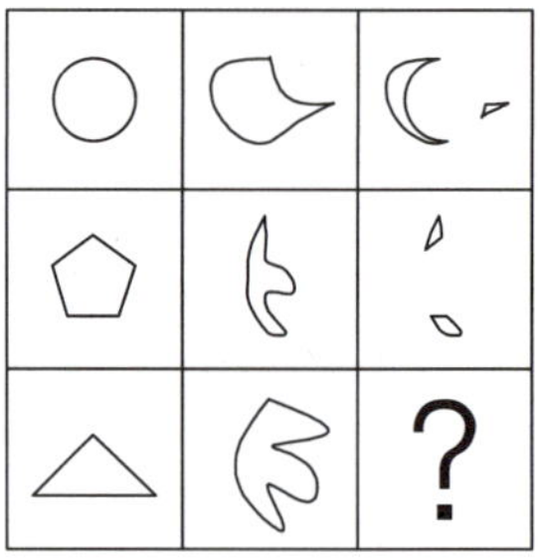

① 

② 

③ 

④ 

⑤ 

Hard

08

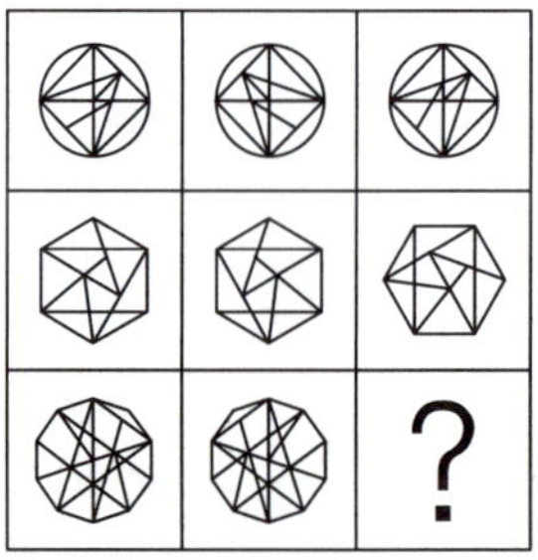

① 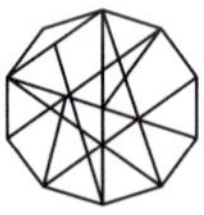

② 

③ 

④ 

⑤ 

Hard

09

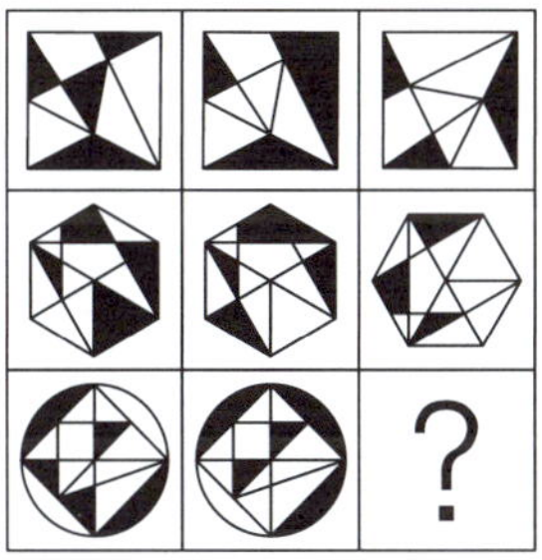

① 

② 

③ 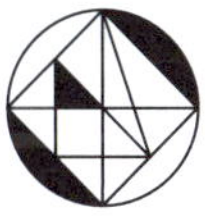

④ 

⑤ 

Easy

10

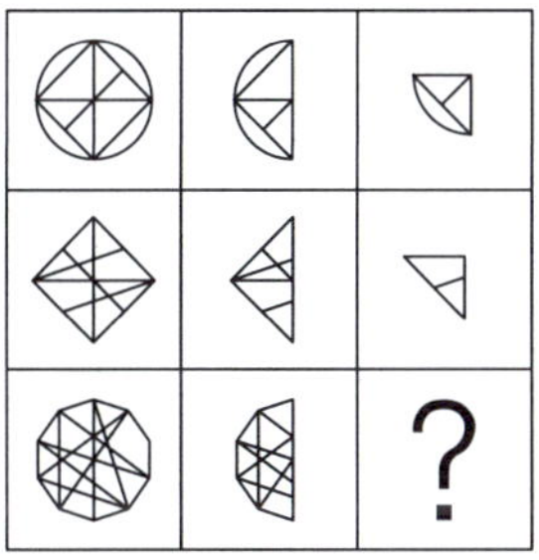

① 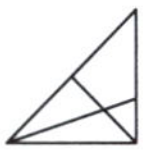

② 

③ 

④ 

⑤ 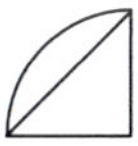

PART 2

11

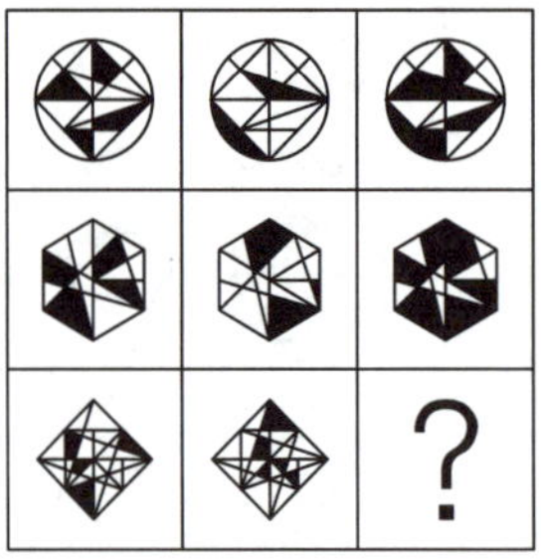

① 

② 

③ 

④ 

⑤ 

Easy

12

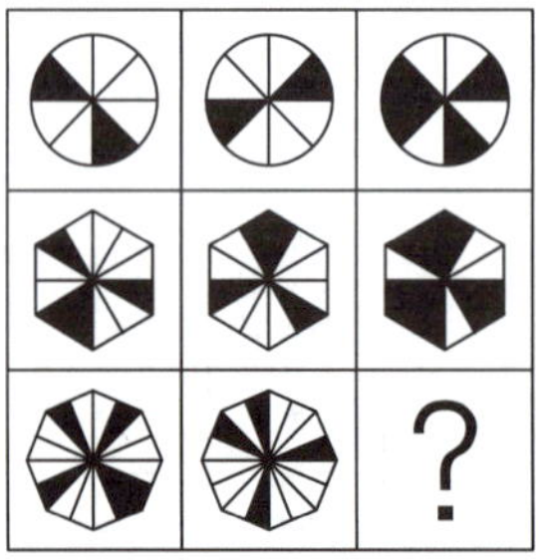

① 

② 

③ 

④ 

⑤ 

13

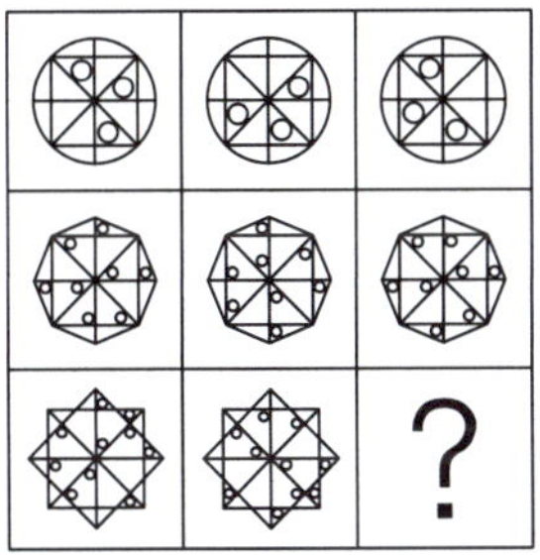

①
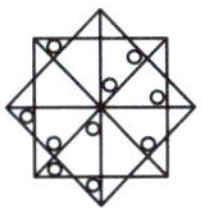

②
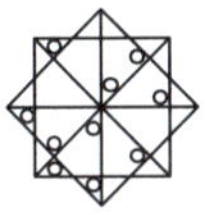

③
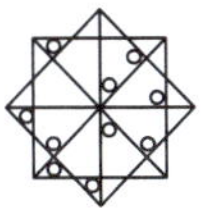

④
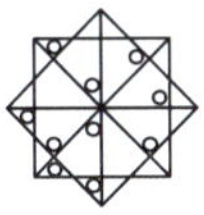

⑤
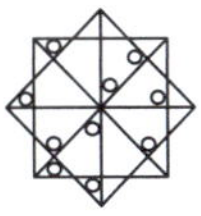

14

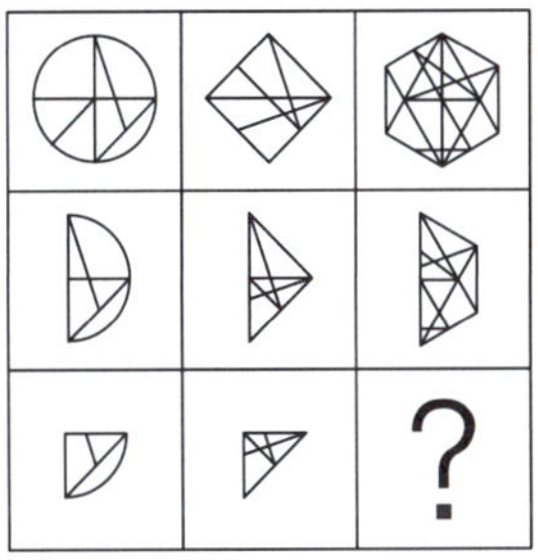

①
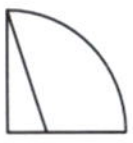

②

③
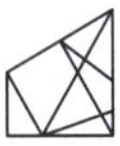

④

⑤

15

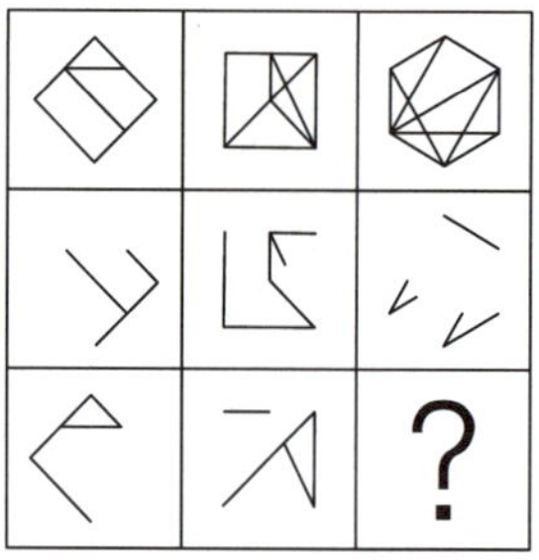

① 

② 

③ 

④ 

⑤ 

16

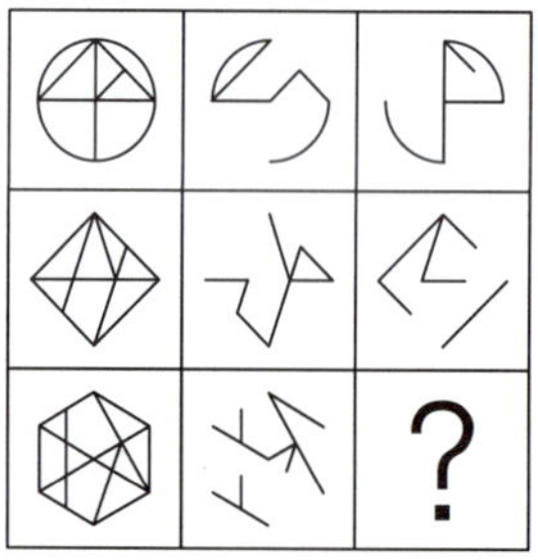

① 

② 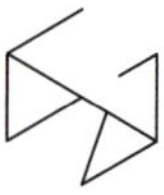

③ 

④ 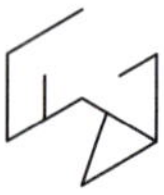

⑤ 

17

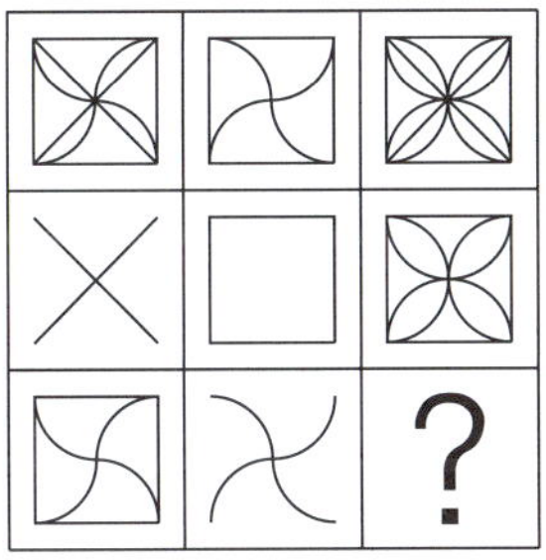

① 

② 

③ 

④ 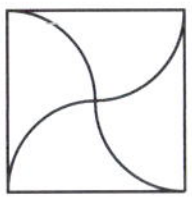

⑤ 

18

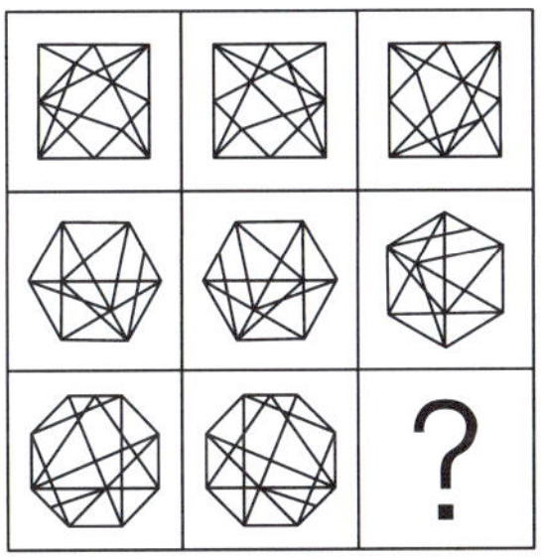

① 

② 

③ 

④ 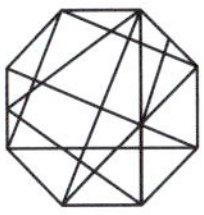

⑤ 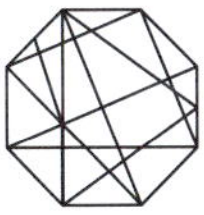

19

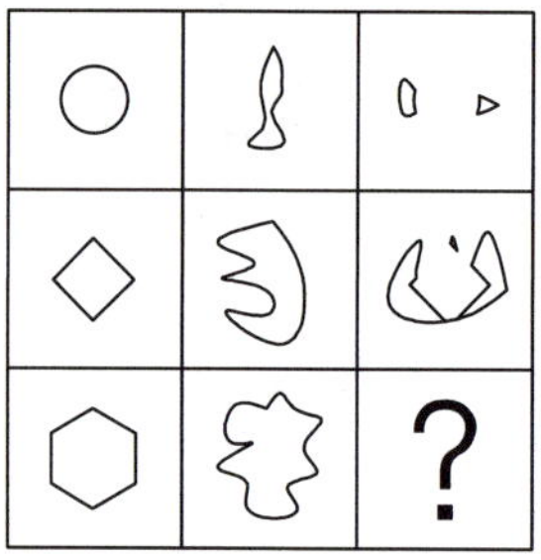

① 

② 

③ 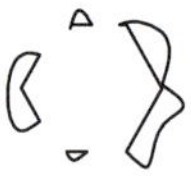

④ 

⑤ 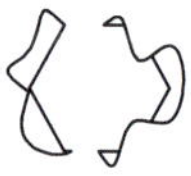

20

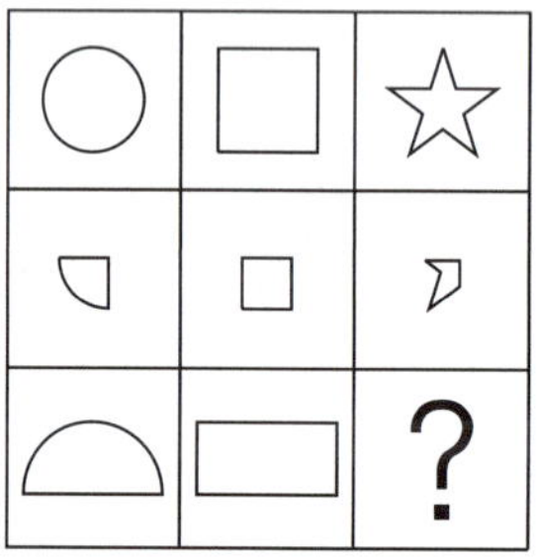

① 

② 

③ 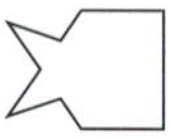

④ 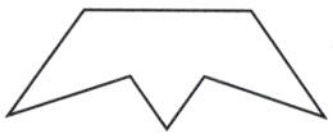

⑤ 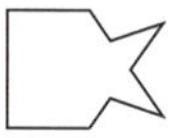

PART 3
인성검사

PART

3 인성검사

01 인성검사

인성검사는 샘표식품의 인재상과 적합한 인재인지 평가하는 테스트로, 지원자의 개인 성향이나 인성에 관한 질문으로 구성되어 있다. 현재는 100문항을 50분에 풀어야하는 형식이지만 채용전형과 일정에 따라서 변경될 가능성이 있으므로, 본인이 지원하는 직무의 채용 공고를 반드시 확인해야 한다.

(1) **문항 수** : 100문항

(2) **응시시간** : 50분

(3) **출제유형** : 인성검사의 유형은 한 문제당 4개의 문장이 나오며, 자신의 성향과 가까운 정도에 따라 1~5점을 부여한다(① 전혀 그렇지 않다, ② 그렇지 않다, ③ 보통이다, ④ 그렇다, ⑤ 매우 그렇다). 그리고 각 문항을 비교하여 상대적으로 자신과 가장 가까운 것과 먼 것에 체크를 한다.

질문	답안 1					답안 2	
	①	②	③	④	⑤	멀다	가깝다
A. 나는 팀원들과 함께 일하는 것을 좋아한다.	□	□	□	□	☑	□	☑
B. 나는 새로운 방법을 시도하는 것을 선호한다.	□	□	☑	□	□	□	□
C. 나는 수리적인 자료들을 제시하여 결론을 도출한다.	□	☑	□	□	□	☑	□
D. 물건을 만들거나 도구를 사용하는 일이 싫지는 않다.	□	□	□	☑	□	□	□

02 인성검사 수검요령

인성검사는 특별한 수검요령이 없다. 다시 말하면 모범답안이 없고, 정답이 없다는 이야기이다. 국어문제처럼 말의 뜻을 풀이하는 것도 아니다. 굳이 수검요령을 말하자면, 진실하고 솔직한 내 생각이 정답이라고 할 수 있을 것이다.

인성검사에서 가장 중요한 것은 첫째, 솔직한 답변이다. 지금까지 경험을 통해서 축적되어온 자신의 생각과 행동을 허구 없이 솔직하게 기재를 하는 것이다. 예를 들어, '나는 타인의 물건을 훔치고 싶은 충동을 느껴본 적이 있다.'라는 질문에 피검사자들은 많은 생각을 하게 된다. 생각해보라.

유년기에 또는 성인이 되어서도 타인의 물건을 훔치는 일을 저지른 적은 없더라도, 훔치고 싶은 마음적인 충동은 누구나 조금이라도 다 느껴보았을 것이다. 그런데 이 질문에 고민을 하는 사람이 간혹 있다. 과연 이 질문에 '매우 그렇다.'라고 대답하면 담당 검사관들이 나를 사회적으로 문제가 있는 사람으로 여기지는 않을까 하는 생각에 '전혀 그렇지 않다.'라는 답을 기재하게 된다. 이런 솔직하지 않은 답변이 답변의 신뢰와 솔직함을 나타내는 타당성 척도에 좋지 않은 점수를 주게 된다.

둘째, 일관성 있는 답변이다. 인성검사의 수많은 질문 문항 중에는 비슷한 뜻의 질문이 여러 개 숨어 있는 경우가 많이 있다. 그 질문들은 피검사자의 솔직한 답변과, 심리적인 상태를 알아보기 위해 내포되어 있는 문항들이다. 가령 '나는 유년시절 타인의 물건을 훔친 적이 있다.'라는 질문에 '매우 그렇다.'라고 대답했는데, '나는 유년시절 타인의 물건을 훔쳐보고 싶은 충동을 느껴본 적이 있다.'라는 질문에는 '전혀 그렇지 않다.'라는 답을 기재한다면 어떻겠는가. 일관성 없이 '대충 기재하자.'라는 식의 심리적 무성의성 답변이 되거나, 정신적으로 문제가 있는 사람으로 보일 수 있다.

인성검사는 많은 문항 수를 풀어나가기 때문에 피검사자들은 지루함과 따분함, 반복된 뜻의 질문에 의한 인내 상실 등이 나타날 수 있다. 인내를 가지고 솔직하게 내 생각을 대답하는 것이 무엇보다 중요한 요령이 될 것이다.

03 인성검사 시 유의사항

(1) 충분한 휴식으로 불안을 없애고 정서적인 안정을 취한다. 심신이 안정되어야 자신의 마음을 표현할 수 있다.

(2) 생각나는 대로 솔직하게 응답한다. 자신을 너무 과대포장하지도, 너무 비하하지도 마라. 답변을 꾸며서 하면 앞뒤가 맞지 않게끔 구성돼 있어 불리한 평가를 받게 되므로 솔직하게 답하도록 한다.

(3) 검사 문항에 대해 지나치게 골똘히 생각해서는 안 된다. 지나치게 몰두하면 엉뚱한 답변이 나올 수 있으므로 불필요한 생각은 삼간다.

(4) 검사시간에 너무 신경 쓸 필요는 없다. 인성검사는 시간제한이 없는 경우가 많으며 시간제한이 있다 해도 충분한 시간이다.

(5) 인성검사는 대개 문항 수가 많기에 자칫 건너뛰는 경우가 있는데, 가능한 한 모든 문항에 답해야 한다. 응답하지 않은 문항이 많을 경우 평가자가 정확한 평가를 내리지 못해 불리한 평가를 내릴 수 있기 때문이다.

04 인성검사 모의연습

※ 각 문항을 읽고, ①~⑤ 중 자신에게 맞는 것을 선택하시오. 그리고 4문항 중 자신의 성격과 가장 먼 문항(멀다)과 가까운 문항(가깝다)을 하나씩 선택하시오(① 전혀 그렇지 않다, ② 그렇지 않다, ③ 보통이다, ④ 그렇다, ⑤ 매우 그렇다). **[1~100]**

※ 인성검사는 정답이 따로 없는 유형의 검사이므로 결과지를 제공하지 않습니다.

01

질문	답안 1					답안 2	
	①	②	③	④	⑤	멀다	가깝다
A. 사물을 신중하게 생각하는 편이라고 생각한다.	□	□	□	□	□	□	□
B. 포기하지 않고 노력하는 것이 중요하다.	□	□	□	□	□	□	□
C. 자신의 권리를 주장하는 편이다.	□	□	□	□	□	□	□
D. 컨디션에 따라 기분이 잘 변한다.	□	□	□	□	□	□	□

02

질문	답안 1					답안 2	
	①	②	③	④	⑤	멀다	가깝다
A. 노력의 여하보다 결과가 중요하다.	□	□	□	□	□	□	□
B. 자기주장이 강하다.	□	□	□	□	□	□	□
C. 어떠한 일이 있어도 출세하고 싶다.	□	□	□	□	□	□	□
D. 반성하는 일이 거의 없다.	□	□	□	□	□	□	□

03

질문	답안 1					답안 2	
	①	②	③	④	⑤	멀다	가깝다
A. 다른 사람의 일에 관심이 없다.	□	□	□	□	□	□	□
B. 때로는 후회할 때도 있다.	□	□	□	□	□	□	□
C. 진정으로 마음을 허락할 수 있는 사람은 없다.	□	□	□	□	□	□	□
D. 고민이 생겨도 심각하게 생각하지 않는다.	□	□	□	□	□	□	□

04

질문	답안 1					답안 2	
	①	②	③	④	⑤	멀다	가깝다
A. 한번 시작한 일은 반드시 끝을 맺는다.	□	□	□	□	□	□	□
B. 다른 사람들이 하지 못하는 일을 하고 싶다.	□	□	□	□	□	□	□
C. 좋은 생각이 떠올라도 실행하기 전에 여러모로 검토한다.	□	□	□	□	□	□	□
D. 슬럼프에 빠지면 좀처럼 헤어나지 못한다.	□	□	□	□	□	□	□

05

질문	답안 1					답안 2	
	①	②	③	④	⑤	멀다	가깝다
A. 다른 사람에게 항상 움직이고 있다는 말을 듣는다.	□	□	□	□	□	□	□
B. 옆에 사람이 있으면 싫다.	□	□	□	□	□	□	□
C. 친구들과 남의 이야기를 하는 것을 좋아한다.	□	□	□	□	□	□	□
D. 자신의 소문에 관심을 기울인다.	□	□	□	□	□	□	□

06

질문	답안 1					답안 2	
	①	②	③	④	⑤	멀다	가깝다
A. 모두가 싫증을 내는 일에도 혼자서 열심히 한다.	□	□	□	□	□	□	□
B. 완성된 것보다 미완성인 것에 흥미가 있다.	□	□	□	□	□	□	□
C. 능력을 살릴 수 있는 일을 하고 싶다.	□	□	□	□	□	□	□
D. 항상 무슨 일을 해야만 한다.	□	□	□	□	□	□	□

07

질문	답안 1					답안 2	
	①	②	③	④	⑤	멀다	가깝다
A. 번화한 곳에 외출하는 것을 좋아한다.	□	□	□	□	□	□	□
B. 다른 사람에게 자신이 소개되는 것을 좋아한다.	□	□	□	□	□	□	□
C. 다른 사람보다 쉽게 우쭐해진다.	□	□	□	□	□	□	□
D. 여간해서 흥분하지 않는 편이다.	□	□	□	□	□	□	□

PART 3

08

질문	답안 1					답안 2	
	①	②	③	④	⑤	멀다	가깝다
A. 다른 사람의 감정에 민감하다.	□	□	□	□	□	□	□
B. 남을 배려하는 마음씨가 있다는 말을 듣는다.	□	□	□	□	□	□	□
C. 사소한 일로 우는 일이 많다.	□	□	□	□	□	□	□
D. 매일 힘든 일이 너무 많다.	□	□	□	□	□	□	□

09

질문	답안 1					답안 2	
	①	②	③	④	⑤	멀다	가깝다
A. 통찰력이 있다고 생각한다.	□	□	□	□	□	□	□
B. 몸으로 부딪혀 도전하는 편이다.	□	□	□	□	□	□	□
C. 감정적으로 될 때가 많다.	□	□	□	□	□	□	□
D. 걱정거리가 생기면 머릿속에서 떠나지 않는 편이다.	□	□	□	□	□	□	□

10

질문	답안 1					답안 2	
	①	②	③	④	⑤	멀다	가깝다
A. 타인에게 간섭받는 것을 싫어한다.	□	□	□	□	□	□	□
B. 신경이 예민한 편이라고 생각한다.	□	□	□	□	□	□	□
C. 난관에 봉착해도 포기하지 않고 열심히 한다.	□	□	□	□	□	□	□
D. 휴식시간에도 일하고 싶다.	□	□	□	□	□	□	□

11

질문	답안 1					답안 2	
	①	②	③	④	⑤	멀다	가깝다
A. 해야 할 일은 신속하게 처리한다.	□	□	□	□	□	□	□
B. 매사에 느긋하고 차분하다.	□	□	□	□	□	□	□
C. 끙끙거리며 생각할 때가 있다.	□	□	□	□	□	□	□
D. 사는 것이 힘들다고 느낀 적은 없다.	□	□	□	□	□	□	□

12

질문	답안 1					답안 2	
	①	②	③	④	⑤	멀다	가깝다
A. 하나의 취미를 오래 지속하는 편이다.	□	□	□	□	□	□	□
B. 낙천가라고 생각한다.	□	□	□	□	□	□	□
C. 일주일의 예정을 만드는 것을 좋아한다.	□	□	□	□	□	□	□
D. 시험 전에도 노는 계획이 세워진다.	□	□	□	□	□	□	□

13

질문	답안 1					답안 2	
	①	②	③	④	⑤	멀다	가깝다
A. 자신의 의견을 상대에게 잘 주장하지 못한다.	□	□	□	□	□	□	□
B. 좀처럼 결단하지 못하는 경우가 있다.	□	□	□	□	□	□	□
C. 행동으로 옮기기까지 시간이 걸린다.	□	□	□	□	□	□	□
D. 실패해도 또 다시 도전한다.	□	□	□	□	□	□	□

14

질문	답안 1					답안 2	
	①	②	③	④	⑤	멀다	가깝다
A. 돌다리도 두드리며 건너는 타입이라고 생각한다.	□	□	□	□	□	□	□
B. 굳이 말하자면 시원시원하다.	□	□	□	□	□	□	□
C. 토론에서 이길 자신이 있다.	□	□	□	□	□	□	□
D. 남보다 쉽게 우위에 서는 편이다.	□	□	□	□	□	□	□

15

질문	답안 1					답안 2	
	①	②	③	④	⑤	멀다	가깝다
A. 쉽게 침울해진다.	□	□	□	□	□	□	□
B. 쉽게 싫증을 내는 편이다.	□	□	□	□	□	□	□
C. 도덕/윤리를 중시한다.	□	□	□	□	□	□	□
D. 자신의 입장을 잊어버릴 때가 있다.	□	□	□	□	□	□	□

16

질문	답안 1					답안 2	
	①	②	③	④	⑤	멀다	가깝다
A. 매사에 신중한 편이라고 생각한다.	□	□	□	□	□	□	□
B. 실행하기 전에 재확인할 때가 많다.	□	□	□	□	□	□	□
C. 반대에 부딪혀도 자신의 의견을 바꾸는 일은 없다.	□	□	□	□	□	□	□
D. 일을 하는 데도 자신이 없다.	□	□	□	□	□	□	□

17

질문	답안 1					답안 2	
	①	②	③	④	⑤	멀다	가깝다
A. 전망을 세우고 행동할 때가 많다.	□	□	□	□	□	□	□
B. 일에는 결과가 중요하다고 생각한다.	□	□	□	□	□	□	□
C. 다른 사람으로부터 지적받는 것은 싫다.	□	□	□	□	□	□	□
D. 목적이 없으면 마음이 불안하다.	□	□	□	□	□	□	□

18

질문	답안 1					답안 2	
	①	②	③	④	⑤	멀다	가깝다
A. 다른 사람에게 위해를 가할 것 같은 기분이 들 때가 있다.	□	□	□	□	□	□	□
B. 인간관계가 폐쇄적이라는 말을 듣는다.	□	□	□	□	□	□	□
C. 친구들로부터 줏대 없는 사람이라는 말을 듣는다.	□	□	□	□	□	□	□
D. 다투어서 친구를 잃은 경우가 있다.	□	□	□	□	□	□	□

19

질문	답안 1					답안 2	
	①	②	③	④	⑤	멀다	가깝다
A. 누구와도 편하게 이야기할 수 있다.	□	□	□	□	□	□	□
B. 다른 사람을 싫어한 적은 한 번도 없다.	□	□	□	□	□	□	□
C. 리더로서 인정을 받고 싶다.	□	□	□	□	□	□	□
D. 친구 말을 듣는 편이다.	□	□	□	□	□	□	□

20

질문	답안 1					답안 2	
	①	②	③	④	⑤	멀다	가깝다
A. 기다리는 것에 짜증내는 편이다.	□	□	□	□	□	□	□
B. 지루하면 마구 떠들고 싶어진다.	□	□	□	□	□	□	□
C. 남과 친해지려면 용기가 필요하다.	□	□	□	□	□	□	□
D. 신호대기 중에도 조바심이 난다.	□	□	□	□	□	□	□

21

질문	답안 1					답안 2	
	①	②	③	④	⑤	멀다	가깝다
A. 사물을 과장해서 말한 적은 없다.	☐	☐	☐	☐	☐	☐	☐
B. 항상 천재지변을 당하지는 않을까 걱정하고 있다.	☐	☐	☐	☐	☐	☐	☐
C. 어떤 일이 있어도 의욕을 가지고 열심히 하는 편이다.	☐	☐	☐	☐	☐	☐	☐
D. 아는 사람이 많아지는 것이 즐겁다.	☐	☐	☐	☐	☐	☐	☐

22

질문	답안 1					답안 2	
	①	②	③	④	⑤	멀다	가깝다
A. 그룹 내에서 누군가의 주도 하에 따라가는 경우가 많다.	☐	☐	☐	☐	☐	☐	☐
B. 내성적이라고 생각한다.	☐	☐	☐	☐	☐	☐	☐
C. 모르는 사람과 이야기하는 것은 용기가 필요하다.	☐	☐	☐	☐	☐	☐	☐
D. 모르는 사람과 말하는 것은 귀찮다.	☐	☐	☐	☐	☐	☐	☐

23

질문	답안 1					답안 2	
	①	②	③	④	⑤	멀다	가깝다
A. 집에서 가만히 있으면 기분이 우울해진다.	☐	☐	☐	☐	☐	☐	☐
B. 당황하면 갑자기 땀이 나서 신경 쓰일 때가 있다.	☐	☐	☐	☐	☐	☐	☐
C. 차분하다는 말을 듣는다.	☐	☐	☐	☐	☐	☐	☐
D. 매사에 심각하게 생각하는 것을 싫어한다.	☐	☐	☐	☐	☐	☐	☐

24

질문	답안 1					답안 2	
	①	②	③	④	⑤	멀다	가깝다
A. 어색해지면 입을 다무는 경우가 많다.	☐	☐	☐	☐	☐	☐	☐
B. 융통성이 없는 편이다.	☐	☐	☐	☐	☐	☐	☐
C. 이유도 없이 화가 치밀 때가 있다.	☐	☐	☐	☐	☐	☐	☐
D. 자신이 경솔하다고 자주 느낀다.	☐	☐	☐	☐	☐	☐	☐

25

질문	답안 1					답안 2	
	①	②	③	④	⑤	멀다	가깝다
A. 자질구레한 걱정이 많다.	☐	☐	☐	☐	☐	☐	☐
B. 다른 사람을 의심한 적이 한 번도 없다.	☐	☐	☐	☐	☐	☐	☐
C. 지금까지 후회를 한 적이 없다.	☐	☐	☐	☐	☐	☐	☐
D. 충동적인 행동을 하지 않는 편이다.	☐	☐	☐	☐	☐	☐	☐

26

질문	답안 1					답안 2	
	①	②	③	④	⑤	멀다	가깝다
A. 무슨 일이든 자신을 가지고 행동한다.	□	□	□	□	□	□	□
B. 자주 깊은 생각에 잠긴다.	□	□	□	□	□	□	□
C. 가만히 있지 못할 정도로 불안해질 때가 많다.	□	□	□	□	□	□	□
D. 어떤 상황에서나 만족할 수 있다.	□	□	□	□	□	□	□

27

질문	답안 1					답안 2	
	①	②	③	④	⑤	멀다	가깝다
A. 스포츠 선수가 되고 싶다고 생각한 적이 있다.	□	□	□	□	□	□	□
B. 유명인과 서로 아는 사람이 되고 싶다.	□	□	□	□	□	□	□
C. 연예인에 대해 동경한 적이 없다.	□	□	□	□	□	□	□
D. 싫은 사람과도 협력할 수 있다.	□	□	□	□	□	□	□

PART 3

28

질문	답안 1					답안 2	
	①	②	③	④	⑤	멀다	가깝다
A. 휴일은 세부적인 예정을 세우고 보낸다.	□	□	□	□	□	□	□
B. 잘하지 못하는 것이라도 자진해서 한다.	□	□	□	□	□	□	□
C. 이유도 없이 다른 사람과 부딪힐 때가 있다.	□	□	□	□	□	□	□
D. 주체할 수 없을 만큼 여유가 많은 것을 싫어한다.	□	□	□	□	□	□	□

29

질문	답안 1					답안 2	
	①	②	③	④	⑤	멀다	가깝다
A. 타인의 일에는 별로 관여하고 싶지 않다고 생각한다.	□	□	□	□	□	□	□
B. 의견이 다른 사람과는 어울리지 않는다.	□	□	□	□	□	□	□
C. 주위의 영향을 받기 쉽다.	□	□	□	□	□	□	□
D. 즐거운 일보다는 괴로운 일이 많다.	□	□	□	□	□	□	□

30

질문	답안 1					답안 2	
	①	②	③	④	⑤	멀다	가깝다
A. 지인을 발견해도 만나고 싶지 않을 때가 많다.	□	□	□	□	□	□	□
B. 굳이 말하자면 자의식 과잉이다.	□	□	□	□	□	□	□
C. 몸을 움직이는 것을 좋아한다.	□	□	□	□	□	□	□
D. 사소한 일에도 신경을 많이 쓰는 편이다.	□	□	□	□	□	□	□

31

질문	답안 1					답안 2	
	①	②	③	④	⑤	멀다	가깝다
A. 무슨 일이든 생각해 보지 않으면 만족하지 못한다.	□	□	□	□	□	□	□
B. 다수의 반대가 있더라도 자신의 생각대로 행동한다.	□	□	□	□	□	□	□
C. 지금까지 다른 사람의 마음에 상처준 일이 없다.	□	□	□	□	□	□	□
D. 어떤 일을 실패하면 두고두고 생각한다.	□	□	□	□	□	□	□

32

질문	답안 1					답안 2	
	①	②	③	④	⑤	멀다	가깝다
A. 실행하기 전에 재고하는 경우가 많다.	□	□	□	□	□	□	□
B. 완고한 편이라고 생각한다.	□	□	□	□	□	□	□
C. 작은 소리도 신경 쓰인다.	□	□	□	□	□	□	□
D. 비교적 말이 없는 편이다.	□	□	□	□	□	□	□

33

질문	답안 1					답안 2	
	①	②	③	④	⑤	멀다	가깝다
A. 다소 무리를 하더라도 피로해지지 않는다.	□	□	□	□	□	□	□
B. 다른 사람보다 고집이 세다.	□	□	□	□	□	□	□
C. 성격이 밝다는 말을 듣는다.	□	□	□	□	□	□	□
D. 일을 꼼꼼하게 하는 편이다.	□	□	□	□	□	□	□

34

질문	답안 1					답안 2	
	①	②	③	④	⑤	멀다	가깝다
A. 다른 사람이 부럽다고 생각한 적이 한 번도 없다.	□	□	□	□	□	□	□
B. 자신의 페이스를 잃지 않는다.	□	□	□	□	□	□	□
C. 굳이 말하자면 이상주의자다.	□	□	□	□	□	□	□
D. 나를 기분 나쁘게 한 사람을 쉽게 잊지 못하는 편이다.	□	□	□	□	□	□	□

35

질문	답안 1					답안 2	
	①	②	③	④	⑤	멀다	가깝다
A. 가능성에 눈을 돌린다.	□	□	□	□	□	□	□
B. 튀는 것을 싫어한다.	□	□	□	□	□	□	□
C. 방법이 정해진 일은 안심할 수 있다.	□	□	□	□	□	□	□
D. 혼자 지내는 시간이 즐겁다.	□	□	□	□	□	□	□

36

질문	답안 1					답안 2	
	①	②	③	④	⑤	멀다	가깝다
A. 매사에 감정적으로 생각한다.	□	□	□	□	□	□	□
B. 스케줄을 짜고 행동하는 편이다.	□	□	□	□	□	□	□
C. 지나치게 합리적으로 결론짓는 것은 좋지 않다.	□	□	□	□	□	□	□
D. 낯선 사람과 만나는 것을 꺼리는 편이다.	□	□	□	□	□	□	□

37

질문	답안 1					답안 2	
	①	②	③	④	⑤	멀다	가깝다
A. 다른 사람의 의견에 귀를 기울인다.	□	□	□	□	□	□	□
B. 사람들 앞에 잘 나서지 못한다.	□	□	□	□	□	□	□
C. 임기응변에 능하다.	□	□	□	□	□	□	□
D. 나는 연예인이 되고 싶은 마음이 조금도 없다.	□	□	□	□	□	□	□

38

질문	답안 1					답안 2	
	①	②	③	④	⑤	멀다	가깝다
A. 꿈을 가진 사람에게 끌린다.	□	□	□	□	□	□	□
B. 직감적으로 판단한다.	□	□	□	□	□	□	□
C. 틀에 박힌 일은 싫다.	□	□	□	□	□	□	□
D. 꾸준하고 참을성이 있다는 말을 자주 듣는다.	□	□	□	□	□	□	□

39

질문	답안 1					답안 2	
	①	②	③	④	⑤	멀다	가깝다
A. 친구가 돈을 빌려달라고 하면 거절하지 못한다.	□	□	□	□	□	□	□
B. 어려움에 처한 사람을 보면 원인을 생각한다.	□	□	□	□	□	□	□
C. 매사에 이론적으로 생각한다.	□	□	□	□	□	□	□
D. 공부할 때 세부적인 내용을 암기할 수 있다.	□	□	□	□	□	□	□

40

질문	답안 1					답안 2	
	①	②	③	④	⑤	멀다	가깝다
A. 혼자 꾸준히 하는 것을 좋아한다.	□	□	□	□	□	□	□
B. 튀는 것을 좋아한다.	□	□	□	□	□	□	□
C. 굳이 말하자면 보수적이라 생각한다.	□	□	□	□	□	□	□
D. 상상만으로 이야기를 잘 만들어 내는 편이다.	□	□	□	□	□	□	□

41

질문	답안 1					답안 2	
	①	②	③	④	⑤	멀다	가깝다
A. 다른 사람과 만났을 때 화제에 부족함이 없다.	□	□	□	□	□	□	□
B. 그때그때의 기분으로 행동하는 경우가 많다.	□	□	□	□	□	□	□
C. 현실적인 사람에게 끌린다.	□	□	□	□	□	□	□
D. '왜'라는 질문을 자주한다.	□	□	□	□	□	□	□

42

질문	답안 1					답안 2	
	①	②	③	④	⑤	멀다	가깝다
A. 병이 아닌지 걱정이 들 때가 있다.	□	□	□	□	□	□	□
B. 자의식 과잉이라는 생각이 들 때가 있다.	□	□	□	□	□	□	□
C. 막무가내라는 말을 들을 때가 많다.	□	□	□	□	□	□	□
D. 의지와 끈기가 강한 편이다.	□	□	□	□	□	□	□

43

질문	답안 1					답안 2	
	①	②	③	④	⑤	멀다	가깝다
A. 푸념을 한 적이 없다.	□	□	□	□	□	□	□
B. 수다를 좋아한다.	□	□	□	□	□	□	□
C. 부모에게 불평을 한 적이 한 번도 없다.	□	□	□	□	□	□	□
D. 참을성이 있다는 말을 자주 듣는다.	□	□	□	□	□	□	□

44

질문	답안 1					답안 2	
	①	②	③	④	⑤	멀다	가깝다
A. 친구들이 나를 진지한 사람으로 생각하고 있다.	□	□	□	□	□	□	□
B. 엉뚱한 생각을 잘한다.	□	□	□	□	□	□	□
C. 이성적인 사람이라는 말을 듣고 싶다.	□	□	□	□	□	□	□
D. 양보를 쉽게 하는 편이다.	□	□	□	□	□	□	□

45

질문	답안 1					답안 2	
	①	②	③	④	⑤	멀다	가깝다
A. 예정에 얽매이는 것을 싫어한다.	□	□	□	□	□	□	□
B. 굳이 말하자면 장거리주자에 어울린다고 생각한다.	□	□	□	□	□	□	□
C. 여행을 가기 전에는 세세한 계획을 세운다.	□	□	□	□	□	□	□
D. 음식을 선택할 때 쉽게 결정을 못 내릴 때가 많다.	□	□	□	□	□	□	□

46

질문	답안 1					답안 2	
	①	②	③	④	⑤	멀다	가깝다
A. 굳이 말하자면 기가 센 편이다.	□	□	□	□	□	□	□
B. 신중하게 생각하는 편이다.	□	□	□	□	□	□	□
C. 계획을 생각하기보다는 빨리 실행하고 싶어 한다.	□	□	□	□	□	□	□
D. 대개 먼저 할 일을 해 놓고 나서 노는 편이다.	□	□	□	□	□	□	□

47

질문	답안 1					답안 2	
	①	②	③	④	⑤	멀다	가깝다
A. 자신을 쓸모없는 인간이라고 생각할 때가 있다.	□	□	□	□	□	□	□
B. 아는 사람을 발견해도 피해버릴 때가 있다.	□	□	□	□	□	□	□
C. 앞으로의 일을 생각하지 않으면 진정이 되지 않는다.	□	□	□	□	□	□	□
D. 싹싹하다는 소리를 자주 듣는다.	□	□	□	□	□	□	□

48

질문	답안 1					답안 2	
	①	②	③	④	⑤	멀다	가깝다
A. 격렬한 운동도 그다지 힘들어하지 않는다.	□	□	□	□	□	□	□
B. 무슨 일이든 먼저 해야 이긴다고 생각한다.	□	□	□	□	□	□	□
C. 예정이 없는 상태를 싫어한다.	□	□	□	□	□	□	□
D. 계획에 따라 규칙적인 생활을 하는 편이다.	□	□	□	□	□	□	□

49

질문	답안 1					답안 2	
	①	②	③	④	⑤	멀다	가깝다
A. 잘하지 못하는 게임은 하지 않으려고 한다.	□	□	□	□	□	□	□
B. 다른 사람에게 의존적이 될 때가 많다.	□	□	□	□	□	□	□
C. 대인관계가 귀찮다고 느낄 때가 있다.	□	□	□	□	□	□	□
D. 자신의 소지품을 덜 챙기는 편이다.	□	□	□	□	□	□	□

50

질문	답안 1					답안 2	
	①	②	③	④	⑤	멀다	가깝다
A. 장래의 일을 생각하면 불안해질 때가 있다.	□	□	□	□	□	□	□
B. 가만히 있지 못할 정도로 침착하지 못할 때가 있다.	□	□	□	□	□	□	□
C. 침울해지면 아무것도 손에 잡히지 않는다.	□	□	□	□	□	□	□
D. 몇 번이고 생각하고 검토한다.	□	□	□	□	□	□	□

51

질문	답안 1					답안 2	
	①	②	③	④	⑤	멀다	가깝다
A. 새로운 일에 처음 한 발을 좀처럼 떼지 못한다.	□	□	□	□	□	□	□
B. 다른 사람이 나를 어떻게 생각하는지 궁금할 때가 많다.	□	□	□	□	□	□	□
C. 미리 행동을 정해두는 경우가 많다.	□	□	□	□	□	□	□
D. 여러 번 생각한 끝에 결정을 내린다.	□	□	□	□	□	□	□

52

질문	답안 1					답안 2	
	①	②	③	④	⑤	멀다	가깝다
A. 혼자 생각하는 것을 좋아한다.	□	□	□	□	□	□	□
B. 다른 사람과 대화하는 것을 좋아한다.	□	□	□	□	□	□	□
C. 하루의 행동을 반성하는 경우가 많다.	□	□	□	□	□	□	□
D. 앞에 나서기를 꺼려한다.	□	□	□	□	□	□	□

53

질문	답안 1					답안 2	
	①	②	③	④	⑤	멀다	가깝다
A. 어린 시절로 돌아가고 싶을 때가 있다.	□	□	□	□	□	□	□
B. 인생에서 중요한 것은 높은 목표를 갖는 것이다.	□	□	□	□	□	□	□
C. 거창한 일을 해보고 싶다.	□	□	□	□	□	□	□
D. 급진적인 변화를 좋아한다.	□	□	□	□	□	□	□

54

질문	답안 1					답안 2	
	①	②	③	④	⑤	멀다	가깝다
A. 작은 일에 신경 쓰지 않는다.	□	□	□	□	□	□	□
B. 동작이 기민한 편이다.	□	□	□	□	□	□	□
C. 소외감을 느낄 때가 있다.	□	□	□	□	□	□	□
D. 규칙을 반드시 지킬 필요는 없다.	□	□	□	□	□	□	□

55

질문	답안 1					답안 2	
	①	②	③	④	⑤	멀다	가깝다
A. 혼자 여행을 떠나고 싶을 때가 자주 있다.	□	□	□	□	□	□	□
B. 눈을 뜨면 바로 일어난다.	□	□	□	□	□	□	□
C. 항상 활력이 있다.	□	□	□	□	□	□	□
D. 혼자서 일하는 것을 좋아한다.	□	□	□	□	□	□	□

56

질문	답안 1					답안 2	
	①	②	③	④	⑤	멀다	가깝다
A. 싸움을 한 적이 없다.	☐	☐	☐	☐	☐	☐	☐
B. 끈기가 강하다.	☐	☐	☐	☐	☐	☐	☐
C. 변화를 즐긴다.	☐	☐	☐	☐	☐	☐	☐
D. 미래에 대해 별로 염려하지 않는다.	☐	☐	☐	☐	☐	☐	☐

57

질문	답안 1					답안 2	
	①	②	③	④	⑤	멀다	가깝다
A. 굳이 말하자면 혁신적이라고 생각한다.	☐	☐	☐	☐	☐	☐	☐
B. 사람들 앞에 나서는 데 어려움이 없다.	☐	☐	☐	☐	☐	☐	☐
C. 스케줄을 짜지 않고 행동하는 편이다.	☐	☐	☐	☐	☐	☐	☐
D. 새로운 변화를 싫어한다.	☐	☐	☐	☐	☐	☐	☐

PART 3

58

질문	답안 1					답안 2	
	①	②	③	④	⑤	멀다	가깝다
A. 학구적이라는 인상을 주고 싶다.	☐	☐	☐	☐	☐	☐	☐
B. 조직 안에서는 우등생 타입이라고 생각한다.	☐	☐	☐	☐	☐	☐	☐
C. 이성적인 사람 밑에서 일하고 싶다.	☐	☐	☐	☐	☐	☐	☐
D. 조용한 분위기를 좋아한다.	☐	☐	☐	☐	☐	☐	☐

59

질문	답안 1					답안 2	
	①	②	③	④	⑤	멀다	가깝다
A. 정해진 절차에 따르는 것을 싫어한다.	☐	☐	☐	☐	☐	☐	☐
B. 경험으로 판단한다.	☐	☐	☐	☐	☐	☐	☐
C. 틀에 박힌 일을 싫어한다.	☐	☐	☐	☐	☐	☐	☐
D. 도전적인 직업보다는 안정된 직업이 좋다.	☐	☐	☐	☐	☐	☐	☐

60

질문	답안 1					답안 2	
	①	②	③	④	⑤	멀다	가깝다
A. 그때그때의 기분으로 행동하는 경우가 많다.	☐	☐	☐	☐	☐	☐	☐
B. 시간을 정확히 지키는 편이다.	☐	☐	☐	☐	☐	☐	☐
C. 융통성이 있다.	☐	☐	☐	☐	☐	☐	☐
D. 남의 명령을 듣기 싫어한다.	☐	☐	☐	☐	☐	☐	☐

61

질문	답안 1					답안 2	
	①	②	③	④	⑤	멀다	가깝다
A. 이야기하는 것을 좋아한다.	□	□	□	□	□	□	□
B. 회합에서는 소개를 받는 편이다.	□	□	□	□	□	□	□
C. 자신의 의견을 밀어붙인다.	□	□	□	□	□	□	□
D. 모든 일에 앞장서는 편이다.	□	□	□	□	□	□	□

62

질문	답안 1					답안 2	
	①	②	③	④	⑤	멀다	가깝다
A. 현실적이라는 이야기를 듣는다.	□	□	□	□	□	□	□
B. 계획적인 행동을 중요하게 여긴다.	□	□	□	□	□	□	□
C. 창의적인 일을 좋아한다.	□	□	□	□	□	□	□
D. 나쁜 일을 오래 생각하지 않는다.	□	□	□	□	□	□	□

63

질문	답안 1					답안 2	
	①	②	③	④	⑤	멀다	가깝다
A. 회합에서는 소개를 하는 편이다.	□	□	□	□	□	□	□
B. 조직 안에서는 독자적으로 움직이는 편이다.	□	□	□	□	□	□	□
C. 정해진 절차가 바뀌는 것을 싫어한다.	□	□	□	□	□	□	□
D. 사람들의 이름을 잘 기억하는 편이다.	□	□	□	□	□	□	□

64

질문	답안 1					답안 2	
	①	②	③	④	⑤	멀다	가깝다
A. 일을 선택할 때에는 인간관계를 중시한다.	□	□	□	□	□	□	□
B. 굳이 말하자면 현실주의자이다.	□	□	□	□	□	□	□
C. 지나치게 온정을 표시하는 것은 좋지 않다고 생각한다.	□	□	□	□	□	□	□
D. 대인관계에서 상황을 빨리 파악하는 편이다.	□	□	□	□	□	□	□

65

질문	답안 1					답안 2	
	①	②	③	④	⑤	멀다	가깝다
A. 상상력이 있다는 말을 듣는다.	□	□	□	□	□	□	□
B. 틀에 박힌 일은 너무 딱딱해서 싫다.	□	□	□	□	□	□	□
C. 다른 사람이 나를 어떻게 생각하는지 신경 쓰인다.	□	□	□	□	□	□	□
D. 친구들과 노는 것보다 혼자 노는 것이 편하다.	□	□	□	□	□	□	□

66

질문	답안 1					답안 2	
	①	②	③	④	⑤	멀다	가깝다
A. 사람들 앞에서 잘 이야기하지 못한다.	□	□	□	□	□	□	□
B. 친절한 사람이라는 말을 듣고 싶다.	□	□	□	□	□	□	□
C. 일을 선택할 때에는 일의 보람을 중시한다.	□	□	□	□	□	□	□
D. 새로운 아이디어를 생각해내는 일이 좋다.	□	□	□	□	□	□	□

67

질문	답안 1					답안 2	
	①	②	③	④	⑤	멀다	가깝다
A. 뉴스보다 신문을 많이 본다.	□	□	□	□	□	□	□
B. 시간을 분 단위로 나눠 쓴다.	□	□	□	□	□	□	□
C. 아이디어 회의 중 모든 의견은 존중되어야 한다.	□	□	□	□	□	□	□
D. 선배의 지적을 순수하게 받아들일 수 있다.	□	□	□	□	□	□	□

PART 3

68

질문	답안 1					답안 2	
	①	②	③	④	⑤	멀다	가깝다
A. 주위 사람에게 인사하는 것이 귀찮다.	□	□	□	□	□	□	□
B. 남의 의견을 절대 참고하지 않는다.	□	□	□	□	□	□	□
C. 남의 말을 호의적으로 받아들인다.	□	□	□	□	□	□	□
D. 꾸물대는 것을 싫어한다.	□	□	□	□	□	□	□

69

질문	답안 1					답안 2	
	①	②	③	④	⑤	멀다	가깝다
A. 광고를 보면 그 물건을 사고 싶다.	□	□	□	□	□	□	□
B. 컨디션에 따라 기분이 잘 변한다.	□	□	□	□	□	□	□
C. 많은 사람 앞에서 말하는 것이 서툴다.	□	□	□	□	□	□	□
D. 자신의 존재를 과시하고 싶다.	□	□	□	□	□	□	□

70

질문	답안 1					답안 2	
	①	②	③	④	⑤	멀다	가깝다
A. 열등감으로 자주 고민한다.	□	□	□	□	□	□	□
B. 부모님에게 불만을 느낀다.	□	□	□	□	□	□	□
C. 칭찬도 나쁘게 받아들이는 편이다.	□	□	□	□	□	□	□
D. 매사를 심각하게 생각하는 것을 싫어한다.	□	□	□	□	□	□	□

71

질문	답안 1					답안 2	
	①	②	③	④	⑤	멀다	가깝다
A. 친구 말을 듣는 편이다.	□	□	□	□	□	□	□
B. 자신의 입장을 잊어버릴 때가 있다.	□	□	□	□	□	□	□
C. 실패해도 또다시 도전한다.	□	□	□	□	□	□	□
D. 슬픈 일만 머릿속에 남는다.	□	□	□	□	□	□	□

72

질문	답안 1					답안 2	
	①	②	③	④	⑤	멀다	가깝다
A. 휴식시간에도 일하고 싶다.	□	□	□	□	□	□	□
B. 여간해서 흥분하지 않는 편이다.	□	□	□	□	□	□	□
C. 혼자 지내는 시간이 즐겁다.	□	□	□	□	□	□	□
D. 싫은 사람이라도 인사를 한다.	□	□	□	□	□	□	□

73

질문	답안 1					답안 2	
	①	②	③	④	⑤	멀다	가깝다
A. 손재주는 비교적 있는 편이다.	□	□	□	□	□	□	□
B. 계산에 밝은 사람은 꺼려진다.	□	□	□	□	□	□	□
C. 공상이나 상상을 많이 하는 편이다.	□	□	□	□	□	□	□
D. 예절 같은 것은 별로 신경 쓰지 않는다.	□	□	□	□	□	□	□

74

질문	답안 1					답안 2	
	①	②	③	④	⑤	멀다	가깝다
A. 창조적인 일을 하고 싶다.	□	□	□	□	□	□	□
B. 규칙적인 것이 싫다.	□	□	□	□	□	□	□
C. 남을 지배하는 사람이 되고 싶다.	□	□	□	□	□	□	□
D. 모든 일에 앞장서는 편이다.	□	□	□	□	□	□	□

75

질문	답안 1					답안 2	
	①	②	③	④	⑤	멀다	가깝다
A. 새로운 변화를 싫어한다.	□	□	□	□	□	□	□
B. 급진적인 변화를 좋아한다.	□	□	□	□	□	□	□
C. 규칙을 잘 지킨다.	□	□	□	□	□	□	□
D. 어떤 일이든 따지려 든다.	□	□	□	□	□	□	□

76

질문	답안 1					답안 2	
	①	②	③	④	⑤	멀다	가깝다
A. 스트레스 관리를 잘한다.	□	□	□	□	□	□	□
B. 스트레스를 받아도 화를 잘 참는다.	□	□	□	□	□	□	□
C. 틀리다고 생각하면 필사적으로 부정한다.	□	□	□	□	□	□	□
D. 화가 나면 물건을 집어던진다.	□	□	□	□	□	□	□

77

질문	답안 1					답안 2	
	①	②	③	④	⑤	멀다	가깝다
A. 스트레스를 받을 때 타인에게 화를 내지 않는다.	□	□	□	□	□	□	□
B. 자신을 비난하는 사람은 피하는 편이다.	□	□	□	□	□	□	□
C. 잘못된 부분을 보면 그냥 지나치지 못한다.	□	□	□	□	□	□	□
D. 사놓고 쓰지 않는 물건이 많이 있다.	□	□	□	□	□	□	□

78

질문	답안 1					답안 2	
	①	②	③	④	⑤	멀다	가깝다
A. 귀찮은 일은 남에게 부탁하는 편이다.	□	□	□	□	□	□	□
B. 어머니의 친구 분을 대접하는 것이 귀찮다.	□	□	□	□	□	□	□
C. 마음에 걸리는 일은 머릿속에서 떠나지 않는다.	□	□	□	□	□	□	□
D. 마음에 들지 않는 사람은 안 만나려고 노력한다.	□	□	□	□	□	□	□

79

질문	답안 1					답안 2	
	①	②	③	④	⑤	멀다	가깝다
A. 휴일에는 아무것도 하고 싶지 않다.	□	□	□	□	□	□	□
B. 과거로 돌아가고 싶다는 생각이 강하다.	□	□	□	□	□	□	□
C. 남들과 타협하기를 싫어하는 편이었다.	□	□	□	□	□	□	□
D. 약속시간에 상대가 늦으면 안달한다.	□	□	□	□	□	□	□

80

질문	답안 1					답안 2	
	①	②	③	④	⑤	멀다	가깝다
A. 친구와 싸우면 서먹서먹해진다.	□	□	□	□	□	□	□
B. 아무것도 하지 않고 가만히 있을 수 있다.	□	□	□	□	□	□	□
C. 내가 말한 것이 틀리면 정정할 수 있다.	□	□	□	□	□	□	□
D. 가끔 이유 없이 기분이 좋아질 때가 있다.	□	□	□	□	□	□	□

81

질문	답안 1					답안 2	
	①	②	③	④	⑤	멀다	가깝다
A. 남들이 나를 추켜올려 주면 기분이 좋다.	□	□	□	□	□	□	□
B. 다른 사람들의 주목을 받는 게 좋다.	□	□	□	□	□	□	□
C. 기분이 잘 바뀌는 편에 속한다.	□	□	□	□	□	□	□
D. 다소 낭비가 심한 편이다.	□	□	□	□	□	□	□

82

질문	답안 1					답안 2	
	①	②	③	④	⑤	멀다	가깝다
A. 공상 속의 친구가 있기도 한다.	□	□	□	□	□	□	□
B. 주변 사람들이 칭찬해 주면 어색해 한다.	□	□	□	□	□	□	□
C. 타인의 비난을 받으면 눈물을 잘 보인다.	□	□	□	□	□	□	□
D. 급하게 계획을 바꿔야 하면 짜증을 낸다.	□	□	□	□	□	□	□

83

질문	답안 1					답안 2	
	①	②	③	④	⑤	멀다	가깝다
A. 한 번 시작한 일은 마무리를 꼭 한다.	□	□	□	□	□	□	□
B. 아무도 찬성해 주지 않아도 내 의견을 말한다.	□	□	□	□	□	□	□
C. 자신의 방법으로 혼자서 일을 하는 것을 좋아한다.	□	□	□	□	□	□	□
D. 싸움을 해도 금방 화해를 할 수 있다.	□	□	□	□	□	□	□

84

질문	답안 1					답안 2	
	①	②	③	④	⑤	멀다	가깝다
A. 중요한 순간에 실패할까봐 불안하였다.	□	□	□	□	□	□	□
B. 가능하다면 내 자신을 많이 뜯어고치고 싶었다.	□	□	□	□	□	□	□
C. 운동을 하고 있을 때는 생기가 넘친다.	□	□	□	□	□	□	□
D. 타인의 충고를 기꺼이 받아들인다.	□	□	□	□	□	□	□

85

질문	답안 1					답안 2	
	①	②	③	④	⑤	멀다	가깝다
A. 오랫동안 가만히 앉아 있는 것은 싫다.	□	□	□	□	□	□	□
B. 신문을 읽을 때 슬픈 기사에만 눈길이 간다.	□	□	□	□	□	□	□
C. 내 생각과 다른 사람이 있으면 불안하였다.	□	□	□	□	□	□	□
D. 학창 시절에는 조용한 학생이었다.	□	□	□	□	□	□	□

86

질문	답안 1					답안 2	
	①	②	③	④	⑤	멀다	가깝다
A. 자기 개발과 관련한 글이나 책에 관심이 없다.	□	□	□	□	□	□	□
B. 오늘 할 일을 결코 다음으로 미루지 않는다.	□	□	□	□	□	□	□
C. 자신의 분야에서 최고 수준을 유지하기 위해 노력한다.	□	□	□	□	□	□	□
D. 흥미를 느끼는 분야가 다양하다.	□	□	□	□	□	□	□

87

질문	답안 1					답안 2	
	①	②	③	④	⑤	멀다	가깝다
A. 위협에 민감하고 열등감을 자주 느낀다.	□	□	□	□	□	□	□
B. 환경이 바뀌어도 능률의 차이가 거의 없다.	□	□	□	□	□	□	□
C. 낙담, 슬픔 등의 감정에 별로 치우치지 않는 편이다.	□	□	□	□	□	□	□
D. 감정에 따라 행동하는 것은 어리석다고 생각한다.	□	□	□	□	□	□	□

88

질문	답안 1					답안 2	
	①	②	③	④	⑤	멀다	가깝다
A. 인간관계에 별로 관심이 없다.	□	□	□	□	□	□	□
B. 모험 정신과 활동성은 나의 큰 장점이다.	□	□	□	□	□	□	□
C. 윗사람에게 야단을 맞을 때 더 혼날까봐 변명을 못한다.	□	□	□	□	□	□	□
D. 사적인 관계와 공적인 관계를 명확히 구분한다.	□	□	□	□	□	□	□

89

질문	답안 1					답안 2	
	①	②	③	④	⑤	멀다	가깝다
A. 어떤 문제에 대해 가능한 한 다양하게 접근한다.	□	□	□	□	□	□	□
B. 지적인 탐구에 몰두하기를 즐기지 못한다.	□	□	□	□	□	□	□
C. 어떤 분야의 클래식이 된 데는 다 이유가 있다고 생각한다.	□	□	□	□	□	□	□
D. 문제를 풀어나가는 과정 그 자체에 흥미를 느낀다.	□	□	□	□	□	□	□

90

질문	답안 1					답안 2	
	①	②	③	④	⑤	멀다	가깝다
A. 정직하면 손해를 보기 쉽다고 생각한다.	□	□	□	□	□	□	□
B. SNS, 이메일 등 온라인 예절에 관심이 많다.	□	□	□	□	□	□	□
C. 타인에게 상처받기 전에 먼저 그에게 상처를 주곤 한다.	□	□	□	□	□	□	□
D. 상처를 주고받는 것이 싫어서 가끔은 혼자 지내곤 한다.	□	□	□	□	□	□	□

91

질문	답안 1					답안 2	
	①	②	③	④	⑤	멀다	가깝다
A. 과정보다는 결과가 중요하다고 생각한다.	□	□	□	□	□	□	□
B. 나의 능력에 대한 자부심은 나의 장점이다.	□	□	□	□	□	□	□
C. 성공의 비결은 유연한 융통성에 있다고 생각한다.	□	□	□	□	□	□	□
D. 나보다 뛰어난 능력을 지닌 사람에게 질투를 느낀다.	□	□	□	□	□	□	□

92

질문	답안 1					답안 2	
	①	②	③	④	⑤	멀다	가깝다
A. 불안, 초조, 긴장 등을 느낄 때가 많다.	□	□	□	□	□	□	□
B. 자기 확신이 강하고 대체로 평온한 편이다.	□	□	□	□	□	□	□
C. 열등의식 때문에 스트레스를 받는 경우가 많다.	□	□	□	□	□	□	□
D. 집단 내에서 가치를 증명하기 위해 노력을 다한다.	□	□	□	□	□	□	□

93

질문	답안 1					답안 2	
	①	②	③	④	⑤	멀다	가깝다
A. 인맥을 넓히는 일에 관심이 거의 없다.	□	□	□	□	□	□	□
B. 대인관계에서 두려움을 느끼지 않는 편이다.	□	□	□	□	□	□	□
C. 논리를 따지길 선호하고 자기주장이 매우 강한 편이다.	□	□	□	□	□	□	□
D. 공적인 이익을 위해 내 주장을 접을 수도 있다.	□	□	□	□	□	□	□

94

질문	답안 1					답안 2	
	①	②	③	④	⑤	멀다	가깝다
A. 호기심은 인간의 지극한 본능이다.	□	□	□	□	□	□	□
B. 능률, 안전 등에 큰 가치를 두는 편이다.	□	□	□	□	□	□	□
C. 오케스트라를 구성하는 악기의 수는 많을수록 좋을 것이다.	□	□	□	□	□	□	□
D. 자기계발을 위해 여러 경로를 통해 지식을 습득한다.	□	□	□	□	□	□	□

95

질문	답안 1					답안 2	
	①	②	③	④	⑤	멀다	가깝다
A. 나의 이익이 타인의 행복보다 중요하다.	□	□	□	□	□	□	□
B. 남들로부터 상냥하다는 평가를 받곤 한다.	□	□	□	□	□	□	□
C. 인간의 존엄성은 어떠한 경우에도 최우선의 가치이다.	□	□	□	□	□	□	□
D. 공익과 사익의 가치는 때에 따라 바뀔 수도 있다.	□	□	□	□	□	□	□

96

질문	답안 1					답안 2	
	①	②	③	④	⑤	멀다	가깝다
A. 목적을 위해 현재의 유혹을 잘 참는다.	□	□	□	□	□	□	□
B. '어떻게든 되겠지'라고 생각할 때가 많다.	□	□	□	□	□	□	□
C. 책임을 다하려면 자신의 능력에 자부심을 가져야 한다.	□	□	□	□	□	□	□
D. 자신의 일에 책임을 지기 위해 어려움을 마다하지 않는다.	□	□	□	□	□	□	□

97

질문	답안 1					답안 2	
	①	②	③	④	⑤	멀다	가깝다
A. 감정의 균형을 꾸준히 유지할 수 있다.	□	□	□	□	□	□	□
B. 일상에서 스트레스를 받는 일이 거의 없다.	□	□	□	□	□	□	□
C. 별것 아닌 일 때문에 자신감을 잃는 경우가 많은 편이다.	□	□	□	□	□	□	□
D. 자신감이 지나쳐 일을 그르친 경우가 더러 있다.	□	□	□	□	□	□	□

98

질문	답안 1					답안 2	
	①	②	③	④	⑤	멀다	가깝다
A. 중언부언하며 경솔하게 말할 때가 많다.	□	□	□	□	□	□	□
B. '천재'의 유의어는 '노력'이라고 생각한다.	□	□	□	□	□	□	□
C. 중요한 결정을 할 때는 반드시 충분한 근거를 찾는다.	□	□	□	□	□	□	□
D. 문제의 신속한 해결보다는 정확한 해결이 중요하다.	□	□	□	□	□	□	□

99

질문	답안 1					답안 2	
	①	②	③	④	⑤	멀다	가깝다
A. 필요하다면 얼마든지 속임수를 쓸 수 있다.	□	□	□	□	□	□	□
B. 긍정적인 인간관계는 나에게 매우 중요하다.	□	□	□	□	□	□	□
C. 기업은 영리 추구에 앞서 사회적 책임에 충실해야 한다.	□	□	□	□	□	□	□
D. 정직과 신뢰는 어떤 경우에라도 지켜져야 한다.	□	□	□	□	□	□	□

100

질문	답안 1					답안 2	
	①	②	③	④	⑤	멀다	가깝다
A. 정직보다는 이익이 더 중요하다고 여긴다.	□	□	□	□	□	□	□
B. 상대가 누구이건 항상 높임말을 사용한다.	□	□	□	□	□	□	□
C. 남의 의도를 부정적으로 해석해 공격적일 때가 많다.	□	□	□	□	□	□	□
D. 남에게 보여지는 나의 태도가 많은 것을 좌우한다.	□	□	□	□	□	□	□

M E M O

PART 4

면접

CHAPTER

01 면접 유형 및 실전 대책

01 면접 주요사항

면접의 사전적 정의는 면접관이 지원자를 직접 만나보고 인품(人品)이나 언행(言行) 따위를 시험하는 일로, 흔히 필기시험 후에 최종적으로 심사하는 방법이다.
최근 주요 기업의 인사담당자들을 대상으로 채용 시 면접이 차지하는 비중을 설문조사했을 때, 50 ~ 80% 이상이라고 답한 사람이 전체 응답자의 80%를 넘었다. 이와 대조적으로 지원자들을 대상으로 취업 시험에서 면접을 준비하는 기간을 물었을 때, 대부분의 응답자가 2 ~ 3일 정도라고 대답했다.
지원자가 일정 수준의 스펙을 갖추기 위해 자격증 시험과 토익을 치르고 이력서와 자기소개서까지 쓰다 보면 면접까지 챙길 여유가 없는 것이 사실이다. 그리고 서류전형과 인적성검사를 통과해야만 면접을 볼 수 있기 때문에 자연스럽게 면접은 취업시험 과정에서 그 비중이 작아질 수밖에 없다. 하지만 아이러니하게도 실제 채용 과정에서 면접이 차지하는 비중은 절대적이라고 해도 과언이 아니다.
기업들은 채용 과정에서 토론 면접, 인성 면접, 프레젠테이션 면접, 역량 면접 등의 다양한 면접을 실시한다. 1차 커트라인이라고 할 수 있는 서류전형을 통과한 지원자들의 스펙이나 능력은 서로 엇비슷하다고 판단되기 때문에 서류상 보이는 자격증이나 토익 성적보다는 지원자의 인성을 파악하기 위해 면접을 더욱 강화하는 것이다. 일부 기업은 의도적으로 압박 면접을 실시하기도 한다. 지원자가 당황할 수 있는 질문을 던져서 그것에 대한 지원자의 반응을 살펴보는 것이다.
면접은 다르게 생각한다면 '나는 누구인가'에 대한 물음에 해답을 줄 수 있는 가장 현실적이고 미래적인 경험이 될 수 있다. 취업난 속에서 자격증을 취득하고 토익 성적을 올리기 위해 앞만 보고 달려온 지원자들은 자신에 대해서 고민하고 탐구할 수 있는 시간을 평소 쉽게 가질 수 없었을 것이다. 자신을 잘 알고 있어야 자신에 대해서 자신감 있게 말할 수 있다. 대체로 사람들은 자신에게 관대한 편이기 때문에 자신에 대해서 어떤 기대와 환상을 가지고 있는 경우가 많다. 하지만 면접은 제삼자에 의해 개인의 능력을 객관적으로 평가받는 시험이다. 어떤 지원자들은 다른 사람에게 자신을 표현하는 것을 어려워한다. 평소에 잘 사용하지 않는 용어를 내뱉으면서 거창하게 자신을 포장하는 지원자도 많다. 면접에서 가장 기본은 자기 자신을 면접관에게 알기 쉽게 표현하는 것이다.
이러한 표현을 바탕으로 자신이 앞으로 하고자 하는 것과 그에 대한 이유를 설명해야 한다. 최근에는 자신감을 향상시키거나 말하는 능력을 높이는 학원도 많기 때문에 얼마든지 자신의 단점을 극복할 수 있다.

1. 자기소개의 기술

자기소개를 시키는 이유는 면접자가 지원자의 자기소개서를 압축해서 듣고, 지원자의 첫인상을 평가할 시간을 가질 수 있기 때문이다. 면접을 위한 워밍업이라고 할 수 있으며, 첫인상을 결정하는 과정이므로 매우 중요한 순간이다.

(1) 정해진 시간에 자기소개를 마쳐야 한다.

쉬워 보이지만 의외로 지원자들이 정해진 시간을 넘기거나 혹은 빨리 끝내서 면접관에게 지적을 받는 경우가 많다. 본인이 면접을 받는 마지막 지원자가 아닌 이상, 정해진 시간을 지키지 않는 것은 수많은 지원자를 상대하기에 바쁜 면접관과 대기 시간에 지친 다른 지원자들에게 불쾌감을 줄 수 있다.

또한 회사에서 시간관념은 절대적인 것이므로 반드시 자기소개 시간을 지켜야 한다. 말하기는 1분에 200자 원고지 2장 분량의 글을 읽는 만큼의 속도가 가장 적당하다. 이를 A4 용지에 10point 글자 크기로 작성하면 반 장 분량이 된다.

(2) 간단하지만 신선한 문구로 자기소개를 시작하자.

요즈음 많은 지원자가 이 방법을 사용하고 있기 때문에 웬만한 소재의 문구가 아니면 면접관의 관심을 받을 수 없다. 이러한 문구는 시대적으로 유행하는 광고 카피를 패러디하는 경우와 격언 등을 인용하는 경우, 그리고 지원한 회사의 CI나 경영이념, 인재상 등을 사용하는 경우 등이 있다. 지원자는 이러한 여러 문구 중에 자신의 첫인상을 북돋아 줄 수 있는 것을 선택해서 말해야 한다. 자신의 이름을 문구 속에 적절하게 넣어서 말한다면 좀 더 효과적인 자기소개가 될 것이다.

PART 4

(3) 무엇을 먼저 말할 것인지 고민하자.

면접관이 많이 던지는 질문 중 하나가 지원동기이다. 그래서 성장기를 바로 건너뛰고, 지원한 회사에 들어오기 위해 대학에서 어떻게 준비했는지를 설명하는 자기소개가 대세이다.

(4) 면접관의 호기심을 자극해 관심을 불러일으킬 수 있게 말하라.

면접관에게 질문을 많이 받는 지원자의 합격률이 반드시 높은 것은 아니지만, 질문을 전혀 안 받는 것보다는 좋은 평가를 기대할 수 있다.

지원한 분야와 관련된 수상 경력이나 프로젝트 등을 말하는 것도 좋다. 이는 지원자의 업무 능력과 직접 연결되는 것이므로 효과적인 자기 홍보가 될 수 있다. 일부 지원자들은 자신만의 특별한 경험을 이야기하는데, 이때는 그 경험이 보편적으로 사람들의 공감대를 얻을 수 있는 것인지 다시 생각해 봐야 한다.

(5) 마지막 고개를 넘기가 가장 힘들다.

첫 단추도 중요하지만, 마지막 단추도 중요하다. 하지만 왠지 격식을 따지는 인사말은 지나가는 인사말 같고, 다르게 하자니 예의에 어긋나는 것 같은 기분이 든다. 이때는 처음에 했던 자신만의 문구를 다시 한 번 말하는 것도 좋은 방법이다. 자연스러운 끝맺음이 될 수 있도록 적절한 연습이 필요하다.

2. 1분 자기소개 시 주의사항

(1) 자기소개서와 자기소개가 똑같다면 감점일까?

아무리 자기소개서를 외워서 말한다 해도 자기소개가 자기소개서와 완전히 똑같을 수는 없다. 자기소개서의 분량이 더 많고 회사마다 요구하는 필수 항목들이 있기 때문에 굳이 고민할 필요는 없다. 오히려 자기소개서의 내용을 잘 정리한 자기소개가 더 좋은 결과를 만들 수 있다. 하지만 자기소개서와 상반된 내용을 말하는 것은 적절하지 않다. 지원자의 신뢰성이 떨어진다는 것은 곧 불합격을 의미하기 때문이다.

(2) 말하는 자세를 바르게 익혀라.

지원자가 자기소개를 하는 동안 면접관은 지원자의 동작 하나하나를 관찰한다. 그렇기 때문에 바른 자세가 중요하다는 것은 우리가 익히 알고 있다. 하지만 문제는 무의식적으로 나오는 습관 때문에 자세가 흐트러져 나쁜 인상을 줄 수 있다는 것이다. 이러한 습관을 고칠 수 있는 가장 좋은 방법은 캠코더 등으로 자신의 모습을 담는 것이다. 거울을 사용할 경우에는 시선이 자꾸 자기 눈과 마주치기 때문에 집중하기 힘들다. 하지만 촬영된 동영상은 제삼자의 입장에서 자신을 볼 수 있기 때문에 많은 도움이 된다.

(3) 정확한 발음과 억양으로 자신 있게 말하라.

지원자의 모양새가 아무리 뛰어나도, 목소리가 작고 발음이 부정확하면 큰 감점을 받는다. 이러한 모습은 지원자의 좋은 점에까지 악영향을 끼칠 수 있다. 직장을 흔히 사회생활의 시작이라고 말하는 시대적 정서에서 사람들과 의사소통을 하는 데 문제가 있다고 판단되는 지원자는 부적절한 인재로 평가될 수밖에 없다.

3. 대화법

전문가들이 말하는 대화법의 핵심은 '상대방을 배려하면서 이야기하라.'는 것이다. 대화는 나와 다른 사람의 소통이다. 내용에 대한 공감이나 이해가 없다면 대화는 더 진전되지 않는다.

『카네기 인간관계론』이라는 베스트셀러의 작가인 철학자 카네기가 말하는 최상의 대화법은 자신의 경험을 토대로 이야기하는 것이다. 즉, 살아오면서 직접 겪은 경험이 상대방의 관심을 끌 수 있는 가장 좋은 이야깃거리인 것이다. 특히 어떤 일을 이루기 위해 노력하는 과정에서 겪은 실패나 희망에 대해 진솔하게 얘기한다면 상대방은 어느새 당신의 편에 서서 그 이야기에 동조할 것이다.

독일의 사업가이자, 동기부여 트레이너인 위르겐 힐러의 연설법 중 가장 유명한 것은 '시즐(Sizzle)'을 잡는 것이다. 시즐이란, 새우튀김이나 돈가스가 기름에서 지글지글 튀겨질 때 나는 소리이다. 즉, 자신의 말을 듣고 시즐처럼 반응하는 상대방의 감정에 적절하게 대응하라는 것이다.

말을 시작한 지 10 ~ 15초 안에 상대방의 '시즐'을 알아차려야 한다. 자신의 이야기에 대한 상대방의 첫 반응에 따라 말하기 전략도 달라져야 한다. 첫 이야기의 반응이 미지근하다면 가능한 한 그 이야기를 빨리 마무리하고 새로운 이야깃거리를 생각해내야 한다. 길지 않은 면접 시간 내에 몇 번 오지 않는 대답의 기회를 살리기 위해서 보다 전략적이고 냉철해야 하는 것이다.

4. 차림새

(1) 구두

면접에 어떤 옷을 입어야 할지를 며칠 동안 고민하면서 정작 구두는 면접 보는 날 현관을 나서면서 즉흥적으로 신고 가는 지원자들이 많다. 특히, 남자 지원자들이 이러한 실수를 많이 한다. 구두를 보면 그 사람의 됨됨이를 알 수 있다고 한다. 면접관 역시 이러한 것을 놓치지 않기 때문에 지원자는 자신의 구두에 더욱 신경을 써야 한다. 스타일의 마무리는 발끝에서 이루어지는 것이다. 아무리 멋진 옷을 입고 있어도 구두가 어울리지 않는다면 전체 스타일이 흐트러지기 때문이다.

정장용 구두는 디자인이 깔끔하고, 에나멜 가공처리를 하여 광택이 도는 페이턴트 가죽 소재 제품이 무난하다. 검정 계열 구두는 회색과 감색 정장에, 브라운 계열의 구두는 베이지나 갈색 정장에 어울린다. 참고로 구두는 오전에 사는 것보다 발이 충분히 부은 상태인 저녁에 사는 것이 좋다. 마지막으로 당연한 일이지만 반드시 면접을 보는 전날 구두 뒤축이 닳지는 않았는지 확인하고 구두에 광을 내 둔다.

(2) 양말

양말은 정장과 구두의 색상을 비교해서 골라야 한다. 특히 검정이나 감색의 진한 색상의 바지에 흰 양말을 신는 것은 시대에 뒤처지는 일이다. 일반적으로 양말의 색깔은 바지의 색깔과 같아야 한다. 또한 양말의 길이도 신경 써야 한다. 남성의 경우에 의자에 바르게 앉거나 다리를 꼬아서 앉을 때 다리털이 보여서는 안 된다. 반드시 긴 정장 양말을 신어야 한다.

(3) 정장

지원자는 평소에 정장을 입을 기회가 많지 않기 때문에 면접을 볼 때 본인 스스로도 옷을 어색하게 느끼는 경우가 많다. 옷을 불편하게 느끼기 때문에 자세마저 불안정한 지원자도 볼 수 있다. 그러므로 면접 전에 정장을 입고 생활해 보는 것도 나쁘지는 않다.

일반적으로 면접을 볼 때는 상대방에게 신뢰감을 줄 수 있는 남색 계열의 옷이나 어떤 계절이든 무난하고 깔끔해 보이는 회색 계열의 정장을 많이 입는다. 정장은 유행에 따라서 재킷의 디자인이나 버튼의 개수가 바뀌기 때문에 특히 남성 지원자의 경우, 너무 오래된 옷을 입어서 아버지 옷을 빌려 입고 나온 듯한 인상을 주어서는 안 된다.

(4) 헤어스타일과 메이크업

헤어스타일에 자신이 없다면 미용실에 다녀오는 것도 좋은 방법이다. 지나치게 화려한 메이크업이 아니라면 보다 준비된 지원자처럼 보일 수 있다.

5. 첫인상

취업을 위해 성형수술을 받는 사람들에 대한 이야기는 더 이상 뉴스거리가 되지 않는다. 그만큼 많은 사람이 좁은 취업문을 뚫기 위해 이미지 향상에 신경을 쓰고 있다. 이는 면접관에게 좋은 첫인상을 주기 위한 것으로, 지원서에 올리는 증명사진을 이미지 프로그램을 통해 수정하는 이른바 '사이버 성형'이 유행하는 것과 같은 맥락이다. 실제로 외모가 채용 과정에서 영향을 끼치는가에 대한 설문조사에서도 60% 이상의 인사담당자들이 그렇다고 답변했다.

하지만 외모와 첫인상을 절대적인 관계로 이해하는 것은 잘못된 판단이다. 외모가 첫인상에서 많은 부분을 차지하지만, 외모 외에 다른 결점이 발견된다면 그로 인해 장점들이 가려질 수도 있다. 이러한 현상은 아래에서 다시 논하겠다.

첫인상은 말 그대로 한 번밖에 기회가 주어지지 않으며 몇 초 안에 결정된다. 첫인상을 결정짓는 요소 중 시각적인 요소가 80% 이상을 차지한다. 첫눈에 들어오는 생김새나 복장, 표정 등에 의해서 결정되는 것이다. 면접을 시작할 때 자기소개를 시키는 것도 지원자별로 첫인상을 평가하기 위해서이다. 첫인상이 중요한 이유는 만약 첫인상이 부정적으로 인지될 경우, 지원자의 다른 좋은 면까지 거부당하기 때문이다. 이러한 현상을 심리학에서는 초두효과(Primacy Effect)라고 한다. 그래서 한 번 형성된 첫인상은 여간해서 바꾸기 힘들다. 이는 첫인상이 나중에 들어오는 정보까지 영향을 주기 때문이다. 첫인상의 정보가 나중에 들어오는 정보 처리의 지침이 되는 것을 심리학에서는 맥락효과(Context Effect)라고 한다. 따라서 평소에 첫인상을 좋게 만들기 위한 노력을 꾸준히 해야만 하는 것이다.

좋은 첫인상이 반드시 외모에만 집중되는 것은 아니다. 오히려 깔끔한 옷차림과 부드러운 표정 그리고 말과 행동 등에 의해 전반적인 이미지가 만들어진다. 누구나 이러한 것 중에 한두 가지 단점을 가지고 있다. 요즈음은 이미지 컨설팅을 통해서 자신의 단점들을 보완하는 지원자도 있다. 특히 표정이 밝지 않은 지원자는 평소 웃는 연습을 의식적으로 하여 면접을 받는 동안 계속해서 여유 있는 표정을 짓는 것이 중요하다. 성공한 사람들은 인상이 좋다는 것을 명심하자.

02 면접의 유형 및 실전 대책

1. 면접의 유형

과거 천편일률적인 일대일 면접과 달리 면접에는 다양한 유형이 도입되어 현재는 "면접은 이렇게 보는 것이다."라고 말할 수 있는 정해진 유형이 없어졌다. 따라서 면접별로 어느 정도 유형을 파악하면 사전에 대비가 가능하다. 면접의 기본인 단독 면접부터, 다대일 면접, 집단 면접의 유형과 그 대책에 대해 알아보자.

(1) 단독 면접

단독 면접이란 응시자와 면접관이 1대1로 마주하는 형식을 말한다. 면접 위원 한 사람과 응시자 한 사람이 마주 앉아 자유로운 화제를 가지고 질의응답을 되풀이하는 방식이다. 이 방식은 면접의 가장 기본적인 방법으로 소요시간은 10 ~ 20분 정도가 일반적이다.

① 장점

필기시험 등으로 판단할 수 없는 성품이나 능력을 알아내는 데 가장 적합하다고 평가받아 온 면접방식으로 응시자 한 사람 한 사람에 대해 여러 면에서 비교적 폭넓게 파악할 수 있다. 응시자의 입장에서는 한 사람의 면접관만을 대하는 것이므로 상대방에게 집중할 수 있으며, 긴장감도 다른 면접방식에 비해서는 적은 편이다.

② 단점

면접관의 주관이 강하게 작용해 객관성을 저해할 소지가 있으며, 면접 평가표를 활용한다 하더라도 일면적인 평가에 그칠 가능성을 배제할 수 없다. 또한 시간이 많이 소요되는 것도 단점이다.

단독 면접 준비 Point

단독 면접에 대비하기 위해서는 평소 1대1로 논리 정연하게 대화를 나눌 수 있는 능력을 기르는 것이 중요하다. 그리고 면접장에서는 면접관을 선배나 선생님 혹은 아버지를 대하는 기분으로 면접에 임하는 것이 부담도 훨씬 적고 실력을 발휘할 수 있는 방법이 될 것이다.

(2) 다대일 면접

다대일 면접은 일반적으로 가장 많이 사용되는 면접방법으로 보통 2～5명의 면접관이 1명의 응시자에게 질문하는 형태의 면접방법이다. 면접관이 여러 명이므로 다각도에서 질문을 하여 응시자에 대한 정보를 많이 알아낼 수 있다는 점 때문에 선호하는 면접방법이다.

하지만 응시자의 입장에서는 질문도 면접관에 따라 각양각색이고 동료 응시자가 없으므로 숨 돌릴 틈도 없게 느껴진다. 또한 관찰하는 눈도 많아서 조그만 실수라도 지나치는 법이 없기 때문에 정신적 압박과 긴장감이 높은 면접방법이다. 따라서 응시자는 긴장을 풀고 한 시험관이 묻더라도 면접관 전원을 향해 대답한다는 느낌으로 또박또박 대답하는 자세가 필요하다.

① 장점

면접관이 집중적인 질문과 다양한 관찰을 통해 응시자가 과연 조직에 필요한 인물인가를 완벽히 검증할 수 있다.

② 단점

면접 시간이 보통 10～30분 정도로 좀 긴 편이고 응시자에게 지나친 긴장감을 조성하는 면접방법이다.

다대일 면접 준비 Point

질문을 들을 때 시선은 면접 위원을 향하고 다른 데로 돌리지 말아야 하며, 대답할 때에도 고개를 숙이거나 입속에서 우물거리는 소극적인 태도는 피하도록 한다. 면접 위원과 대등하다는 마음가짐으로 편안한 태도를 유지하면 대답도 자연스러운 상태에서 좀 더 충실히 할 수 있고, 이에 따라 면접 위원이 받는 인상도 달라진다.

(3) 집단 면접

집단 면접은 다수의 면접관이 여러 명의 응시자를 한꺼번에 평가하는 방식으로 짧은 시간에 능률적으로 면접을 진행할 수 있다. 각 응시자에 대한 질문내용, 질문횟수, 시간배분이 똑같지는 않으며, 모두에게 같은 질문이 주어지기도 하고, 각각 다른 질문을 받기도 한다.

또한 어떤 응시자가 한 대답에 대한 의견을 묻는 등 그때그때의 분위기나 면접관의 의향에 따라 변수가 많다. 집단 면접은 응시자의 입장에서는 개별 면접에 비해 긴장감은 다소 덜한 반면에 다른 응시자들과의 비교가 확실하게 나타나므로 응시자는 몸가짐이나 표현력·논리성 등이 결여되지 않도록 자신의 생각이나 의견을 솔직하게 발표하여 집단 속에 묻히거나 밀려나지 않도록 주의해야 한다.

① 장점

집단 면접의 장점은 면접관이 응시자 한 사람에 대한 관찰시간이 상대적으로 길고, 비교 평가가 가능하기 때문에 결과적으로 평가의 객관성과 신뢰성을 높일 수 있다는 점이며, 응시자는 동료들과 함께 면접을 받기 때문에 긴장감이 다소 덜하다는 것을 들 수 있다. 또한 동료가 답변하는 것을 들으며, 자신의 답변 방식이나 자세를 조정할 수 있다는 것도 큰 이점이다.

② 단점

응답하는 순서에 따라 응시자마다 유리하고 불리한 점이 있고, 면접 위원의 입장에서는 각각의 개인적인 문제를 깊게 다루기가 곤란하다는 것이 단점이다.

집단 면접 준비 Point

너무 자기 과시를 하지 않는 것이 좋다. 대답은 자신이 말하고 싶은 내용을 간단명료하게 말해야 한다. 내용이 없는 발언을 한다거나 대답을 질질 끄는 태도는 좋지 않다. 또 말하는 중에 내용이 주제에서 벗어나거나 자기중심적으로만 말하는 것도 피해야 한다. 집단 면접에 대비하기 위해서는 평소에 설득력을 지닌 자신의 논리력을 계발하는 데 힘써야 하며, 다른 사람 앞에서 자신의 의견을 조리 있게 개진할 수 있는 발표력을 갖추는 데에도 많은 노력을 기울여야 한다.

- 실력에는 큰 차이가 없다는 것을 기억하라.
- 동료 응시자들과 서로 협조하라.
- 답변하지 않을 때의 자세가 중요하다.
- 개성 표현은 좋지만 튀는 것은 위험하다.

(4) 집단 토론식 면접

집단 토론식 면접은 집단 면접과 형태는 유사하지만 질의응답이 아니라 응시자들끼리의 토론이 중심이 되는 면접방법으로 최근 들어 급증세를 보이고 있다. 이는 공통의 주제에 대해 다양한 견해들이 개진되고 결론을 도출하는 과정, 즉 토론을 통해 응시자의 다양한 면에 대한 평가가 가능하다는 집단 토론식 면접의 장점이 널리 확산된 데 따른 것으로 보인다. 사실 집단 토론식 면접을 활용하면 주제와 관련된 지식 정도와 이해력, 판단력, 설득력, 협동성은 물론 리더십, 조직 적응력, 적극성과 대인관계 능력 등을 쉽게 파악할 수 있다.

토론식 면접에서는 자신의 의견을 명확히 제시하면서도 상대방의 의견을 경청하는 토론의 기본자세가 필수적이며, 지나친 경쟁심이나 자기 과시욕은 접어두는 것이 좋다. 또한 집단 토론의 목적이 결론을 도출해 나가는 과정에 있다는 것을 감안하여 무리하게 자신의 주장을 관철시키기보다 오히려 토론의 질을 높이는 데 기여하는 것이 좋은 인상을 줄 수 있다는 점을 알아야 한다. 취업 희망자들은 토론식 면접이 급속도로 확산되는 추세임을 감안해 특히 철저한 준비를 해야 한다. 평소에 신문의 사설이나 매스컴 등의 토론 프로그램을 주의 깊게 보면서 논리 전개방식을 비롯한 토론 과정을 익히도록 하고, 친구들과 함께 간단한 주제를 놓고 토론을 진행해 볼 필요가 있다. 또한 사회·시사문제에 대해 자기 나름대로의 관점을 정립해두는 것도 꼭 필요하다.

(5) PT 면접

PT 면접, 즉 프레젠테이션 면접은 최근 들어 집단 토론 면접과 더불어 그 활용도가 점차 커지고 있다. PT 면접은 기업마다 특성이 다르고 인재상이 다른 만큼 인성 면접만으로는 알 수 없는 지원자의 문제해결 능력, 전문성, 창의성, 기본 실무능력, 논리성 등을 관찰하는 데 중점을 두는 면접으로, 지원자 간의 변별력이 높아 대부분의 기업에서 적용하고 있으며, 확산되는 추세이다.

면접 시간은 기업별로 차이가 있지만, 전문지식, 시사성 관련 주제를 제시한 다음, 보통 20 ~ 50분 정도 준비하여 5분가량 발표할 시간을 준다. 면접관과 지원자의 단순한 질의응답식이 아닌, 주제에 대해 일정 시간 동안 지원자의 발언과 발표하는 모습 등을 관찰하게 된다. 정확한 답이나 지식보다는 논리적 사고와 의사표현력이 더 중시되기 때문에 자신의 생각을 어떻게 설명하느냐가 매우 중요하다.

PT 면접에서 같은 주제라도 직무별로 평가요소가 달리 나타난다. 예를 들어, 영업직은 설득력과 의사소통 능력에 중점을 둘 수 있겠고, 관리직은 신뢰성과 창의성 등을 더 중요하게 평가한다.

PT 면접 준비 Point

- 면접관의 관심과 주의를 집중시키고, 발표 태도에 유의한다.
- 모의 면접이나 거울 면접으로 미리 점검한다.
- PT 내용은 세 가지 정도로 정리해서 말한다.
- PT 내용에는 자신의 생각이 담겨 있어야 한다.
- PT 중간에 자문자답 방식을 활용한다.
- 평소 지원하는 업계의 동향이나 직무에 대한 전문지식을 쌓아둔다.
- 부적절한 용어 사용이나 무리한 주장 등은 하지 않는다.

(6) 합숙 면접

합숙 면접은 대체로 1박 2일이나 2박 3일 동안 해당 기업의 연수원이나 수련원 등에서 이루어지는 면접으로, 평가 항목으로는 PT 면접, 토론 면접, 인성 면접 등을 기본으로 새벽등산, 레크리에이션, 게임 등 다양한 형태로 진행된다. 경쟁자들과 함께 생활하고 협동해야 하는 만큼 스트레스도 많이 받는 경우가 허다하다.

모든 지원자를 하루 동안 평가하게 되므로 지원자 1명을 평가하는 데 걸리는 시간은 짧게는 5분에서 길게는 1시간 이상 정도인데, 이 시간으로는 지원자를 제대로 평가하기에는 한계가 있다. 합숙 면접은 24시간 이상을 지원자와 면접관이 함께 생활하면서 다양한 프로그램을 통해 지원자의 역량을 폭넓게 평가할 수 있기 때문에 기업에서는 합숙 면접을 선호한다. 대체로 은행, 증권 등 금융권에서 합숙 면접을 통해 지원자의 의도되고 꾸며진 모습 외에 창의력, 의사소통 능력, 협동심, 책임감, 리더십 등 다양한 모습을 평가하였지만, 최근에는 기업에서도 많이 실시되고 있다.

합숙 면접에서 좋은 점수를 얻기 위해서는 무엇보다 팀워크를 중시하는 모습을 보여야 한다. 합숙 면접은 일반 면접과는 달리 개인보다는 그룹별로 과제가 주어지고 해결해야 하므로 조원 또는 동료와 얼마나 잘 어울리느냐가 중요한 평가기준이 된다. 장시간에 걸쳐 평가하기 때문에 힘든 부분도 있지만, 지원자들이 지쳐 있거나 당황하고 있는 사이에도 면접관들은 지원자들의 조직 적응력, 적극성, 사회성, 친화력 등을 꼼꼼하게 체크하기 때문에 잠시도 긴장을 늦춰서는 안 된다.

2. 면접의 실전 대책

(1) 면접 대비사항

① 지원 회사에 대한 사전지식을 충분히 준비한다.

필기시험에서 합격 또는 서류전형에서의 합격통지가 온 후 면접시험 날짜가 정해지는 것이 보통이다. 이때 수험자는 면접시험을 대비해 사전에 자기가 지원한 계열사 또는 부서에 대해 폭넓은 지식을 준비할 필요가 있다.

지원 회사에 대해 알아두어야 할 사항

- 회사의 연혁
- 회사가 요구하는 인재상
- 회사의 사훈, 사시, 경영이념, 창업정신
- 회사의 대표적 상품, 특색
- 업종별 계열회사의 수
- 해외지사의 수와 그 위치
- 신 개발품에 대한 기획 여부
- 자기가 생각하는 회사의 장·단점
- 회사의 잠재적 능력개발에 대한 제언
- 회사와 관련한 산업의 최신 이슈

② 충분한 수면을 취한다.

충분한 수면으로 안정감을 유지하고 첫 출발의 상쾌한 마음가짐을 갖는다.

③ 얼굴을 생기 있게 한다.

첫인상은 면접에 있어서 가장 결정적인 당락요인이다. 면접관에게 좋은 인상을 줄 수 있도록 화장하는 것도 필요하다. 면접관들이 가장 좋아하는 인상은 얼굴에 생기가 있고 눈동자가 살아 있는 사람, 즉 기가 살아 있는 사람이다.

④ 아침에 인터넷 뉴스를 읽고 간다.

그날의 뉴스가 질문 대상에 오를 수가 있다. 특히 경제면, 정치면, 문화면 등을 유의해서 볼 필요가 있다.

출발 전 확인할 사항

이력서, 자기소개서, 성적증명서, 지갑, 신분증(주민등록증), 손수건, 휴지, 볼펜, 메모지, 예비스타킹 등을 준비하자.

(2) 면접 시 옷차림

면접에서 옷차림은 간결하고 단정한 느낌을 주는 것이 가장 중요하다. 색상과 디자인 면에서 지나치게 화려한 색상이나, 노출이 심한 디자인은 자칫 면접관의 눈살을 찌푸리게 할 수 있다. 단정한 차림을 유지하면서 자신만의 독특한 멋을 연출하는 것, 지원하는 회사의 분위기를 파악했다는 센스를 보여주는 것 또한 코디네이션의 포인트이다.

복장 점검

- 구두는 잘 닦여 있는가?
- 옷은 깨끗이 다려져 있으며 스커트 길이는 적당한가?
- 손톱은 길지 않고 깨끗한가?
- 머리는 흐트러짐 없이 단정한가?

(3) 면접 요령

① 첫인상을 중요시한다.

상대에게 인상을 좋게 주지 않으면 어떠한 얘기를 해도 이쪽의 기분이 충분히 전달되지 않을 수 있다. 예를 들어, '저 친구는 표정이 없고 무엇을 생각하고 있는지 전혀 알 길이 없다.'처럼 생각되면 최악의 상태이다. 우선 청결한 복장, 바른 자세로 침착하게 들어가야 한다. 건강하고 신선한 이미지를 주어야 하기 때문이다.

② 좋은 표정을 짓는다.

얘기를 할 때의 표정은 중요한 사항의 하나다. 거울 앞에서 웃는 연습을 해본다. 웃는 얼굴은 상대를 편안하게 하고, 특히 면접 등 긴박한 분위기에서는 천금의 값이 있다 할 것이다. 그렇다고 하여 항상 웃고만 있어서는 안 된다. 자기의 할 얘기를 진정으로 전하고 싶을 때는 진지한 얼굴로 상대의 눈을 바라보며 얘기한다. 면접을 볼 때 눈을 감고 있으면 마이너스 이미지를 주게 된다.

③ 결론부터 이야기한다.

자기의 의사나 생각을 상대에게 정확하게 전달하기 위해서 먼저 무엇을 말하고자 하는가를 명확히 결정해 두어야 한다. 대답을 할 경우에는 결론을 먼저 이야기하고 나서 그에 따른 설명과 이유를 덧붙이면 논지(論旨)가 명확해지고 이야기가 깔끔하게 정리된다.

한 가지 사실을 이야기하거나 설명하는 데는 3분이면 충분하다. 복잡한 이야기라도 어느 정도의 길이로 요약해서 이야기하면 상대도 이해하기 쉽고 자기도 정리할 수 있다. 긴 이야기는 오히려 상대를 불쾌하게 할 수가 있다.

④ 질문의 요지를 파악한다.

면접 때의 이야기는 간결성만으로는 부족하다. 상대의 질문이나 이야기에 대해 적절하고 필요한 대답을 하지 않으면 대화는 끊어지고 자기의 생각도 제대로 표현하지 못하여 면접자로 하여금 수험생의 인품이나 사고방식 등을 명확히 파악할 수 없게 한다. 무엇을 묻고 있는지, 무슨 이야기를 하고 있는지 그 요점을 정확히 알아내야 한다.

면접에서 고득점을 받을 수 있는 성공요령

1. 자기 자신을 겸허하게 판단하라.
2. 지원한 회사에 대해 100% 이해하라.
3. 실전과 같은 연습으로 감각을 익히라.
4. 단답형 답변보다는 구체적으로 이야기를 풀어나가라.
5. 거짓말을 하지 말라.
6. 면접하는 동안 대화의 흐름을 유지하라.
7. 친밀감과 신뢰를 구축하라.
8. 상대방의 말을 성실하게 들으라.
9. 근로조건에 대한 이야기를 풀어나갈 준비를 하라.
10. 끝까지 긴장을 풀지 말라.

CHAPTER

02 샘표식품 실제 면접

샘표식품은 지원자의 인성 및 태도, 조직적합도, 자질 및 당사 인재상과의 부합도 등을 종합적으로 평가하기 위해 면접을 시행한다. 샘표식품은 '식품회사 직원은 주부의 마음을 이해할 줄 알아야 한다.'는 지론에 따라 2000년 국내 최초로 요리 면접을 도입했으나 현재는 코로나의 영향으로 요리 면접 유형이 사라졌다. 지원자는 PT면접, 실무진 면접, 임원 면접 등을 치르며, 해외마케팅 직무는 영어 면접까지 추가로 진행된다. 원데이 면접이기 때문에 하루 안에 모든 과정이 끝나지만, 부서에 따라 끝나는 시간이 다르고 지원자가 많은 부서는 밤 10～11시에 끝나기도 한다.

또한, 최근 면접 트렌드에 따라 상황과 그 상황에 따르는 문제 3개 정도가 기재된 질문지를 주고 시간을 준 뒤 구두로 답변하는 형식의 새로운 면접유형도 나타나는 추세이다. 따라서 샘표식품의 면접 유형에서 높은 점수를 얻기 위해서는 반드시 해당 직무와 관련된 공고를 확인한 뒤에 알맞은 전략을 수립해야 한다.

1. 실무진 면접

① 면접위원 : 2～3명

② 면접시간 : 약 20분

③ 면접형태 : 다대일

④ 면접유형

2～3명의 면접관과 1명의 지원자로 면접이 진행된다. 자신이 지원한 분야의 실무진들과 면접을 보는데, 부서별로 면접 분위기는 다른 편이다. 이력서와 자기소개서를 바탕으로 한 경험 위주의 질문을 한다. 지원 분야에 대한 지식과 경력·경험을 물어보며, 전공·시사 관련 질문을 하기도 한다.

또한, 최근 면접 트렌드에 따라 상황과 그 상황에 따르는 문제 3개 정도가 기재된 질문지를 주고 시간을 준 뒤 구두로 답변하는 형식의 면접유형도 나타나는 추세이다.

⑤ 기출 질문

- 현재 요식업계의 트렌드에 따라서 샘표가 취해야 하는 전략 또는 과감하게 포기해야 하는 전략에 무엇이 있는지 설명해 보시오.
- 본인이 원하는 직무의 관리자가 됐다고 가정했을 때, 꼭 하고 싶은 프로젝트가 있는지?
- 특이 체질을 지닌 손님이 특정 제품에 대해서 레시피 등을 변경해달라는 지속적인 건의사항이 있을 경우에 어떻게 대처할 것인지 말해 보시오.
- 샘표가 해외진출을 한다고 했을 때, 제품 판매에 더 힘을 들여야 할지, 혹은 자사 식당을 런칭해야 할지 고르고 이유를 말해 보시오.
- 손님에게 음식에 대한 불만사항을 들었을 때 어떻게 대처할지 말해 보시오.
- 나보다 능력이 떨어지는 팀원을 데리고 프로젝트를 진행해야 한다면 어떻게 하겠는가?
- 선배와 출장을 가는 도중 선배가 난폭운전을 하기 시작했다. 당신이라면 뭐라고 말할 것인가?
- 자기소개를 해보시오.
- 공모전에서 본인의 역할이 무엇이었는가?
- 본인의 경험이 직무에서 어떻게 도움이 될 것이라고 생각하는가?

- 프로젝트 경험이 있는데, 아이디어 제공은 누가 했는가? 왜 그런 생각을 했는가?
- 타임머신이 있다면 언제로 돌아가고 싶은가?
- 자신의 장단점을 말해 보시오.
- 입사 후 포부에 대해 말해 보시오.
- 직무를 하는 데 있어 본인의 가장 큰 강점은 무엇인가?
- 직무에서 어떤 부분이 가장 중요하다고 생각하는가?
- 구매 직무에 왜 지원했는가?
- 구매 업무에 자신의 지식을 어떻게 적용할 것인가?
- 왜 샘표식품에 지원했는가?
- 최근 관심 있는 시사 내용에 대해 말해 보시오.
- 본인의 전공이 식품회사와 관련이 없는데, 왜 지원했는가?
- 왜 품질관리 직무에 지원했는가?
- 학교생활을 하면서 가장 보람이 있었던 봉사활동은 무엇인가?
- 우리 회사의 채용 설명회는 다녀왔는가?
- 학창시절 학점 이외에 가장 신경 썼던 것은 무엇인가?
- 가장 기뻤던 순간과 슬펐던 순간은 언제인가?
- 자격증을 취득한 이유가 무엇인가?
- 본인만의 특색이 있는 요리가 있는가?
- 친구들 사이에서 본인은 주로 어떠한 역할을 하는가?
- 일에 대한 과정과 결과 중에 무엇이 더 중요하다고 생각하는가?
- 샘표식품 하면 떠오르는 것이 무엇인가?
- 샘표식품이 다른 식품업체와 다른 점을 말해 보시오.
- 가장 기억에 남는 프로젝트가 무엇인지 말해 보시오.
- 업무에 필요하다고 생각하는 역량이 무엇이고 그 역량이 나에게 어떻게 맞는지 말해 보시오.

2. 임원 면접

① 면접위원 : 3명

② 면접시간 : 약 20분

③ 면접형태 : 다대일

④ 면접유형

3명의 면접관과 1명의 지원자로 면접이 진행된다. 기본 인성 및 적응성을 개별질문을 통해 파악한다. 자기소개서 바탕의 질문보다는 인성에 관한 질문, 그리고 꼬리 질문을 통한 압박 면접이 진행된다.

⑤ 기출 질문

- 샘표가 동종업계의 다른 회사와 구별되는 장점에는 무엇이 있다고 생각하는지 말해 보시오.
- 샘표가 사회적 환원 또는 봉사를 위해서 가장 잘할 수 있는 것에는 무엇이 있는지 말해 보시오.
- 중요한 단독 프로젝트를 진행 중에 큰 실수를 하였다. 이런 경우 어떻게 수습할 것인지 대처 방안을 말해 보시오.
- 샘표가 동종업계의 다른 회사와 구별되는 장점에는 무엇이 있다고 생각하는지 말해 보시오.
- 샘표가 사회적 환원 또는 봉사를 위해서 가장 잘할 수 있는 것에는 무엇이 있는지 말해 보시오.

- 중요한 단독 프로젝트를 진행 중에 큰 실수를 하였다. 이런 경우 어떻게 수습할 것인지 대처 방안을 말해 보시오.
- 친구가 돈을 빌려달라고 했을 때 당신이라면 빌려줄 것인지, 그리고 그 이유에 대하여 말해 보시오.
- 평소에 규칙을 잘 지키는가? 그리고 만약 팀원 중 규칙을 지키지 않는 이가 있다면 어떻게 할 것인가?
- 사회가 부조리하다고 생각하는가?
- 본인의 장점이 발현된 구체적인 사례를 말해 보시오.
- 본인이 왜 합격한 것 같은가?
- 대외활동에서 본인의 역할을 말해 보시오.
- 본인이 구체적으로 어떤 역할이었으며, 무엇을 담당해서 어떤 성과를 냈는지 말해 보시오.
- 아이디어를 하나 제시해 보시오.
- 아이디어가 너무 상투적이다. 획기적인 아이디어를 말해 보시오.
- 직무에서 구체적으로 어떤 일을 하고 싶은가?
- 학부 시절 성적이 좋은 편이 아니다. 왜 그렇다고 생각하는가?
- 샘표식품의 사업장에 대해 말해 보시오.
- 본인이 지원한 사업장이 아닌 다른 곳으로 발령이 나도 괜찮은가?
- 샘표식품 외에 다른 식품 회사를 쓴 곳도 있는가?
- 다른 회사에 떨어졌다면 왜 본인이 떨어졌다고 생각하는가?
- 다른 회사들과 같은 이유로 샘표식품도 떨어질 수 있는데 어떻게 생각하는가?
- 샘표식품의 홍보방안에 대해 말해 보시오.
- 본인의 성격에서 고치고 싶은 점은 무엇인가?
- 문화를 파는 것이 무엇이라고 생각하는가?
- 마지막으로 하고 싶은 말을 해보시오.
- 자신을 뽑을 수 있도록, 본인을 어필해 보시오.
- 본인이 대답한 답변에 거짓말이 전혀 없는가?
- 샘표식품에서 어떤 일을 하고 싶은가?
- 회사에 지원한 동기가 무엇인가?
- 지원 직무를 선택한 이유가 무엇인가?
- 문제를 창의적으로 해결한 경험이 있는가?
- 가장 존경하는 인물은 누구인가? 그 이유는 무엇인가?
- 상사에게 부당한 대우를 받는다면 어떻게 대처할 것인가?
- 회사의 인재상과 본인이 얼마나 일치한다고 생각하는가?
- 본인을 꼭 뽑아야 하는 이유를 말해 보시오.
- 마지막으로 하고 싶은 말을 해보시오.
- 이전 직장에서 이뤘던 성과와 일하면서 성취감이 들었던 일화에 대해서 말해 보시오.
- 시장 파악 및 개발을 위해 어떤 일을 할 것인지 말해 보시오.

MEMO

답안채점 • 성적분석 서비스

모바일 OMR

도서 내 모의고사 우측 상단에 위치한 QR코드 찍기 → 로그인 하기 → '시작하기' 클릭 → '응시하기' 클릭 → 나의 답안을 모바일 OMR 카드에 입력 → '성적분석 & 채점결과' 클릭 → 현재 내 실력 확인하기

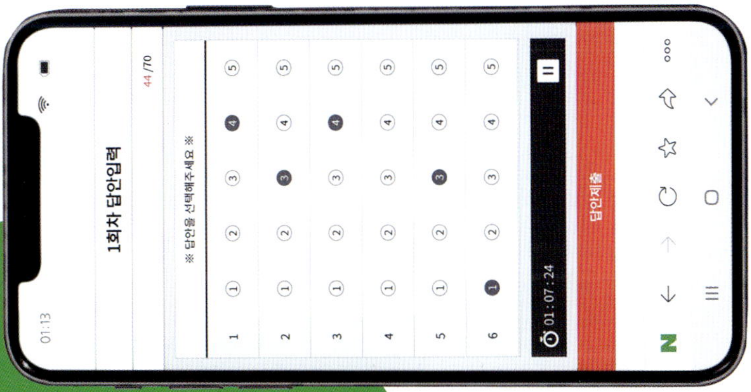

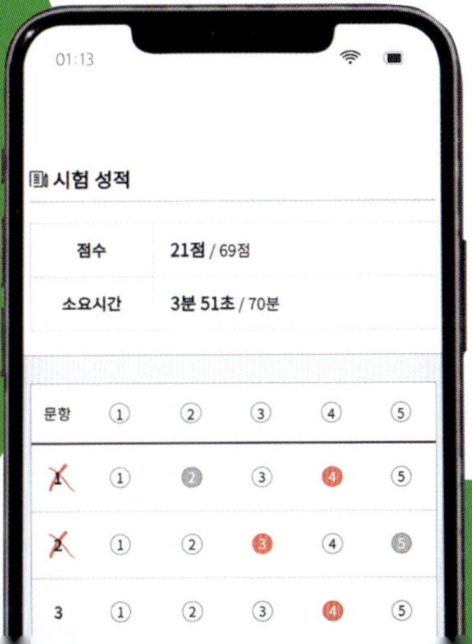

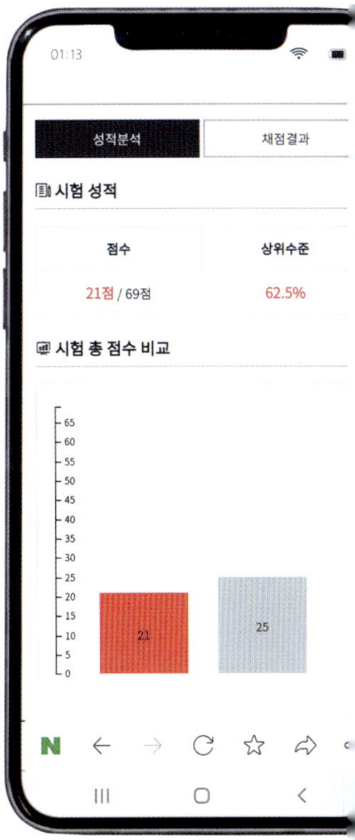

도서에 수록된 모의고사에 대한
객관적인 결과(정답률, 순위)를
종합적으로 분석하여 제공합니다.

※OMR 답안채점 / 성적분석 서비스는 등록 후 30일간 사용 가능합니다.

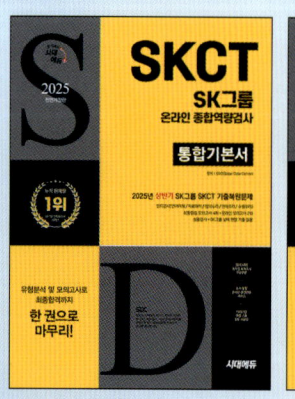

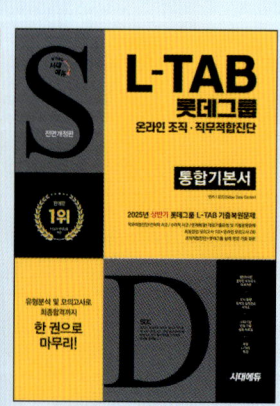

2026

최신판

샘표 식품

인적성검사

통합기본서

편저 | SDC(Sidae Data Center)

정답 및 해설

판매량 1위

YES24 샘표식품 부문

유형분석 및 모의고사로

최종합격까지

한 권으로 마무리!

SDC

SDC는 시대에듀 데이터 센터의 약자로 약 30만 개의 NCS · 적성 문제 데이터를 바탕으로 최신 출제경향을 반영하여 문제를 출제합니다.

시대에듀

PART 1

대표기출유형

CHAPTER

01 언어

대표기출유형 01 기출응용문제

01

정답 ②

놀이 공원이나 휴대전화 요금제 등을 미루어 생각해 볼 때, 이부가격제는 이윤 추구를 최대화하려는 기업의 가격 제도이다.

02

정답 ④

충전지를 최대 용량을 넘어서 충전할 경우 발열로 인한 누액이나 폭발의 위험이 있다. 충전지를 충전하는 과정에서 충전지의 온도가 과도하게 상승한다면 최대 용량을 넘은 과충전을 의심할 수 있으므로 충전을 중지하는 것이 좋다.

오답분석

① 충전지를 크게 만들면 충전 용량과 방전 전류 세기를 증가시킬 수 있으나, 전극의 물질을 바꾸지 않는 한 공칭 전압은 변하지 않는다.

② 충전기의 전원 전압은 충전지의 공칭 전압보다 높아야 한다. 이때, 용량과 관계없이 리튬 충전지의 공칭 전압은 3.6V이므로 전원 전압이 3.6V보다 높은 충전기를 사용해야 한다.

③ 충전지를 방전 하한 전압 이하까지 방전시키면 충전지의 수명이 줄어들기 때문에 오래 사용하기 위해서는 방전 하한 전압 이하까지 방전시키지 않는 것이 좋으나, 니켈카드뮴 충전지의 경우 메모리 효과로 인해 완전히 방전되기 전 충전을 반복하면 충·방전 용량이 줄어든다.

⑤ 충전기로 리튬 충전지를 충전할 경우 만충전 전압에 이르면 정전압 회로로 전환하여 정해진 시간 동안 충전지에 공급하는 전압을 일정하게 유지한다. 그러나 공칭 전압은 변화하는 단자 전압의 평균일 뿐이므로 리튬 충전지의 만충전 전압이 3.6V인 것은 아니다.

03

정답 ⑤

저맥락 문화는 멤버 간에 공유하고 있는 맥락의 비율이 낮고 개인주의와 다양성이 발달했다. 미국은 이러한 저맥락 문화의 대표국가로 선악의 확실한 구분, 수많은 말풍선을 사용한 스토리 전개 등이 특징이다. 다채로운 성격의 캐릭터 등장은 일본 만화의 특징이다.

04

정답 ①

멜서스는 인구가 증가하면 식량이 부족해지고, 기근, 전쟁, 전염병으로 인구가 조절된다고 주장했다.

오답분석

② 멜서스는 인구 증가에 따른 부작용을 막기 위해 인구 증가를 미리 억제해야 한다고 주장했으므로, 적극적인 인구 억제 방식임을 알 수 있다.

③ 멜서스는 '하루 벌어 하루 먹고사는 하류계급'으로 노동자를 언급했으며, 하류계급은 성욕을 참지 못한다고 극단적으로 표현하였다. 이를 통해 멜서스는 상류계급과 하류계급으로 사회구조를 나눴음을 유추할 수 있다.

④·⑤ 멜서스는 인간의 평등과 생존권을 옹호하는 모든 사상과 이론은 '자연법칙에 위배되는 유해한' 것으로 주장했기 때문에 당대 대중 빈곤을 위해 노력했던 사람들에게 비판받았을 것임을 유추할 수 있다.

대표기출유형 02 기출응용문제

01

정답 ②

플라톤 시기에는 이제 막 알파벳이 보급되고, 문자문화가 전래의 구술적 신화문화를 대체하기 시작한 시기였다.

오답분석

① 타무스왕은 문자를 죽었다고 표현하며, 생동감 있고 살아있는 기억력을 퇴보시킬 것이라 보았다.
③ 문자와 글쓰기는 콘텍스트를 떠나 비현실적이고 비자연적인 세계 속에서 수동적으로 이뤄진다.
④ 물리적인 강제의 억압에 의해 말살되어질 위기에 처한 진리의 소리는 기념비적인 언술행위의 문자화를 통해서 저장되어야 한다고 보는 입장이 있다.
⑤ 문화적 기억력에 대한 성찰과 가치 판단이 부재하다면 새로운 매체는 단지 댓글 파노라마에 불과할 것이다.

02

정답 ①

제시문의 두 번째 문단에서 폴리피롤의 사용이 유력시되는 이유가 우수한 생체 적합성과 안정성, 자유로운 이온 출입에 있음을 확인할 수 있다.

03

정답 ①

기업은 최저임금제도로 인건비가 높아지면 경제적 부담으로 다가올 수 있다. 그러나 근로자의 소비 지출 증가로 기업의 생산과 판매를 촉진시키므로 기업 입장에서 최저임금제도가 아무런 이득이 없다는 설명은 적절하지 않다.

오답분석

② 인건비 인상으로 인한 기업의 비용 부담 증가는 일자리의 제약이나 물가 상승으로 이어질 수 있다.
③ 근로자들이 안정된 임금을 받게 되면 소비력이 강화되고 소비 지출이 증가한다.
④ 최저임금제도는 불공정한 임금구조를 해소하고 경제적인 격차를 완화하는 데 도움을 준다.
⑤ 일정 수준 이상으로 설정된 최저임금은 근로자들의 생계비를 보장하고 근로 환경에서의 안정성을 확보할 수 있게 한다.

대표기출유형 03 기출응용문제

01

정답 ⑤

먼저 '빅뱅 이전에는 아무것도 없었다.'는 '영겁의 시간 동안 우주는 단지 진공이었을 것이다.'를 의미한다는 (라) 문단이 오는 것이 적절하며, 다음으로 '이런 식으로 사고하려면', 즉 우주가 단지 진공이었다면 왜 우주가 탄생하게 되었는지를 설명할 수 없다는 (다) 문단이 오는 것이 적절하다. 그 뒤를 이어 우주 탄생 원인을 설명할 수 없는 이유를 이야기하는 (나) 문단과 이와 달리 아예 다른 방식으로 해석하는 (가) 문단이 차례로 오는 것이 적절하다.

02

정답 ④

제시문은 우리나라가 인구감소 시대에 돌입함에 따른 공공재원의 효율적으로 활용할 필요성에 대해 설명하고 있다. 따라서 (나) 문제제기 : 인구감소 시대에 돌입 – (라) 문제분석 : 공공재원 확보·확충의 어려움 – (가) 문제해결 : 공공재원의 효율적 활용 방안 – (다) 향후과제 : 공공재원의 효율적 활용 등에 관한 논의 필요 순으로 나열하는 것이 적절하다.

03

정답 ⑤

사랑과 관련하여 여러 형태의 빛 신호를 가지고 있는 반딧불이를 소개하고, 이들이 단체로 빛을 내면 장관을 이룬다는 내용의 (라) 문단이 맨 처음에 와야 한다. 다음으로는 (라) 문단의 마지막 내용과 연결되는 (나) 문단이 이어지는 것이 자연스럽다. 그리고 단독으로 행동하기를 좋아하는 반딧불이가 짝을 찾는 모습을 소개한 (마) 문단이 이어져야 하며, 그러한 특성을 이용해 먹잇감을 찾는 반딧불이의 종류를 설명하는 (가) 문단이 뒤따라야 한다. (다) 문단은 (가) 문단에 이어지는 내용이므로 그 뒤에 나열하는 것이 적절하다.

CHAPTER

02 수리

대표기출유형 01 기출응용문제

01

정답 ③

남녀가 다시 만나는 데 걸리는 시간을 y시간이라 하면 거리에 대한 식은 다음과 같다.

$4\times(y-0.5)+6\times y=10$

$\rightarrow 4y-2+6y=10$

$\rightarrow 10y=12$

$\therefore y=1.2$

따라서 두 남녀가 다시 만나는 데 걸리는 시간은 1.2시간이므로 1시간 12분이다.

02

정답 ①

기차의 길이를 xm라고 하면 다음과 같은 식이 성립한다.

$\frac{480+x}{36}=\frac{600+x}{44}$

$\rightarrow 11\times(480+x)=9\times(600+x)$

$\rightarrow 2x=120$

$\therefore x=60$

따라서 기차의 속력은 $\frac{480+60}{36}=15\text{m/s}$이다.

03

정답 ①

나영이와 현지가 같이 간 거리는 $150\times30=4,500$m이고, 집에서 공원까지의 거리는 $150\times50=7,500$m이다. 나영이가 집에 가는 데 걸린 시간은 $150\times30\div300=15$분이고, 다시 공원까지 가는 데 걸린 시간은 $150\times50\div300=25$분이다.

중간에 멈춘 곳부터 현지가 공원에 도착하는 데까지 걸린 시간은 20분이고, 나영이가 걸린 시간은 40분이다.

따라서 나영이는 현지가 도착하고 20분 후에 공원에 도착한다.

04

정답 ⑤

집에서 학교까지의 거리를 xm라고 하면 다음과 같은 식이 성립한다.

$\frac{x}{30}-\frac{x}{50}=5$

$\rightarrow 5x-3x=750$

$\therefore x=375$

따라서 집에서 학교까지의 거리는 375m이다.

대표기출유형 02 기출응용문제

01

정답 ①

농도를 구하는 식은 $\frac{(\text{용질})}{(\text{용액})}=\frac{(\text{녹차 가루의 양})}{(\text{녹차 가루})+(\text{물})}$이므로, B사원의 녹차 농도에 대하여 식을 세우면 다음과 같다.

$$\frac{(50-35)}{(200-65)+(50-35)}\times 100$$

$\rightarrow \frac{15}{135+15}\times 100=10$

따라서 B사원의 녹차 농도는 10%이다.

02

정답 ①

A소금물과 B소금물의 소금의 양을 구하면 각각 $300\times 0.09=27\text{g}$, $250\times 0.112=28\text{g}$이다.

이에 따라 C소금물의 농도는 $\frac{27+28}{300+250}\times 100=\frac{55}{550}\times 100=10\%$이다.

소금물을 덜어내도 농도는 변하지 않으므로 소금물은 $550\times 0.8=440\text{g}$이고, 소금의 양은 44g이다.

따라서 소금을 10g 더 추가했을 때의 소금물의 농도는 $\frac{44+10}{440+10}\times 100=\frac{54}{450}\times 100=12\%$이다.

03

정답 ③

처음 설탕물의 농도를 x%라고 하면 다음과 같은 식이 성립한다.

$$\frac{\frac{x}{100}\times 200+5}{200-50+5}\times 100=3x$$

$\rightarrow 200x+500=465x$

$\therefore x=\frac{100}{53}\fallingdotseq 1.9$

따라서 처음 설탕물의 농도는 1.9%이다.

04

정답 ⑤

덜어낸 소금물의 양을 xg, 더 넣은 2% 소금물의 양을 yg이라고 하면 다음과 같은 식이 성립한다.

$200-x+\frac{x}{2}+y=300 \cdots$ ㉠

$\frac{6}{100}\times(200-x)+\frac{2}{100}\times y=\frac{3}{100}\times 300 \cdots$ ㉡

이를 정리하면 다음과 같다.

$-x+2y=200 \cdots$ ㉠′

$-6x+2y=-300 \cdots$ ㉡′

㉠′과 ㉡′을 연립하여 풀면 $5x=500$이므로 $x=100\text{g}$, $y=150\text{g}$이다.

따라서 농도 2% 소금물의 양은 150g이다.

대표기출유형 03 기출응용문제

01

정답 ①

작년 매출액을 x라고 할 때, 올해 매출액과 관련하여 식을 세우면 다음과 같다.

$x \times 1.0039 = 1,300$억

$\rightarrow x = \frac{1,300억}{1.0039}$

$\therefore x \fallingdotseq 1,295$억

따라서 작년 매출액은 약 1,295억 원임을 알 수 있다.

02

정답 ②

10개당 9개의 가격을 받는다는 것은 10개의 가격이 $9a$원이므로, 물건 385개의 가격은 $38 \times 9a + 5a = 347a$원이다.

따라서 지불해야 하는 가격(5% 추가 할인된 가격)은 $\frac{95}{100} \times 347a = \frac{6,593}{20} a$원이다.

03

정답 ②

A종목에서 상을 받은 사람의 수를 P(A), B종목에서 상을 받은 사람의 수를 P(B), A종목과 B종목 모두 상을 받은 사람의 수를 P(A∩B)일 때 다음과 같은 식이 성립한다.

- $P(A) + P(B) - P(A \cap B) = 30 \cdots$ ①
- $P(A) = P(B) + 8 \cdots$ ②

$P(A \cap B) = 10$이므로

- $P(A) + P(B) = 40 \cdots$ ㉠
- $P(A) = P(B) + 8 \cdots$ ㉡

㉠과 ㉡을 연립하면 $P(A) = 24$, $P(B) = 16$이다.

따라서 A종목에서 상을 받은 사람들의 상금은 $24 \times 50,000 = 1,200,000$원이다.

대표기출유형 04 기출응용문제

01

정답 ③

완성품 1개를 만드는 데 필요한 일의 양을 1이라 하고, A와 B기계가 x일 만에 완성품을 1개 만들었다고 하자.

- A기계가 하루에 하는 일의 양 : $\frac{1}{20}$
- B기계가 하루에 하는 일의 양 : $\frac{1}{30}$

$\left(\frac{1}{20} + \frac{1}{30}\right) \times x = 1 \rightarrow \frac{5}{60} \times x = 1 \rightarrow \frac{1}{12} \times x = 1$

$\therefore x = 12$

따라서 A와 B기계를 함께 사용하여 완성품 1개를 완성하려면 12일이 걸린다.

02

정답 ②

A장치가 1시간당 공급하는 물의 양을 xL, B장치를 통해 1시간당 배출되는 물의 양은 yL라고 하면 다음 식이 성립한다.

$4\times x=6\times(x-y)$

$\rightarrow 2x=6y$

$\therefore x=3y$

A장치가 1시간당 공급하는 물의 양은 B장치를 통해 1시간당 배출되는 물의 양의 3배이다.

따라서 $4x$L가 수영장 전체 물의 양이므로, B장치를 작동시켜 전체 물이 배출되는 데 걸리는 시간은 $4\times3=12$시간이다.

03

정답 ②

A팀이 15분 작업 후 도구 교체에 걸리는 시간이 5분이므로 작업 하나에 걸리는 시간은 총 20분이며, B팀은 30분 작업 후 바로 다른 작업을 시작하므로 걸리는 시간은 총 30분이다.

따라서 두 팀은 60분마다 작업을 동시에 시작하며, 오후 1시에 작업을 시작해서 세 번째로 동시에 작업을 시작하는 시각은 3시간 후인 오후 4시이다.

04

정답 ②

명훈이와 우진이가 같이 초콜릿을 만드는 시간을 x시간이라고 할 때, 1시간 동안 만드는 초콜릿 양은 각각 $\frac{1}{30}$, $\frac{1}{20}$이므로 다음 식이 성립한다.

$\frac{1}{30}\times3+\frac{1}{20}\times5+\left(\frac{1}{30}+\frac{1}{20}\right)x=1$

$\rightarrow \frac{1}{12}x=\frac{13}{20}$

$\therefore x=\frac{39}{5}$

따라서 두 사람이 같이 초콜릿을 만드는 시간은 $\frac{39}{5}$시간이다.

대표기출유형 05 기출응용문제

01

정답 ④

- 남학생 5명 중 2명을 선택하는 경우의 수 : ${}_5C_2$
- 여학생 3명 중 2명을 선택하는 경우의 수 : ${}_3C_2$
- 선택된 4명을 한 줄로 세우는 경우의 수 : 4!

${}_5C_2\times{}_3C_2\times4!=10\times3\times24=720$

$\therefore$ 720가지

따라서 남학생 중 2명을 뽑고, 여학생 중 2명을 뽑아 한 줄로 세우는 경우의 수는 720가지이다.

02

정답 ⑤

- 서로 다른 주사위 2개를 던져 나오는 눈의 수의 합이 4인 경우 : (1, 3), (2, 2), (3, 1) → 3가지
- 서로 다른 주사의 2개를 던져 나오는 눈의 수의 합이 7인 경우 : (1, 6), (2, 5), (3, 4), (4, 3), (5, 2), (6, 1) → 6가지

따라서 나오는 눈의 수의 합이 4 또는 7이 나오는 경우의 수는 9가지이다.

03

정답 ③

0부터 9까지의 카드에서 2장으로 만들 수 있는 두 자리 정수 중 3의 배수가 나오는 경우는 다음과 같다.

- 1□인 경우 : 12, 15, 18
- 2□인 경우 : 21, 24, 27
- 3□인 경우 : 30, 36, 39
- 4□인 경우 : 42, 45, 48
- 5□인 경우 : 51, 54, 57
- 6□인 경우 : 60, 63, 69
- 7□인 경우 : 72, 75, 78
- 8□인 경우 : 81, 84, 87
- 9□인 경우 : 90, 93, 96

따라서 두 자리 정수 중 3의 배수를 만들 수 있는 경우는 모두 $3\times9=27$가지이다.

대표기출유형 06 기출응용문제

01

정답 ④

(차례로 꺼낸 3개의 구슬 중 파란색 구슬이 있을 확률)=1−(파란색 구슬을 한 번도 뽑지 않을 확률)

$1-\frac{12}{15}\times\frac{11}{14}\times\frac{10}{13}$

$\rightarrow 1-\frac{44}{91}=\frac{47}{91}$

따라서 파란색 구슬이 있을 확률은 $\frac{47}{91}$이다.

02

정답 ②

A과목과 B과목을 선택한 학생의 비율이 각각 전체의 40%, 60%이고 A과목을 선택한 학생 중 여학생은 30%, B과목을 선택한 학생 중 여학생은 40%이므로 A과목을 선택한 여학생의 비율은 $0.4\times0.3=0.12$이고, B과목을 선택한 여학생의 비율은 $0.6\times0.4=0.24$이다.

따라서 구하고자 하는 확률은 $\frac{0.24}{0.12+0.24}=\frac{2}{3}$이다.

03

정답 ⑤

문제 B를 맞힐 확률을 x%라고 하면 다음과 같다.

$\left(1-\frac{3}{5}\right)\times x=\frac{24}{100}$

$\rightarrow \frac{2}{5}x=\frac{6}{25}$

$\therefore x=\frac{3}{5}$

따라서 구하고자 하는 확률은 $\left(1-\frac{3}{5}\right)\times\left(1-\frac{3}{5}\right)=\frac{4}{25}=16\%$이다.

대표기출유형 07 기출응용문제

01

정답 ②

유통업의 경우 9점을 받은 현지의 엄격한 규제 요인이 가장 강력한 진입 장벽으로 작용하므로 유통업체인 S사가 몽골 시장으로 진출할 경우, 해당 요인이 시장의 진입을 방해하는 요소로 작용할 가능성이 가장 큰 것을 알 수 있다.

오답분석

① 초기 진입 비용 요인의 경우 유통업(5점)보다 식·음료업(7점)의 점수가 더 높고, 유통업은 현지의 엄격한 규제 요인(9점)이 가장 강력한 진입 장벽으로 작용한다.

③ 몽골 기업의 시장 점유율 요인의 경우 제조업(5점)보다 유통업(7점)의 점수가 더 높으며, 제조업은 현지의 엄격한 규제 요인(8점)이 가장 강력한 진입 장벽으로 작용한다.

④ 문화적 이질감이 가장 강력한 진입 장벽으로 작용하는 업종은 해당 요인에 가장 높은 점수를 부여한 서비스업(8점)이다.

⑤ 서비스업은 초기 진입 비용이 타 업종에 비해 적게 든다.

02

정답 ③

2024년에는 경기가 인천보다 한 가구당 평균 자녀수가 더 많으므로, 옳지 않다.

오답분석

① 모든 연도, 모든 지역에서 한 가구당 평균 자녀수가 감소하고 있다.

② 제주의 한 가구당 평균 자녀수는 다른 지역보다 항상 많다.

④ 2021년 한 가구당 평균 자녀수가 가장 많은 지역은 제주(5.8명)이고, 가장 적은 지역은 서울(2.9명)이므로 제주가 서울의 2배이다.

⑤ 2024년 수도권(서울, 경기, 인천) 및 광역시(인천, 대구, 부산, 광주, 대전, 울산)의 한 가구당 평균 자녀수의 합은 다음과 같다.

- 수도권 : $0.8+1.3+1.1=3.2$명
- 광역시 : $1.1+1.8+1.5+2.2+1.4+2=10$명

따라서 수도권은 광역시의 $\frac{3.2}{10}\times100=32\%$이므로 35% 미만이다.

03

정답 ②

$2,970,974\times0.4=1,188,389.6<1,345,897$이므로 40% 이상이다.

오답분석

① 지출액은 폐수관리(6,399,475백만 원)가 가장 많고, 수입액은 폐기물관리(3,502,725백만 원)가 가장 많다.

③ 부산물 수입이 10% 미만인 분야는 8개이며, 보조금이 10% 미만인 분야는 7개이다.

④ $1,438,272\times0.7=1,006,790.4>987,942$이므로 70% 미만이다.

⑤ 투자지출 비중이 가장 작은 분야는 방사선피해 방지이고, 이는 지출합계의 0.9%를 차지한다.

04

정답 ④

ㄹ. 농가 소득 중 농업 이외 소득이 차지하는 비율을 구하면 다음과 같다.

- 2018년 : $\frac{22,023}{32,121}\times100≒68.56\%$
- 2019년 : $\frac{21,395}{30,148}\times100≒70.97\%$
- 2020년 : $\frac{21,904}{31,031}\times100≒70.59\%$
- 2021년 : $\frac{24,489}{34,524}\times100≒70.93\%$
- 2022년 : $\frac{24,647}{34,950}\times100≒70.52\%$
- 2023년 : $\frac{25,959}{37,216}\times100≒69.75\%$

따라서 매년 증가하지 않는다.

ㅁ. $\frac{11,257-10,303}{10,303}\times100≒9.26\%$이므로 10%를 넘지 않는다.

오답분석

ㄱ. 그래프를 통해 확인할 수 있다.

ㄴ. 농가 수 그래프에서 감소폭이 큰 것은 2022년과 2023년인데, 2022년에는 21천 호가 줄고, 2023년에는 41천 호가 줄었으므로 전년 대비 농가 수가 가장 많이 감소한 해는 2023년이다.

ㄷ. 2018년 대비 2023년 농가 인구의 감소율은 $\frac{3,063-2,769}{3,063}\times 100 \fallingdotseq 9.6\%$이다.

대표기출유형 08 기출응용문제

01

정답 ①

구매 방식별 비용을 구하면 다음과 같다.

- 스마트폰앱 : 12,500×0.75=9,375원
- 전화 : (12,500−1,000)×0.9=10,350원
- 회원카드와 쿠폰 : (12,500×0.9)×0.85≒9,563원
- 직접 방문 : (12,500×0.7)+1,000=9,750원
- 교환권 : 10,000원

따라서 피자 1판을 가장 싸게 살 수 있는 구매 방식은 스마트폰앱이다.

02

정답 ③

A의 식단을 끼니별로 나누어 칼로리를 계산하면 다음과 같다. 이때, 주어진 칼로리 정보를 고려하여 반찬의 무게에 비례하여 칼로리를 계산하여야 하는 것에 주의한다.

구분	식단
아침	우유식빵 280kcal, 사과잼 110kcal, 블루베리 30kcal
점심	현미밥 360kcal, 갈비찜 597kcal, 된장찌개 88kcal, 버섯구이 30kcal, 시금치나물 5kcal
저녁	현미밥 180kcal, 미역국 176kcal, 고등어구이 285kcal, 깍두기 50kcal, 연근조림 48kcal

따라서 하루에 섭취하는 열량은 280+110+30+360+597+88+30+5+180+176+285+50+48=2,239kcal이다.

03

정답 ③

연도별로 발굴 작업 비용을 계산하면 다음과 같다.

- 2022년 : (21×120,000)+(10×30,000)+(13×200,000)=5,420,000원
- 2023년 : (23×120,000)+(4×30,000)+(18×200,000)=6,480,000원
- 2024년 : (19×120,000)+(12×30,000)+(7×200,000)=4,040,000원

따라서 발굴 작업 비용이 가장 많이 든 해는 2023년이며, 비용은 648만 원이다.

CHAPTER

03 도형추리

대표기출유형 01 기출응용문제

01

정답 ①

규칙은 가로로 적용된다.

두 번째 도형은 첫 번째 도형을 시계 반대 방향으로 120° 회전시킨 도형이고, 세 번째 도형은 두 번째 도형을 시계 방향으로 60° 회전시킨 도형이다.

02

정답 ④

규칙은 세로로 적용된다.

두 번째 도형은 첫 번째 도형 4×4칸 안에 들어있는 도형들이 아래쪽으로 한 칸씩 이동한 도형이고, 세 번째 도형 또한 두 번째 도형 안의 도형들이 아래쪽으로 한 칸씩 이동한 도형이다.

03

정답 ③

규칙은 가로로 적용된다.

첫 번째 도형을 수직으로 반을 잘랐을 때의 왼쪽 도형이 두 번째 도형이고, 두 번째 도형을 수평으로 반을 자른 후 아래쪽 도형을 시계 방향으로 90° 회전시킨 도형이 세 번째 도형이다.

PART 2

최종점검 모의고사

제1회 최종점검 모의고사

01 언어

01	02	03	04	05	06	07	08	09	10
④	④	③	③	①	④	①	③	②	②
11	12	13	14	15	16	17	18	19	20
④	④	④	④	⑤	④	⑤	②	⑤	②

01

정답 ④

제시문의 첫 번째 문단에서 '사피어 – 워프 가설'을 간략하게 소개하고, 두 번째 ~ 세 번째 문단을 통해 '사피어 – 워프 가설'을 적용할 수 있는 예를 들고 있다. 이후 네 번째 ~ 마지막 문단을 통해 '사피어 – 워프 가설'을 언어 우위론적 입장에서 설명할 수 있는 가능성이 있으면서도, 언어 우위만으로 모든 설명이 되지는 않음을 밝히고 있다. 따라서 제시문은 '사피어 – 워프 가설'의 주장에 대한 설명(언어와 사고의 관계)과 함께, 그것을 하나의 이론으로 증명하기 어려움을 말하고 있다.

02

정답 ④

제시문은 통계 수치의 의미를 정확하게 이해하고 도구와 방법을 올바르게 사용해야 하며, 특히 아웃라이어의 경우를 생각해야 한다고 주장하고 있다.

오답분석

①·② 집단을 대표하는 수치로써의 '평균' 자체가 숫자 놀음과 같이 부적당하다고는 언급하지 않았다.

③ 아웃라이어가 있는 경우에는 평균보다는 최빈값이나 중앙값이 대푯값으로 더 적당하다.

⑤ 내용이 올바르지 않은 것은 아니지만, 통계의 유용성은 글의 도입부에 잠깐 인용되었을 뿐 글의 중심 내용으로 볼 수는 없다.

03

정답 ③

제시문은 자연 현상이 예측하기 어려운 이유가 무엇인지 질문을 하고, 지구 내부의 구조에 대해 설명하면서 그 이유를 밝히고 있다. 따라서 글의 주제로 ③이 가장 적절하다.

04

정답 ③

제시문은 현재 나이 계산법 방식이 3가지로 혼재되어 있어 그로 인한 나이 불일치로 행정서비스 및 계약 상의 혼선과 법적 다툼이 발생해 이를 해소하고자 나이 방식을 하나로 통합하자는 내용이다. 따라서 기존 나이 계산법의 개정이 필요하다는 것이 글의 주제로 가장 적절하다.

오답분석

① 마지막 문단의 '연 나이를 채택해 또래 집단과 동일한 기준을 적용하는 것이 오히려 혼선을 막을 수 있고 법 집행의 효율성이 담보'라는 내용에서 일부 법령에 대해서는 연 나이 계산법을 유지한다는 것을 알 수 있으나, 해당 내용이 전체 글을 다루고 있다고 보기는 어렵다.

② 세 번째 문단에 따르면 나이 불일치가 야기한 혼선과 법적 다툼이 우리나라 나이 계산법으로 인한 문제가 아니라 나이 계산법 방식이 3가지가 혼재되어 있어 발생하는 문제라고 하였다.

④ 제시문은 나이 계산법 혼용에 따른 분쟁 해결 방안보다는 이러한 분쟁이 발생하지 않도록 나이 계산법을 하나로 통일하자는 내용을 다루고 있다.

⑤ 다섯 번째 문단의 '법적·사회적 분쟁이 크게 줄어들 것으로 기대하고 있지만 국민 전체가 일상적으로 체감하는 변화는 크지 않을 것'이라는 내용으로 보아 나이 계산법의 변화로 달라지는 행정 서비스는 크게 없을 것으로 보이며, 이를 글의 전체적인 주제로 보기는 적절하지 않다.

05

정답 ①

선물환거래는 금리차익을 얻는 것과 투기적 목적 등도 가지고 있다.

오답분석

②·④ 선물환 거래에 대한 내용이다.

③·⑤ 옵션에 대한 내용이다.

06

정답 ④

제시문의 '서도(書道)라거나 다도(茶道)라거나 꽃꽂이라거나 하는 일을 과외로 즐길 줄 아는 사람을 우리는 생활의 멋을 아는 사람이라고 말한다.'의 문장을 통해 알 수 있다.

오답분석

① · ⑤ 제시문에서 언급되지 않은 내용이다.
② 값비싸고 화려한 복장을 한 사람이라고 해서 공리적 계산을 하는 사람은 아니다.
③ 소탈한 생활 태도는 경우에 따라 멋있게 생각될 수 있을 뿐, 가장 중요한 것은 아니다.

07

정답 ①

제시문의 첫 번째와 두 번째 문단에 의하면 다리뼈는 연골세포의 세포분열로 인해 뼈대의 성장이 일어난다.

오답분석

② 뼈끝판의 세포층 중 뼈대의 경계면에 있는 세포층이 아닌 뼈끝과 경계면이 있는 세포층에서만 세포분열이 일어난다.
③ 사춘기 이후 호르몬에 의한 뼈의 길이 성장은 일어나지 않는다.
④ 뇌에서 분비하는 성장호르몬은 뼈 성장에 직접적으로 도움을 준다.
⑤ 남성호르몬인 안드로겐은 사춘기 여자에게서도 분비된다.

08

정답 ③

제시문의 네 번째 문단의 상업적 성공을 바탕으로 매너리즘에 빠진 할리우드 영화는 이를 극복하기 위해 엉성한 이야기 구조와 구성 방식, 실험 정신을 특징으로 하는 「누벨바그」의 창의적 시도를 받아들였다는 내용을 통해 끊임없는 시도가 필요하다는 것을 알 수 있다.

09

정답 ②

제시문에는 자성 물질의 자기장이 강할수록 성능이 우수해진다는 내용은 언급되어 있지 않다.

오답분석

①은 첫 번째와 두 번째 문단, ③은 두 번째 문단, ④ · ⑤는 첫 번째 문단을 통해 확인할 수 있다.

10

정답 ②

제시문의 두 번째 문단에 의하면 아픈 사람이 없기를 바라면서 홍역이나 천연두를 예방하는 굿은 손님굿이다.

오답분석

① 강릉단오제의 무당굿에서는 자식들에게 복을 주는 세존굿과 군에 간 자손을 보호해 달라 청하는 군웅장수 굿을 볼 수 있다.
③ 강릉단오제는 2005년 11월 25일에 유네스코 인류 구전 및 무형 유산 걸작으로 등재되기도 했다.
④ 강릉단오제는 삶의 고단함을 신과 인간이 하나 되는 신명의 놀이로 풀어주는 축제이다.
⑤ 제사에 직접 관여하는 제관 · 임원 · 무격(巫覡) 등은 제사가 끝날 때까지 먼 곳 출입을 삼가고 근신하는 등 몸과 마음을 깨끗이 해야 한다.

11

정답 ④

제시문의 두 번째 문단에서 직접파와 달리 굴절파는 지하의 깊이와 상관없이 매질의 성격에 따라 이동하는 속도가 달라진다고 언급했다.

12

정답 ④

제시문은 우리 몸의 면역 시스템에서 중요한 역할을 하는 킬러 T세포가 있음을 알려주고, 이것의 역할과 작용 과정을 차례로 설명하며 마지막으로 킬러 T세포의 의의에 대해 이야기하는 글이다. 따라서 (라) 우리 몸의 면역 시스템에 중요한 역할을 하는 킬러 T세포 – (가) 킬러 T세포의 역할 – (마) 킬러 T세포가 작용하기 위해 거치는 단계 – (다) 킬러 T세포의 작용 과정 – (나) 킬러 T세포의 의의로 연결되어야 한다.

13

정답 ④

먼저 정신과 물질의 관계에 관한 이원론과 동일론을 언급하며 동일론의 문제점을 이야기하는 (다) 문단이 오는 것이 적절하다. 다음으로는 그러한 동일론의 문제점을 해결할 수 있는 기능론에 관해 설명하는 (나) 문단이, 그 뒤를 이어 기능론을 비판하는 이원론의 입장에서 감각질과 관련한 사고 실험에 대해 설명하는 (라) 문단이 오는 것이 적절하다. 마지막으로는 그러한 사고 실험에서 감각질이 뒤집혀도 겉으로 드러난 행동과 말이 똑같은 이유를 설명하는 (가) 문단 순으로 나열하는 것이 적절하다.

14

정답 ④

제시문의 두 번째 문단에 따르면 전문 화가들의 그림보다 문인사대부들의 그림을 더 높이 사는 풍조는 동양 특유의 문화 현상에서만 나타나는 것이므로 서양 문화에서는 아마추어격인 문인사대부들의 그림보다 전문 화가들의 그림을 더 높게 평가하였을 것이다.

오답분석

① 문인사대부들은 정교한 기법이나 기교에 바탕을 둔 장식적인 채색풍을 멀리하였고, 동기창(董其昌)은 정통적인 화공보다 이러한 문인사대부들의 그림을 더 높이 평가하였으므로 옳지 않다.
② 두 개의 회화적 전통이 성립된 곳은 오로지 극동 문화권뿐이라고 하였으므로 옳지 않다.
③ 문방사우를 이용해 그린 문인화(文人畵)는 화공들이 아닌 문인사대부들이 주로 그렸다.
⑤ 동양 문화를 대표하는 지·필·묵은 동양 문화 내에서 사유 매체로서의 기능을 담당한 것이므로 옳지 않다.

15

정답 ⑤

현존하는 가장 오래된 실록은 전주에 전주 사고에 보관되어 있던 것으로, 강화도 마니산에 봉안되었다가 1936년 병자호란에 의해 훼손된 것을 현종 때 보수하여 숙종 때 강화도 정족산에 다시 봉안했다가 현재 서울대에서 보관하고 있다.

오답분석

① 원본을 포함해 모두 5벌의 실록을 갖추게 되었으므로 재인쇄하였던 실록은 모두 4벌이다.
② 강원도 태백산에 보관하였던 실록은 서울대에 있다.
③ 현재 한반도에 남아 있는 실록은 강원도 태백산, 강화도 정족산, 장서각의 것으로 모두 3벌이다.
④ 적상산에 보관하였던 실록은 구황국 장서각으로 옮겨졌으며, 이는 6·25 전쟁 때 북한으로 옮겨져 현재 김일성종합대학에서 소장하고 있다.

16

정답 ④

형식주의 영화인 「달세계 여행」에서 기발한 이야기와 트릭 촬영이 중요한 요소가 된 것이지, 사실주의 영화에서는 중요한 요소라고 볼 수 없다.

17

정답 ⑤

단순히 젊은 세대의 문화만을 존중하거나, 기존 세대의 문화만을 따르는 것이 아닌 두 문화가 어우러질 수 있도록 기업 차원에서 분위기를 만드는 것이 제시문 속 문제의 본질적인 해결법으로 가장 적절하다.

오답분석

① 받은 급여만큼만 일하게 되는 악순환이 반복될 것이므로 글에서 언급된 문제를 해결하는 기업 차원의 방법으로는 적절하지 않다.
② 기업의 전반적인 생산성 향상을 이룰 수 없으므로 기업 차원의 방법으로 적절하지 않다.
③ 젊은 세대의 채용을 기피하는 분위기가 생길 수 있으므로 적절하지 않다.
④ 젊은 세대의 특성을 받아들이기만 하면, 전반적인 생산성 향상과 같은 기업의 이득은 배제하는 문제점이 발생하므로 적절하지 않다.

18

정답 ②

제시문의 빈칸 주변의 앞뒤 내용을 살피면, '직업안전보건국이 제시한 1ppm의 기준이 지나치게 엄격하다고 판결하였다.'와 '직업안전보건국은 노동자를 생명의 위협이 될 수 있는 화학물질에 노출시키는 사람들이 그 안전성을 입증해야 한다.'의 논점이 대립하고 있다. 따라서 '벤젠의 노출 수준이 1ppm을 초과할 경우 노동자의 건강에 실질적으로 위험하다는 것을 직업안전보건국이 입증해야 한다.'라는 내용이 들어가는 것이 적절하다.

19

정답 ⑤

제시문의 화제는 '과학적 용어'이다. 필자는 '모래언덕'의 높이, '바람'의 세기, '저온'의 온도를 사례로 들어 과학자들은 모호한 것은 싫어하지만 '대화를 통해 그 상황에 적절한 합의를 도출'하는 것으로 문제화하지 않는다고 한다. 따라서 과학적 용어가 엄밀하고 보편적인 정의에 의해 객관성이 보장된다는 내용이 글의 주장이 비판하려는 논거로 적절하다.

20

정답 ②

제시문에서는 저작권 소유자 중심의 저작권 논리를 비판하며 저작권의 의의를 가지려면 저작물이 사회적으로 공유되어야 한다고 주장하고 있다. 따라서 이에 대한 비판으로 저작물이 개인의 지적·정신적 창조물임을 과소평가 한다는 내용이 가장 적절하다.

02 수리

01	02	03	04	05	06	07	08	09	10
③	⑤	③	①	④	②	⑤	③	⑤	②
11	12	13	14	15	16	17	18	19	20
②	④	④	②	③	①	④	③	④	③

01

정답 ③

(평균속력)$=\frac{\text{(전체 이동거리)}}{\text{(전체 이동시간)}}$이다.
전체 이동거리는 $10+4+7=21$km이고,
전체 이동시간은 $1+0.5+1.5=3$시간이다.
따라서 평균속력은 $21\div 3=7$km/h이다.

02

정답 ⑤

자료를 다운받는 데 걸리는 시간을 x초라고 하자.
자료를 다운받는 데 걸리는 시간이 사이트에 접속하는 데 걸리는 시간의 4배라고 하였으므로 사이트에 접속하는 데 걸리는 시간은 $\frac{1}{4}x$초이다.

$x+\frac{1}{4}x=75$
→ $5x=300$
∴ $x=60$
600KB의 자료를 다운받는 데 1초가 걸리므로 A씨가 다운받은 자료의 용량은 $600\times 60=36,000$KB이다.

03

정답 ③

A, B의 판매량의 차와 B, C의 판매량의 차가 같고 C의 판매량은 70만 개이므로 A와 B(B와 C)의 판매량의 차를 x만 개라고 하면 A, B, C의 판매량은 각각 $70-2x$, $70-x$, 70만 개이거나, $70+2x$, $70+x$, 70만 개다.
그런데 A, B, C의 판매량의 총합이 300만 개라고 하였고 A, B, C의 판매량이 각각 $70-2x$, $70-x$, 70만 개일 때에는 총합이 $210-3x$이고 $210-3x<210<300$이므로 A, B, C의 판매량은 각각 $70+2x$, $70+x$, 70만 개이다.
$(70+2x)+(70+x)+70=300$
→ $3x=90$
∴ $x=30$
따라서 A의 판매량은 $70+2\times 30=130$만 개이다.

04

정답 ①

처음 경비를 x원이라고 하면 다음과 같은 식이 성립한다.
$x-\{(x\times 0.3)+(x\times 0.3\times 0.5)\}=33,000$
→ $x-0.45x=33,000$
→ $0.55x=33,000$
∴ $x=60,000$
따라서 처음 경비는 60,000원이다.

05

정답 ④

첫 번째 날 또는 일곱 번째 날에 총무부 소속 팀이 봉사활동을 하게 될 확률은 1에서 마케팅 소속 팀이 첫 번째 날과 일곱 번째 날에 봉사활동을 반드시 하는 확률을 뺀 것과 같다.
마케팅부 소속 5팀과 총무부 소속 2팀을 첫 번째 날부터 일곱 번째 날까지 배치하는 경우의 수는 $\frac{7!}{5!\times 2!}=21$가지이다.
마케팅부 소속 5팀 중 첫 번째 날과 일곱 번째 날에 봉사활동할 팀을 배치하는 경우의 수는 두 번째 날부터 여섯 번째 날까지 마케팅부 소속 3팀과 총무부 소속 2팀을 배치하는 경우의 수이므로 $\frac{5!}{3!\times 2!}=10$가지이다.
따라서 첫 번째 날 또는 일곱 번째 날에 총무부 소속 팀이 봉사활동을 하게 될 확률은 $1-\frac{10}{21}=\frac{11}{21}$이므로, $a-b=21-11=10$이다.

06

정답 ②

A트럭의 적재량이 a톤이면 하루에 두 번 옮기므로 2a톤이다.
12일 동안 192톤을 옮기므로 A트럭의 적재량은 $2a\times 12=192$ → $a=8$톤이 된다.
A트럭과 B트럭이 동시에 운행했을 때는 8일이 걸렸으므로 A트럭이 옮긴 양은 $8\times 2\times 8=128$톤이며, B트럭은 8일 동안 $192-128=64$톤을 옮기므로 B트럭의 적재량은 $\frac{64}{2\times 8}=4$톤이다.
B트럭과 C트럭을 같이 운행했을 때 16일 걸렸다면 B트럭이 16일 동안 옮긴 양은 $16\times 2\times 4=128$톤이며, C트럭은 64톤을 같은 기간 동안 옮겼다.
따라서 C트럭의 적재량은 $\frac{64}{2\times 16}=2$톤이다.

07

정답 ⑤

농도 40%의 소금물 100g에 들어있는 소금의 양은 다음과 같다.
$\frac{40}{100}\times 100=40$g
물을 넣은 후의 농도는 $\frac{40}{100+60}\times 100=25\%$이다.

08

정답 ③

작년 남자 신입사원 수를 x명이라고 하면, 여자 신입사원은 $(325-x)$명이 된다. 작년보다 증가한 올해 신입사원 수는 다음과 같다.

$x \times 0.08+(325-x)\times 0.12=32$

→ $8x+12\times 325-12x=3,200$

→ $3,900-3,200=4x$

∴ $x=175$

따라서 올해 남자 신입사원 수는 작년보다 8% 증가했으므로 175×1.08=189명이다.

09

정답 ⑤

5인승 차량에 팀원들을 먼저 배치한 후 나머지를 7인승 차량에 배치하면 된다. 운전자는 2명이므로 그중 1명을 선택하여 배치한 후, 나머지 좌석에 팀원들을 각각 4명, 3명, 2명 배치할 수 있으므로 식을 세우면 다음과 같다.

$2\times({}_8C_4+{}_8C_3+{}_8C_2)$

→ $2\times\left(\frac{8\times7\times6\times5}{4!}+\frac{8\times7\times6}{3!}+\frac{8\times7}{2!}\right)$

→ $2\times(70+56+28)=308$가지

따라서 10명의 팀원이 차에 나눠 타는 경우의 수는 모두 308가지이다.

10

정답 ②

집에서 도서관까지의 거리를 $x$km라고 하자.

집에서 출발하여 도서관에 갔다가 집을 거쳐 우체국에 가는데 걸리는 시간은 $\frac{x}{5}+\frac{x+10}{3}$ 시간이다.

이때 걸리는 시간이 4시간 이내여야 하므로 다음 식이 성립한다.

$\frac{x}{5}+\frac{x+10}{3}<4$

→ $3x+5(x+10)<60$

→ $8x<10$

∴ $x<\frac{5}{4}$

따라서 도서관은 집에서 $\frac{5}{4}$km 이내에 있어야 한다.

11

정답 ②

자동차를 1일 이용할 경우, 교통비는 5,000+2,000×2=9,000원이므로, 지하철 대신 자동차를 이용할 경우 6,000원의 차액이 발생한다. 이번 달과 다음 달의 차이는 프로젝트 기간 5일의 유무이다.

따라서 5일간의 교통비 차액은 이번 달과 다음 달의 교통비 차액인 5×6,000=30,000원이다.

12

정답 ④

둘 다 호텔 방을 선택하는 경우와 둘 중 1명만 호텔 방을 선택하는 경우를 구하면 다음과 같다.

- 둘 다 호텔 방을 선택하는 경우
  ${}_3P_2=3\times2=6$가지
- 둘 중 1명만 호텔 방을 선택하는 경우
  호텔 방을 선택하는 사람은 A, B 둘 중에 1명이고, 1명이 호텔 방을 선택할 수 있는 경우의 수는 3가지이다.
  ∴ $2\times3=6$가지

따라서 2명이 호텔 방을 선택하는 경우의 수는 2명 다 호텔 방을 선택하지 않는 경우까지 포함하면 6+6+1=13가지이다.

13

정답 ④

- 네 종류의 메모지 중 2개를 고르는 경우의 수 : ${}_4C_2=6$가지
- 세 종류의 펜 중 1개를 고르는 경우의 수 : ${}_3C_1=3$가지

따라서 모든 경우의 수는 6×3=18가지이다.

14

정답 ②

두 수를 더하여 짝수가 되는 경우는 2장 모두 짝수를 고르거나 2장 모두 홀수를 고른 경우이다.

2~8의 숫자 카드 중 짝수 카드는 2, 4, 6, 8이므로 4장이고, 홀수 카드는 3, 5, 7이므로 3장이다.

- 2장 모두 짝수 카드를 고를 확률 : $\frac{{}_4C_2}{{}_7C_2}$
- 2장 모두 홀수 카드를 고를 확률 : $\frac{{}_3C_2}{{}_7C_2}$

따라서 구하고자 하는 확률은 $\frac{{}_4C_2+{}_3C_2}{{}_7C_2}=\frac{6+3}{21}=\frac{3}{7}$이다.

15

정답 ③

타율이 0.25이므로 안타를 치지 않을 확률은 $(1-0.25)=0.75$이다.

${}_5C_2\times0.25^2\times0.75^3$

→ $\frac{5\times4}{2\times1}\times\left(\frac{1}{4}\right)^2\times\left(\frac{3}{4}\right)^3$

→ $10\times\frac{27}{4^5}=\frac{270}{4^5}$

따라서 타자가 5번 타석에 서서 안타를 2번 칠 확률은 $\frac{270}{4^5}$ 이다.

16

정답 ①

교통 할인을 제공하는 A카드는 동종 혜택을 제공하는 카드의 개수가 가장 많으므로 시장에서의 경쟁이 가장 치열할 것이라 예상할 수 있다.

오답분석

② B카드를 출시하는 경우에 비해 연간 예상필요자본 규모가 더 작은 D카드를 출시하는 경우가 자본 동원에 더 수월할 것이다.
③ 제휴 레스토랑 할인을 제공하는 C카드의 신규가입 시 혜택 제공가능 기간은 18개월로, 24개월인 B카드와 D카드보다 짧다. 따라서 월평균 유지비용이 가장 큰 제휴카드는 B카드가 아니라 A카드이다.
④ A카드와 B카드를 비교해보면, 신규가입 시 혜택 제공가능 기간은 B카드가 2배로 더 길지만, 동종 혜택을 제공하는 타사 카드 개수는 A카드가 가장 많다. 따라서 신규 가입 시 혜택 제공가능 기간이 길수록 동종 혜택분야에서의 현재 카드사 간 경쟁이 치열하다고 볼 수 없다.
⑤ D카드의 경우, 신규가입 시 혜택 제공가능 기간은 B카드와 동일하지만, 연간 예상필요자본 규모는 B카드보다 작다. 따라서 D카드가 B카드보다 출시 가능성이 높으므로 옳지 않은 설명이다.

17

정답 ④

2019년과 2021년의 전체 풍수해 규모에서 대설로 인한 풍수해 규모가 차지하는 비중을 구하면 다음과 같다.

- 2019년 : $\frac{477}{7,950}\times100=6\%$
- 2021년 : $\frac{119}{1,700}\times100=7\%$

따라서 전체 풍수해 규모에서 대설로 인한 풍수해 규모가 차지하는 비중은 2021년이 2019년보다 크다.

오답분석

① 2015년의 전년 대비 태풍으로 인한 풍수해와 전체 풍수해 규모의 증감 추이만 비교해도 바로 알 수 있다. 태풍으로 인한 풍수해 규모는 증가한 반면, 전체 풍수해 규모는 감소했으므로 옳지 않은 설명이다.
② 2015년, 2017년, 2018년에 풍수해 규모는 강풍이 가장 작았으므로 옳지 않은 설명이다.
③ 2023년 호우로 인한 풍수해 규모의 전년 대비 감소율은 $\frac{1,400-14}{1,400}\times100=99\%$로 97% 이상이다.
⑤ 2014 ~ 2023년 동안 연도별로 발생한 전체 풍수해 규모에서 태풍으로 인한 풍수해 규모가 가장 큰 해는 2015년과 2020년이므로 옳지 않은 설명이다.

18

정답 ③

농・축・수산물별 각각의 부적합건수 비율은 다음과 같다.

- 농산물 : $\frac{1,725}{146,305}\times100≒1.18\%$
- 축산물 : $\frac{1,909}{441,574}\times100≒0.43\%$
- 수산물 : $\frac{284}{21,910}\times100≒1.30\%$

따라서 부적합건수 비율이 가장 높은 것은 수산물이다.

오답분석

① • 생산단계에서의 수산물 부적합건수 비율
  : $\frac{235}{12,922}\times100≒1.82\%$
  • 농산물 부적합건수 비율
  : $\frac{1,209}{91,211}\times100≒1.33\%$
② 농・축・수산물의 부적합건수의 평균은 $(1,725+1,909+284)\div3=1,306$건이다.
④ 농산물 유통단계의 부적합건수는 516건으로 49건인 수산물 부적합건수의 10배 이상이다.
⑤ 부적합건수가 가장 많은 건수는 축산물의 생산단계에서의 부적합건수로 그 비율은 0.43%이다. 부적합건수가 가장 적은 건수는 수산물의 유통단계에서의 부적합건수이고 그 비율은 $\frac{49}{8,988}\times100≒0.55\%$이다. 따라서 두 건수의 비율의 차이는 $0.55-0.43=0.12\%$p이다.

19

정답 ④

등록 장애인 수가 가장 많은 장애등급은 6급이고, 가장 적은 장애등급은 1급이다. 그중 남성 장애인 수를 보면 $124,623\times3<389,601$이므로 3배 이상이다.

오답분석

① 2024년 여성과 남성 등록 장애인 수의 비는 약 2 : 3이다. 따라서 전체 장애인 수의 증가율은 약 3.50%이다.
② 전년 등급별 등록 장애인 수는 주어진 자료를 통해서 알 수 없다.
③ 5급과 6급의 등록 장애인 수의 합은 $248,059+278,586+203,810+389,601=1,120,056$명이므로 전체 등록 장애인 수인 2,517,312명의 50% 이하이다.
⑤ 성별 등록 장애인 수 차이가 가장 작은 장애등급은 4급이고, 가장 큰 장애등급은 6급이므로 $\frac{190,772+203,810}{1,048,979}\times100≒37.6\%$이다.

20

정답 ③

주어진 자료를 바탕으로 매장 수를 정리하면 다음과 같다. 표의 증감 부호를 반대로 하여 2024년 매장 수에 대입하면 쉽게 계산이 가능하다.

지역	2021년 매장 수	2022년 매장 수	2023년 매장 수	2024년 매장 수
서울	15	17	19	17
경기	13	15	16	14
인천	14	13	15	10
부산	13	11	7	10

따라서 2021년 매장 수가 두 번째로 많은 지역은 인천이며, 매장 수는 14개이다.

03 도형추리

01	02	03	04	05	06	07	08	09	10
①	⑤	③	①	④	③	④	④	④	③
11	12	13	14	15	16	17	18	19	20
②	④	③	②	④	①	④	④	②	②

01

정답 ①

규칙은 가로로 적용된다.
두 번째 도형은 첫 번째 도형을 좌우 대칭하여 합친 도형이고, 세 번째 도형은 두 번째 도형을 시계 방향으로 90° 돌린 도형이다.

02

정답 ⑤

규칙은 가로로 적용된다.
첫 번째 도형을 시계 방향으로 45° 회전한 것이 두 번째 도형, 이를 좌우 반전시킨 것이 세 번째 도형이다.

03

정답 ③

규칙은 가로로 적용된다.
첫 번째 도형과 두 번째 도형을 합친 후, 겹치는 부분을 색칠한 도형이 세 번째 도형이다.

04

정답 ①

규칙은 세로로 적용된다.
첫 번째 도형과 두 번째 도형을 합쳤을 때, 만들어지는 면에 색을 칠한 도형이 세 번째 도형이다.

05

정답 ④

규칙은 가로로 적용된다.
첫 번째 도형을 시계 방향으로 90° 회전시킨 도형이 두 번째 도형이고, 두 번째 도형을 x축 대칭시킨 도형이 세 번째 도형이다.

06

정답 ③

규칙은 가로로 적용된다.
첫 번째 도형과 두 번째 도형을 합쳤을 때, 검은색이 안 들어가면 마름모, 한 번 들어가면 가로세로에 줄이 들어간 마름모, 두 번 들어가면 세로에 줄이 들어간 마름모가 된다.

07
정답 ④

규칙은 가로로 적용된다.
첫 번째 도형을 좌우 대칭시킨 도형이 두 번째 도형이고, 두 번째 도형을 180° 회전시킨 도형이 세 번째 도형이다.

08
정답 ④

규칙은 세로로 적용된다.
첫 번째 도형을 180° 회전시킨 도형이 두 번째 도형이고, 두 번째 도형을 색 반전시킨 도형이 세 번째 도형이다.

09
정답 ④

규칙은 세로로 적용된다.
첫 번째 도형을 색 반전시킨 도형이 두 번째 도형이고, 두 번째 도형을 x축 대칭시킨 도형이 세 번째 도형이다.

10
정답 ③

규칙은 가로로 적용된다.
첫 번째 도형을 시계 반대 방향으로 45° 회전시키면 두 번째 도형이고, 이를 좌우 반전시키면 세 번째 도형이 된다.

11
정답 ②

규칙은 가로로 적용된다.
첫 번째 도형을 상하좌우로 4등분했을 때 왼쪽 위의 도형이 두 번째 도형이고, 두 번째 도형을 y축 대칭시킨 도형이 세 번째 도형이다.

12
정답 ④

규칙은 세로로 적용된다.
첫 번째 도형과 두 번째 도형의 색칠된 부분을 합치면 세 번째 도형이 된다.

13
정답 ③

규칙은 가로로 적용된다.
첫 번째 도형을 수직으로 반을 잘랐을 때의 왼쪽 도형이 두 번째 도형이고, 두 번째 도형을 수평으로 반을 잘랐을 때의 위쪽 도형이 세 번째 도형이다.

14
정답 ②

규칙은 세로로 적용된다.
각 칸의 안에 있는 도형들(▲, △, ○, ●)이 시계 방향으로 한 칸씩 이동하고 있다.

15
정답 ④

규칙은 세로로 적용된다.
첫 번째 도형과 두 번째 도형을 합쳤을 때, 색이 같은 부분만을 나타낸 도형이 세 번째 도형이다.

16
정답 ①

규칙은 세로로 적용된다.
첫 번째 도형과 두 번째 도형의 꼭짓점 수를 합하면 마지막 도형의 꼭짓점 수가 된다.
따라서 물음표에 들어갈 도형은 총 7개의 꼭짓점을 가진 ①의 도형이다.

17
정답 ④

규칙은 가로로 적용된다.
첫 번째 도형을 180° 회전시킨 도형이 두 번째 도형이고, 두 번째 도형을 색 반전시킨 도형이 세 번째 도형이다.

18
정답 ④

규칙은 가로로 적용된다.
첫 번째 도형과 두 번째 도형의 겹치는 부분을 제외하면 세 번째 도형이다.

19
정답 ②

규칙은 세로로 적용된다.
첫 번째 도형과 두 번째 도형을 겹치되, 색칠된 부분이 겹치면 색칠하지 않은 것이 세 번째 도형이다.

20
정답 ②

규칙은 세로로 적용된다.
첫 번째 도형과 두 번째 도형을 합친 후 중복되는 부분을 지우면 세 번째 도형이다.

제2회 최종점검 모의고사

01 언어

01	02	03	04	05	06	07	08	09	10
②	④	⑤	④	③	③	①	⑤	②	②
11	12	13	14	15	16	17	18	19	20
⑤	④	③	⑤	④	①	①	②	②	④

01

정답 ②

제시문의 첫 번째 문단에 따르면 르네상스의 야만인 담론은 이전과는 달리 현실적 구체성을 띠고 있지만 전통 야만인관에 의해 각색되는 것은 여전하다.

오답분석

①·④·⑤는 두 번째 문단, ③은 첫 번째 문단에서 확인할 수 있다.

02

정답 ④

제시문에서는 알 수 없는 내용이다.

오답분석

① 첫 번째 문단에서 미국 텍사스 지역에서 3D 프린터 건축 기술을 이용한 주택이 완공되었음을 알 수 있다.
② 두 번째 문단에서 전통 건축 기술에 비해 3D 프린터 건축 기술은 건축 폐기물 및 CO_2 배출량 감소 등 환경오염 위험이 적음을 알 수 있다.
③ 네 번째 문단에서 인력 수급난을 해소할 수 있음을 알 수 있다.
⑤ 마지막 문단에서 우리나라의 3D 프린터 건축 기술은 아직 제도적 한계와 기술적 한계가 있음을 알 수 있다.

03

정답 ⑤

제시문에서는 외래어가 국어에 들어오면 국어의 형태 및 음운적 특징에 따라 외국어 원래의 모습을 잃어버린다고 하였으나, 우리말의 로마자 표기를 실제 우리말 발음과 다르게 읽어야한다는 내용은 없다.

04

정답 ④

제시문에 따르면 최근 수면장애 환자의 급격한 증가를 통해 한국인의 수면의 질이 낮아지고 있음을 알 수 있다. 현재 한국인의 짧은 수면시간도 문제지만, 수면의 질 저하도 심각한 문제가 되고 있다.

오답분석

① 다른 국가에 비해 근무 시간이 많아 수면시간이 짧은 것일 뿐, 수면시간이 근무 시간보다 짧은지는 알 수 없다.
② 40·50대 중·장년층 수면장애 환자는 전체의 36.6%로 가장 큰 비중을 차지한다.
③ 수면장애 환자는 여성이 42만 7,000명으로 29만 1,000명의 남성보다 1.5배 정도 더 많다.
⑤ 폐경기 여성의 경우 여성호르몬인 에스트로겐이 줄어들면서 아세틸콜린 신경전달 물질의 분비가 저하됨에 따라 여러 형태의 불면증이 동반된다. 즉, 에스트로겐의 증가가 아닌 감소가 불면증에 영향을 미친다.

05

정답 ③

제시문의 두 번째 문단에 따르면 할랄식품 시장의 확대로 많은 유통업계들이 할랄식품을 위한 생산라인을 설치 중이다.

오답분석

①·② 할랄식품은 엄격하게 생산·유통되기 때문에 일반 소비자들에게도 평이 좋다.
④ 세계 할랄 인증 기준은 200종에 달하고 수출하는 국가마다 별도의 인증을 받아야 한다.
⑤ 표준화되지 않은 할랄 인증 기준은 무슬림 국가들의 '수입 장벽'이 될 수 있다.

06

정답 ③

제시문에서는 인류의 발전과 미래에 인류에게 닥칠 문제를 해결하기 위해 우주 개발이 필요하다는, '우주 개발의 정당성'에 대해 논의하고 있다

07

정답 ①

제시문은 싱가포르가 자동차를 규제하고 관리하는 시스템에 대해 설명하고 있다.

08 정답 ⑤

제시문에서는 우리 민족과 함께해 온 김치의 역사를 비롯하여 김치의 특징과 다양성 등을 함께 이야기하고 있으며, 복합 산업으로 발전하면서 규모가 성장하고 있는 김치 산업에 관해서도 이야기하고 있다. 따라서 글 전체의 내용을 아우를 수 있는 주제로 가장 적절한 것은 ⑤이다.

오답분석

① · ④ 첫 번째 문단이나 두 번째 문단의 소제목은 될 수 있으나, 글 전체 내용을 나타내는 제목으로는 적절하지 않다.
② 마지막 문단에서 김치산업에 관한 내용을 언급하고 있지만, 이는 현재 김치산업의 시장 규모에 대한 내용일 뿐이므로 산업의 활성화 방안과는 거리가 멀다.
③ 제시문과 관련 없는 내용이다.

09 정답 ②

제시문에서는 유명 음악가 바흐와 모차르트에 대해 익히 알려진 이야기들과 이에 대하여 실제로 밝혀진 사실을 이야기하고 있다.

10 정답 ②

제시문은 '수평적 연결'에 대해 설명하고 있다. 먼저 수직 계열화에서 사용자 중심으로 산업 패러다임이 변화되고 있음을 제시하는 (나) 문단이 가장 먼저 오는 것이 적절하며, 그다음으로 가스 경보기를 예로 들어 수평적 연결에 대해 설명하는 (다) 문단이 적절하다. 그 뒤를 이어 이러한 수평적 연결이 사물인터넷 서비스로 새롭게 성장한다는 (가) 문단이, 마지막으로는 다양해지는 사물인터넷 서비스에 대해 설명하는 (라) 문단이 적절하다.
따라서 (나) – (다) – (가) – (라) 순으로 나열하는 것이 가장 적절하다.

11 정답 ⑤

제시문은 '돌림힘'에 대해 설명하고 있다. 먼저 우리에게 친숙한 지레를 예로 들어 지레의 원리에 돌림힘의 개념이 숨어 있다고 흥미를 유발한 뒤, 돌림힘의 정의에 대해 설명하고, 돌림힘과 돌림힘이 합이 된 알짜 돌림힘의 정의에 대해 설명하고, 알짜 돌림힘이 일을 할 경우에 대해 설명한다. 따라서 (라) – (가) – (다) – (나) 순으로 나열하는 것이 가장 적절하다.

12 정답 ④

제시문에 따르면 알려지지 않은 것에서는 불안정, 걱정, 공포감이 뒤따라 나오기 때문에 우리 마음의 불안한 상태를 없애고자 한다면, 알려지지 않은 것을 알려진 것으로 바꿔야 한다. 이러한 환원은 우리의 마음을 편하게 해주고 만족하게 한다. 이 때문에 우리는 이미 알려진 것, 체험한 것, 기억에 각인된 것을 원인으로 설정하게 되고, 낯설고 체험하지 않았다는 느낌을 빠르게 제거해 버려, 특정 유형의 설명만이 남아 우리의 사고방식을 지배하게 만든다. 따라서 빈칸에는 '낯설고 체험하지 않았다는 느낌을 제거해 버린다.'라는 내용이 가장 적절하다.

13 정답 ③

제시문의 빈칸 뒤에는 '따라서'로 연결되어 있으므로 '사회적 제도의 발명이 필수적이다.'를 결론으로 낼 수 있는 논거가 들어가야 한다.

14 정답 ⑤

제시문에서는 탑을 복원할 경우 탑에 담긴 역사적 의미와 함께 탑과 주변 공간의 조화가 사라지고, 정확한 자료 없이 탑을 복원한다면 탑을 온전하게 되살릴 수 없다는 점을 들어 탑을 복원하기보다는 보존해야 한다고 주장한다. 따라서 이러한 근거들과 관련이 없는 ⑤는 주장에 대한 반박으로 적절하지 않다.

15 정답 ④

제시문은 대중문화가 대중을 사회 문제로부터 도피하게 하거나 사회 질서에 순응하게 하는 역기능을 수행하여 혁명을 불가능하게 만든다는 내용이다. 따라서 이 주장에 대한 반박은 대중문화가 순기능을 한다는 태도여야하므로, 현대 대중문화의 질적 수준 평가에 대한 내용은 적절하지 않다.

16 정답 ①

제시문은 자유의 한계를 극복할 수 있는 수단으로써의 자발성에 대한 설명이다. ①에서 말하는 '이러한 원리'는 제시문의 마지막 문장에서 언급한 '원리'이다.

17 정답 ①

제시문에서는 알 수 없는 내용이다.

오답분석

② 첫 번째 문단의 '독자는 작품의 의미를 수동적으로 받아들인다.'라는 내용을 통해 확인할 수 있다.
③ 두 번째, 네 번째 문단의 '독자의 능동적 역할, 독자의 구체화를 통해 작품은 감상이 가능하다.'라는 내용을 통해 확인할 수 있다.
④ 첫 번째 문단에서 수용미학이 등장한 배경이 고전주의 예술관과 관련된다는 내용과 두 번째 문단의 '작품의 의미는 … 독자에 의해 재생산된다.'라는 내용을 통해 확인할 수 있다.

⑤ 마지막 문단의 '이러한 상호작용(구체화) 과정을 통해 독자는 작품을 재생산한다.'라는 내용을 통해 확인할 수 있다.

18

정답 ②

물가 상승으로 인해 화폐가치는 급락하지만, 풍년으로 인해 쌀값이 하락한 것은 오히려 화폐가치가 상승하는 결과를 낳는다.

19

정답 ②

보기는 국가 간 산업 경쟁에서 승패가 갈린 사례이다. 근대화된 방직 기계를 앞세운 일본이 생존 경쟁에서 전근대적인 생산 방식을 지닌 조선에 승리하였다고 볼 수 있다. 그러나 이런 상황에서 열등한 집단에 대한 지원을 강화하는 것은 사회 진화론의 논리에 어긋나므로, 적절하지 않다.

오답분석

① 두 번째 문단에서 스펜서는 인간 사회의 생활을 개인 간의 생존 경쟁으로 파악했고, 인위적인 도움을 주어서는 안 된다고 주장하였다. 그러므로 보기에 제시된 상황에 대하여 패자인 조선의 수공업자들과 면화 재배 농민들의 몰락이 당연하며, 이들을 돕지 말아야 한다고 생각할 수 있다.

③ 네 번째 문단을 보면 문명 개화론자들은 사회 진화론을 수용하여 서구식 근대 문명국가를 건설해야 한다고 역설하였다. 따라서 이들이라면 일본이 근대화된 방직 기계를 사용해서 조선의 재래식 기계를 압도한 것은 근대화에 앞섰기 때문이라고 해석할 것이다.

④ 강자에 대한 패배를 불가피한 숙명으로 인식한 윤치호 같은 인물은 조선의 수공업자나 농민들의 몰락을 어쩔 수 없는 일로 해석했을 것이다.

⑤ 민족주의자들은 동일한 사회 진화론을 받아들였지만 일본이나 서구 열강의 경쟁에서 조선이 살아남기 위해서는 힘을 길러야 한다고 강조하였다. 따라서 보기에 제시된 상황에서 자강론을 주장할 것이라 생각할 수 있다.

20

정답 ④

(라) 문단은 기존의 문제 해결 방안이 지니는 문제점을 지적하고 있다.

02 수리

01	02	03	04	05	06	07	08	09	10
③	③	⑤	③	①	⑤	④	②	③	④
11	12	13	14	15	16	17	18	19	20
③	②	④	④	④	②	④	④	③	④

01

정답 ③

수영장에 물이 가득 찼을 때의 일의 양을 1이라 하면, 수도관 A로는 1시간에 $\frac{1}{6}$만큼, B로는 $\frac{1}{4}$만큼을 채울 수 있다.

A, B 두 수도관을 모두 사용하여 수영장에 물을 가득 채우는 데 걸리는 시간을 x시간이라고 하면 다음과 같은 식이 성립한다.

$\left(\frac{1}{6}+\frac{1}{4}\right)\times x=1$

$\rightarrow \frac{5}{12}x=1$

$\therefore x=\frac{12}{5}=2\frac{2}{5}$

따라서 물을 가득 채우는 데 $2\frac{2}{5}$시간, 즉 2시간 24분이 걸린다.

02

정답 ③

배의 속력을 $x$km/h, 강물의 유속을 $y$km/h라고 하면 다음과 같은 관계가 성립한다.

$5(x-y)=30$ ⋯ ㉠

$3(x+y)=30$ ⋯ ㉡

㉠, ㉡을 연립하면 $x=8$, $y=2$이다.

따라서 배의 속력은 8km/h이다.

03

정답 ⑤

영업 시작 전 사과와 배의 개수를 각각 $3x$개, $7x$개라고 하고, 온종일 판매된 세트 개수를 y개라고 하면 다음과 같다.

$3x-2y=42$ ⋯ ㉠

$7x-5y=0$ ⋯ ㉡

5×㉠−2×㉡을 하면 $x=210$이고,

이를 ㉠에 대입하면 $y=294$이다.

따라서 영업 시작 전 사과와 배는 총 $3\times 210+7\times 210=$ 2,100개가 있었다.

04

정답 ③

A가 첫 번째로 낸 금액을 a원, B가 첫 번째로 낸 금액을 b원이라고 하자.

$(a+0.5a)+(b+1.5b)=32,000$

→ $1.5a+2.5b=32,000$ ⋯ ㉠

$(a+0.5a)+5,000=(b+1.5b)$

→ $1.5a=2.5b-5,000$ ⋯ ㉡

㉠과 ㉡을 연립하면 $b=7,400$, $a=9,000$이다.

따라서 A가 첫 번째로 낸 금액은 9,000원이다.

05

정답 ①

심을 수 있는 나무의 최소 수량은 432와 720의 최대공약수만큼의 간격으로 심을 수 있다. 최대공약수인 144로 432와 720을 나누면 각각 3과 5이다. 시작 지점의 귀퉁이는 제외되고 끝나는 지점의 귀퉁이는 포함되므로, 귀퉁이를 제외하고 계산하면 가로와 세로에 각각 2그루와 4그루를 심을 수 있다.

따라서 $(2\times2)+(4\times2)+4=16$그루를 심을 수 있다.

06

정답 ⑤

두 사람의 일을 합하면 1분에 3L만큼의 물을 퍼내는 것과 동일하다.

따라서 25분 후에 수조에 남아있는 물의 양은 $100-3\times25=25$L이다.

07

정답 ④

농도 3%의 설탕물 200g에 들어있는 설탕의 양은 다음과 같다.

$\frac{3}{100}\times200=6$g

이때 500g의 설탕물에 녹아있는 설탕의 양을 xg이라고 하면,

새로운 설탕물의 농도는 $\frac{x+6}{500+200}\times100=7\%$가 된다.

따라서 $x+6=49$이므로, 500g의 설탕물에 녹아있는 설탕의 양은 43g이다.

08

정답 ②

• 전체 구슬의 개수 : $3+4+5=12$개

• 빨간색 구슬 2개를 꺼낼 확률 : $\frac{{}_3C_2}{{}_{12}C_2}=\frac{1}{22}$

• 초록색 구슬 2개를 꺼낼 확률 : $\frac{{}_4C_2}{{}_{12}C_2}=\frac{1}{11}$

• 파란색 구슬 2개를 꺼낼 확률 : $\frac{{}_5C_2}{{}_{12}C_2}=\frac{5}{33}$

따라서 구슬 2개를 꺼낼 때, 모두 빨간색이거나 모두 초록색이거나 모두 파란색일 확률은 $\frac{1}{22}+\frac{1}{11}+\frac{5}{33}=\frac{19}{66}$이다.

09

정답 ③

청소년의 영화표 가격은 $12,000\times0.7=8,400$원이다.

청소년과 성인을 각각 x명, $(9-x)$명이라고 하면 다음과 같은 식이 성립한다.

$12,000\times(9-x)+8,400\times x=90,000$

→ $-3,600x=-18,000$

$\therefore x=5$

따라서 청소년은 모두 5명이다.

10

정답 ④

2시간에 180L를 부으려면 1분에 1.5L씩 부으면 된다. 즉, 30분 동안 부은 물의 양은 45L이고, 항아리에 있는 물의 양은 $180\times\frac{1}{12}=15$L이므로 30분 동안 새어나간 물의 양은 $45-15=30$L이다.

이에 따라 1분에 1L의 물이 새어나간 것을 알 수 있으며, 남은 1시간 30분 동안 $180-15=165$L의 물을 채워야 한다.

1분에 붓는 물의 양을 xL라고 하면 다음과 같은 식이 성립한다.

$(x-1)\times90\geq165$

→ $x\geq\frac{17}{6}$

$\therefore x\geq2.83\cdots$

따라서 1분당 최소 2.9L 이상의 물을 부어야 한다.

11

정답 ③

토너먼트 형식의 경기 횟수는 참가 팀의 수를 n개라고 했을 때 $(n-1)$번이므로, 진행되는 경기의 수는 총 $20-1=19$번이다.

따라서 경기장 이용료를 회당 2,000원씩 지불해야 하므로 학교에 지불해야 하는 금액은 $2,000\times19=38,000$원이다.

12

정답 ②

A의 나이를 x세라고 하면, 아버지의 나이는 $(x+28)$세이다.

$x+28=3x$

$\therefore x=14$

따라서 아버지의 나이는 $3\times14=42$세이다.

13

정답 ④

식당 10곳 중 3곳을 선택해 순서대로 나열하는 경우의 수는 ${}_{10}P_3=10\times9\times8=720$가지이다.

14

정답 ④

- 4개의 숟가락 중 2개가 겹치는 경우 : $\frac{4!}{2!}=12$가지
- 4개의 젓가락 중 2개가 2번 겹치는 경우 : $\frac{4!}{2!\times2!}=6$가지

$\therefore\ 12\times6=72$가지

따라서 세트를 만드는 경우의 수는 72가지이다.

15

정답 ④

두 사원이 1 ~ 9층에 내리는 모든 경우의 수는 $9\times9=81$가지이며, A사원이 1 ~ 9층에 내리는 경우의 수는 9가지이다. B사원은 A사원이 내리지 않은 층에서 내려야 하므로 B사원이 내리는 경우의 수는 8가지이다.

따라서 서로 다른 층에 내릴 확률은 $\frac{9\times8}{81}=\frac{8}{9}$이다.

16

정답 ②

2024년 4/4분기의 생활물가지수가 95.9라면, 총합은 407이므로 이를 4분기로 나누면 101.75이다.
따라서 상승지수는 2포인트 미만이다.

오답분석

① 2023년 소비자물가지수 분기 총합이 401.4로, 1분기당 평균 100.35이므로 2010년 지수 100과 거의 같다고 할 수 있다.
③ 2021년 이후 분기마다 지수가 약간씩 상승하거나 같으므로 감소한 적이 없다.
④ 2023년에는 소비자물가지수(401.4)가 생활물가지수(400.7)보다 약 0.7포인트 높으므로 옳은 판단이다.
⑤ 전년 동기와 비교하여 상승 폭이 가장 큰 것은 2021년 4/4분기 소비자물가지수(4.2)이고, 가장 낮은 것은 2022년 2/4분기 생활물가지수(2.4)와 2022년 3/4분기 소비자물가지수(2.4)이다.

17

정답 ④

- 지환 : 2020년부터 2023년까지 방송수신료 매출액은 전년 대비 '증가 – 감소 – 감소 – 증가'의 추이를, 프로그램 판매 매출액은 전년 대비 '감소 – 증가 – 증가 – 감소'의 추이를 보이고 있다. 따라서 방송수신료 매출액의 증감 추이와 반대되는 추이를 보이는 항목이 존재한다.
- 동현 : 각 항목의 매출액 순위는 '광고 – 방송수신료 – 기타 사업 – 협찬 – 기타 방송사업 – 프로그램 판매' 순서이며, 2019년부터 2023년까지 이 순위는 계속 유지된다.
- 세미 : 2019년 대비 2023년에 매출액이 상승하지 않은 항목은 방송수신료, 광고로 총 2개이다.

오답분석

- 소영 : 각 항목별의 최대 매출액과 최소 매출액의 차를 구해보면 다음과 같다.
  - 방송수신료 : $57-53=4$십억 원
  - 광고 : $232-210=22$십억 원
  - 협찬 : $33-30=3$십억 원
  - 프로그램 판매 : $13-10=3$십억 원
  - 기타 방송사업 : $22-18=4$십억 원
  - 기타 사업 : $42-40=2$십억 원

  기타 사업의 매출액 변동폭은 2십억 원이므로, 모든 항목의 매출액이 3십억 원 이상의 변동폭을 보인 것은 아니다.

18

정답 ④

생후 1주일 내 사망자 수는 $1,162+910=2,072$명이고 생후 셋째 날 사망자 수는 $166+114=280$명이므로 전체의 약 13.5%이다.

오답분석

① 생후 첫날 신생아 사망률은 여아가 $3.8+27.4+8.6=39.8$%이고 남아가 $2.7+26.5+8.3=37.5$%로 여아가 남아보다 높다.
② 신생아 사망률은 산모의 연령이 40세 이상일 때가 제일 높으나 출생아 수는 40세 이상이 제일 적기 때문에, 신생아 사망자 수는 산모의 연령이 19세 미만인 경우를 제외하고는 40세 이상의 경우보다 나머지 연령대가 더 많다.
③ 생후 1주일 내에서 첫날 여아의 사망률은 39.8%이고 남아의 사망률은 37.5%이므로 첫날 신생아 사망률은 40%를 넘지 않는다.
⑤ 산모 연령 25 ~ 29세의 출생아 수가 가장 많은 것은 옳으나 20 ~ 24세의 신생아 사망률이 가장 낮다.

19

정답 ③

총이동자 수 대비 20 ~ 30대 이동자 수 비율은 2014년이 $\frac{424}{934}\times100\fallingdotseq45.4$%로 가장 높다.

20

정답 ④

내국인 순유출이 가장 많았던 해는 2010년이며, 외국인 순유입이 가장 적은 해는 2015년이다.

03 도형추리

01	02	03	04	05	06	07	08	09	10
④	②	②	②	①	⑤	②	⑤	③	②
11	12	13	14	15	16	17	18	19	20
③	⑤	①	⑤	⑤	④	①	②	③	①

01 정답 ④

규칙은 가로로 적용된다.
첫 번째 도형의 색칠된 부분과 두 번째 도형의 색칠된 부분이 겹치는 부분을 색칠한 도형이 세 번째 도형이 된다.

02 정답 ②

규칙은 가로로 적용된다.
첫 번째 도형을 시계 반대 방향으로 90° 회전한 것이 두 번째 도형, 이를 색 반전한 것이 세 번째 도형이다.

03 정답 ②

규칙은 가로로 적용된다.
첫 번째 도형을 색 반전시킨 도형이 두 번째 도형이고, 두 번째 도형을 y축 대칭시킨 도형이 세 번째 도형이다.

04 정답 ②

규칙은 가로로 적용된다.
첫 번째 도형과 세 번째 도형을 합쳤을 때 두 번째 도형이 되는데, 겹치는 칸이 모두 색칠되어 있거나 색칠되어 있지 않은 경우 그 칸의 색은 비워두고, 색칠된 칸과 색칠되지 않은 칸이 겹칠 경우 색칠하여 완성한 도형이 두 번째 도형이다.

05 정답 ①

규칙은 세로로 적용된다.
첫 번째 도형과 두 번째 도형을 겹치면 세 번째 도형이 된다.

06 정답 ⑤

규칙은 가로로 적용된다.
첫 번째 도형과 두 번째 도형의 색이 칠해진 부분을 합친 것이 세 번째 도형이다.

07 정답 ②

규칙은 가로로 적용된다.
두 번째 도형에서 첫 번째 도형을 빼낸 나머지가 세 번째 도형이다.

08 정답 ⑤

규칙은 가로로 적용된다.
첫 번째 도형을 y축으로 대칭하면 두 번째 도형이고, 두 번째 도형을 시계 방향으로 90° 회전하면 세 번째 도형이다.

09 정답 ③

규칙은 가로로 적용된다.
첫 번째 도형과 두 번째 도형의 공통으로 색칠된 부분을 색칠한 후에 시계 반대 방향으로 90° 회전한 것이 세 번째 도형이 된다.

10 정답 ②

규칙은 가로로 적용된다.
첫 번째 도형에서 수직으로 반을 자른 후 왼쪽 부분이 두 번째 도형이고, 두 번째 도형에서 수평 방향으로 반을 자른 후 아래쪽 부분이 세 번째 도형이다.

11 정답 ③

규칙은 가로로 적용된다.
첫 번째 도형에 색이 칠해진 부분과 두 번째 도형에 색이 칠해진 부분을 합치면 세 번째 도형이 된다.

12 정답 ⑤

규칙은 가로로 적용된다.
첫 번째 도형의 색칠된 부분과 두 번째 도형의 색칠된 부분을 합치면 세 번째 도형이 된다.

13 정답 ①

규칙은 가로로 적용된다.
첫 번째 도형을 시계 방향으로 90° 회전한 것이 두 번째 도형이고, 두 번째 도형을 다시 시계 방향으로 90° 회전한 것이 세 번째 도형이다.

PART 2

14

정답 ⑤

규칙은 세로로 적용된다.
첫 번째 도형을 수직으로 잘랐을 때 오른쪽 부분이 두 번째 도형이 되고, 두 번째 도형을 다시 수평 방향으로 잘랐을 때 아래쪽 부분이 세 번째 도형이 된다.

15

정답 ⑤

규칙은 세로로 적용된다.
첫 번째 도형에서 두 번째 도형이 겹치는 부분을 제외한 나머지 부분이 세 번째 도형이 된다.

16

정답 ④

규칙은 가로로 적용된다.
첫 번째 도형에서 두 번째 도형과 겹치는 부분을 제외한 나머지 부분이 세 번째 도형이 된다.

17

정답 ①

규칙은 세로로 적용된다.
첫 번째 도형과 두 번째 도형의 겹치는 부분을 제외하면 세 번째 도형이다.

18

정답 ②

규칙은 가로로 적용된다.
첫 번째 도형을 y축 대칭시킨 것이 두 번째 도형이 되고, 두 번째 도형에서 시계 방향으로 $90°$ 회전한 것이 세 번째 도형이 된다.

19

정답 ③

규칙은 가로로 적용된다.
두 번째 도형에서 첫 번째 도형을 뺀 나머지를 시계 방향으로 $90°$ 회전시킨 것이 세 번째 도형이 된다.

20

정답 ①

규칙은 세로로 적용된다.
첫 번째 도형을 4등분한 후 왼쪽 아래의 도형이 두 번째 도형이다. 두 번째 도형을 윗변을 기준으로 뒤집어 복사하여 붙인 후 시계 방향으로 $90°$ 회전한 모양이 세 번째 도형이다.

※ 절취선을 따라 분리하여 실제 시험과 같이 사용하면 더욱 효과적입니다.

샘표식품 인적성검사 최종점검 모의고사 답안지

고사장

성 명

수 험 번 호						
⓪	⓪	⓪	⓪	⓪	⓪	⓪
①	①	①	①	①	①	①
②	②	②	②	②	②	②
③	③	③	③	③	③	③
④	④	④	④	④	④	④
⑤	⑤	⑤	⑤	⑤	⑤	⑤
⑥	⑥	⑥	⑥	⑥	⑥	⑥
⑦	⑦	⑦	⑦	⑦	⑦	⑦
⑧	⑧	⑧	⑧	⑧	⑧	⑧
⑨	⑨	⑨	⑨	⑨	⑨	⑨

감독위원 확인
㉧ 인

언어						수리						도형추리					
문번	1	2	3	4	5	문번	1	2	3	4	5	문번	1	2	3	4	5
1	①	②	③	④	⑤	1	①	②	③	④	⑤	1	①	②	③	④	⑤
2	①	②	③	④	⑤	2	①	②	③	④	⑤	2	①	②	③	④	⑤
3	①	②	③	④	⑤	3	①	②	③	④	⑤	3	①	②	③	④	⑤
4	①	②	③	④	⑤	4	①	②	③	④	⑤	4	①	②	③	④	⑤
5	①	②	③	④	⑤	5	①	②	③	④	⑤	5	①	②	③	④	⑤
6	①	②	③	④	⑤	6	①	②	③	④	⑤	6	①	②	③	④	⑤
7	①	②	③	④	⑤	7	①	②	③	④	⑤	7	①	②	③	④	⑤
8	①	②	③	④	⑤	8	①	②	③	④	⑤	8	①	②	③	④	⑤
9	①	②	③	④	⑤	9	①	②	③	④	⑤	9	①	②	③	④	⑤
10	①	②	③	④	⑤	10	①	②	③	④	⑤	10	①	②	③	④	⑤
11	①	②	③	④	⑤	11	①	②	③	④	⑤	11	①	②	③	④	⑤
12	①	②	③	④	⑤	12	①	②	③	④	⑤	12	①	②	③	④	⑤
13	①	②	③	④	⑤	13	①	②	③	④	⑤	13	①	②	③	④	⑤
14	①	②	③	④	⑤	14	①	②	③	④	⑤	14	①	②	③	④	⑤
15	①	②	③	④	⑤	15	①	②	③	④	⑤	15	①	②	③	④	⑤
16	①	②	③	④	⑤	16	①	②	③	④	⑤	16	①	②	③	④	⑤
17	①	②	③	④	⑤	17	①	②	③	④	⑤	17	①	②	③	④	⑤
18	①	②	③	④	⑤	18	①	②	③	④	⑤	18	①	②	③	④	⑤
19	①	②	③	④	⑤	19	①	②	③	④	⑤	19	①	②	③	④	⑤
20	①	②	③	④	⑤	20	①	②	③	④	⑤	20	①	②	③	④	⑤

샘표식품 인적성검사 최종점검 모의고사 답안지

고사장

성 명

수 험 번 호						
⓪	⓪	⓪	⓪	⓪	⓪	⓪
①	①	①	①	①	①	①
②	②	②	②	②	②	②
③	③	③	③	③	③	③
④	④	④	④	④	④	④
⑤	⑤	⑤	⑤	⑤	⑤	⑤
⑥	⑥	⑥	⑥	⑥	⑥	⑥
⑦	⑦	⑦	⑦	⑦	⑦	⑦
⑧	⑧	⑧	⑧	⑧	⑧	⑧
⑨	⑨	⑨	⑨	⑨	⑨	⑨

감독위원 확인
인

언어						수리						도형추리					
문번	1	2	3	4	5	문번	1	2	3	4	5	문번	1	2	3	4	5
1	①	②	③	④	⑤	1	①	②	③	④	⑤	1	①	②	③	④	⑤
2	①	②	③	④	⑤	2	①	②	③	④	⑤	2	①	②	③	④	⑤
3	①	②	③	④	⑤	3	①	②	③	④	⑤	3	①	②	③	④	⑤
4	①	②	③	④	⑤	4	①	②	③	④	⑤	4	①	②	③	④	⑤
5	①	②	③	④	⑤	5	①	②	③	④	⑤	5	①	②	③	④	⑤
6	①	②	③	④	⑤	6	①	②	③	④	⑤	6	①	②	③	④	⑤
7	①	②	③	④	⑤	7	①	②	③	④	⑤	7	①	②	③	④	⑤
8	①	②	③	④	⑤	8	①	②	③	④	⑤	8	①	②	③	④	⑤
9	①	②	③	④	⑤	9	①	②	③	④	⑤	9	①	②	③	④	⑤
10	①	②	③	④	⑤	10	①	②	③	④	⑤	10	①	②	③	④	⑤
11	①	②	③	④	⑤	11	①	②	③	④	⑤	11	①	②	③	④	⑤
12	①	②	③	④	⑤	12	①	②	③	④	⑤	12	①	②	③	④	⑤
13	①	②	③	④	⑤	13	①	②	③	④	⑤	13	①	②	③	④	⑤
14	①	②	③	④	⑤	14	①	②	③	④	⑤	14	①	②	③	④	⑤
15	①	②	③	④	⑤	15	①	②	③	④	⑤	15	①	②	③	④	⑤
16	①	②	③	④	⑤	16	①	②	③	④	⑤	16	①	②	③	④	⑤
17	①	②	③	④	⑤	17	①	②	③	④	⑤	17	①	②	③	④	⑤
18	①	②	③	④	⑤	18	①	②	③	④	⑤	18	①	②	③	④	⑤
19	①	②	③	④	⑤	19	①	②	③	④	⑤	19	①	②	③	④	⑤
20	①	②	③	④	⑤	20	①	②	③	④	⑤	20	①	②	③	④	⑤

2026 최신판 시대에듀 샘표식품 인적성검사 통합기본서

개정15판1쇄 발행	2025년 10월 20일 (인쇄 2025년 09월 19일)
초 판 발 행	2015년 10월 15일 (인쇄 2015년 10월 08일)
발 행 인	박영일
책 임 편 집	이해욱
편 저	SDC(Sidae Data Center)
편 집 진 행	안희선 · 구본주
표지디자인	김경모
편집디자인	최미림 · 장성복
발 행 처	(주)시대고시기획
출 판 등 록	제10-1521호
주 소	서울시 마포구 큰우물로 75 [도화동 538 성지 B/D] 9F
전 화	1600-3600
팩 스	02-701-8823
홈 페 이 지	www.sdedu.co.kr

I S B N	979-11-434-0012-3 (13320)
정 가	22,000원

샘표식품

인적성검사

통합기본서

최신 출제경향 전면 반영

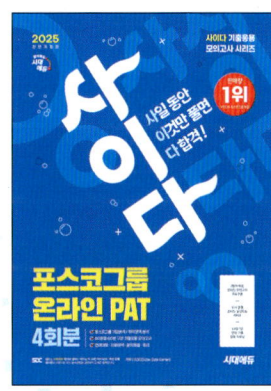

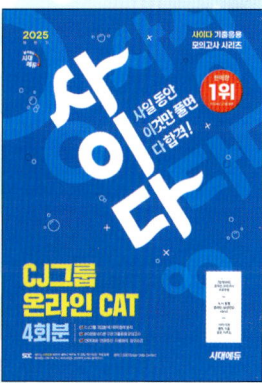

NEXT STEP
시대에듀가 합격을 준비하는
당신에게 제안합니다.
성공의 기회
시대에듀를 잡으십시오.
시대에듀
기회란 포착되어 활용되기 전에는 기회인지조차 알 수 없는 것이다.
– 마크 트웨인 –